高等学校专业教材

制浆造纸助剂

安郁琴　刘　忠　主编

安郁琴　刘　忠　何北海　周立国　编

中国轻工业出版社

图书在版编目(CIP)数据

制浆造纸助剂 / 安郁琴,刘忠主编. —北京:中国轻工业出版社,2024.1
高等学校专业教材
ISBN 978-7-5019-3925-1

Ⅰ.制… Ⅱ.①安…②刘… Ⅲ.①制浆－助剂－高等学校－教材②造纸－助剂－高等学校－教材 Ⅳ.①TS727

中国版本图书馆 CIP 数据核字 (2006) 第 141325 号

责任编辑:林 嫒

策划编辑:林 嫒　责任终审:滕炎福　封面设计:李云飞
版式设计:丁 夕　责任校对:李 靖　责任监印:张 可

出版发行:中国轻工业出版社(北京鲁谷东街5号,邮编:100040)
印　　刷:三河市万龙印装有限公司
经　　销:各地新华书店
版　　次:2024年1月第1版第10次印刷
开　　本:850×1168　1/32　印张:11
字　　数:315千字
书　　号:ISBN 978-7-5019-3925-1　定价:28.00元
邮购电话:010-85119873
发行电话:010-85119832　010-85119912
网　　址:http://www.chlip.com.cn
Email:club@chlip.com.cn
版权所有　侵权必究
如发现图书残缺请与我社邮购联系调换
240123J1C110ZBW

前　言

　　全面使用助剂,是 21 世纪高速发展的制浆造纸工业的主要技术之一。本书内容除供大学本科作教材外,还可供有关部门和企业的技术人员参考。

　　本教材分四章,全面介绍造纸助剂方面知识,包括造纸湿部化学、制浆化学助剂、造纸过程化学助剂、纸张施胶与加工纸化学助剂等。内容编写中力求理论联系实际,便于自学。教学中可根据课时安排自行增减。

　　本教材由西北轻工业学院、天津轻工业学院、华南理工大学和山东轻工业学院联合编写。绪论和第一章由何北海编写,第二章由周立国编写,第三章由安郁琴编写,第四章由刘忠编写。本书由安郁琴、刘忠主编,由徐忠恺高工主审。因后期编写人员工作变动,由刘忠根据教学指导组组长谢来苏教授安排,联系编写人员,根据审稿意见修改补充,李新平协助安郁琴对其编写部分做了必要的修补。

谢来苏
2003 年 3 月

目 录

绪论 …………………………………………………………………………… 1
  一、化学助剂在现代制浆造纸工业中的作用 ……………………………… 1
  二、制浆造纸化学助剂的分类 ……………………………………………… 2
  三、制浆造纸化学助剂的发展概况 ………………………………………… 3

第一章 造纸湿部化学 ……………………………………………………… 10
  第一节 造纸湿部化学简介 ………………………………………………… 10
    一、造纸湿部简介 …………………………………………………………… 10
    二、造纸湿部化学与现代造纸工业 ………………………………………… 15
  第二节 造纸湿部化学基础理论 …………………………………………… 18
    一、扩散双电层理论 ………………………………………………………… 18
    二、胶体稳定性理论 ………………………………………………………… 21
    三、造纸湿部化学中的界面动电现象 ……………………………………… 25
  第三节 纸料中主要组分的湿部化学特性 ………………………………… 32
    一、铝离子化学 ……………………………………………………………… 32
    二、纤维素纤维的动电特性 ………………………………………………… 35
    三、填料的动电特性和留着 ………………………………………………… 40
  第四节 造纸过程控制助剂的作用原理 …………………………………… 44
    一、造纸湿部化学系统的过程控制 ………………………………………… 44
    二、纸料的留着机理与聚电解质 …………………………………………… 47
    三、留着的测定与动态滤水实验 …………………………………………… 51
    四、助滤剂的作用原理 ……………………………………………………… 55
    五、干强剂的作用原理 ……………………………………………………… 57
    六、湿强剂的作用原理 ……………………………………………………… 58
    七、其他过程控制助剂的作用原理 ………………………………………… 59

第二章 制浆化学助剂 ……………………………………………………… 64
  第一节 蒸煮化学助剂 ……………………………………………………… 64

|　　一、蒸煮助剂的分类及作用原理 ································ 65
|　　二、重要的蒸煮助剂 ·· 69
|　　三、蒸煮助剂应用效果与实例 ································ 83
第二节　漂白过程的化学助剂 ·· 86
|　　一、漂白化学助剂及分类 ·· 87
|　　二、漂白助剂的作用原理 ·· 89
|　　三、常见的漂白助剂及应用 ····································· 90
第三节　废纸制浆用脱墨剂 ·· 108
|　　一、脱墨剂及其种类 ··· 108
|　　二、脱墨剂各成分的作用 ······································· 111
|　　三、影响废纸脱墨的因素 ······································· 117
第四节　消泡剂 ·· 122
|　　一、消泡剂及其分类 ··· 122
|　　二、消泡剂的作用原理 ·· 124
|　　三、对消泡剂的要求及使用时注意的问题 ··············· 125
|　　四、几种重要的消泡剂 ·· 126
第五节　废液治理用助剂 ·· 132
|　　一、絮凝剂 ·· 132
|　　二、生物处理剂 ·· 141

第三章　造纸过程化学助剂和纸张增强剂 ······················· 145
第一节　合成聚合物造纸助剂 ··· 145
|　　一、聚丙烯酰胺(PAM) ·· 145
|　　二、聚乙烯醇(PVA) ·· 159
|　　三、脲醛树脂和三聚氰胺甲醛树脂 ························ 162
|　　四、聚乙烯亚胺(PEI) ·· 168
|　　五、聚氧化乙烯(PEO) ··· 170
|　　六、聚酰胺-环氧氯丙烷树脂(PAE) ······················· 174
|　　七、其他增湿强剂 ·· 176
第二节　改性淀粉系列助剂 ·· 177
|　　一、淀粉及改性淀粉 ··· 177
|　　二、阳离子淀粉 ·· 180
|　　三、阴离子淀粉 ·· 190
|　　四、两性淀粉 ··· 195

五、非离子型淀粉 ································· 197
　　六、淀粉的接枝共聚物 ····························· 199
　　七、双醛淀粉(过碘酸氧化淀粉) ····················· 200
第三节　纤维素、甲壳素衍生物及植物胶类助剂 ············· 202
　　一、纤维素衍生物 ································· 202
　　二、甲壳素及其衍生物 ····························· 205
　　三、植物胶类助剂 ································· 219
第四节　树脂障碍控制剂 ································· 223
　　一、树脂分散剂 ··································· 224
　　二、螯合剂 ······································· 227
　　三、生物酶制剂 ··································· 229

第四章　纸张施胶与加工纸化学助剂 ························ 234
第一节　纸张施胶 ······································· 234
　　一、施胶分类 ····································· 235
　　二、施胶剂的类型 ································· 236
　　三、施胶机理 ····································· 285
　　四、施胶影响因素 ································· 286
第二节　涂布加工纸化学助剂 ····························· 295
　　一、涂布胶黏剂 ··································· 295
　　二、颜料分散剂 ··································· 297
　　三、交联剂 ······································· 299
　　四、涂料黏度调节剂 ······························· 305
　　五、润滑剂 ······································· 306
　　六、染料与增白剂 ································· 308
第三节　特殊纸化学助剂 ································· 308
　　一、防腐剂、防霉剂 ······························· 308
　　二、憎水剂、防水剂和吸水剂 ······················· 309
　　三、阻燃剂、耐热剂 ······························· 312
　　四、柔软剂 ······································· 318
　　五、微胶囊 ······································· 322
　　六、感光材料 ····································· 325
　　七、其他 ··· 328

绪 论

一、化学助剂在现代制浆造纸工业中的作用

造纸工业是国民经济的一个重要组成部分,纸和纸板的消费水平已成为衡量一个国家现代化水平的重要标志。社会已经跨入21世纪,全球纸业已发展到一个新的水平。上个世纪末世界纸与纸板的产量已达30101万t,纸浆产量达17553万t。

我国的造纸工业自建国以来已有较大的发展。1949年,我国的纸与纸板产量仅为10.8万t,经过近半个世纪的发展,到上个世纪末已达到3000万t。居世界第三位。但是,我国纸和纸板的人均消费量仅为29kg,与世界平均消费水平(52kg)相比还有较大的差距,与发达国家(美国人均消费量为335kg)的差距则更大。因此被列为我国重点发展产业的造纸工业必须有较大的增长。

在21世纪,资源、能源和环境仍然是世界造纸工业面临的3个主要问题,因而要使造纸工业得以持续发展,就必须解决好这些问题。从目前世界造纸工业的实际情况看,采用制浆造纸化学助剂无疑是比较快捷和行之有效的途径之一。因此,制浆造纸化学助剂已经成为造纸工业中一个不可缺少的重要组成部分。虽然制浆造纸化学助剂的用量只占纸张总量的1%~2%,但对造纸的质量和成本起着非常重要的作用。在现代造纸工业中,化学助剂的作用几乎可以说是无处不在。

在节约造纸原料资源和降低能耗方面,如可采用高效蒸煮、漂白助剂,提高制浆和漂白得率和降低能耗;通过采用新型脱墨剂和增强剂,增加二次纤维的回用率和回用品质;又如采用高加填和提高留着率的方法,可减少造纸纤维原料的用量和细小纤维的流失等。为了进一步节约植物纤维资源和降低造纸生产能耗,纸张的低定量化和纸机的高速化已成为造纸工业发展的主流趋势之一,因此围绕这些方面的新型功能助剂、过程助剂和涂布助剂的开发,也是一个方兴未艾的研究

领域。

在环境保护方面,随着环保法规的日益严格,要求造纸工业实现清洁生产,也为制浆造纸化学助剂的进一步发展提供了机遇。伴随着无(少)污染制浆、漂白技术的发展,相应的新型助剂的研制和应用也越来越深入。同时在造纸工业清洁生产的进程中,造纸白水系统的全封闭和零排放过程的研究已经提到了议事日程。围绕着解决由非过程元素的积累所带来的纸机湿部失控等一系列问题,围绕着解决白水回用和脱墨系统的废水和污泥处理等问题,新型化学助剂的开发和应用也是大有可为的。

此外,随着社会的进步和经济的增长,对纸和纸制品的品质的要求也越来越高,对其功能的要求也越来越广泛,因此对相应的化学助剂的要求也越来越严格。如随着印刷用纸的轻量化和印刷方式的多样化,对纸张的原纸和涂布品质都有了更加苛刻的物理强度和印刷适性的要求。为适应这些情况,就需要不断开发新的化学助剂以适应实际生产,因此也赋予了制浆造纸化学助剂不断发展和创新的强大生命力。

综上所述,广泛开发和应用制浆造纸化学助剂已成为了造纸工业发展的必然。随着造纸工业的蓬勃发展,制浆造纸化学助剂也必将显示出其越来越广阔的发展前途。

二、制浆造纸化学助剂的分类

制浆造纸化学助剂是指在制浆造纸过程中,为了提高纸浆或纸张的某些特性、降低物料消耗和改善操作条件等,向主物料中加入的少量化学物质的总称。由于制浆造纸生产过程属于造纸工业,因此习惯上也将制浆造纸化学助剂归类为造纸化学品。当然,制浆造纸化学助剂并不完全等同于造纸化学品,其区别是后者的含义更广。后者不但包含了前者,而且还包含填料、颜料、氢氧化钠和液氯等大宗通用的造纸化学品。一般说来,本书讨论的制浆造纸化学助剂相当于除去上述大宗通用的造纸化学品后的精细造纸化学品。

制浆造纸化学助剂按不同的分类标准有不同的类别。一般按照化学助剂所加入的工艺过程来分,可分为制浆助剂、造纸助剂和涂布加工纸助剂等(见图1)。其中造纸助剂根据其所起的作用来分,又可分为过程助剂和功能助剂两大类。

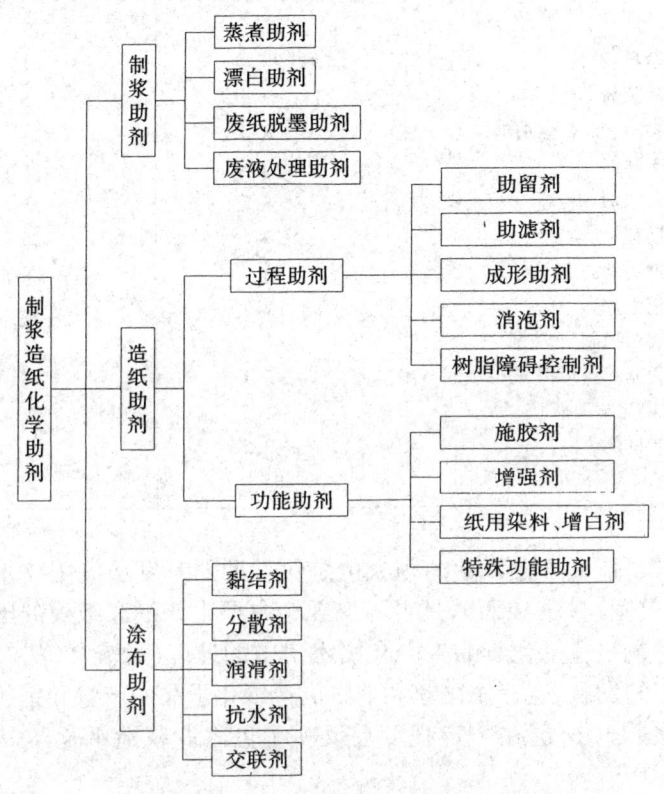

图 1 制浆造纸化学助剂分类

三、制浆造纸化学助剂的发展概况

1. 国外制浆造纸化学助剂发展概况

国外制浆造纸化学助剂发展的主要特点之一是,制浆造纸化学品行业已经从一个配角的地位发展成为精细化学品工业的主要支柱行业,并且占有很大的市场份额(见表1)。

表 1　　世界造纸化学品市场销售及份额

品　　　种	销售额/亿美元	占市场份额/%
功能性助剂	61	72
其中：颜料、黏料	25	41
施胶剂	9	15
染料、颜料、增白剂	8.5	14
干强剂	5.5	9
湿强剂	5.5	9
过程性助剂	17	20
其中：助留助滤剂	6.6	39
消泡剂	3.7	22
腐浆控制/杀菌剂	3.6	21
树脂障碍/沉积物控制剂	3.1	18
制浆/脱墨化学助剂	3.5	4
漂白化学助剂	3.5	4
合计	85	100

其次,造纸工业发达的国家也是化学助剂开发和应用技术先进的国家。美国、日本和西欧是世界上 3 个主要生产纸和纸板的国家和地区,同时也是造纸化学品生产和技术集中的地区(见表 2、表 3)。经过近 10 年的发展,这三个国家和地区的造纸化学品的产量和销售量有了很大的增长,这也在一定程度上反映了世界制浆造纸化学品的发展趋势。

表 2　　世界主要国家和地区造纸化学品发展现状

国家或地区	功能助剂		过程助剂	
	销售额/亿美元	占世界市场份额/%	销售额/亿美元	占世界市场份额/%
美国	21	31	7	35
西欧	14	23	5	29
日本	12	20	1.5	8.8

表 3　　近 10 年美国制浆造纸化学助剂的发展情况

化学助剂名称	销售额/亿美元 1990 年	1998 年	化学助剂名称	销售额/亿美元 1990 年	1998 年
湿增强剂	1.07	1.7	杀菌剂	0.50	0.8
干增强剂	0.97	1.9	制浆/脱墨剂	0.30	1
助留助滤剂	0.87	1.9	漂白化学品		2
消泡剂	0.72	3.7	染料、增白剂		2.3
专用施胶剂	0.66	3.6	颜料黏合剂		8.2
树脂障碍控制剂	0.08	1.8	其他助剂	0.26	
涂布添加剂	0.62	1.3	总　　计	6.65	30.2

此外，上述国家和地区的造纸化学品多数由实力雄厚的大化学公司主持开发和生产，这些公司有专门从事造纸化学品研究开发的机构，具有较大的生产能力和规模，且在世界范围内占领了一定的市场，使其在开发、生产和推广应用等领域中处于世界领先的水平。

国外制浆造纸化学助剂主要品种的发展趋势是：

（1）随着再生纤维回用率的提高，脱墨化学品的开发与应用迅速发展。如日本 1989 年脱墨剂的需求量为 9500t，到 1998 年已经增至 11300t。在废纸回用率提高的同时，世界上新制浆的产量的增长缓慢，因此制浆漂白用化学品的增加也相对缓慢。以北美为例，1998 年的制浆化学品销售额为 3.82 亿美元，预计至 2003 年的年均增长率将为 2.4%，达到 4.3 亿美元。北美的漂白化学品 1998 年的销售额为 27.9 亿美元，预计 2003 年的年均增长率为 3.9%，届时将达到 33.7 亿美元。

（2）随着纸机向高速化和白水系统向高封闭程度发展，对湿部体系的留着、滤水和成形有了更高的要求，因此使助留/助滤剂和成形助剂的生产和应用受到更加普遍的重视。这类化学品的需求量不断增大，品种也不断增多。目前，国外开发的助留/助滤剂已向双组分和多元复配的方向发展。其中胶体硅微粒子体系发展迅速，在助留/助滤剂市场占有 35% 的份额，新的体系可以同时取得最佳的留着、滤水和纸页成形。现在的技术趋势是采用纳米级的胶体硅，这种小粒径的助剂提供了相当大的比表面积和很高的电荷密度。

（3）在施胶剂方面,国外发达国家已淘汰了传统的皂化松香胶,而马来酸酐等改性的强化松香胶仍有采用。在全球浆内施胶剂市场中,松香胶占45%,产值约为6.75亿美元,年均下降率为4%。从酸性造纸转化为碱性（中性）造纸的变革,使得碱性（中性）施胶剂发展迅速。据有关资料,西欧目前60%为碱性施胶,美国可达50%,主要施胶剂品种为AKD和ASA。其中AKD占有市场45%,且以年均递增5%～6%的速率增长;ASA占有市场10%,年增长率为2%～8%。

（4）在干湿增强剂方面,世界造纸用湿强剂的总消费量为22万t/a,金额为2.5亿美元。其中PAE占1/3,主要用于液体包装纸板、薄页纸和面巾纸及特种用纸。在干强剂市场中,PAM的消费额为2.75亿美元/a,淀粉为5亿美元/a。其中造纸工业淀粉市场的增长率为2%～3%,高于造纸工业本身的增长水平(1.0%～1.5%)。西欧国家的发展趋势是以阳离子淀粉和双变性淀粉为主流产品,植物胶类的用量明显减少。在日本,PAM系列增强剂主要用于白纸板与其他纸板中,而变性淀粉则用于印刷用纸、信息用纸、包装用纸、新闻纸和中性纸等品种。美国的干强剂则以阳离子淀粉为主,并辅以PAM。

（5）在涂布用黏合剂方面,世界年均消费额为25亿美元,其中美国为8.2亿美元,排在首位。据有关资料,1997年世界合成胶乳产量为1011万t（占61%）,天然胶乳产量为642万t（约占39%）。世界上涂布加工纸用黏合剂中,胶乳占57%,淀粉类黏合剂占28%,其他品种占15%。涂布黏结剂的发展方向是研制适用于高速涂布用的合成胶乳以及改性淀粉等。

值得指出的是,随着制浆造纸化学助剂的广泛应用,化学助剂的生产适配性研究已成为国际上湿部化学的研究热点,且随着造纸湿部测试和装备技术的进步,随着对湿部系统进行过程优化和控制研究的深入,制浆造纸化学助剂的开发和应用也逐步走向科学化和规范化。

2. 国内制浆造纸化学助剂的发展概况

我国的制浆造纸化学助剂的研制和生产起步较晚,20世纪80年代初,我国造纸企业生产上使用的多数是自制的简单化学品。直到80

年代中期,国家才有计划地开始组织造纸化学品的开发和生产。据统计,到1987年,国内只有20多个科研单位从事造纸化学品的开发,50多家工厂生产造纸化学品,且品种单一,质量不够稳定,无系列产品。

进入20世纪90年代后,我国造纸化学品的研制生产显示出较好的开端。截止到1996年的统计,我国造纸化学品已发展到约30个品种近200个产品,从事造纸化学品生产的企业有近150家,从事造纸化学品研究开发的科研院所和大专院校有近30家。根据化学工业部的有关资料显示,1992年我国造纸化学品总产量为2.9万t(不包括制浆化学品、松香类施胶剂、PVA和丁苯胶乳、羧基丁苯胶乳),比1991年增长10%以上。从产量增幅上看,过程助剂增幅较小,而功能助剂和涂布用化学品的增幅较大。其原因是功能助剂可以直接提高纸和纸板的质量,因而受到用户的欢迎。涂布化学品的增幅大是由于近年来我国涂布纸和纸板的生产发展迅速,引进了几十条涂布生产线,配套的化学品市场需求量增大,促进了这类产品的开发和生产。近几年来我国的造纸化学品发展的主要特点是,推广应用的地域及纸种进一步扩大,产品开始出现系列化,新产品不断出现,产品开发重视经济效益。一种新产品由实验室研究成果转入到工业产品投放市场的周期越来越短,这也是我国市场经济不断发展的结果。目前,我国制浆造纸化学品全行业的发展水平已经上了一个新台阶,从总体实力上基本达到国外20世纪80年代末或90年代初的水平。

当然,与世界发达国家相比,我国造纸化学品的产量、质量和品种还有较大的差距。具体表现为我国造纸化学品的生产企业大都以生产其他精细化工产品为主,并非专门生产造纸行业的化学品,专业性较差,不熟悉造纸工艺,一般推广和应用服务都不够得力。不少品种尚处于开发应用阶段,未达到产品的成熟期。此外,从产品的自身质量看,国内目前开发的绝大多数品种仍停留在仿制国外同类产品的阶段,多数厂家大多以销定产,产量较小,未能形成一定的规模。我国造纸化学品从发展到成熟,看来还要经过一段艰难的路程。近年来,一些国外的造纸化学品公司纷纷涌入中国开拓市场、发展业务,也有一些相应的造纸化学品合资企业建立。国外的先进技术和产品进入中国的市场,一方面解决了国内的急需,填补了市场的空白,同时也激励了国内造纸化学品研制开发的积极性和紧迫感,这些将有助于促进我国造纸化学品行业更快地发展。

据有关资料,2000年我国的纸和纸板总产量约为3000万t,相应的造纸化学品的总需求量约为15万~17万t。按照年均递增7%~8%的增长速率,到2005年,我国造纸化学品的需求量将达到35万t。这对我国造纸化学品工业来说,无疑是一个大好的发展时机。经过"八五"和"九五"的努力,我国造纸化学品的研究和生产已打下一定的基础,为今后的快速发展创造了有利的条件,相信在21世纪开始的10年中,我国造纸化学品的开发和生产将会迅速缩小与世界发达国家的距离,以满足我国造纸工业快速发展的需要。

表4　我国造纸化学品的需求预测(2000～2010年)

主要品种	2000年需求量/t	2005年需求量/t	2010年需求量/t
松香乳液施胶剂*	20000～25000	30000～40000	50000～80000
助留剂PAM*	2500～3000	5000	7000～8000
变性淀粉	70000～80000	150000～200000	400000～500000
脱墨剂	3000～5000	6000～7000	10000～15000
涂布分散剂	3000～5000	5000～6000	6000～8000
湿增强剂	2500～3000	3000～3500	6000～8000
防腐杀菌剂	1000	1000～2000	2000～4000
润滑剂	4000～5000	4000～5000	10000～12000
抗水剂	1000	1000～1500	2500～3000
消泡剂	2000～3000	2500～3000	5000～7000
涂布胶黏剂	50000	100000	150000～200000
合计	156000～175000	307500～373000	648500～845000

注:* 以100%有效成分计。

参 考 文 献

1. William E Scott. Principles of Wet End Chemistry. Atlanta: Tappi Press. 1996
2. 中国造纸学会. 中国造纸年鉴. 北京：中国轻工业出版社. 1996
3. 化工部造纸化学品信息站. 变性淀粉在造纸中的应用（下册）. 杭州：内部资料. 1996
4. 姚献平. 跨进21世纪的中国造纸化学品. 造纸化学品，2000，1:3~5
5. 陈根荣. 全球主要地区造纸化学品市场新动态. 造纸化学品，2000，4:3~12

第一章 造纸湿部化学

第一节 造纸湿部化学简介

一、造纸湿部简介

(一) 概述

造纸湿部是指造纸生产中从纸浆流送到形成湿纸幅的部分,主要包括上浆系统、纸机网部和压榨部。由于造纸化学品多数是由造纸湿部加入的,因此研究造纸化学品及其在湿部作用机理是非常必要的。湿部化学正是这样应运而生的一门科学,它论述了造纸湿部系统中的各种组分(如纤维和细小纤维、水、填料以及化学助剂等)在纸机网部滤水、留着、成形以及在白水循环过程中的相互作用及其规律,研究了上述因素对造纸机运行和纸产品质量的影响机理。

(二) 湿部化学系统的主要组分

1. 水——造纸过程最基本的介质

(1) 羧基在水中的离子化。出现在木材纤维上的羧基是一个可离子化的功能基团,由于它会影响纤维的表面电荷,因而对湿部化学来说是非常重要的。湿部系统的 pH 值会影响羧基的电离平衡。增加 pH 值使羧基的电离平衡向右移动,因此使[COO^-]增加而[$COOH$]减少,且浓度比总保持一样,可用平衡常数 K_{eq} 表示。降低系统的 pH 值则得到相反的结果,[H^+]和[$RCOO^-$]均减少,平衡向左移动。当 pH 值低于 2.8 时,平衡已完全向左移动,事实上已没有[$RCOO^-$]剩下。这些均对纤维的表面电荷有着重要的关联(见图 1-1)。

(2) 水的电导率。电导率的定义是空间相距 1cm 物质的导电能力。电导率是电阻率的倒数,单位 S/m(西/米)。在造纸湿部化学测量中,电导率的常用单位为($\mu S/cm$)或(mS/cm),其间的换算式为 1(mS/cm) = 1000($\mu S/cm$)。

$$RCOOH \rightleftharpoons H^+ + COO^- \quad \text{低 pH}$$
$$RCOOH \rightleftharpoons H^+ + RCOO^-$$

$$\frac{[H^+][RCOO^-]}{[RCOOH]} = 2 \times 10^{-5} \quad \text{高 pH}$$
$$RCOOH \rightleftharpoons H^+ + RCOO^-$$

图 1-1　pH值对羧基的影响

造纸湿部系统含有各种各样可导电的可溶性物质,其中大多数为无机盐类,故该指标一般以盐浓度(mg/L)表示。实践证明,盐浓度是一个很重要的参数,对造纸湿部系统的操作有很大的影响。但是在实际测量中,由于白水中的杂质较多,直接测定溶解盐的浓度误差较大,一般采用测定白水电导率转换成溶解盐的方法。虽然在这一转换过程中需做某些假设,且有一定的经验性,但相比之下,该方法仍有一定的实用价值。

测定溶液的电导率可判断试样全部的无机和有机可溶离子的含量。通常,可溶盐的浓度与其电导率的关系是线性的。表 1-1 为一组典型的数据。

表 1-1　　NaCl 溶液浓度与电导率的关系

浓度/%	0.10	0.50	1.00	2.00	4.00	8.00	16.0
电导率/mS·cm^{-1}	1.7	8.2	16.0	30.2	57.3	105	179

造纸厂中水的电导率变化较大。对于非常洁净的湿部系统,电导率可小于 1000μS/cm。通常认为造纸机湿部系统中的电导率在 2000μS/cm 以下时,均属于比较洁净的系统。而对于高度封闭循环的系统,电导率可超过 10000μS/cm。影响系统电导率的因素大致有:(a)过程流线中的腐蚀性物质;(b)来自制浆和漂白工段的携带物(又称为"非过程物质");(c)白水封闭系统产生的溶解物质。

(3) 水的硬度。水的硬度也是一个描述水中溶解的离子及其影响程度的参数,反映了水的含盐特性。其值为水中钙、镁、铁、锰、锶、铝等溶解盐类的总量,用 mmol/L 表示。

2. 纤维和细小纤维

（1）纤维的比表面积。细小纤维由于其颗粒尺寸较小从而具有较大的比表面积。有研究者得出，细小纤维的比表面积是纤维的 5～8 倍。细小纤维由于其比表面积大，吸附了大量的化学助剂，从而对造纸湿部化学有很重要的影响（见表 1-2，表 1-3）。

表 1-2　　某种浆料不同组分的比表面积

纸浆组分	比表面积/$m^2 \cdot g^{-1}$	纸浆组分	比表面积/$m^2 \cdot g^{-1}$
浆料 1		浆料 2	
纤维组分	9.9	混合浆料（加拿大游离度 410mL）	2.1
细小纤维	46.8	纤维组分	1.2
		细小纤维（16.5%）	8.0

表 1-3　　细小纤维对湿部化学助剂的吸附

化学助剂	相对吸附强度		
	纤维	瓷土填料	细小纤维
阳离子淀粉	1	4	5
皂化松香胶	1	4	16
分散松香胶	1	16	20
硫酸铝	1	2	3

（2）表面电荷。在纤维素纤维的表面上，纤维细胞壁的化学结构起着重要的作用。这里所说的化学结构，就是指纤维表面的游离 OH 基和微量的 COOH 基，以及半纤维素中葡萄糖醛酸所含的 COOH 基等。当水与这些纤维接触时，水分子借助氢键而与纤维素 OH 基缔合。从空间结构及能量的观点来看，一般认为这种缔合主要发生在葡萄糖基的 C_2 和 C_3 上。其排列状况是，水分子带负电一端，离开纤维表面而向外伸出。用这种观点，可以直接说明纤维表面所带的负电荷。由 COOH 基电离而产生的负电荷，也可以促进水分子的这种排列。

纤维和细小纤维的表面电荷是其表面化学组分的综合体现。它可以表现为离子性、中性等状态。当用非常纯的脱离子水充分洗涤纸浆后,其纤维和细小纤维的表面总是带负电荷,这是半纤维素、氧化纤维素和氧化木素中的表面基团离子化的结果。表1-4列出了木浆纤维中几种典型的可电离基团及其电离常数。

表 1-4　　　　　　木浆纤维的电离基团及其电离常数

酸性基团	电离常数/pK_a(25℃)
氧化半纤维素和氧化木素羧基	4~5
木素酚羟基	9.5~10.5
醇羟基	13.5~15.0
半缩醛羟基	12.0~12.5
木素磺酸基	100%在水中电离

3. 湿部系统干扰物质——阴离子垃圾

在造纸浆料中有水、纤维和细小纤维、化学助剂和填料,也不可避免地存在一些干扰正常操作或成纸性质的物质。这些湿部系统的干扰物质由于通常具有负电性,因而被称为阴离子垃圾(anionic trash),其值一般用阳离子需求量(cationic demand)表示。阴离子垃圾是一些以胶体和溶解物形式存在于湿部系统中的物质。它的存在会干扰整个造纸过程,如影响纸页的成形和湿部化学助剂的添加。

(1) 系统干扰物质的主要来源。(a)制浆、漂白过程中的溶解物或分散物;(b)打浆或备浆过程中的溶解物或分散物;(c)其他存在于新鲜水、助剂、损纸和回用纤维中的物质。

在硫酸盐制浆和漂白过程中,木素和多糖成分降解成低分子量的物质而溶在废液里,并由于洗涤不善而残留在浆中。脂肪酸和树脂酸也会残留在浆中,它们对化学助剂的影响不大,但会产生严重的树脂沉积的问题。在硫酸盐蒸煮、磨木浆制浆及漂白的过程中,也会产生较高分子量的阴离子的木质组分。这些物质与阳离子助剂结合,吸附于纤维的表面,干扰了化学助剂的功效。这种现象在使用机械木浆的造纸生产中较为严重。由于在白水中含有半纤维素、木素、蛋白质和果胶等多种物质,使湿部系统具有较高的阳离子助剂需要量。

在打浆和贮浆过程中,纸浆中的木质组分也会溶出而成为系统干扰物质。通常来说,未漂浆的溶出物要高于漂白浆。对于硫酸盐漂白浆来说,浆中的溶出物的含量大致为 $1\% \sim 3\%$ 的质量比。在损纸和回用纤维中,也存在着大量的系统干扰物质。如在损纸中,一般有疏水树脂、表面施胶淀粉、涂布助剂和分散剂等。在回用纤维中,通常有热熔胶、塑料颗粒、粘胶带、印刷油墨混合剂等黏性物质。

（2）系统干扰物质的去除方法。通过胶体滴定等方法可以测得系统的阴离子垃圾含量(用阳离子需求量表示)。当系统中的阴离子垃圾达到一定量时,造纸湿部系统操作则难以控制。此时应采取措施将其清除。一般在添加化学助剂前,先用中和剂将这些阴离子垃圾中和,以消除不良影响。常用的中和剂有硫酸铝、聚合氯化铝以及低分子量和高电荷密度的阳离子聚合物。

当造纸厂实行白水封闭循环和使用大量的回用纤维后,会发现湿部系统中溶解的和悬浮的干扰物质日益增多。这些会降低造纸助剂的功效,降低造纸产品的质量和影响造纸机的抄造性能。造纸工作者应充分认识系统干扰物质的危害,针对造纸厂各自的特点,想方设法地解决好这个问题。

(三) 造纸湿部化学助剂的主要作用

在造纸湿部添加化学助剂的主要作用有两点。一是为了改善纸页的某些特性,二是为了提高造纸机的抄造性能。一般来说,为实现前一目标所添加的化学助剂称为功能助剂,而为实现后一目标所用的助剂则称为过程助剂。

1. 功能助剂的主要作用

（1）改善纸页的结构特性。通过添加功能助剂,可改善纸页的成形特性(如匀度和定量分布等)和纸页的两面性。

（2）改善纸页的强度特性。纸页的强度特性一般由纤维的强度、纸页结合强度和纸页的成形质量所决定,化学助剂可促进纤维间的良好结合。如加入淀粉等干强助剂可促进纤维间的氢键结合,从而提高纸页的内部强度和表面强度。

(3) 改善纸页的表观特性。染料和矿物质颜料等造纸化学品的加入，改变了纸页的光学性质（如光散射系数、光吸收系数和不透明度等），从而改善了纸页的颜色、白度等表观特性。

此外，某些特殊助剂可赋予纸页以特殊的功能。如加入湿强剂或施胶剂可改善纸页的抗水性，并提高纸页的湿强度。加入阻燃剂可提高纸页的耐高温和防火的能力。

2. 过程助剂的主要作用

(1) 加快滤水。通过加入助滤剂，提高纸料的滤水速度，从而达到提高纸机车速的目的。

(2) 提高留着。通过加入助留剂，可提高细小纤维和填料等的留着率，从而达到减少纤维和填料的流失以及降低污染负荷的结果。

(3) 改善成形。通过加入成形助剂（如分散剂等），减少纤维间的絮聚，从而得到良好成形的纸页。

(4) 消泡除气。通过加入消泡剂等，消除纸料中的气泡以减少含气量，这对提高滤水速度和减少纸页的纸病（针眼等）均有重要的作用。

(5) 控制树脂障碍。通过加入树脂障碍控制剂，减少和避免树脂的析出及其在制浆造纸设备上沉积所造成的操作障碍。

二、造纸湿部化学与现代造纸工业

(一) 造纸湿部化学的基本概念

造纸湿部化学是专门研究造纸湿部添加的化学品及其与湿部系统组分相互作用机理的一门科学。由于所研究的内容涉及胶体化学和表面化学的理论，国外有的教科书将造纸湿部化学称为"造纸浆料组分的胶体化学和表面化学"。鉴于胶体化学和表面化学均有完整的科学体系和大量的教科书可供参考，本书不想在此重述上述学科的理论，现仅就有关造纸湿部化学的基本概念做一简述。

1. 胶体和胶体系统

胶体(colloid)，原指明胶一类的胶体物质。随着科学发展到今天，胶体的意义是指处于分散状态的特殊物质，或指该物质的分散状态。由这些分散状态物质组成的系统称为胶体系统(colloidal system)。

关于胶体系统粒子的尺寸,国际纯粹化学和应用化学联合会(IUPAC)曾规定,凡是颗粒直径在 $10^{-6} \sim 10^{-9}$m 范围者,皆属于胶体颗粒。在实际应用中,一般认为系统的粒子至少应有一维的尺寸在上述范围之间。胶体粒子具有较高的比表面积和较多的表面电荷,其分散状态是一种处于粗大分散状态(悬浮液)和分子分散状态(真溶液)之间的一种分散状态。许多研究表明,有时当粒子分散度超过 $1\mu m$ 时,也有胶体的性质,一般将其称为类胶体。因此,制浆造纸过程的纤维、细小纤维、填料和松香胶粒子等,也可划为胶体粒子的范围。造纸湿部化学研究的对象,就是以浆料纤维及其细小组分、填料和化学助剂等组成的胶体系统。

2. 界面动电现象

界面动电现象是胶体和介质界面发生的电现象和力学现象的组合。在胶体的凝聚和分散过程中起主导作用的,是作用于胶体粒子和介质之间的界面力,正是这种界面力的增强造成了粒子的带电特性。要预测胶体的凝聚及稳定性,就要知道粒子的表面电荷或电荷密度,但这在实际上是不可能的。通常的办法是利用界面动电现象来间接测量,用测得的滑移面上的表观电位来代替粒子的表面电位。而所谓界面动电现象,就是对接触着的两个相界面平行施加电场时,在两相间产生相对运动;或者当两相间发生相对运动时,与运动方向平行地产生电位差的现象。这种现象可分为电渗、电泳、流动电位和沉降电位四种。

3. 表面电位与 Zeta 电位

表面电位是系统静电电荷和粒子表面综合作用的结果。对于造纸过程的植物纤维,其表面电位主要源于氧化半纤维素、氧化纤维素和氧化木素相关的表面基团的电离作用。

表面电位是理论上定性描述湿部化学现象的参数之一。但表面电位不能直接测量,因而不具实际意义。在实际的湿部化学系统中,是用 Zeta 电位参数进行定量描述的。

Zeta 电位指的是双电层理论中滑移面上的电位,其大小可利用界面动电现象测得。由于可描述湿部化学系统特征的参数很少,因此 Zeta 电位一直被认为是湿部化学系统控制的重要控制参数。

4. 阳电荷需求量

由于纸料中的植物纤维和填料等表面电荷均显示负电性，需要加入一定量的表面显正电荷的粒子才能将其中和。我们将这个量值，称为阳电荷需求量(也称为阳离子需求量 cationic particle charge demand)。对于一种纸料或一个造纸湿部系统，阳电荷需求量是指其通过电荷中和而达到等电点时所需的阳电荷量。该量值的测量一般用滴定的方法确定，并以所耗用的标准阳电荷电解液的毫升数表示。

(二) 造纸湿部化学在现代造纸工业中的重要作用

1. 现代造纸工业的可持续发展战略是造纸湿部化学发展的原动力

世界造纸工业面临着资源短缺、能源紧张和污染严重等三大问题，这些问题严重制约着现代造纸工业的持续发展。对我国造纸工业来说，上述三大问题不仅依然存在，而且非常严重。因此，研究和解决这些问题就成了现代造纸工作者义不容辞的使命。在解决上述问题措施和方法中，采用造纸化学助剂是有效的途径之一。如开发适应非木纤维纸浆的化学助剂，使其在抄造性能和成纸质量上达到木浆的水平，以缓解木材资源紧张的问题。又如开发高效的蒸煮助剂和打浆助剂，以减少蒸煮能耗和打浆能耗。再如开发高效的白水絮凝助剂，减少白水排放的污染和纤维的流失。如此等等，都说明造纸湿部化学与现代造纸工业息息相关。因此，现代造纸工业的持续发展不仅需要造纸湿部化学的同步发展，而且迫切要求造纸湿部化学研究的超前发展。

2. 造纸湿部化学研究和应用为现代造纸工业提供了广阔的市场和良好的效益

随着市场经济的发展，市场竞争带来了工业产品质量和生产效益的竞争。在我国进入社会主义市场经济后，我国造纸工业也面临着严峻的市场竞争，说到底也就是一个产品质量和生产效益的竞争。在这场竞争中，造纸湿部化学的研究和应用扮演着必不可少的角色。

通过功能助剂的添加，赋予纸张和纸产品优良的功能特性，可满足市场的要求和提高市场的竞争能力。通过过程助剂的添加，提高了造纸机的运行效率,减少纤维填料等原料的流失,从而可减少消耗、降低成本,提高劳动生产率和经济效益。

3. 造纸湿部化学的系统控制是全面实现造纸工业过程控制的必由之路

造纸工业过程控制在实现了造纸机流浆箱喷浆速度、网速和各部车速等传动控制和网部真空曲线、压榨部压力曲线和干燥部蒸汽压力等定量水分工艺控制后,已经达到了一个较为完整的过程控制体系。但是美中不足的是,造纸机湿部系统控制仅在白水浓度、灰分和留着率等个别单元开始实施,而完整的湿部系统控制尚未能在生产上全面实现。目前在湿部化学的控制系统中,仅有少数新型纸机在白水浓度、留着率和灰分等少数流线上进行了检测,但是尚未见大规模推广。究其原因是影响湿部系统操作的因素较多,且有些影响机理至今尚未探明,制约着湿部化学控制模型的建立和湿部化学参数探测仪器的开发。限于湿部化学在线检测仪器的缺乏,有些参数连在线检测也无法实现,因此制约着湿部系统的过程控制。这不能不说是造纸工业过程控制的一大遗憾。

为全面实现造纸工业的过程控制,适应日益发展的造纸湿部化学技术,必须实现对造纸机湿部实行系统控制。当然,这一天的到来还有赖湿部化学研究的深入发展和造纸工作者的不懈努力。

第二节 造纸湿部化学基础理论

一、扩散双电层理论

(一) 表面电荷的产生

任何溶胶粒子表面上总带有电荷,有的带正电荷,有的带负电荷。溶胶粒子表面电荷产生的主要原因有以下四个方面:

(1) 极性基的电离作用。

(2) 吸附离子作用。

(3) 晶格的内部缺陷。

(4) 构成晶格的离子产生部分电离。

在制浆造纸过程中,粒子表面电荷的产生与上述四种原因均有关系。

不管是哪种原因,当粒子表面带电以后,它必然要吸引等电量的反号粒子在它周围。这样在紧靠带电固体表面处形成了特殊的一层表面层——双电层。

(二) 双电层模型及其概念

1. Helmholtz 双电层模型

1879 年 Helmholtz 曾设想带电胶体颗粒的双电层与平行板电容器有相似之处,即假定液体中的电荷与粒子的异型电荷相对排布,都集中在与界面平行的平面上。据静电学的知识,表面电荷密度 σ、双电层间的距离 δ 和表面电位 ψ_0 之间的关系如下,其中 ε 为介质的介电常数:

$$\sigma = \frac{\varepsilon \psi_0}{4\pi\delta} \tag{1-1}$$

上式是双电层概念的先驱表述,在早期的动电现象研究中起过一定的作用,但是这种紧密双电层模型,与实际情况有较大的差距。

2. Gouy–Chapman 模型

在 1910~1913 年间,Gouy 和 Chapman 提出了扩散双电层模型,该模型认为离子并不集中于一个平面内,而是呈扩散状态分布的。他们基于一些假定,以简单的正负离子等价的电解质为对象,得出了距粒子表面的距离 X 和电位 ψ 之间的关系。

$$\psi = \psi_0 \exp(-\kappa X) \tag{1-2}$$

上式为双电层中 ψ-X 关系的基本表达式。式中 ψ_0 为 $X=0$ 时的 ψ 值。κ 是扩散双电层"有效厚度"的倒数,其值为

$$\kappa = (8\pi n_0 \nu^2 e^2/\varepsilon k T)^{1/2} \tag{1-3}$$

式中　n_0——内部液体($\psi=0$)单位体积的离子数

　　　ν——离子的电荷数

　　　e——电子电荷

　　　ε——介电常数

　　　k——Boltzmann 常数

T —— 热力学温度

该模型还给出了表面电荷密度 σ 与表面电位 ψ_0 的关系,即

$$\sigma = \frac{\varepsilon \psi_0}{4\pi \kappa^{-1}} \tag{1-4}$$

上式表明,当表面电荷一定时,电解质的浓度越高且离子电荷数越大,则表面电位越低。比较上式与式(1-1),可知 κ^{-1} 相当于平行板模型的厚度 δ,所以 κ^{-1} 常常被称为扩散双电层的厚度。

3. Stern 模型

用 Gouy-Chapman 模型和处理方法,当 ψ_0 很大而 n_0 很小时,与实际结果相差较大。造成上述结果的主要原因是原假设中认为离子为点电荷所致。为了弥补 Gouy-Chapman 模型中的不足,1924 年 Stern 提出了如下模型。

Stern 建议双电层应分为两层:(1)内层为紧靠表面的吸附层,称为 Stern 层,其厚度 δ 近于离子或分子之半径。该层的界面称为 Stern 面。(2)Stern 面以外的另一层接续着点电荷的扩散层,称为 Gouy 层。

Stern 面上的电荷密度可用下式表示:

$$\sigma_S = \frac{n_0 \sigma_m}{n_0 + A\exp[(-\nu e\psi_\delta / kT) + \phi]} \tag{1-5}$$

式中 σ_m —— 反离子单分子层形成时的电荷密度

ψ_δ —— 离开固体表面 δ 时离子吸附面的电势,也称为 Stern 电位

ϕ —— 外加吸附势能和范德华能

A —— 频率因数

其余变量的意义同前面各式。

Stern 模型虽然只是对复杂状态的一种近似,但它至少是半定量地表述了大部分的双电层性质。而且该模型还确定了滑移面的存在,且滑移面必然在相当于 $\psi = \zeta$ 的距离为 X 处,并预计 ζ 接近于 ψ_δ。

4. Grahame 模型

1947 年,Grahame 进一步发展了 Stern 模型,他将 Stern 层又分成了两层即内 Helmholtz 层和外 Helmholtz 层。其中内 Helmholtz 层的结

构与原 Stern 层是一致的,而外 Helmholtz 层则由水化离子组成,与界面吸附紧密,可以随分散相一起运动,这一层也就是 Stern 模型的外层中反离子密度较大的一部分。Grahame 模型的外层就是扩散层,由溶剂化离子组成,不随分散相一起运动。分散相与分散介质作相对运动的滑移面(shear surface)上的电位为 Zeta 电位。

在 Stern 模型提出后,已有许多学者将 Stern 面作为滑移面来应用了。但是 Grahame 模型明确指出,Stern 面与滑移面不是一回事,内 Helmholtz 层是 Stern 面,外 Helmholtz 层才是滑移面。根据 Grahame 的观点,由粒子表面到内 Helmholtz 层,电位是呈直线迅速下降的;由内 Helmholtz 层到外 Helmholtz 层以及向外延伸至扩散层,电位分布是按指数关系下降的。这个理论至今为止仍是双电层理论中比较完善的一个基础理论。当然,与其他的科学理论一样,双电层理论也还在不断地发展和完善。各种双电层的模型图如图 1-2。

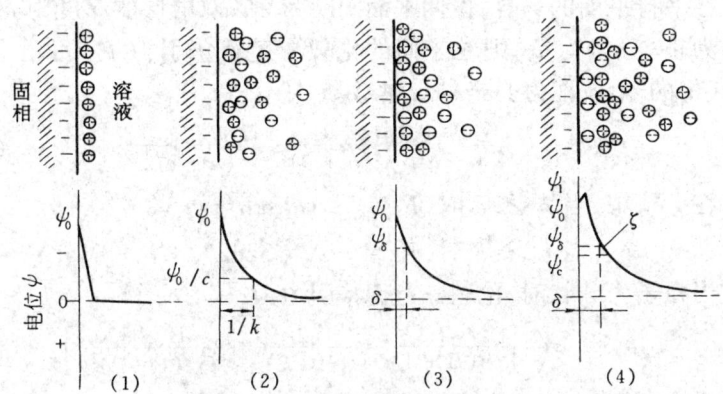

图 1-2 各种双电层的模型图
(1) Helmholtz 双电层 (2) Gouy-Chapman 双电层
(3) Stern 双电层 (4) Grahame 双电层

二、胶体稳定性理论

(一) DLVO 理论

胶体的稳定性就是胶体系统对于条件变化的抵抗力,即胶体系统从一种状态(如分散状态)变为另一种状态(如凝聚状态)的难易程度。

20 世纪 40 年代,苏联学者 Derjaguin 和 Landau(1941),荷兰学者 Verwey 和 Overbeek(1948)分别独立地创立了用能量变化定量描述憎水胶体稳定性的理论,一般称之为 DLVO 理论。该理论认为,胶体之间存在着互相吸引力,即范德华力;也存在着互相排斥力,即双电层重叠时的静电排斥力。这两种相反的作用力就决定溶胶的稳定性。当粒子之间的吸引力占主导时,溶胶就发生聚沉,而当静电排斥力占优势,且能阻止粒子因碰撞而聚沉时,溶胶就处于稳定状态。该理论定量地解释了溶胶的凝聚现象,从理论上阐明了 Schulze – Hardy 规则,使胶体体系的研究进入了一个新阶段。下面简述一下 DLVO 理论的应用。

1. 质点间的范德华力吸引作用

在平行平面的场合,设两平面间距为 $2h$,双电层的厚度为 δ,定义斥力为正、吸力为负,则粒子间的伦敦 – 范德华引力 F_A 可由下式计算,式中的 A 被称为 Hamaker 常数。

$$F_A = -\frac{A}{48\pi}\left[\frac{1}{h^2} + \frac{1}{(h+\delta)^2} - \frac{2}{(h+\delta/2)^2}\right] \quad (1-6)$$

在上式中,当 $h \ll \delta$ 时,$F_A = -A/48\pi h^2$;

当 $h \gg \delta$ 时,$F_A = -A\delta^2/32\pi h^4$。

当粒子为球状时,伦敦 – 范德华引力为:

$$F_A = -\frac{A}{6}\left[\frac{2}{B(B+4)} + \frac{2}{(B+2)^2} + \ln\frac{B(B+4)}{(B+2)^2}\right] \quad (1-7)$$

式中 $B = 2h/a$。若 $h \ll a$,$F_A = -Aa/24h$

即在短距离内,F_A 是与 h 成反比的高能量。

2. 相同粒子间的排斥作用

把粒子表面当作平面来理解,并假定两个平面间有一定的距离 $2h$,且保持平行。那么在平面的作用很弱,$\kappa h \gg 1$,即两者间距远大于双电层厚度的条件下,利用近似的方法,可以在排斥力 F_R 和 h 之间导出下式:

$$F_R = \frac{64 n_0 kT}{\kappa} r^2 \exp(-2\kappa h) \qquad (1-8)$$

其中
$$r = \frac{\exp(\nu e \psi_\delta / 2kT) - 1}{\exp(\nu e \psi_\delta / 2kT) + 1}$$

由上式可见,排斥力 F_R 随粒子间距的增大而按指数函数规律下降,而且 κ(离子强度)越大,其下降率越大。另外,在 Stern 电位 ψ_δ 较小时,因为 r 与 ψ_δ 成比例,所以 F_R 的增大,与表面电位 ψ_δ 的平方成比例。

设粒子为球状时的半径为 a,表面之间的最小距离为 $2h$,那么在 $\kappa a \gg 1$,即假定粒子的半径比双电层的厚度大时,可求得下式:

$$F_R = \frac{64 \pi n_0 kTa}{\kappa^2} r^2 \exp(-2\kappa h) \qquad (1-9)$$

上式当 ψ_δ 较小时成立,但是在大多数情况下,应用此式可以得到十分满意的结果。

3. 不同粒子间的排斥作用

有两个粒子的表面电位分别为 ψ_1 和 ψ_2,且在 $\psi_1 < \psi_2$ 的两个平行平面非对称作用。设平面间的距离为 $2h$,当 $\nu e \psi / kT \ll 1$,即电位充分低时,对于等价的正负离子构成的电解质,其势能 F_R 由下式给出:

$$F_R = (\varepsilon \kappa / 8\pi) \{ (\psi_1^2 + \psi_2^2)[-2E_2/(E_1 - E_2)] \\ + (4\psi_1 \psi_2)/(E_1 - E_2) \} \qquad (1-10)$$

式中 $E_1 = \exp(2\kappa h)$,$E_2 = \exp(-2\kappa h)$

在该式中,如果 ψ_1 和 ψ_2 相等,可以导出相同粒子间的势能表达式。

式(1-10)表明,由于 ψ_1 和 ψ_2 的不同组合,可使相互作用变为斥力或引力。这种现象可由图 1-3 中的不同曲线表示。当两者的表面电位相等时,得到图中曲线 1 所示的斥力;当表面电位为零或表面电位符号相反时,得到图中曲线 3、4 所示的引力;再当表面电位符号相同,但大小不同时,其情形如图中的曲线 2 所示:距离增大时为斥力,而随着它们的相互接近,在某一点处变为引力,成为具有极大值的势能曲线。在造纸过程中的分散和凝聚的问题,主要是涉及纤维素纤维、填料

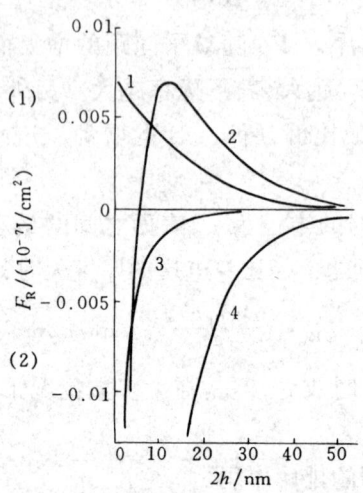

图 1-3 非对称相互作用的势能

浓度 $C=1\text{mmol/L}$,采用正负离子等价的电解质

1—$\psi_1=\psi_2=10\text{mV}$ 2—$\psi_1=10\text{mV},\psi_2=30\text{mV}$
3—$\psi_1=0\text{mV},\psi_2=10\text{mV}$ 4—$\psi_1=10\text{mV},\psi_2=-30\text{mV}$

以及涂布用颜料的问题。根据它们的规格和形状,可把纤维当作平面状粒子,而把填料和颜料当作球状粒子来考虑。因此纤维与纤维间的相互作用,可以看做是平面粒子间的相互作用;而填料与填料间的相互作用,可以看做是球状粒子间的相互作用。纤维和填料之间的相互作用,则可以看做是平面状和球状两种不同粒子间的相互作用。对于这种情形下的势能,有如下的计算公式:

$$F_R = \frac{128\pi k T n_0 a}{\kappa^2} r_1 r_2 \ln[1+\exp(-2\kappa h)] \qquad (1-11)$$

其中,
$$r_1 = \frac{\exp(\nu e\psi_1/2kT)-1}{\exp(\nu e\psi_1/2kT)+1}$$
$$r_2 = \frac{\exp(\nu e\psi_2/2kT)-1}{\exp(\nu e\psi_2/2kT)+1}$$

(二) 胶体的稳定性与凝聚

根据上述的 DLVO 理论,可求出斥力位能 V_R 和引力位能 V_A,而总位能 V_T 是 V_R 与 V_A 之和,即:

$$V_T = V_A + V_R \qquad (1-12)$$

由总位能与颗粒间距离的函数关系,可预测体系的稳定性。

如图 1-4 所示,总位能-颗粒间距曲线的一般形状可以从斥力和引力特性得出。斥力位能是颗粒间距离的指数函数,而引力位能与颗粒间距离成反比。因此,范德华引力在很小和很大颗粒间距下占优势。在中等颗粒间距下双电层斥力占优势。图 1-4 表示两种可能出现的位能曲线,$V(1)$ 总位能曲线表示斥力位能占优势,并具有极大值;$V(2)$ 表示在任何颗粒间距下,斥力位能均不占优势。

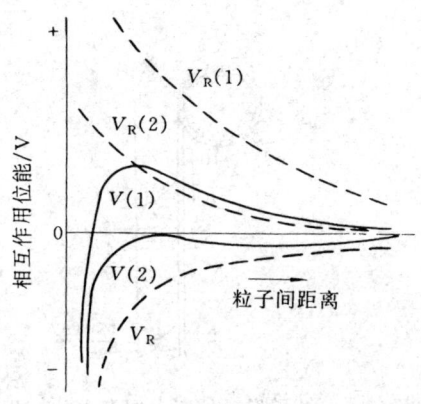

图 1-4 位能-粒子间距函数曲线

如果位能极大值比粒子的热能 KT 大,则体系将是稳定的,否则体系将凝聚。凝聚位能取决于 ψ_δ 和 Zeta 电位的大小以及双电层厚度 $1/\kappa$ 的数值。胶体粒子彼此凝聚而下沉必须通过位能垒,使引力占绝对优势。因此,位能垒越高,溶胶越稳定。加入电解质会使 Zeta 电位降低,双电层厚度 $1/\kappa$ 变薄,引起粒子间斥力减弱,位能垒也降低,从而使溶胶失稳而趋于凝聚。

三、造纸湿部化学中的界面动电现象

(一) 粒子的表面电位

带电粒子的表面电位,就是它的热力学电位。这种热力学单位是一般电化学现象的理论基础,称为奈斯托(Nernst)电位或 ε 电位。但对于胶体系统,要测定粒子表面的 ε 电位几乎是不可能的。因此,需要有一个在描述动电现象中有实际意义且可以测量的电位参数。于是产生了双电层理论及新的动电电位概念——Zeta 电位(ζ,简称 ZP 电位),即双电层滑移面上的电位。

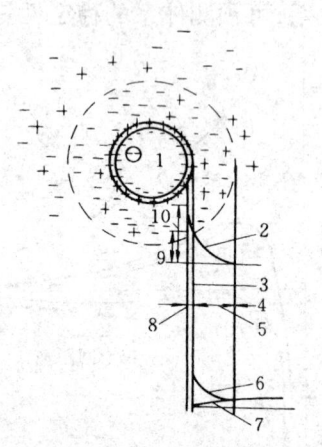

图 1-5 粒子附近的双电层及电位变化
1—带负电荷的粒子 2—粒子附近电位
3—滑移面 4—周围液体 5—扩散层
6—阳离子浓度 7—阴离子浓度
8—吸附层 9—Zeta 电位 10—ε 奈斯托电位

从图 1-5 可以看出,受吸附层中反离子的影响,粒子表面电位(ε 电位)直线下降,在滑移面处下降为 Zeta 电位。由于扩散层中过剩反离子的影响,随着与粒子表面距离的增加,使 Zeta 电位不断降低,在达到扩散层终点时与周围液体的电位相等,即电位差为零。正如前面所论述的,ε 电位是粒子表面与周围液体间的电位差,而 Zeta 电位是吸附层与周围液体的电位差,后者较前者小。前者无法进行测量,而后者可利用界面动电现象间接地测量,因而具有很好的实际意义。

(二)界面动电现象的基本理论

如果将胶体分散体系置入电场或其他力场中,伴有吸附层的粒子和含有扩散层的液体部分即产生相对运动。ZP 的高低便成为决定粒子移动速度和液体流动量的因素。作为相对运动,可考虑以下两种情况:

(1)液体静止,粒子移动;

(2)粒子静止,液体移动。

如果能利用上述两者之间的相对运动测出某个物理量,就可以反过来求出粒子所具有的表观电位,即 ZP。在上述的两种相对运动中,电泳和沉降电位的测量原理属于第一种,其测量的物理量分别为粒子的电泳速度和粒子沉降产生的电位差。而电渗和流动电位的测量属于第二种情况,电渗系测定流动液量或使其停止流动所需的静水压,流动电位则测定因液体流动而产生的电位差或电流强度。

1. 电渗

在固液系统中,固体为多孔物质且固定不动。液体在外加电场的作用下,从固体的孔隙中渗透,并向与固体所带电荷符号相同的电极方向移动。这种动电现象称为电渗。

图1-6为一种电渗仪。待测物可以是毛细管、粉状充填料、微孔隔膜或多孔固体物料等。当施加直流电压于工作电极后,与试样所带电荷相反的水溶液就会通过

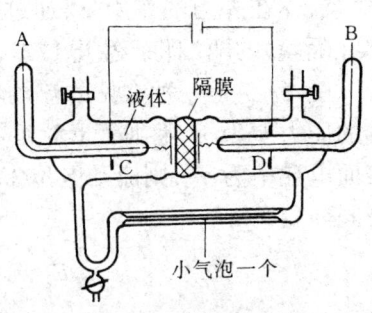

图 1-6 电渗仪原理图
A,B—测量电极(铂网)
C,D—工作电极(可逆电极)

试样向某一侧移动,由小气泡的移动速度可观测出水溶液的流速 u 然后据下面的电渗公式就可求出试样的 ZP。

$$U_S = \frac{\varepsilon \zeta}{\eta} \tag{1-13}$$

式中　U_S ——电渗迁移速率
　　　ε ——介质介电常数
　　　ζ ——Zeta 电位
　　　η ——介质黏度

2. 电泳

从固液两相的相对移动来看,电泳与电渗正好相反。电泳现象是以液体为主体,胶体颗粒在电场的作用下,在液体中按一定方向的运动。电泳是电渗的逆过程,所以电泳迁移率(或称电泳淌度)与电渗迁移率有近似的形式。

$$U_Y = f_1 \frac{\varepsilon \zeta}{1.5 \eta} \tag{1-14}$$

式中 U_Y——电泳淌度,或称为电泳迁移率

f_1——校正因子

其余符号意义同前。

3. 流动电位

流体在外力的作用下,通过毛细管(或多孔隔膜)时,在毛细管(或多孔隔膜)的两端将产生电位差,这个电位差就称为流动电位。

图1-7是一种常见的流动电位仪原理简图。设图中多孔隔膜两端的压力差为 p,毛细管形状系数为 f,溶液的电导率为 γ_0,颗粒的比表面电导率为 γ_S,则流动电位 E_L 可用下式表示(式中其余各符号的意义同前):

$$E_L = \frac{\varepsilon p \zeta}{\eta(\gamma_0 + f\gamma_S)} \qquad (1-15)$$

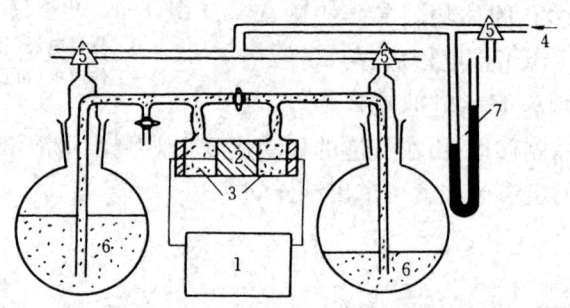

图1-7 流动电位仪原理简图

1—(高阻值)电势差计 2—多孔隔膜 3—孔网状铂电极
4—压缩空气 5—三通活塞 6—流体 7—汞压力计

4. 沉降电位

带电颗粒在液体中沉降时,由于颗粒有脱离包围着它的双电层扩散部分的倾向,所以在沉降时会产生一个电动势,这个电动势称为沉降电位。

图1-8为沉降电位测试仪的简图。设粒子的当量半径为 a,粒子与溶液的密度差为 $(\rho-\rho')$,粒子在溶液中的浓度为 c,重力加速度为 g,则沉降电位 E_C 可用下式表示(式中其余各符号的意义

同前）：

$$E_C = \frac{8\pi\varepsilon\zeta a^2(\rho - \rho')gc}{9\eta\gamma_0} \quad (1-16)$$

(三) 造纸湿部系统 ZP 的测定方法

从理论上讲,用上述四种动电现象的测量方法均可测量 ZP。但是对于造纸湿部系统,比较适合的有微电泳法、流动电位法和 AC 流动电位法等三种。其中微电泳法是最早发展并广为应用的,流动电位法对纤维悬浮液是一种很实用的测试方法,最新开发的 AC 流动电位法则被广泛地用于溶解电荷的湿部检测中。

1. 微电泳法(Microelectrophoresis)

微电泳法是电泳测定的方法之一,其测量原理如图 1-9 所示。在测量时,将呈颗粒分散体系的试样放入一特制的电泳池中,并在两端施加电场。这样就可测量到分散的带电粒子的迁移速度,从而得到电泳淌度[mm/(s.V.cm)]。在实际的仪器产品中,粒子的运动速度的观测有多种形式,如用肉眼或显微镜观察,也有借助光电技术的跟踪显示等。

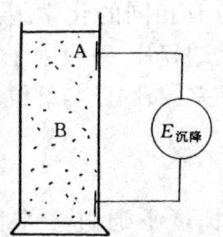

图 1-8 沉降电位测试仪的简图

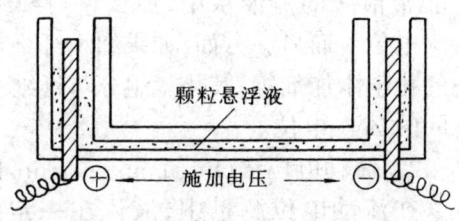

图 1-9 微电泳法的电泳池简图

(1) Zeta 电位的计算。在很多场合,用电泳淌度这一参数已足以满足湿部化学控制的需要。但是在希望计算 ZP 的情况下,可用下面的 Helmholtz-Smoulochowski 方程将电泳淌度换算成 ZP。

$$\zeta = fU_Y\eta/\varepsilon \quad (1-17)$$

式中　U_Y——电泳淌度

f ——常数,取值范围 1.0~0.33(取决于双电层的厚度与颗粒半径的比率以及颗粒的形状和尺寸)

在造纸系统中,ZP 的范围一般为 -40 ~ $+40\text{mV}$。

(2) 有关微电泳测量中的问题。在微电泳池中有一个矩形的横断面,待测的颗粒和悬浮液在此被施加电场后,颗粒向相反电荷的电极迁移,液体对电泳池壁面也做相对运动。这种沿着池壁的流动会在池中心产生一个回流,因而在池壁上下表面的流动和回流界面处会出现一个零流区域,称为"静止层"。处于静止层颗粒的微电泳测量是本仪器的关键,如果测量不是在"静止层",电场中液体的流速就会影响颗粒的迁移速度。实际上,各种仪器均确定测量是在静止层中进行。

由于微电泳测量限定颗粒完全处于静止层中,所以只能对纸浆的细小组分测量,而无法对纸浆纤维进行测量。由此产生了一个问题,测定细小组分得到的数据,是否可以反映造纸体系的实际,即造纸体系中的纤维和细小纤维是否具有相同的 ZP。对于这个问题目前尚无确定的结论。有观点认为,如果细小纤维是由次生壁上分离下来的,且悬浮在非常洁净的蒸馏水中,那么它与纤维本身应有相同的化学组成和 Zeta 电位。而另一方面,如果细小纤维是初生壁的碎片,并吸附了系统中的化学添加剂等,其化学组分与纤维有较大的差异,因此与纤维会有不同的 Zeta 电位。

2. 流动电位法(Streaming potential)

在流动电位测量中,液体在一定的压力梯度下通过一个由纤维、细小纤维和其他配料组成的滤塞。滤塞的两端设有电极,用以测量流体流过滤塞而形成的流动电位(图 1-10)。此时的 ZP 可用下式计算:

$$\zeta = V_p \gamma \eta / \varepsilon \Delta p \tag{1-18}$$

式中 V_p ——流动电位

γ ——流体的电导率

Δp ——流过滤塞的流体压降

(其余变量的意义同前)

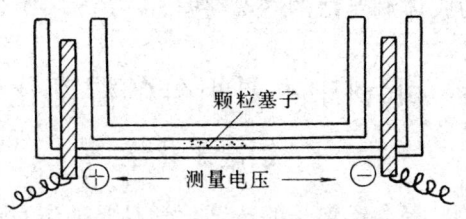

图 1-10 流动电位测量的电泳池示意图

对于造纸过程,不论是实验室测量还是在线测量,流动电位仪都是很实用的。由于流动电位测量要通过滤塞,所以包含纤维和细小组分在内的所有粒子都可测量,且测量前不需要滤浆,这对在线测量仪器来说是很方便的。

3. AC 流动电流法(AC streaming current)

在原理上,流动电流法与流动电位法相同,是测定由于液体流动而产生的电流。如图 1-11 所示,由于其测量的狭缝是处于活塞和圆筒之间,且当活塞做往复运动时在两电极间会产生一个 AC 电流(交变电流)。这个电流 i 和 ZP 成比例,比例系数为 K,于是有:

$$i = K\zeta\varepsilon \text{ 或 } \zeta = i/K\varepsilon \qquad (1-19)$$

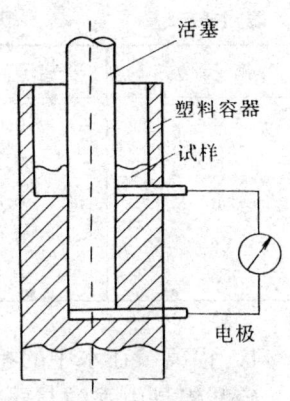

图 1-11 AC 流动电流仪原理简图

式中 $K = 4fd(r_2^2/r_1^2)$

f——活塞往复运动的频率

d——活塞的冲程

r_1——活塞半径

r_2——圆筒的内半径

(其余变量的意义同前)

流动电流仪主要用于造纸湿部系统状态的判断(阳离子型或阴离

子型),并可作为胶体滴定法的终点判据。

第三节 纸料中主要组分的湿部化学特性

一、铝离子化学

明矾(硫酸铝)等含铝离子的造纸化学品是造纸过程的一种常用助剂,它被广泛地用作助留、助滤和成形助剂,阴离子垃圾中和剂,pH控制剂,树脂控制剂,松香施胶剂和净水絮凝剂等。

明矾的化学式为 $Al_2(SO_4)_3 14H_2O$。选用明矾作为主要的造纸助剂是由于铝离子特殊的化学性质。与其他无机阳离子相比,铝离子不但有较高的离子电位(+3 价),而且有较小的离子直径(见表 1-5)。

表 1-5   无机阳离子直径的比较

离子种类	离子直径/nm	离子种类	离子直径/nm
Na^+	0.095	Al^{3+}	0.057
K^+	0.133	Cr^{3+}	0.065
Mg^{2+}	0.078	Mn^{4+}	0.066
Ca^{2+}	0.099	Fe^{2+}	0.067
Ba^{2+}	0.143		

1. 铝离子在水中的特性

硫酸铝是由强酸与弱碱组成的盐,在水溶液中会发生强烈的水解。水解时,铝离子与配位体 H_2O 和 OH^- 离子形成络合物,使硫酸铝溶液呈酸性(pH 值为 2.4~3.5)。

当 pH 值低于 3.0 时,如果没有别的阴离子与铝离子形成络合物,铝离子则以 $Al(H_2O)_6^{3+}$ 为主要存在形式。随着 pH 值升高,溶液中的 OH^- 增加。由于 OH^- 的配位能力比 H_2O 强,$Al(H_2O)_6^{3+}$ 中的 H_2O 逐渐会被 OH^- 取代,Al^{3+} 与 H_2O 电离出的 OH^- 形成络合物,破坏了 H_2O 的电离平衡,使得溶液中$[H^+]>[OH^-]$,因此溶液呈酸性。其水解平衡方程式如下:

$$Al(H_2O)_6^{3+} + H_2O \rightarrow [Al(H_2O)_5OH]^{2+} + H^+$$
$$[Al(H_2O)_5OH]^{2+} + H_2O \rightarrow [Al(H_2O)_4(OH)_2]^+ + H^+$$
$$[Al(H_2O)_4(OH)_2]^+ + H_2O \rightarrow [Al(H_2O)_3(OH)_3] + H^+$$
$$[Al(H_2O)_3(OH)_3] + H_2O \rightarrow [Al(H_2O)_2(OH)_4]^- + H^+$$

当 pH 值在 4.0～5.0 时,单核原子铝会形成多核络合物,大量的铝离子被束缚在这样的络合物中。形成的络合物一般含有两个以上的铝离子,其形成过程受时间、温度、浓度和系统其他因素的影响,因此该络合物的确切组成是不固定的。

2. pH 值对铝离子结构的影响

溶液的 pH 值对铝离子的水解产物影响较大。用苛性碱滴定硫酸铝,可得到各种 pH 值下的水解产物及其百分率。从图 1-12 中可以看出,当 pH 值为 2.0 时,氧化铝均为 +3 价,随着 pH 值的升高,占主导份额的氧化铝的价位逐步下降。当 pH 值升至 11.0 后,氧化铝变成 -1 价。在这高低 pH 值的两个极端之间,是各种产物的混合体,且互相处于平衡状态。

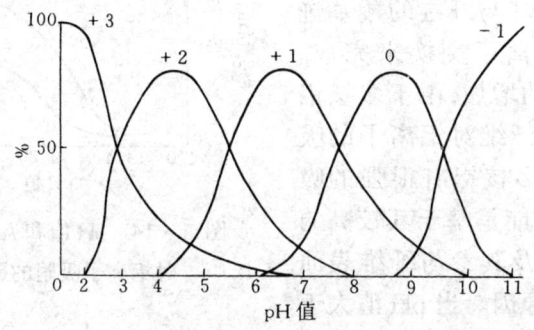

图 1-12 硫酸铝在不同 pH 值下的水解产物

随着 pH 值的变化,对 $AlCl_3$ 进行水解也可得到不同的水解产物。图 1-13 示出了在造纸过程常见的 pH 值范围内,其水解产物的构成和分布。当 pH 值较低时(pH 值小于 4.6),Al^{3+} 占主导形式;当 pH 值约为 4.8 时,$Al_8(HO)_{20}^{4+}$ 为主导形式,当 pH 值升至 5.5～8.0 时,$Al(HO)_3$ 则为主导形式。而当 pH 值 = 8.0 时(图中未示出),$Al(HO)_4^-$

离子开始形成，$Al(HO)_3$ 将随之减少。如果继续增加到 pH 值 = 10 时，$Al(HO)_3$ 将会全部消失而形成 AlO_2^-。

3. 铝离子在纤维上的吸附规律

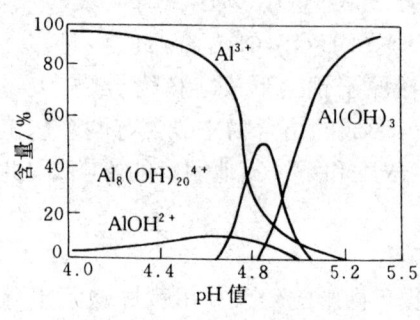

图 1-13 pH 值对铝离子存在形式的影响

在造纸过程中，纸浆纤维对铝离子的吸附是非常重要的。前面讲过溶液中铝离子的存在形式受 pH 值变化的影响很大，所以在纤维与铝离子的吸附中，溶液的 pH 值同样影响到纤维对铝离子的吸附量。图 1-14 展示了这种影响的程度。

从图中可以看出，在较低的 pH 值区域，吸附量较低且与浓度无关，这是由于在这一区域中，铝离子以 +3 价的形式出现，吸附主要通过 Al^{3+} 与纤维的羧基进行有限量的离子交换来完成。随着 pH 值的增加，由于多核铝的形成引起纤维对铝离子的吸附量增加。多核铝有很强的吸附能力，这可能是基于其较高的阳离子电荷及其参与纤维表面氢键作用等原因。当 pH 值大于

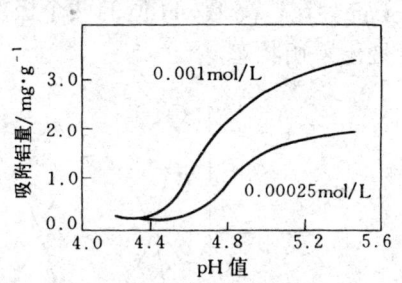

图 1-14 pH 值和 $AlCl_3$ 浓度对铝离子吸附的影响

5.0 时，纤维对铝离子的吸附得到进一步增强。此时铝离子取 $Al(OH)_3$ 的形式，该化合物水溶性较低而沉淀出来，由于这些铝离子水解物的存在，使该沉淀仍有较高的阳离子电荷。综上所述，较高的阳离子电荷和较低的溶解性，使 $Al(OH)_3$ 受到纤维的强烈吸附，且一旦吸附于纤维表面，则会进一步形成氢键结合。

从图中还可以看出，铝盐溶液的浓度对吸附量也有较大的影响。高浓铝盐的吸附量在 pH 值大于 4.3 后开始变大，而低浓的吸附曲线

在 pH 值大于 4.5 后才开始升高,且变化的幅度仍小于高浓铝盐的吸附曲线。这种现象与浓度对多核铝形成的影响是一致的。

4. 铝离子在施胶过程中的重要作用

硫酸铝在造纸工业中的应用很多,其中一个主要的用途是作为松香施胶的固着剂。在施胶工艺中,硫酸铝可提供酸性环境和正电荷,使松香胶吸附在纸浆纤维上。当纤维悬浮液的 pH 值为 4.2~4.6 时,铝盐的阳离子性对皂化松香胶的溶解性和吸附性起主导作用。

当使用分散松香胶时,硫酸铝的作用则完全不同,即松香胶的留着并不依靠硫酸铝。此时硫酸铝的作用,是在干燥部与分散松香胶发生反应,并使其化合物牢固地吸附在纤维上。这一作用一般在 pH 值 4.8~5.5 之间较为有效。

二、纤维素纤维的动电特性

纤维素纤维是造纸浆料的主要成分,因此研究纤维素纤维的动电特性,是湿部化学的一个主要课题。在诸多动电特性中,Zeta 电位(Zeta potential,简作 ZP)又是一个最基本和最重要的特性。

(一) 纤维与细小纤维的 ZP 特性

1. 纤维与细小纤维的 ZP

早期的大量研究表明,纸浆纤维中的不同的组分具有不同的 ZP,造纸工作者在这一点上已有共识。但是,由于 ZP 测量方法的差异以及 ZP 影响因素的复杂性,在纤维悬浮液中粒子粒度(纤维长度)对 ZP 值的影响趋势上,目前尚无一致的看法。一种占主导地位的观点认为,由于细小纤维具有较大的比表面积和较高的羧基含量,其 ZP 值(一般为负值,这里指绝对值)要大大高于长纤维组分。许多的试验结果也支持了这一论点。另一种观点则认为,大粒子比胶体级的小粒子运动得快,因此具有较大的电泳淌度。由电泳淌度与 ZP 的关系式可知,大粒子同样具有较大的 ZP。这一观点也得到了一些实验的证明。当然,在上述的实验结果中,ZP 并不是严格按照粒度的大小而变化的,这正说明了 ZP 影响因素的复杂性(图 1-15)。

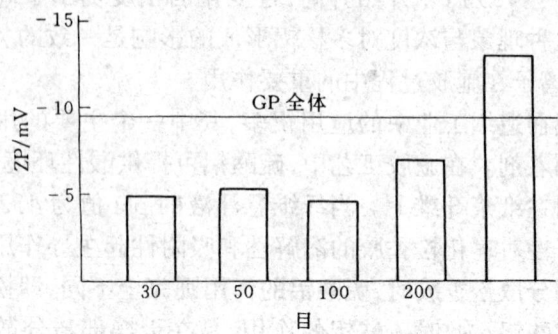

图 1-15　GP 浆纤维各组分的 ZP 分布

2. 测试方法的影响

一般认为,长纤维的 ZP 主要用流动电位法测量,而微细纤维的 ZP 则用电泳法来测定。而对全组分纸浆的测试,一般采用流动电位法。但也有研究表明,用流动电位法和微电泳法测得的全组分纸浆 ZP 差别不大(见图 1-16)。

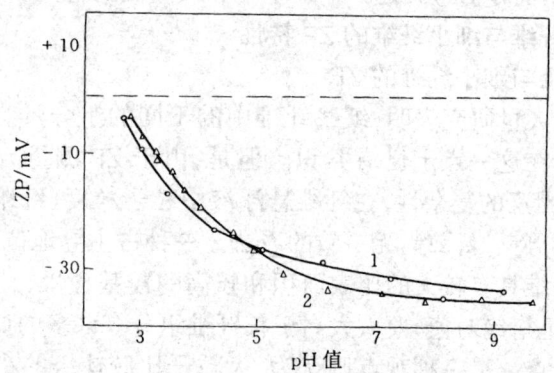

图 1-16　纤维素纤维的 ZP—pH 曲线
1—流动电位法　2—微电泳法

(二) 影响纸浆 ZP 的因素

影响纸浆 ZP 的因素较多且影响机理复杂,主要影响因素有以下几点。

1. 纸浆种类的影响

纸浆种类的影响主要有制浆原料、制浆方法、蒸煮程度和衍生物的存在等因素。由于原料种类的多样性和制浆工艺参数的多变性,很难就纸浆种类对 ZP 的影响给出一个普遍的规律。但根据前人的研究结果,可得出以下的大致规律。一般来说,对同一种制浆方法,草类浆的 ZP(通常为负值,这里指绝对值)要大于木浆。对于同一种原料,硫酸盐浆的 ZP 最小,ZP 依次增大的排序是亚硫酸盐浆、化学机械浆、机械浆。而废纸脱墨浆的 ZP 最大。漂白对纸浆 ZP 的影响比较复杂,经过漂白的浆料的 ZP 值变化趋势不定,有时升高也有时降低,这可能与漂白过程出现的伴生物及洗涤程度有关。表 1-6 给出了几个浆种的 ZP 值。

表 1-6　　　　　几种纸浆的 ZP 值

原　料	浆　种	卡伯值	ZP/mV
马尾松	酸性亚硫酸盐浆	3.65	-12.07
	硫酸盐浆	20.24	-6.40
	磨石磨木浆	—	-24.02
芦苇、荻苇	硫酸盐浆	13.91	-20.50
	漂白硫酸盐浆	1.10	-22.60
废纸	脱墨浆	—	-45.23

2. 羧基含量的影响

纸浆中羧基的电离是纤维素纤维带电的主要原因之一,因此羧基的含量对纸浆的 ZP 值也有着重要的影响。一般认为,纸浆中的羧基含量较高,其 ZP 值也较大。表 1-7 为国外研究者对纸浆进行酸处理后加入不同量电解质后的研究结果,表中的数据为电泳淌度,该参数值越大则说明 ZP 值也越高。

3. 打浆程度的影响

表 1-7　　　　　　纸浆的羧基含量对动电特性的影响

浆　种	COOH 基含量/(mmol/100g)	淌度(U_E)酸洗涤后	淌度(U_E)酸洗+0.1%PEI	淌度(U_E)酸洗+0.5%PEI
棉短绒	0.7	-5.6	+0.5	+0.8
BKP	3.6	-11.2	-6.0	+0.2
BSP	4.1	-9.8	-4.7	+1.0
NUKP	10.8	-21.7	-9.5	-3.0
GP	10.6	-10.4	-5.0	0
CTMP	24.2	-5.1	-5.5	-8.7

打浆作用对纸浆 ZP 的影响比较复杂,一般认为主要表现在两个方面。一是打浆作用使纤维素纤维的表面积增加,暴露出更多的羧基,且由于胶体物质从细胞壁脱落后转入液相,使半纤维素和多糖醛酸等发生重排,它们把离子化的基伸入液相,并在纤维表面出现部分再吸附,使表面电荷增多,这些均造成纸浆的 ZP 上升。另一方面,纤维受电中性的溶剂化作用增强,在纤维周围形成一个厚层,使离子化层的运动困难,从而造成纸浆 ZP 的下降(图 1-17)。

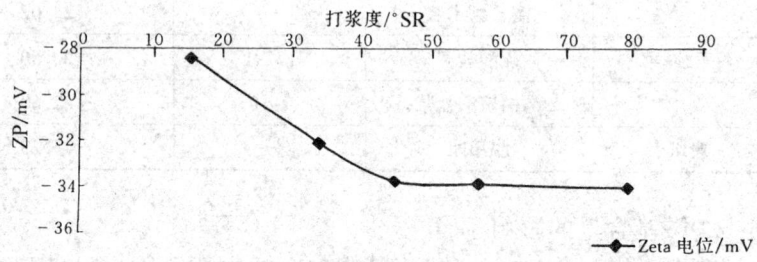

图 1-17　打浆程度对纸浆 ZP 的影响

在实际打浆过程中,这两方面的作用同时存在,只是作用的程度不同。因此,打浆对纸浆 ZP 的影响结果,应视两方面作用的比率而定。当第一方面的影响占主导地位时,打浆作用使纸浆的 ZP 上升;同样当第二方面的影响较强时,打浆会造成 ZP 下降。特别的当两种作用相当时,也会出现 ZP 无明显变化的情况。

4. pH 值的影响

纸浆悬浮液 pH 值的变化,可引起纤维表面的活性基团(COOH 基等)数量的变化,导致纤维表面电荷的改变,从而影响纸浆的 ZP 值。研究表明,当 pH 值较高时,负电荷也较大,因而纸浆的 ZP 值也较高(图 1-18)。

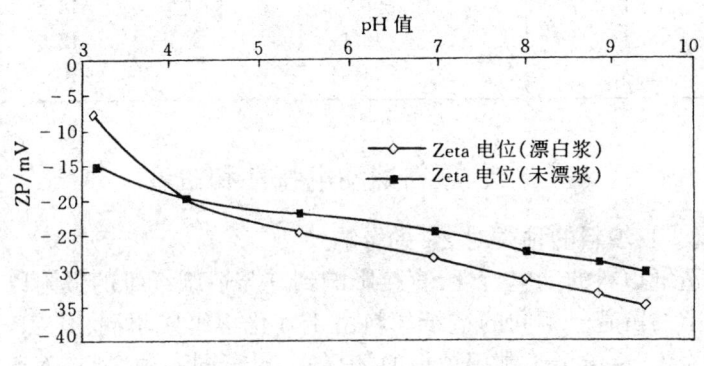

图 1-18　pH 值对纸浆 ZP 的影响

5. 无机盐类的影响

无机盐的加入,使纸浆悬浮液中的阳离子增加,且随着金属阳离子的浓度增高,改变了浆料表面电荷的数量和电性,使纸浆的 ZP 值由负值向正值方向逐步变化。纸浆 ZP 的改变程度与无机盐的种类和金属离子价数及浓度有关,图 1-19 为硫酸铝加入后对纸浆 ZP 的影响,表 1-8 给出了几种无机盐的影响结果。

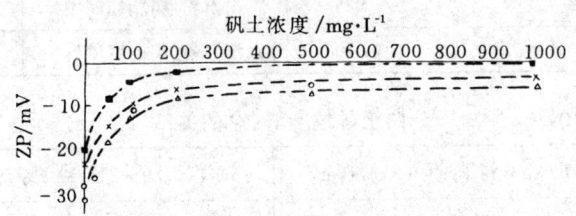

图 1-19　硫酸铝对纸浆 ZP 的影响
○—桉木 KP　×—桉木 BKP　△—云杉 BP　■—云杉 GP

表 1-8　　几种经无机盐溶液饱和的 SP 浆的 ZP 值

无机盐类	ZP/mV	
	纸浆在蒸馏水中	在 0.001N 盐溶液中
$FeCl_3$	-2.6	+23.4
$Fe(OH)_3$	+4.3	+7.1
$NiCl_2$	-6.4	+11.7
$CoCl_2$	-9.3	+18.3
$CuCl_2$	-10.1	+12.5
$MnCl_2$	-14.4	-8.6

三、填料的动电特性和留着

(一) 填料的种类对 ZP 的影响

造纸填料的动电特性,直接影响到其与造纸纤维的吸附以及在造纸网上的留着。不同的造纸填料由于其化学组成不同,其 ZP 值也不同。表 1-9 给出了常用填料的 ZP 值。对于同一种填料,随着粒度的减小,其 ZP 值增大。表 1-10 给出了一种填料的粒度与 ZP 的关系。

表 1-9　　　　　　填料的 ZP 值

填　　料	ZP/mV	填　　料	ZP/mV
硫酸钙	-5	#2 涂布用白土	-9.3
粉碎碳酸钙	-7	二氧化钛(金红石)	-9.5
沉淀碳酸钙	-8.5	滑石粉(树脂控制用)	-11.3
二氧化钛(锐钛矿)	-8.9	滑石粉(高白度填料)	-12.0

表 1-10　　　　白土的粒度与 ZP 的关系

试样	0~2μm 粒子量/%	ZP/mV	试样	0~2μm 粒子量/%	ZP/mV
白土 A	28.5	-16.5	白土 C	45.0	-28.0
白土 B	32.0	-21.0	白土 D	70.5	-34.5

(二) pH值对填料ZP的影响

随着pH值的减小,填料ZP值的变化趋势是由负值朝正值方向变化(见图1-20)。对于不同的填料,其ZP值随pH变化的程度也不同,一些填料当pH减小不多(pH值较高)时,即达到等电点;而有些填料要到pH值较低时,才达到等电点。表1-11是几种填料达到等电点时的pH值。

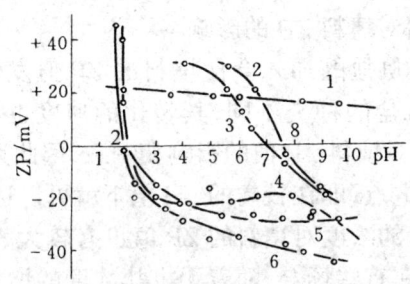

图1-20 几种填料的ZP随pH值的变化曲线
1—水合氧化铝 2—硫化锌 3—二氧化钛
4—重晶石 5—硅酸钙 6—硅酸铝

表1-11　　　几种填料达到等电点时的pH值

填　　料	等电点pH值	
	实验值	文献值
二氧化钛(锐钛矿)		6.0±0.3
A-DM	3.8	
A-HR	3.8	
A-HR(洗净)	6.7	
二氧化钛(金红石)		6.7±0.1
R-TC5	6.3	
R-TC6	6.2	
R-CR	6.2	
氧化铝	9.0	9.3

续表

填料	等电点 pH 值	
	实验值	文献值
二氧化硅	≈2.0	1.8~2.2
氧化锡	5.8	4.5~7.3
白 土	≈2.0	2.0

（三）无机盐对填料 ZP 的影响

一般来说，无机盐的加入会使填料的 ZP 值发生从负值向正值的转化，且随着无机盐的种类不同，其转化的速度也不同。这种转化趋势，与 pH 值降低对填料 ZP 值的影响相一致，因此无机盐的加入，可使填料提早达到等电点，即在较高的 pH 值下就可以达到等电点。

此外，无机盐的浓度对填料的 ZP 值也有较大的影响，但是影响的趋势不甚一致。在有些场合，随着无机盐浓度的增加，填料 ZP 值从负值向正值的转化加速；但在另一些情况下，ZP 值随无机盐浓度的增加向与上述相反的方向转化（见图 1-21 及表 1-12）。

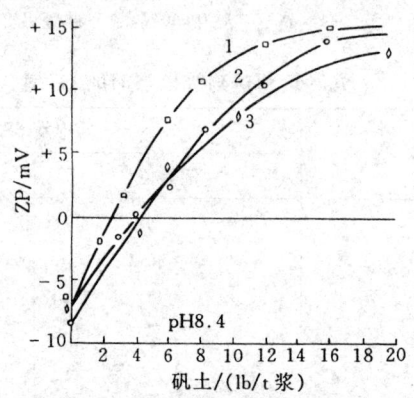

图 1-21 填料 ZP 与硫酸铝加入量的关系
在只有填料悬浮液，没有纤维的情况下，
填料% 和矾土(lb)相当纤维浓度 1%时
1—3% TiO_2 锐钛矿 2—10%白土 3—5%滑石粉
注：1lb=0.45kg

表 1-12　无机盐的加入与二氧化钛的 ZP 的关系

TiO$_2$ 的类别	ZP/mV		
	H$_2$O	0.001% NaCl	0.001% 硫酸铝
锐钛矿	-2.2	-34.5	+25.0
金红石	-13.1	-30.0	+16.7

(四) 聚电解质对填料 ZP 的影响

聚电解质的加入,会使填料的 ZP 值发生从负值向正值方向的转变,且转变的程度随聚电解质浓度的增加而增大。图 1-22 为阳离子聚电解质(助留剂)的添加率与几种填料 ZP 的关系。

(五) 填料的动电特性与留着

1. 填料的表面电荷

填料的表面电荷对其在纸幅中的留着有着重要的影响。填料一般具有从 -30mV～+30mV 的 Zeta 电位,前面提到的诸因素均影响到填料的 Zeta 电位。在实际应用中,通常加入阳离子助留剂、絮凝剂或铝盐等,使填料颗粒表面形成阳电荷,以提高填料的留着率。

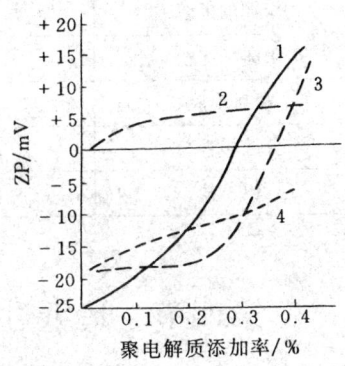

图 1-22　聚电解质添加率与填料 ZP 的关系
1—白蛋　2—合成填料
3—TiO$_2$　4—白土

为了提高填料的单程留着率,通常采用对填料表面电荷进行改性的方法。具体做法是利用填料表面的负电性,用阳离子高分子聚电解质对其进行阳离子化,以增加填料颗粒与纸浆纤维和细小纤维的吸附,从而提高填料的单程留着率,并减少白水中的填料含量。

2. 填料粒子对添加剂的优先吸附

由于填料和细小纤维均有非常高的比表面积,因此它们对纸浆悬浮液中的添加剂的吸附量要比纤维大得多(见表 1-13),即填料粒子和细小纤维对添加剂的优先吸附。在造纸过程中,填料的优先吸附行为会导致以下几种情况:一是添加剂被填料吸附后,其作用效果被大幅度降低,如填料的加入量与施胶效果呈反比关系。其二是当系统的单程留着率较低时,大量吸附在填料粒子上的阳离子添加剂会随同填料一起流失,从而减少了添加剂的实际加入量。在实际加填工艺中,应对上述问题给予足够的重视。

表 1-13　　常用添加剂对纸料的相对吸附强度

添加剂种类	纤 维	瓷 土	细小纤维
阳离子淀粉	1	4	5
松香皂胶	1	4	16
分散松香胶	1	16	20
铝 盐	1	2	3

第四节　造纸过程控制助剂的作用原理

一、造纸湿部化学系统的过程控制

(一) 造纸湿部过程控制的基本概念

1. 湿部过程控制的意义

造纸湿部化学过程控制是指在造纸过程中,通过过程助剂的添加和工艺的调整,使造纸机保持最佳的湿部化学操作条件并减少湿部系统的波动。进行湿部过程控制的重要意义在于:①增加造纸机的车速,提高生产率;②实现湿部系统的生产监控,强化网部成形的作用,在湿部把好质量关;③降低成纸定量,节约造纸用资源;④从酸性抄纸向碱性抄纸转化;⑤增加白水的回用率,减少造纸原材料的流失;⑥降低白水的处理负荷,实现清洁生产;⑦合理使用湿部化学添加剂并达到最优化的添加工艺。

2. 造纸湿部过程控制的目标

造纸湿部过程控制是以良好的纸页成形质量、快速的纸料滤水速率及高效的纸机抄造性能为控制目标的。对于不同的造纸企业,生产不同纸种的造纸机,具体的湿部过程控制指标数值会有所不同,但总是围绕着上述的中心目标进行的。

3. 造纸湿部过程控制的内容

(1) 纸页的成形匀度。纸页成形匀度一般指纸料中的纤维、填料等组分均匀分布的程度,它是评定纸页质量的重要指标。这一指标不但影响纸页的结合强度,而且对一些需要后加工工序(如涂布和印刷等)也有重要的影响。一般用纸页的定量波动的大小来表示纸页的成形匀度:

$$N = \sigma/X, 其中 \sigma = [\frac{1}{n}\Sigma(X_i - X)^2]^{1/2} \tag{1-20}$$

式中 N ——纸页定量波动指数,其值越小则匀度越好

σ ——纸页定量波动方差

X_i ——第 i 测量点处的纸页定量

X ——纸页平均定量

n ——总测量点数

虽然迄今为止,世界上尚无统一的纸页匀度的评价标准和测试方法,但是由于科学研究和生产实际的需要,世界许多研究者研制了纸页匀度测定仪和纸页定量水分测定装置等,对纸页成形匀度进行测定。

(2) 纸料的滤水速率。纸料的滤水速率不但关系到纸机运行的效率,同时也影响到纸页成形的质量。纸料的滤水速度的快慢可从网部的水线位置来判断,也可在实验室中用特定的装置来测量。现行国家标准用打浆度仪间接测量滤水速率的方法(GB3332-82,和 GB/T12660-90 等),有较大的局限性,新的国家标准正在制定中。国际上一般采用美国 Tappi 标准 T221cm-93 测量纸浆的滤水性能。

(3) 纸页成形匀度、纸料滤水速率和纤维留着率的关系。值得指出的是,在同一造纸湿部系统中,由于湿部系统参数间的相互影响,同时取得最佳的纸页成形匀度、留着率和滤水速率是不现实的。如低浓的上网纸料有利于纤维的均匀分布,但难以取得较快的滤水速度和较高的纤维留着率;高浓的纸料有利于网部脱水和纤维留着,但又易于造

成纤维的絮聚,影响成形质量。同样,滤水速率与纤维留着也是经常相互制约的,如强烈的快速滤水有时会造成纤维的过分流失,减少纤维的留着率等等。因此,造纸湿部过程控制的策略就是尽量兼顾上述指标的适当性,使各指标在同一湿部系统中达到合理的平衡。

4. 湿部过程控制的基本参量

在湿部控制中,常用的基本参量有纸料系统的纤维质量、组分含量、滤水特性、动电参数(纸浆悬浮液电导率、ZP等)、物料流速和纸机操作参数(上网浆浓、浆网速比和纸机车速等)等。

(二) 纸料在造纸网上的滤水与留着

纸料在造纸网上的滤水与留着实际上是纸页成形过程的一个主要部分,也是湿部过程控制的主要内容之一。一般认为,纸页成形过程主要是一个流体动力学的过程,纸浆悬浮液在网部经历了滤水、定向剪切和湍动等的综合作用后,纸料中的纤维、填料等留着在网上形成了湿纸幅。虽然在纸页成形过程中流体动力是起主导作用的,但是由于纸料中含有大量的纤维、细小纤维和填料以及化学助剂等粒子组分,胶体化学力对纸页成形的影响仍是不容忽视的。

纸料在造纸网上的滤水与留着的状况,直接影响着纸页成形的速度与质量。从造纸湿部过程控制方面讲,纸料中的纤维和细小纤维的絮聚对纸页成形的匀度影响最大。纤维的絮聚主要影响纸页的匀度,细小纤维的絮凝不但影响纸页的性质,而且影响纸机的抄造性能。由于化学助剂紧密地吸附在细小纤维和填料粒子表面上,助滤剂也受细小纤维和填料絮凝的影响,而滤水性能对造纸机的生产率是非常重要的。此外,纸料组分间胶体的相互作用也会影响到造纸工业的清洁生产与环境保护等问题。如纸料中未能留着在网上形成纸幅的组分,会进入循环白水系统形成沉积物或随废水排放。

(三) 过程控制助剂简介

湿部过程控制助剂主要有以下几种。

(1) 助留/助滤剂(retention/ drainage aids)。助留/助滤剂大致可分为无机盐类、天然有机聚合物和合成有机聚合物等三大类。

(2) 成形助剂(formation aids)。成形助剂是为提高纸页成形匀度而添加的化学品。常用的成形助剂有纤维分散剂等。

（3）消泡剂（defoaming agent）。主要品种为有机硅型、聚醚型或脂肪酰胺型表面活性剂。

（4）树脂障碍控制剂（pitch control aids）。主要有滑石粉、硫酸铝、螯合剂和表面活性剂等。

二、纸料的留着机理与聚电解质

（一）留着的机理

纸料的留着主要是指纸料中的微细组分（细小纤维和填料等）的留着，其留着机理一般认为是机械力和胶体化学力综合作用的结果。

1. 机械截留机理（mechanical entrapment）

机械截留是指在造纸过程中，由沉积在网上纤维组成的网状滤层截留了纸料中的细小组分。在网部滤水初期，由于纤维沉积较少，网状滤层缝隙较大，只有较长的纤维组分被截留。随着滤水的继续，纤维沉积层不断加厚，网状滤层缝隙变小，则有较多的细小组分被截留。随着细小组分留着的增多，纸幅表面趋于平滑。

由于纸机网部的滤水是一个动态过程，当纤维滤层随成形网经过脱水元件时，受到压力脉冲作用而脱水。同时，细小纤维的留着也受到压力（正压）脉冲的影响。在经过一个压力脉动后，纤维滤层增厚，并从纸浆悬浮液中截留细小组分；当下一个真空（负压）脉冲到达时，纤维滤层被抽吸压缩并使细小组分沿水流方向流失，降低了细小组分的留着率。一般来说，网部的压力脉冲越大，纸料上网浓度越稀，最终细小组分的留着率也越低。

2. 胶体凝聚机理（colloidal aggregation）

上述的机械截留只能截留纸料中的纤维组分和小部分细小组分，而使大部分细小组分流失。为了增加纸幅中细小组分的留着和得到均匀的纸页，可通过胶体化学作用，使细小纤维形成较大的絮团或黏附在纤维的表面上，从而大大提高细小纤维的留着率。

在造纸过程中，胶体凝聚是细小组分留着的主要机理。胶体凝聚包括两个方面：一是由纯细小组分形成的絮凝物，另一是细小组分吸附在纤维表面后形成的絮凝物。后者的絮凝物可在成形开始时与纤维一起留着并形成湿纸幅,而前者的絮凝物要待纤维滤层初步形成后,通过机械截留才得以留着。

由于胶体化学力的作用,可产生纤维间的絮聚、纯细小组分的絮凝和纤维与细小组分间的絮凝。在造纸过程中,应阻止和避免前两种絮凝,促进纤维与细小组分间的絮凝,这样才能获得较好的成形质量。同时由于化学添加剂倾向于吸附在细小组分上,促进纤维与细小组分间的絮凝,也有利于化学助剂的均匀分布,使其发挥更好的效能。

(二) 聚合电解质的助留作用

聚电解质的助留作用是通过对浆料系统的细小组分的凝聚实现的。细小组分的凝聚机理主要有凝结(coagulation)和絮聚(flocculation)。凝结和絮聚的差别是,前者指微小粒子形成的小聚集体,是不耐机械外力的"松软凝聚体";后者则是通过高分子聚合物在粒子间交联形成的"坚实凝聚体"。

1. 凝结

凝结包括电荷中和(charge neutralization)、异凝结(heterocoagulation)和补丁作用(patching)。

(1) 电荷中和。电荷中和是凝结的一种最简单的形式。无机电解质或低分子量的聚合物加入,使系统内的带电粒子的双电层受到压缩,粒子间的排斥力减小,当其小于范德华引力时,粒子产生碰撞而引起凝结。在用无机盐作为凝结剂时,阳离子的价位越高,其凝结的效果就越好。如三价铝盐的凝结效果要优于二价的镁盐。当用聚合电解质进行电荷中和时,其相对分子质量应高于 10 万,并有较高的电荷密度。一般选用聚胺、聚乙烯亚胺和聚酰胺环氧氯丙烷最好。

(2) 异凝结。异凝结是指带有相反电荷的粒子通过静电引力产生的凝结。带正电荷的颗粒(如阳离子型碳酸钙等)沉积在纤维的表面就是一个实例。

(3) 补丁作用。补丁作用的机理是,加入的阳离子聚合物会强烈地吸附在负电荷纤维表面上,使被吸附处的电荷发生反转后成为正电荷,这种现象好似在带负电荷的粒子上缝上了一小块带正电荷的补丁,通过正电荷补丁和邻近部分的负电荷产生的静电吸引而发生凝结。凝结的程度取决于聚合物的电荷密度及表面覆盖量的大小。由于补丁作用是通过静电引力产生的，因此将其归类为凝结(见图1-23)。

2. 絮聚

絮聚包括桥联(bridging flocculation)和网状絮聚(network flocculation)。

(1) 桥联。桥联有时也称为架桥，其作用过程一般可分为以下四个步骤：

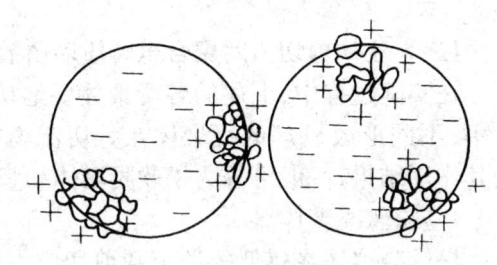

图 1-23 补丁作用的凝聚机理

a. 聚合物分子在引力作用下与系统内的颗粒发生碰撞并形成初始吸附；

b. 该聚合物以一部分吸附在颗粒上，其余部分伸向纸浆悬浮液中，形成一系列的环和链；

c. 这些环和链与另一颗粒发生碰撞；

d. 受碰撞的颗粒吸引聚合物表面形成的环和链，两颗粒通过环和链形成的"桥"联结起来，从而发生絮聚。

添加的聚合物特性对桥联效果的影响较大，如聚合物的分子量、电荷密度和系统中的离子浓度等。此外，系统内细小组分表面电荷的高低也会影响到桥联的效果(见图1-24)。

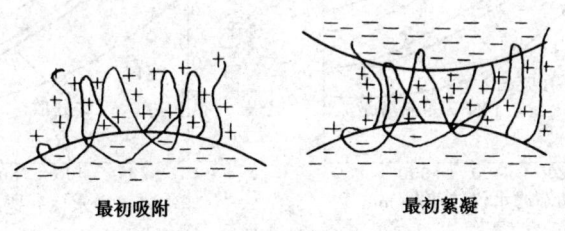

图 1-24 桥联絮聚模型

(2) 网状絮聚。架桥絮聚体系取决于聚合物与颗粒间的反应。

网络絮聚体系则涉及两种或更多的聚合物间的反应。这些反应产生一个网络状结构,再通过机械截留作用留住颗粒或与颗粒表面发生反应。聚合物与颗粒间的静电作用在网络絮聚中比在桥联的凝结中小。

(三) 流体剪切力对聚合电解质助留效果的影响

在实际过程中,上述的各凝聚体要经历纸浆悬浮液流体剪切力的作用,不同形成机理的凝聚体在剪切流场中的作用结果也各不相同。按其作用结果,一般可分为松软凝聚体和坚实凝聚体。

1. 松软凝聚体

松软凝聚体在较低的湍流和剪切应力下,具有较好的细小组分留着。而在较强的湍流条件下,由于凝聚体受到破坏,助留功能会降低。当湍流平息后,又会恢复到原来的凝聚程度,并可大体保留原来的留着水平(见图1-25)。

2. 坚实凝聚体

坚实凝聚体有很好的细小组分的留着性,并可在一定的范围内抵御湍流剪切力的作用。但当湍流过强时,该凝聚体亦会被破坏。在系统满足重新凝聚条件时,该凝聚体将转化为松软凝聚体,其助留效率则不会重新恢复(见图1-26)。

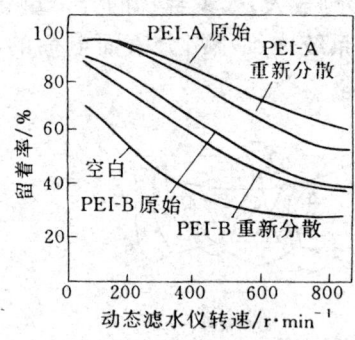

图1-25 湍流与松软凝聚体留着率

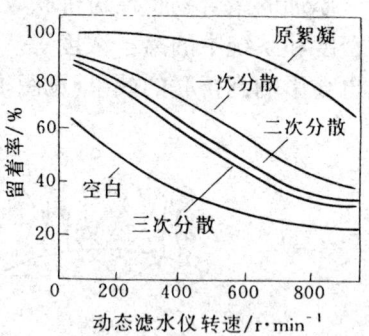

图1-26 坚实凝聚体的絮凝-重新分散

三、留着的测定与动态滤水实验

(一) 留着率的基本概念

1. 全程留着率

全程留着率(overall retention)是指纸机干部卷取出来的物料(纸页)与进入造纸机湿部的物料(浆料)之比。这一比值一般为90%~95%。

2. 首次留着率

首次留着率(first‐pass retention,FPR)有时也称为首次纤维留着率或单程留着率(single‐pass retention)。该参数是指离开伏辊处留在纸幅上的物料与离开造纸机流浆箱堰口处的物料之比。首次纤维留着率可以用来表示全部纸料在上述两处的比率,也可以用来说明纸料中的某种组分单独在上述两处的比率,如首次填料留着率(first pass filler retention)、首次细小纤维留着率(first pass fines retention)等。这一比率一般在20%~90%。

(二) 动态滤水实验

1. DDJ动态滤水测试仪

由于造纸机网部的滤水过程是一个动态过程,故对助留剂效果的评价方法也应模拟这一过程。20世纪70年代中,Britt博士研制了纸浆动态滤水性能测试仪(Dynamic Drainage Jar,简称DDJ),其后经不断改进,现已成为实验室内动态滤水条件下测试纸浆留着率的一种常用的仪器。Tappi标准T261 cm‐94规范了该仪器的结构特性和使用方法(见图1‐27)。

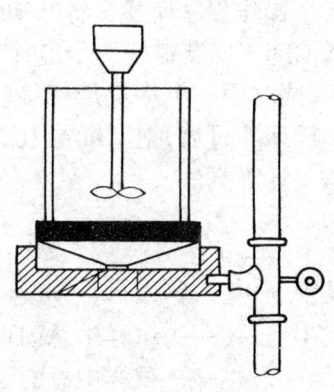

图 1‐27 DDJ 动态滤水仪

2. 浆料中细小纤维组分含量的测定(详见Tappi标准T261 cm‐94)

操作程序简述:将待测浆料配制成(0.5±0.01)%浓度的悬浮液4~10L,并从中取出100~125g,用特定的稀释水稀释成500mL的悬浮液。关闭出液阀,将该悬浮液加入到 DDJ 滤水罐中,开启搅拌器在设定的转速(750r/min)下进行搅拌。当罐中形成稳定均匀的浆流后,打开出液阀,开始滤水,并用接收筒(烧杯)接收滤液。完成上述步骤后,在滤水罐中再加入 500mL 稀释水,仍按上述步骤滤水,并更换烧杯接收滤液。一般需重复上述过程 4~6 次,每次更换接液烧杯,直至得到清洁的滤液为止。

清洗滤网上的长纤维组分,并在布氏漏斗上用指定滤纸过滤。最后将滤纸烘干并称重。

计算方法:

$$w_f = \frac{m_A w - m_B}{m_A w} \times 100\% \qquad (1-21)$$

式中　w_f——细小纤维含量,%(指通过 200 目滤网的组分)
　　　m_A——试样的质量,g
　　　m_B——长纤维的质量,g(指留在 200 目滤网上的组分)
　　　w——试样的质量分数,%

3. 细小纤维留着率的测定

操作程序简述:将已知浓度和细小纤维含量的浆样取 500mL 放入 DDJ 中,设定好一个搅拌器转速并进行搅拌,当浆流稳定后开始滤水,同时用一个称量烧杯接收滤液 80~100mL,并称其重量。然后用布氏漏斗过滤,把滤纸在 105℃下烘干并称重。

计算方法:

$$R = \frac{m_T - m(V/U)}{m_T} \times 100\% \qquad (1-22)$$

其中　$m_S = Vw$,$m_T = m_S w_f / 100$,w 和 w_f 的意义同式(1-21)。

式中　m_S——试样中总固形物的含量,g
　　　m_T——试样中总的细小纤维含量,g
　　　R　——细小纤维留着率,%(相对于总细小纤维含量的留着率)
　　　U　——滤液质量,g
　　　V　——试样体积 mL(数值上假定为试样质量 g)
　　　m　——液体质量,g

（三）常用的助留剂

常用的助留剂有三大类，即无机盐类、天然高分子聚合物和合成高分子聚合物。后两种有时也称为聚合电解质。

1. 无机盐助留剂

无机盐助留剂主要有硫酸铝、聚合氯化铝和氯化钙，其中硫酸铝用量最大。在造纸逐步转向中性抄造的现阶段，硫酸铝的消费量虽然正在逐年减少，但仍不失为一种主要的助留剂。硫酸铝主要的用途是用作松香胶的定着剂，同时也具有提高滤水速率和留着率的作用。此外，硫酸铝还有降低浆料 pH 值，使 ZP 电位接近于零的效果。其缺点是提高了纸页的酸度，降低了纸张的耐候性。

2. 天然有机聚合物助留剂

天然有机聚合物主要有阳离子淀粉、阳离子瓜豆胶和壳聚糖等，其中阳离子淀粉是用量较大的一种，它对促进全程留着率和细小组分留着率均有重要的作用。

3. 合成有机聚合物助留剂

合成有机聚合物可分为非离子型、阳离子型、阴离子型和两性型等 4 类。其代表是聚丙烯酰胺类聚合物。由于聚丙烯酰胺价格低廉及其改性产品的研制，使其成为有机高分子电解质的主要品种。在中性抄纸中，以单独或合用阳离子型淀粉和聚丙烯酰胺成为主流。相对分子质量 1000 万以上的阳离子或阴离子改性物得到了广泛应用，聚乙烯亚胺和聚酰胺类化合物也有一定的应用。

这类助留剂主要有聚丙烯酰胺、聚胺、聚乙烯亚胺、聚酰胺和聚氧化乙烯等。其主要特性如下。

电荷密度：低电荷密度 1%～10%，中电荷密度 10%～40%，高电荷密度 40%～80%，特高电荷密度 80%～100%。

平均分子量：低相对分子质量 (0.1～10) 万，中相对分子质量 (10～100) 万，高相对分子质量 (100～500) 万，特高相对分子质量 500 万以上。

在造纸工业的实际应用中，以高分子量、低电荷密度的合成聚电解质作为絮凝剂，用于高剪切力和湍流条件下的细小组分的助留；而以低分子量、高电荷密度的阳离子产品作为低剪切力系统中的助留剂。

（四）常用的助留体系

在生产实际中，可添加一种助留剂，也可将几种助留剂结合起来组成一个助留体系。常用的聚电解质助留体系有单组分体系、双组分体系(有时也称为二元组分体系)、微粒子体系和网络絮聚系统等。下面就几种典型助留体系做一简单介绍。

1. 单组分体系：单阳离子聚合物

单一的阳离子聚合物是最常用的助留系统。高分子量低电荷密度的聚丙烯酰胺(PAM)是最常用的助留剂之一。对一般造纸湿部系统，通常的助剂用量为 0.1～1.5kg/t 纸。

2. 双组分体系：阴离子聚合物＋硫酸铝

在实际生产中，为了获得更好的协同作用效果，往往将几种助留剂结合起来使用，较典型的实例就是硫酸铝＋阴离子聚合物的双组分体系。硫酸铝首先加入并吸附于纤维和细小纤维的表面，赋予其正电性，随后加入高分子量的阴离子型聚丙烯酰胺。因此，带负电荷的聚合物被吸附在带正电荷的纤维和细小纤维表面，起到了助留作用。

3. 双组分体系：阳离子聚合物＋阴离子聚合物

另一种双组分体系的应用是一种低分子量、高电荷密度的阳离子聚合物与一种高分子量、低电荷密度的阴离子聚合物的组合。通常作法是先加入阳离子聚合物，然后再加入阴离子聚合物。双组分体系的絮凝机理是首先产生一个阳离子补丁(patch)，为阴离子聚合物提供结合点。高分子量的阴离子聚合物在结合点固着，而链的其余部分因受补丁周围的负电荷排斥而伸向浆液中，与另一颗粒表面的阳离子补丁位置上形成桥联(bridge)，并将两颗粒表面结合在一起。

4. 微粒子体系

微粒子体系是近年来出现的一种新的助留体系，其作法是将高分子量阳离子 PAM 或阳离子淀粉在湿部系统的高剪切力场处加入，在经历剪切力作用后再加入阴离子的微粒子物质(如膨润土等)。这种体系的助留机理较为复杂，先加入的阳离子聚合物通过桥联与纸浆纤维等形成较大的絮凝体，这些絮凝体经强烈剪切作用后离解成较小的絮凝体。随后加入的微粒子物质与这些絮凝体结合,形成了高密度、易失水的微絮凝体,从而具有留着率高、成形和滤水性好的综合效果。

四、助滤剂的作用原理

(一) 滤水机理及其影响因素

1. 纸料的脱水

纸料在造纸机上脱水主要发生在以下 4 个区域:

成形区。指从流浆箱喷浆口到第一真空吸水箱之间的部分,此间纸幅的干度从 0.5% 增加到 2%~4%。

真空区。指从第一真空吸水箱到纸机伏辊处,此间纸幅干度从 2%~4% 提高到 20%~22%。

压榨区。包括了纸机整个压榨部,纸幅经压榨后,干度从 20%~22% 提高到 35%~40%。

干燥区。包括了纸机整个干燥部直至卷纸辊。干燥后的纸幅干度达到 95% 左右。

在上述 4 个区域中,前两个区的主要脱水机理为滤水,即纸料中的水在重力、真空抽吸力等的共同作用下,以过滤为主要方式脱除。实验证明,湿部化学的作用对前两个滤水区域影响最大,而对后两个区域的影响很小。

2. 纸料滤水的影响因素

影响纸料滤水的因素主要有三大类:

(1) 纸机参数,如网案脱水元件的配置、浆网速比和纸机车速等。

(2) 纸料的物性参数,如浆料配比、上网浆浓、游离度、纸浆温度、气体含量、填料含量和微细纤维含量等。

(3) 纸料的动电特性参数,如纸料各组分的表面电荷、纸料颗粒的聚集状态等。

在上述诸因素中,湿部化学主要作用于第(3)类因素,即在于调整或改变纸料以及湿部系统的动电特性参数,在满足纸页成形的前提下,获得最佳的滤水速率。这些作用的实现,主要依靠助滤剂来完成。

（二）助滤剂的作用原理

助滤剂是指能够改善纸幅脱水的化学添加剂。一般用作助留的所有助剂均可作为助滤剂。如铝盐、钙盐、阳离子淀粉、合成聚合物等均可用于这一目的。铝盐和钙盐等物质一般通过电荷中和与凝聚两种机理来增加纸料的滤水性。前者利用助滤剂来降低纤维表面的 ZP，后者将细小纤维在纤维表面凝聚，使其不能封闭纸幅的孔隙从而达到增加滤水的目的。

阳离子淀粉作为助滤剂单独应用时，主要通过增加纤维表面与细小组分的聚集来增加滤水速率。通过阳离子淀粉形成的絮凝体的尺寸较小，难以吸收大量的水分，从而有利于水的脱除。聚电解质作为助滤剂时，也是通过其对细小组分的聚集机理作用。根据聚电解质的分子量和电荷密度的不同，其助滤的效果也不同。一般采用低中分子量、高电荷密度的聚电解质效果较好。

实验表明，聚电解质的添加率对其助滤效果也有一定的影响，并非加得越多越好。一般认为添加率在等电点附近时，其助滤效果最佳。图 1-28 给出了这一结果。

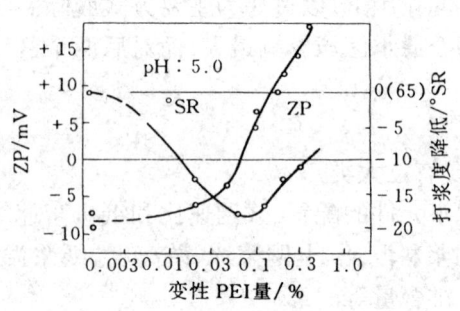

图 1-28 助滤剂添加量与 ZP 和打浆度的关系

值得指出的是，助滤剂的加入，并不会改变滤水终结时纸页的含水量（即平衡水分），而只是加快了其达到平衡水分的速度。此外，由于纸料在各脱水区的脱水机理不同，助滤剂的加入虽然会加速滤水阶段（成形区和真空区）的脱水，但有时会对后续阶段（如压榨区）的脱水造成不良影响，这一点在选择和使用助滤剂时应加以注意。

五、干强剂的作用原理

1. 纸页强度的形成

纸页的强度指纸页承受各种机械力时的抵抗能力,一般包括抗张强度、撕裂强度、耐折强度、抗弯强度、耐破强度、表面强度、内部结合强度和压缩强度等。由于水的浸湿会对纸页强度造成较大的影响,故将纸的强度分为"干强度"和"湿强度"。除特指外,一般情况下所说的强度均指纸的干强度,本节先对纸页干强度的形成进行讨论。

影响纸页强度的众多因素主要源于纸料构成和生产工艺。从纸料方面来说,纤维种类和纤维平均长度,填料的种类与用量以及抄造纸料的pH值等,均影响纸页的各种强度。从生产工艺方面看,适当增加打浆和压榨等也可增加纸页的强度。

另一方面,从纸页强度的形成的角度来分析,影响纸页强度的因素主要有以下4个方面:

单根纤维的强度;

纤维间的结合强度;

纤维间的结合面积;

纤维的分布状况,即纸页成形匀度。

在上述因素中,第一项主要与原料的种类、制浆和漂白方法以及纤维回用的次数有关,湿部化学对其没有影响。对于第四项,造纸工作者已有共识,即匀度很差的纸页不可能具有良好的纸页强度。影响纸页成形的因素既有流体动力的作用,又有胶体化学力的作用。湿部化学对纸页成形的影响主要通过控制纤维絮聚和纸料滤水来实现。对于剩余的两项,同时受抄造工艺和湿部化学的影响。通过适当提高打浆和湿压榨程度,在湿部添加干强助剂等,均可大大增加纤维间的结合强度和结合面积,从而得到较高的纸页强度。

2. 干强剂性质

与过程助剂不同,干强剂和后面将介绍的湿强剂等属于功能助剂。

一般来说,可溶于水并带有氢键的聚合物均可作为干强助剂。事实上,木材纤维已含有天然的干强剂——半纤维素。没有半纤维素的存在,难以取得纤维间的结合强度,如棉纤维中没有半纤维素,用其造纸时就会出现这种问题。

常用的干强剂有三大类。据有关资料,其在北美市场所占的份额大致如下:

(1) 淀粉衍生物(约占总用量的95%)。主要有阳离子淀粉、两性淀粉等。

(2) 天然树胶(聚甘露糖半乳糖,约占总量的2%)。主要为水溶性植物胶,有洋槐、豆胶和瓜尔豆胶等。近来还开发了壳聚糖。

(3) 合成干强助剂(约占总量的2%)。主要为聚丙烯酰胺类干强树脂,有阴离子聚丙烯酰胺(APAM)、阳离子聚丙烯酰胺(CPAM)等。

此外,未改性的阴离子淀粉、可溶性纤维素衍生物、聚乙烯醇和乳胶等占剩余的1%的份额。

3. 干强剂的作用机理

一般认为,干强剂的增强作用是通过以下3种机理实现的。其一是干强剂分子中的羟基与纤维表面的羟基形成氢键。如淀粉的自由葡萄糖羟基参与了纤维表面纤维素分子的氢键的形成,因此淀粉的加入增加了纤维间结合面上的氢键数量,从而增加了纤维间的内部结合强度。一般认为,增加的纤维结合力一般不会影响单根纤维的强度。

第二种机理是干强剂的加入改善了纸页的成形匀度,从而得到了更加均匀的纤维间结合强度。

第三种机理是干强剂的加入提高了细小纤维的留着和纸页脱水,改善了纸幅的紧实程度,从而提高了纸页强度,但一般认为这一点并不重要。

六、湿强剂的作用原理

1. 湿强度和湿强剂的含义

纸料在网部过滤留着后,经压榨形成湿纸幅。此时纤维间的键合很少,纸幅的强度较低,称为纸幅初湿强度(initial wet web strength)。纸幅初湿强度对纸机的抄造有重要的影响。

湿纸幅经干燥后,脱去了大量的水分,产生了大量的内部纤维键合。由于氢键在内部纤维键合中起着重要的作用,水分子可参与广泛的氢键结合。此时纸幅也因此获得最大的强度。当纸页与水接触以及纤维-纤维间结合被水-纤维间键合取代后,纸页将失去其结合强度。当纸页被水饱和后,普通纸一般只保留其原有强度的2%～10%左右,通常所说的湿强度就是指纸页在浸湿后所保留的强度。值得指出的是,这里的湿强度与前面的纸幅初湿强度是两个概念,注意不要混淆。

由于普通纸张在水浸后将失去大部分强度,而在实际应用中又需要纸张具有一定的湿强度。如餐巾纸和吸水性擦布;食品包装纸和纸袋纸;照相原纸、滤纸;海图纸以及印钞纸等。因此,一种可赋予纸张湿强度的化学添加剂就应运而生了,这类可增加纸页湿强度的化学助剂就称为湿强剂。

2. 湿强剂的增强机理

增加纸的湿强度,一般有以下几种途径:

(1) 增加和保护原有的纤维结合;
(2) 形成对水不敏感的结合键;
(3) 添加物与纤维混合形成网络结构。

湿强剂增强的机理有多种,但一般认为主要有两种。

机理一是保护原有的纤维间的结合。该机理认为,湿强剂在纤维周围形成一个交错的链状网络结构,阻止纤维的吸水润涨以保持原有的纤维间的氢键结合。

机理二是产生新的抗水纤维结合键。该机理认为,湿强剂与纸浆纤维交联形成了新的共价键、氢键等抗水结合键,从而增加了纤维结合强度。

在实际应用中,湿强剂的增强是通过上述两种机理的综合作用来体现的。

七、其他过程控制助剂的作用原理

(一) 纤维分散剂

纤维分散是相对与纤维絮聚所说的。在造纸过程中,一般希望尽可能地减少纤维絮聚,使纤维均匀地分散开来并形成均匀的纸页,从而得到良好的成形质量。纤维分散剂就是一种用于分散纤维,减少絮聚和改善纸页成形质量的化学助剂,因此也称做成形助剂。为理解成形助剂的作用原理,首先简要介绍一下纤维絮聚的机理。

1. 纤维的絮聚

纸浆纤维悬浮液的絮聚是纤维从非稳态向稳态过渡的一种方式,因此从总体上说纤维絮聚是不可避免的。但是在造纸过程中,可通过机械力、流体动力和胶体化学力等方式寻求纤维分散的动态平衡。纸浆纤维的絮聚主要表现在两个方面:其一是由于纤维间的机械缠结,其二是纤维间通过静电吸引力等的絮凝。前者可通过对纸浆稀释、施以流体剪切力和适当的湍流使之减小,后者可通过添加化学助剂加以改善。

纸浆的浓度和纤维的长度、宽度等均对纸浆的絮聚有较大的影响。加拿大著名纸页成形专家R.J.Kerekes教授根据上述特点,归结出纤维集聚因子(crowding factor)来描述纤维絮聚的状态,其表述如下:

$$N = \frac{2c_v(L/d)^2}{3} \tag{1-23}$$

式中　N——纤维集聚因子,表示纤维悬浮液中以纤维直径为球体的体积内所包含的纤维数量

　　　L——纤维平均长度

　　　d——纤维平均直径

　　　c_v——悬浮液中纤维的体积浓度

R.J.Kerekes教授的研究表明,N值越小,其成形匀度越好。当集聚因子$N>60$后,纤维已形成连续的网络,絮聚的程度加剧,纸页成形的匀度变差。

2. 成形助剂的作用机理

除了上述纸料本身的因素外,造纸工作者还发现,任何引起聚合物链伸展和黏度增加的介质都会改善成形的质量。如天然的瓜豆胶、洋槐子胶以及脱乙酰基的壳聚糖均可用作成形助剂,近来又开发了合成聚合物成形助剂,包括非离子型和阴离子型聚合物。

成形助剂的作用机理主要表现为伸展的聚合物阻止了纤维表面的

相互接近,使过度的絮聚不能发生。黏度的增加也限制了纸浆纤维在悬浮液中的运动活性,使纤维间的集聚遇到较大的黏滞阻力,从而减少了絮聚倾向。国外研究者对此做了较深入的研究,如加拿大学者通过加入不同分量的蔗糖,得到不同黏度的纤维悬浮液,利用高速摄影机记录了纤维絮聚的图像,从而证实了成形助剂的这一作用机理。此外,阴离子型的聚合物还可通过一定数量的阴离子电荷的排斥作用,分散纤维和改善成形匀度。

值得指出的是,由于许多造纸助剂均为无机或高分子的聚电解质,它们的加入均会或多或少地影响到纸页成形。在使用高分子量聚电解质作为助留剂时,不可避免地会带来一定的纤维絮凝,当这种纤维絮凝超过一定限度时,会导致纸页纤维的不均匀分布,从而引起纸幅湿强度下降、压榨部起皱等一系列问题。因此在使用造纸化学助剂时,一定要慎重考虑其对纸页成形的影响。

(二) 树脂障碍消除剂

1. 树脂及树脂障碍

树脂是指用乙醇、苯和醚等有机溶剂从纸浆中提取的天然有机物,主要有脂肪酸、树脂酸的盐和脂。广义上说,还包括热溶胶、乳胶、合成树脂及生产过程中添加的消泡剂、施胶剂等兼有粘着性和疏水性的有机物。

使用树脂含量较高的针叶木进行亚硫酸盐法蒸煮时,由于木材的树脂道破裂和射线薄壁组织与表皮细胞受到破坏而使树脂的各个组分混合而成为有害树脂。这些树脂在生产中造成的危害,被称为树脂障碍。

导致树脂障碍的物质,视原料、纸浆、水质、操作条件、生产纸种及季节变化等各异。基本上可分为以下几类。

(1) 由木材原料带来的树脂成分。如软脂酸、硬脂酸、油酸、亚麻油酸、松香酸、松节油等。

(2) 由回用废纸带来的树脂成分。如热熔树脂、油墨等。

(3) 由生产过程的添加剂带来的树脂成分。如从消泡剂带入的脂肪酸胺、矿物油,从施胶剂带入的松香、石油树脂等。

2. 树脂障碍控制及其控制助剂

树脂障碍的控制方法一般有化学控制法、机械控制法和生物技术控制法3种。

在目前制浆造纸工业中,化学控制法是最为常用和比较有效的树脂控制方法。该方法利用一些树脂控制剂,使树脂附着在纤维表面或稳定地分散在浆料悬浮液系统中,从而避免树脂在制浆造纸设备上的沉积。常用的树脂控制剂有以下几种。

(1) 滑石粉。滑石粉是一种天然碳酸镁的水合物,由于其具有亲油性,因而可以吸附湿部系统中憎水性的胶状树脂,降低树脂的表面能量,使树脂失去其特有的黏性,从而抑制了树脂的黏附、聚结和沉积。

(2) 硫酸铝。硫酸铝是一种常用的造纸助剂,一般认为其控制树脂障碍的机理是:硫酸铝溶解状态的水解金属离子可借助氢键吸附在胶状树脂的表面上与树脂粒子发生聚结。在适当的pH值范围内,可导致胶状树脂粒子表面的负电性减小直至呈正电性。此时,树脂粒子可紧密地吸附在带负电性的纤维素纤维上,防止了树脂粒子的聚结或沉积。

(3) 表面活性剂。表面活性剂是一类既具有亲水性基团又具有疏水性基团的物质。少量的表面活性剂可起到显著降低表面或界面张力的作用。表面活性剂的加入可在树脂系统中起到润湿、乳化、溶解和稳定的作用。常用于树脂障碍控制的表面活性剂有阴离子型、非离子型和阳离子型3种。

(4) 螯合剂。在树脂控制方面,螯合剂也已显示出其应用价值,常用的螯合剂有EDTA、DTPA等。螯合剂的加入,可螯合系统中的钙、铜、铁和锰等诱发树脂沉积的金属离子,从而防止这些金属离子与湿部系统中的阴离子皂结合成不溶性皂化物,也可避免不溶性$CaCO_3$的形成。螯合剂是通过螯合金属离子来间接地控制树脂的沉积。

此外,近年来国内外在利用生物技术控制树脂障碍方面也取得了一些进展,有些成果已在生产上应用。目前采用的生物技术控制法主要有两种方案:一是利用脂肪酶处理纸浆,通过水解纸浆中的甘油三酸酯,以达到控制树脂沉积的目的;二是利用真菌处理木片,通过降低木片中的树脂含量从而抑制树脂障碍的产生。

参 考 文 献

1. 沈钟,王国庭.胶体表面化学(第二版).北京：化学工业出版社,1997
2. [日]山田博著．造纸过程中的界面动电现象．张运展等译．北京：轻工业出版社．1984
3. 周祖康,顾惕人,马季铭．胶体化学基础．北京：北京大学出版社,1987
4. 姚允斌,裘祖南．胶体化学与表面化学导论．天津：南开大学出版社,1988
5. William E Scott. Principles of Wet End Chemistry. Atlanta：Tappi Press,1996
6. 郑忠,李宁．分子力与胶体的稳定和聚沉．北京：高等教育出版社,1995

第二章 制浆化学助剂

制浆过程是将植物纤维原料分离成纤维的过程,它是造纸工业中制浆、造纸、涂布加工三大主要工艺过程之一。在这一过程中,纤维原料、纸浆都要经过化学药剂的处理,在这些处理过程中除了常用的酸、碱等化学药品外,其他用于提高制浆生产效率,减少制浆中原材料的消耗,提高纸浆质量,控制和缓和制浆过程可能发生障碍时所用的辅助化学药品都称为制浆化学助剂。

制浆过程中所需的化学助剂主要包括:纤维原料蒸煮时所用的蒸煮助剂;纸浆漂白用的漂白助剂;消除制浆过程中泡沫的消泡剂;废纸制浆用的脱墨剂;黑液浓缩过程的阻垢剂和废液处理过程的絮凝剂等。本章主要介绍制浆过程中所需的蒸煮、漂白、废纸脱墨、消泡及废液处理方面的化学助剂。

制浆化学助剂与造纸业中其他化学助剂一样,正在随着造纸业的发展而不断改进。特别是近些年来,随着人们对环境保护和能源节约意识的重视,制浆用化学助剂将主要向着高效、低污染、多功能型方面发展。

第一节 蒸煮化学助剂

造纸工业中的蒸煮是在蒸煮锅内控制一定的温度和压力,使含化学药品的蒸煮液与纤维原料发生作用,使原料纤维分离的过程。在这个过程中,蒸煮液的化学组成起着重要的作用。这些蒸煮液中除了常用的酸、碱、盐蒸煮剂外,为了提高蒸煮速度,减少蒸煮药剂的用量,提高纸浆得率或强度,还添加一些辅助化学药品。由于这些辅助化学药品加入,大大提高了蒸煮效率,再加上工艺和设备的不断改进,使蒸煮能力不断提高。目前,单台设备的蒸煮能力已由开始的日产十几吨,发展到当前日产 $400 \sim 500t$,以及高达 $1200t/d$。所以,在研究改进蒸煮工艺和设备的同时,必须加强蒸煮药品和辅助药品的研究和开发。特别是目前,蒸煮工艺和设备已达到相当程度后,要想再提高效率,深入研制新的蒸煮药品和辅助蒸煮药品显得更为重要,本节主要介绍蒸煮液中的辅助化学品。

一、蒸煮助剂的分类及作用原理

(一) 蒸煮助剂及分类

所谓的蒸煮助剂,就是用以加速蒸煮液对纤维原料的渗透或加速脱木素作用,从而缩短蒸煮时间或降低蒸煮温度,减少蒸煮药剂的用量,提高纸浆得率或强度的化学品,统称为蒸煮助剂。

蒸煮过程中所用的助剂,从化学组成来看主要分为两大类:一类是无机蒸煮助剂,另一类是有机蒸煮助剂。

1. 无机蒸煮助剂

在蒸煮过程中添加的辅助化学药品是无机物的称为无机蒸煮助剂。例如:在硫酸盐法蒸煮中添加多硫化钠作为蒸煮助剂。挪威 Pcferson & Son 纸厂,日产 600t 多硫化钠纸浆,得率就比一般的硫酸盐浆高 3%。在硫酸盐法和烧碱法蒸煮中添加亚硫酸钠,也可提高蒸煮得率,纸浆的颜色较浅,滤水性好,易洗易漂白,泡沫少。添加较多时,还有磺化木素的作用。一些还原性的无机助剂,如硼氢化钠($NaBH_4$)和连二亚硫酸钠($Na_2S_2O_4$),也常作为蒸煮助剂添加于硫酸盐法和碱法蒸煮过程中。在硫酸盐和烧碱法中,有的采用无机助剂多硫化钙预处理,比多硫化钠蒸煮对减少碳水化合物的剥皮反应更有效。在此法中采用硫化氢无机助剂预处理湿木片,然后用低硫化度和低用碱量(降低 5%~10%)的硫酸盐法蒸煮,结果是细浆得率可提高 6%~7%。

2. 有机蒸煮助剂

在蒸煮过程中添加的辅助化学品是有机物的称为有机蒸煮助剂。这类蒸煮助剂使用较早,品种较多,包括氧化性的有机助剂、还原性的有机助剂及既有氧化性又具有还原性的助剂。目前,蒸煮助剂已转向采用有机蒸煮助剂方面。

早期的蒸煮助剂主要是国外一些化学公司推出的一种长链不饱和

脂肪酸——二甲基酰胺为主体的非离子型有机助剂。这种蒸煮助剂具有强力的渗透、分散特性,并在高温、强酸、强碱蒸煮条件下稳定。可以缩短蒸煮时间,减少化学药品用量和热能消耗,相应提高纸浆得率。对于碱法、硫酸盐法、中性亚硫酸盐法等多种化学机械浆方法均有效。

随着化学和造纸业的发展,到了20世纪70年代初期,造纸工业采用在碱法制浆中加入蒽醌及其衍生物来加速蒸煮时碱液对纤维原料的脱木素作用,稳定碳水化合物,降低化学品及能量消耗,相应提高纸浆得率。在硫酸盐法制浆中,也可降低硫化度,减少环境控制系统的负荷。除了碱法和硫酸盐法外,目前,已在高得率亚硫酸法、磺化化学机械法等多种制浆方法中推广使用。受到国内外广泛重视和普遍使用。目前已成为主要的蒸煮助剂。另外,硝基苯、羟胺、甲醛等有机助剂也应用于蒸煮过程中。

此外,在破布脱色和废棉除油脂方面,还利用了烷基苯磺酸钠、烷基硫酸钠等阴离子型表面活性剂的渗透、乳化、洗涤等功能的蒸煮助剂,从而提高漂白棉布浆的白度。

(二)蒸煮助剂作用原理

蒸煮的目的是适当地将原料中的木素除去,使原料纤维分离。在除去木素的同时,原料中的纤维和半纤维亦会不同程度地受到降解。其他成分如树脂、蜡、脂肪、松节油、单宁等成分也会发生某些化学反应。这些反应有的对蒸煮有利,但也有的对蒸煮不利。为了更快、更有效地达到蒸煮的目的,就必须了解蒸煮过程中蒸煮剂和蒸煮助剂的作用和原理,从而达到使用更少助剂,更快、更多地得到造纸用的纤维素和半纤维素。

蒸煮过程大致可分为两个阶段:第一个阶段为渗透与反应阶段,即蒸煮液浸入木片或草片中,并与木素等发生反应;第二阶段是溶出阶段,即反应后的木素进入蒸煮液中。当然这两个阶段也不能截然分开。作为蒸煮助剂在这两段的作用原理是:加快蒸煮液的浸透,加速蒸煮反应,创造和改善蒸煮和溶出非纤维素的条件。下面分别举例说明。

1. 加速蒸煮液的浸透作用

在蒸煮过程中,蒸煮液的浸透对脱木素起着重要的作用。例如:

在酸性亚硫酸氢盐的蒸煮中,药液的浸透作用显得很重要,浸透不均匀、不完全,则筛渣量增多,细浆得率低,漂率和尘埃度增高,降低纸浆的质量。严重时则出现"黑煮"。加入少量蒸煮助剂增加浸透作用,防止上述现象发生。常用的有长链不饱和脂肪酸——二甲基酰胺为主体的非离子型表面活性剂、烷基磺酸盐类阴离子表面活性剂,可达到浸透、分散之目的。

2. 参与蒸煮反应,保护碳水化合物

绝大多数的蒸煮助剂都参与蒸煮反应,并加快脱木素的作用。例如:在硫酸盐和烧碱法蒸煮中添加多硫化钠,可提高蒸煮得率,主要是由于多硫化钠的氧化作用,它能使碳水化合物醛末端基形成各种对碱稳定的糖酸末端基,从而停止剥皮反应。与多硫化物的反应如下:

$$R_{纤}-CHO + S_2^{2-} + 3OH^- \longrightarrow R_{纤}-COO^- + 2S^{2-} + 2H_2O$$

此外,用多硫化钠蒸煮,还能加快脱木素率,这也是因为增加 S_2^{2-} 离子的缘故。

再如:在蒸煮中添加蒽醌助剂,蒽醌在蒸煮中的作用是首先氧化碳水化合物的还原末端基,使之变为羧基,从而避免剥皮反应,而蒽醌本身还原为蒽氢醌。反应如下:

$$R_{纤、半纤}-CHO + \text{蒽醌(AQ)} + H_2O \longrightarrow R_{纤、半纤}-COOH + \text{蒽氢醌}(H_2AQ)$$

这个反应在蒸煮初期低温时就反应。在蒸煮后期较高温度时,由于碳水化合物的碱性水解产生了新的还原末端基,因此,这个反应也还存在。反应中形成蒽氢醌溶解在碱液中变成蒽酚酮离子($AHQ^{\ominus}$)后与木素亚甲基醌结构反应,反应后蒽酚酮离子又变回蒽醌,继续与碳水化合物进行氧化作用。

由此可见,蒽醌在蒸煮中参与了反应。它既保护了碳水化合物,提高了得率,又促进了木素的脱除,缩短了蒸煮时间,降低纸浆硬度。蒽醌的其他衍生物如:四氢基蒽醌、双胺基蒽醌、蒽醌磺酸钠等都有类似的作用。

采用羟胺作碱法蒸煮助剂,也可以保护纤维素和半纤维素的醛末端基,并进一步氧化为羧基的目的。反应过程如下:

$$R_{纤}-CHO + NH_2OH \xrightarrow{脱水} R_{纤}-CH=NOH(肟)$$

$$\downarrow OH^- 脱水$$

$$R_{纤}-C\equiv N$$

$$\downarrow OH^- 水解$$

$$R_{纤}-COO^{\ominus}$$

此外,羟胺也能与木素中的羰基反应,使木素结构单元之间的缩合反应减少,从而加速蒸煮过程和提高纸浆的白度。

3. 改善蒸煮条件

从以上各例可以看出,蒸煮助剂加速蒸煮液的渗透,参与各种化学反应,加速脱木素的作用,从而也缩短蒸煮时间和降低蒸煮温度,减少蒸煮药剂用量,特别是碱的用量,相应地改善了蒸煮条件,使纤维原料在相对较低碱度、较低温度下蒸煮较短的时间就达到目的。例如:硫酸盐和碱法蒸煮中,添加甲醇(CH_3OH),甲醇对活性苄醇基的甲基化作用防止了木素的缩合,提高了蒸煮脱木素速率。由于甲醇的加入,加速了纤维素的"终止反应"和减缓了醛末端基的异构化作用,从而使剥皮反应减轻,而浆得率比用硫酸盐法提高4%~5%。

近些年来,人们对复合型蒸煮助剂进行开发研究。并取得较好的效果。例如:ZJ—1型蒸煮助剂就是一种复合型助剂,对卡伯值为18.3~19.3的麦草浆添加0.05%的ZJ—1蒸煮助剂,可缩短蒸煮时间30min,降低用碱量2%(对原料),并提高得率4.80%,还改善浆的漂白性能及强度等。

综上所述,添加蒸煮助剂可加快蒸煮液的渗透作用,加速脱木素速率,保护了碳水化合物,改善蒸煮条件。由于各种蒸煮助剂不同,上述作用有所不同,但多数蒸煮助剂都兼有上述几种作用。

二、重要的蒸煮助剂

在造纸工业中不同蒸煮方法需要不同的蒸煮助剂。同一种方法中,由于原料不同、制浆的要求不同也需采用不同的蒸煮助剂,从而促使蒸煮助剂的品种越来越多。本节就几种常用的无机和有机蒸煮助剂的结构、性质、制备、作用及应用方面做一介绍。

(一) 几种重要的无机蒸煮助剂

1. 多硫化钠

多硫化钠(Na_2S_x)作为蒸煮助剂,20 世纪 70 年代初国外制浆厂就开始在硫酸法蒸煮中使用,并取得了很好的效果。例如:挪威 Peferson & Son 纸厂日产 600t 多硫化钠纸浆,得率比一般硫酸盐法高 3%。

多硫化钠中多硫离子具有链状结构,S 原子是通过共用电子对相连成硫链。主要为 S_3^{2-}、S_5^{2-} 离子,其结构如图 2-1。

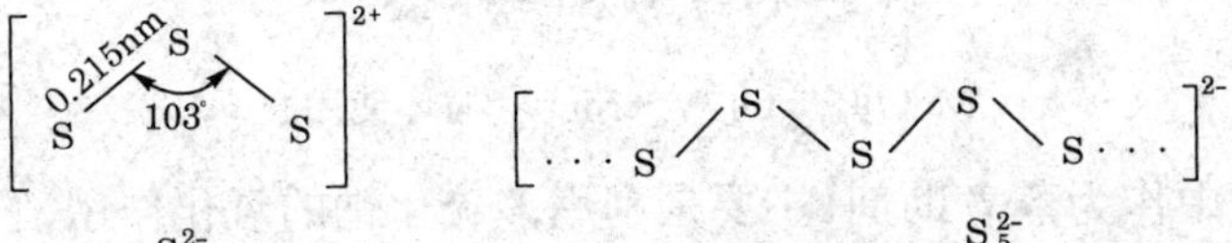

图 2-1 多硫离子的结构

由于多硫化钠中存在过硫链,它与 H_2O_2 中的过氧链类似。因此,多硫化物具有氧化性,并能发生歧化反应。

$$Na_2S_2 = Na_2S + S$$

多硫化钠为黄色微晶粉末。吸湿性很强,易溶于水,水溶液一般显黄色,随着 x 值的增加由黄、橙色而至红色。

多硫化钠在酸性溶液中很不稳定,容易生成硫化氢和硫。

$$S_x^{2-} + 2H^+ = H_2S + (x-1)S$$

多硫化钠制备：一般可由硫化钠溶液溶解单质硫生成多硫化钠。

$$Na_2S + (x-1)S \rightleftharpoons Na_2S_x$$

造纸业多硫化钠蒸煮液的制备通常是直接加硫至硫酸盐蒸煮液中，也可将白液中的硫化钠进行部分氧化制得多硫化钠。

加硫到硫酸盐蒸煮液中的反应有：

$$4S + 6NaOH \rightleftharpoons 2Na_2S + Na_2S_2O_3 + 3H_2O$$

$$Na_2S + (x-1)S \longrightarrow Na_2S_x$$

用空气中的氧作氧化剂，将白液中 Na_2S 氧化为 Na_2S_x 是最经济的方法，但是易将 Na_2S 氧化为硫代硫酸钠，为了防止进一步的氧化，需要用活性炭加以控制，使之只氧化为多硫化钠，此法称为 Moxy 方法。反应式为：

$$2Na_2S + \frac{1}{2}O_2 + H_2O \xrightarrow{C} Na_2S_2 + 2NaOH$$

或

$$2Na_2S + O_2 + H_2O \longrightarrow 2S + 4NaOH$$

$$Na_2S + (x-1)S \longrightarrow Na_2S_x$$

挪威 Peterson 纸厂就是用此法生产多硫化钠蒸煮液的。

此外，也可用 MnO_2 来氧化 Na_2S 使之变成多硫化钠：

$$Na_2S + MnO_2 + H_2O \longrightarrow S + 2NaOH + MnO$$

$$(x-1)S + Na_2S \longrightarrow Na_2S_x$$

$$MnO + \frac{1}{2}O_2 \longrightarrow MnO_2（循环使用）$$

蒸煮中作为蒸煮助剂，主要是利用多硫化钠的氧化作用，它能使碳水化合物醛末端基氧化成各种碱稳定的糖酸末端基，从而停止剥皮反应，提高蒸煮得率。例如在一种松木的硫酸盐蒸煮试验中，加入 12% 多硫化钠，在纸浆木素含量为 7.5% 时，纸浆得率由 50% 提高到 61%。

多硫化物中最常用的是 Na_2S_2，它不仅在造纸业用作助剂，还大量用作化学试剂，制革工业作原皮的脱毛剂等。农业常用 CaS_4 来杀灭害虫。

2. 亚硫酸钠

亚硫酸钠（Na_2SO_3）可作为烧碱法和硫酸盐法的蒸煮助剂。烧碱法蒸煮时添加 Na_2SO_3 可形成碱性亚硫酸钠法蒸煮，硫酸盐法蒸煮时可添加 Na_2SO_3 代替部分 NaOH 和 Na_2S。Na_2SO_3 用于中性亚硫酸盐制浆的蒸煮液。

亚硫酸钠为白色结晶粉末,密度 $2.633g/cm^3$,易吸潮,易溶于水。结晶亚硫酸钠($Na_2SO_3 \cdot 7H_2O$)密度为 $1.539g/cm^3$(15℃),在150℃时失去结晶水,再热则熔化为 Na_2S 和 Na_2SO_4。

Na_2SO_3 中,硫的氧化数为 +4,硫的常见氧化数为 -2、0、+4、+6,所以 Na_2SO_3 既有氧化性,又有还原性,在制浆蒸煮中主要是利用其氧化性,而在化工业主要是利用它的还原性。Na_2SO_3 在空气中易氧化成硫酸钠,受热易分解。如:

$$4Na_2SO_3 \xrightarrow{\triangle} 3Na_2SO_4 + Na_2S$$

Na_2SO_3 与 SO_2 作用生成亚硫酸氢钠:

$$Na_2SO_3 + SO_2 + H_2O == 2NaHSO_3$$

Na_2SO_3 与 $NaHSO_3$ 遇强酸即分解放出 SO_2:

$$SO_3^{2-} + 2H^+ == H_2O + SO_2 \uparrow$$

$$HSO_3^- + H^+ == H_2O + SO_2 \uparrow$$

Na_2SO_3 的制备,工业上采用碱液吸收 SO_2 法。将 Na_2CO_3 溶液通入 SO_2 气体,饱和后,再加少量 NaOH 溶液,在隔绝空气下浓缩结晶而制得。亦可用 NaOH 溶液吸收 SO_2 气体制得,蒸煮液直接用 SO_2 通入含碱的溶液即可。反应如下:

$$Na_2CO_3 + 2SO_2 + H_2O == 2NaHSO_3 + CO_2 \uparrow$$

$$2NaHSO_3 + Na_2CO_3 \xrightarrow{沸} 2Na_2SO_3 + H_2O + CO_2 \uparrow$$

在硫酸盐法和烧碱法蒸煮制浆中,添加 Na_2SO_3,用量不多时起到助剂的作用,它能氧化纤维素和半纤维素的醛末端基为羧基,从而减少剥皮反应。

$$3R_{纤}-CHO + SO_3^{2-} + 3OH^- \longrightarrow 3R_{纤}-COO^{\ominus} + S^{2-} + 3H_2O$$

Na_2SO_3 用量多时可作为蒸煮剂,有磺化木素的作用。添加 Na_2SO_3 可使蒸煮得率提高,纸浆颜色较浅,滤水性好,好洗易漂,废液泡沫少。

此外,Na_2SO_3 还用于照相工业作显影剂;医药工业生产"安乃近"等药,化工常作还原剂,印染工业用于各种织物煮炼剂;食品工业也作为还原剂。

3. 硼氢化钠

硼氢化钠($NaBH_4$),白色结晶粉末。密度为 $1.074g/cm^3$,在干空气中稳定,在湿空气中分解。溶于水、液氨、胺类,微溶于四氢呋喃,不溶于乙醚、苯、烃。

$NaBH_4$ 与水作用产生氢气,在碱性溶液呈棕黄色。$NaBH_4$ 是一种良好的还原剂,可用作醛类、酮类和酰氯类的还原剂。

$NaBH_4$ 的制备通常是用氢化钠-硼酸甲酯法,此法是将硼酸与甲醇作用生成硼酸甲酯,再和由氢气与钠作用而得的氢化钠反应即生成硼氢化钠。其反应式如下:

$$H_3BO_3 + 3CH_3OH = B(OCH_3) + 3H_2O$$

$$2Na + H_2 \xrightarrow{石蜡油} 2NaH$$

$$4NaH + B(OCH_3) \xrightarrow{\triangle} NaBH_4 + 3NaOCH_3$$

由于 $NaBH_4$ 是一个强还原剂,所以可用它作为还原性无机助剂添加到蒸煮液中,它能使还原性基团如羰基还原为羟基,从而使纤维素、半纤维素避免剥皮反应:

$$4R_{纤、半纤}-CHO + NaBH_4 + 2NaOH + H_2O \rightarrow 4R_{纤、半纤}-CH_2OH + Na_3BO_3$$

结果是提高了蒸煮得率。但是,由于 $NaBH_4$ 在 135℃ 的热碱液中即完全分解,反应如下:

$$NaBH_4 + 2NaOH + H_2O = 4H_2 + Na_3BO_3$$

因此,最好在 80℃ 左右用 $NaBH_4$ 预处理后再进行普通的碱蒸煮。研究表明,蒸煮松木和桦木在纸浆卡伯值为 36 时,可提高得率 11%。但是,由于 $NaBH_4$ 不仅能还原酮基,而且还能使还原性链 $1 \rightarrow 4\beta$ 糖甙键断裂,从而降低纸浆的黏度和得率。并且添加 $NaBH_4$ 浓度越大,蒸煮温度越高,时间越长,影响越大。

4. 连二亚硫酸钠

连二亚硫酸钠($Na_2S_2O_4$)又称保险粉。固体时有无水和含两个结晶水之分,不含结晶水的是细砂状粉末,含结晶水的($Na_2S_2O_4 \cdot 2H_2O$)为细小发光棱晶,但两个结晶水不稳定,易分解。工业品密度为 2.3~

2.4g/cm³,易溶于水,不溶于乙醇,但水溶液中有食盐和 NaOH 时溶解度急剧减低。

$Na_2S_2O_4$ 是一个很强的还原剂,它的水溶液在空气中放置就被空气中的氧氧化,生成亚硫酸盐或硫酸盐:

$$2Na_2S_2O_4 + O_2 + 2H_2O = 4NaHSO_3$$

$$Na_2S_2O_4 + O_2 + H_2O = NaHSO_3 + NaHSO_4$$

其水溶液不稳定性的另一个表现是升温易分解,遇无机酸则剧烈分解。如与稀硫酸立即分解为:

$$2H_2S_2O_4 = 3SO_2 + S + 2H_2O$$

潮湿状态的 $Na_2S_2O_4$ 在空气中易分解放出大量热,达 250℃ 时会自燃或爆炸。

连二亚硫酸钠的制备方法有:锌粉法、甲酸钠法等。

(1) 锌粉法:在还原器中加入一定量水和锌粉,搅拌成浆状,通入 SO_2,反应温度 35~45℃,反应生成连二亚硫酸锌。反应完后再用碱液充分中和。然后,再经过滤除去 $Zn(OH)_2$、盐析、洗涤、干燥、混合等步骤而制得。反应式为:

$$SO_2 + H_2O = H_2SO_3$$

$$2H_2SO_3 + Zn = ZnS_2O_4 + 2H_2O$$

$$ZnS_2O_4 + 2NaOH = Na_2S_2O_4 + Zn(OH)_2 \downarrow$$

(2) 甲酸钠法:将甲酸钠和苛性钠溶液加入装有乙醇水溶液的反应器里,搅拌下通入 SO_2 至所需要量,在一定温度、压力和 pH 值下充分反应制得:

$$HCOONa + NaOH + 2SO_2 \xrightarrow[0.02MPa]{70~83℃} Na_2S_2O_4 + H_2O + CO_2 \uparrow$$

连二亚硫酸钠也是一种强还原剂,能还原羰基为羟基。因此,将其作为无机还原性助剂加入蒸煮液中,还原浆料中碳水化合物中羰基,还能还原木素中的羰基,结果使纸浆的发色基团减少,纸浆颜色变白,同时也增进了脱木素的速率。

此外,$Na_2S_2O_4$ 除作蒸煮助剂外,还作漂白剂,并在其他行业如纺织、印染、医药、食品及化工等均有广泛用途。

（二）重要的有机蒸煮助剂

有机蒸煮助剂也很多，既有氧化性的，又有还原性的。有的助剂既有氧化性又有还原性。这些助剂中，有些对加快脱木素速率有帮助，有些对保护碳水化合物有帮助，有些则两者兼有。目前，蒸煮中加入有机助剂已成为主要发展趋势，下面介绍几种有机蒸煮助剂。

1. 蒽醌及其衍生物

蒽醌(Authraquinone 简写 AQ)作为蒸煮助剂是 20 世纪 70 年代初德国人首次报道。目前，它作为蒸煮助剂的研究和利用已取得了可喜的成绩，其在制浆中的作用机理已被认识，在提高蒸煮速度、提高纸浆的得率和强度等方面的效果也已被确认。随着植物纤维原料资源的日趋减少和环境保护条例的实施，世界许多国家和地区越来越重视 AQ 类助剂的应用。并逐渐发展到使用 AQ 的各种衍生物。在这方面欧洲、北美、日本等造纸发达国家和地区发展迅速，如 1986 年日本有 90% 的硫酸盐纸厂使用 1,4－二氢－9,10－二羟基蒽二钠盐(即 DDA)作制浆的助剂，取得了显著的经济效益。近十几年来，我国在 AQ 及其衍生物在制浆中的应用也进行了大量研究，并广泛应用于各种制浆的蒸煮中。

（1）蒽醌。蒽醌分子式为 $C_6H_4(CO)_2C_6H_4$，其结构式为：

从蒽醌的结构看，蒽醌分子中，中间一环是对醌的结构，环上两个键被两个苯基保护着。因此不易被氧化，但能被硝化、溴化、磺化等。

纯的蒽醌为淡黄色针状晶体。密度 $1.438g/cm^3$，熔点 286℃，沸点 379～381℃。工业品为灰绿色结晶粉末。微溶于水、乙醇、乙醚和氯仿，难溶于冷苯，较易溶于热苯、热的浓硫酸，但不溶于稀硫酸。

蒽醌的制备：蒽醌的制备方法有蒽氧化法、邻苯二甲酸酐法(Friedel－Crafts 法)、萘醌法(Diels－Alder 法)、苯乙烯单体法(BASF 法)等。目前，生产蒽醌的方法主要是第一种方法。蒽氧化法是将气化

了蒽和空气混合气体,经雾滴捕集器和热交换器进入转化器,通过催化剂发生氧化反应,再经冷却、沉降等步骤得到蒽醌。反应式为:

$$\text{蒽} \xrightarrow[\text{O}_2 \text{ 氧化}]{\text{催化剂}} \text{蒽醌}$$

纯蒽醌是染料的中间体,价格昂贵,因此大多数制浆厂应用的是粗蒽醌、萘醌及其衍生物。例如可从染料厂生产还原蓝 RSH 染料中得到的蒽醌衍生物。本法是以苯二甲酸酐为基本原料,经与氯苯缩合后制成 2-氯蒽醌,再经氨化制成 2-氨基蒽醌,最后经碱熔等化学反应而制成还原蓝染料。这种染料的回收率仅为 50% 左右,其余原料均形成蒽醌类化合物而存在于废液之中,经回收可作为蒸煮添加剂。这种蒽醌衍生物是混合物,含量约 80%,水分约 3%,其中含少量 K_2SO_4、Na_2SO_4 等易溶于水的无机盐类,外观呈黑褐色粉末状固体,在高温下可升华出黄色针状晶体,化学性能稳定。其主要成分是羟基蒽醌、蒽醌磺酸钠、双胺基蒽醌以及其他蒽醌化合物。

蒽醌类蒸煮助剂的作用机理:蒽醌在化学制浆中的作用是一个氧化还原催化作用。在碱法制浆中,碳水化合物分子上的隐性醛基在碱性条件下变为酮基,导致碳水化合物分子的剥皮反应。严重的剥皮反应,将造成纸浆得率和强度下降。添加 AQ 后,AQ 把碳水化合物分子上的隐性醛基氧化为羧基,避免了剥皮反应,提高纸浆的得率和强度。蒽醌在此过程中被还原为蒽氢醌(AHQ)。反应如下:

$$\text{(AQ)} + \text{R-CHO} + \text{H}_2\text{O} \longrightarrow \text{(AHQ)} + \text{R-COOH}$$

(AQ)　　　(碳水化合物)　　　　　(AHQ)

蒽氢醌在碱性条件下电离为易溶的蒽氢醌离子(AHQ^{2-})。蒽氢醌离子进而与木素大分子中的亚甲基醌结构反应,提供电子促使木素

分子中 β-芳基醚键迅速断裂,加速木素的溶出。而蒽氢醌则又被氧化为蒽醌形式。其反应表示如下:

蒽醌在制浆中重复进行氧化—还原反应,使其可以在很少的用量下,对脱木素反应产生催化作用。

由于蒽醌加快脱木速率可导致降低蒸煮温度,缩短蒸煮时间,减少了碱的用量,降低蒸煮液硫化度和降低纸浆硬度;而减少碳水化合物降解则可以提高纸浆得率和纸浆强度。

蒽醌在各种制浆方法中的应用实践证明,对不同的原料,不同蒸煮方法中使用蒽醌的效果有所差异,可概括如下:

A. 碱法制浆。在烧碱法及硫酸盐法蒸煮中加入蒽醌,不同的原料应用效果有所差异。对于各种杉木、松木等针叶材的硫酸盐法制浆,加入蒽醌后,纸浆得率可提高 0.8%~4.0%,蒸煮液的硫化度可降低 20%,蒽醌的用量在 0.05%~0.2% 范围内。对于阔叶材制浆,蒽醌加入多在 0.05%~0.1% 范围内。烧碱法制浆中加入蒽醌后,纸浆得率可提高 2.5%~3.5%,用碱量降低 10%,浆质量也有所改善。在阔叶材的硫酸盐—蒽醌制浆中,用碱量及 H 因子可降低 10% 左右,纸浆得率提高 1%~2%。

对于非木材植物原料,在进行烧碱法制浆时添加蒽醌 0.05%~0.1%,均有一定效果,用碱量可降低 10%~20%,纸浆得率提高 2%~5%。但对硫酸盐法制浆,蒽醌的加入未显出明显效果。

B. 亚硫酸盐法制浆。由于蒽醌仅在碱性条件下显示催化作用,所以,蒽醌反应用于碱性亚硫酸盐(AS)及中性亚硫酸盐(NS)制浆过程中。对于各类原料的 AS-AQ 法制浆,总的效果为:在纸浆得率相近时,AS-AQ 浆较硫酸盐浆硬度低,浆强度和白度高;在纸浆硬度相近时,AS-AQ 浆较硫酸盐浆得率高,易漂白。

蒽醌对于中性亚硫酸盐化学浆(NS)及中性硫酸盐半化学浆(NSSC)的制浆也是很有效的。对针叶所做的 NS-AQ 浆与硫酸盐制浆比较表明:NS-AQ 浆得率较硫酸盐浆高 8%~10%,浆的硬度也高 5%~8%(卡伯值)。

进一步研究指出:在亚硫酸盐制浆中,蒽醌可以在弱碱至强碱性较宽的 pH 值范围发挥作用。而在烧碱法制浆中,若用碳酸钠取代氢氧化钠,则蒽醌的作用也随之降低,在纯碳酸钠蒸煮中,蒽醌完全失去作用。说明亚硫酸根离子对蒽醌可能存在协同作用。

（2）蒽醌制浆对环境的影响。20多年来国内外对蒽醌制浆对环境的影响问题做了大量试验,都认为添加 AQ 助剂不会对环境造成危害,因制浆中 AQ 加入量少,浆中残留的 AQ 可以在漂白过程中分解。但美国食品和医药局仍明文规定：粮食级用纸,蒸煮时 AQ 的最高用量为1%。可见,AQ 类助剂的加量还应依浆的用途而定。

关于 AQ 在制浆体系中的分布情况,早就有人做过实验认为,蒸煮时加入 AQ,在低温阶段,其总量基本不变(实际上相当部分已变为 AHQ^{2-});随着温度升高,AQ 在制浆反应中消耗,也因逐渐被分解而减少。至蒸煮终了时,体系中 AQ 总量仅为蒸煮时加入量的20%～30%;残留的 AQ 绝大部分分布在黑液中,且主要与碎解的木素结合,有少量残留在浆中。用放射性同位素标记的 AQ 进行试验证明,蒸煮时加入的 AQ 中,约80%在制浆中被分解,约20%残留在废液中,并与黑液中的分离木素结合。如松木烧碱-AQ 蒸煮时,残留在废液中及纸浆中的 AQ 量分别为蒸煮时加入量的13%、2%,并有两种衍生物产生。添加 DDA 的硫酸盐法蒸煮,黑液中残留的 AQ 约为15%～30%。

（3）蒽醌衍生物。除了蒽醌作为制浆蒸助剂外,许多蒽醌的衍生物也应用于蒸煮过程,并且蒸煮效果更佳。蒽醌衍生物可按蒽醌上结合的基团不同而分为：羟基蒽醌、硝基蒽醌、蒽醌磺酸盐等。常见的蒽醌衍生物见表2-1。

表 2-1　　　　常见的蒽醌衍生物

名　称	化学式	结构式
1-氨基蒽醌	$C_{14}H_9NO_2$	
2-氨基蒽醌	$C_{14}H_9NO_2$	

续表

名 称	化 学 式	结 构 式
1,4-(或1,5)-二氨基蒽醌	$C_{14}H_{10}N_2O_2$	
1,4-二羟基蒽醌	$C_{14}H_8O_4$	
1-氯蒽醌	$C_{14}H_7O_2Cl$	
2-氯蒽醌	$C_{14}H_7O_2Cl$	
1,5-(或1,8)-二硝基蒽醌	$C_{14}H_6N_2O_6$	
蒽醌-1,5-二磺酸	$C_{14}H_8O_8S_2$	

由于蒽醌衍生物较多,其性质和制备这里就不再介绍,下面举几种在制浆蒸煮中应用的实例。

四氢蒽醌(简称 THAQ)作为蒸煮助剂,其蒸煮效果比蒽醌更好,这主要是 THAQ 可溶于碱液中达到与原料均匀混合的目的,结果使蒸煮得率比蒽醌高。

THAQ　　　　　　二氢蒽氢醌的钠盐

二氢蒽氢醌的钠盐与木素反应生成二氢蒽醌,二氢蒽醌再与碳水化合物反应。这样,周而复始地循环反应,既加快脱木素过程,又保护碳水化合物。

氨基蒽醌比蒽醌易溶于碱液中,也可作为蒸煮助剂使用。如:在碱法麦草蒸煮中添加 0.05% 氨基蒽醌($AQ-NH_2$),当蒽醌用量和其他条件相同时,粗浆得率提高 2.1%,成浆颜色浅,易洗涤,易漂白。

在麦草碱性亚硫酸钠法制浆中加入以羟基蒽醌为主的蒽醌衍生物蒸煮,也取得很好的效果。例如:吉林化工厂生产蒽醌衍生物(A),其主要成分为羟基蒽醌,占总量的 80%。作为麦草碱性亚硫酸钠蒸煮,可节约耗碱量,缩短蒸煮时间,增加浆得率。该衍生物价格也较蒽醌低。该法最佳蒸煮条件为:NaOH 10%、Na_2SO_3 为 5%、蒽醌衍生物为 0.05%,液比 1:4、最高蒸煮温度为 162℃。粗浆得率可达 68.95%。

2. 硝基苯

硝基苯也是一种蒸煮助剂。其分子式为 $C_6H_5NO_2$,结构式为 ⌬—NO_2 。

硝基苯是淡黄色的澄清液体,易燃。凝固点 5.6~5.7℃,沸点 210.9℃,密度(20℃)1.201~1.203g/cm³。硝基苯难溶于水,但能与大多数有机溶剂如醇、醚、苯及其同系物以任意比例互溶。

硝基苯的反应包括苯环上的取代反应以及硝基上的反应,可被加氢、磺化以及硝化,但不会发生傅-克反应(Friedel-Crafts)。在亲电条件下,硝基苯的苯环上继续发生取代反应的速率比苯慢得多,硝基多取间位。硝基苯还原生成苯胺($\bigcirc$—NH_2)是硝基苯具有工业价值的重要反应。

硝基苯的制备方法是用硝酸和硫酸的混合酸,直接硝化反应物苯。

$$C_6H_6 + HNO_3 \xrightarrow{H_2SO_4} C_6H_5NO_2 + H_2O$$

反应混合物会形成两相,反应物分布在两相中,硝化速率不但由化学动力学,而且由相间传质控制着。所以加快传质速率是强化生产的手段。硝化过程既可采用间歇法,也可采用连续法。

间歇生产法:先将苯投入反应器,再将配比为 50%～60% H_2SO_4、27%～32% HNO_3、8%～17% H_2O 的硝化酸缓慢地加入到苯液面之下。通过调节硝化酸的加料速率及冷却水流,维持反应混合物的温度在 50～55℃。反应到后期,将温度升至 90℃ 左右,以促使反应完全。反应结束后,再经分离器分离、洗涤等步骤而制得。

连续生产的基本步骤与间歇过程大致相同。但是,由于生产过程是连续进行,所以生产速率高,使用反应器容量少,使用的混合酸其硝酸浓度较低。

硝基苯作为制浆用助剂常用在硫酸盐蒸煮上。添加硝基苯(0.6 mol 活性碱浓度,170℃,60min)的烧碱法蒸煮能达到硫酸盐蒸煮(硫化度 30%)的速率,同时保护了碳水化合物。其原理主要是利用硝基苯作氧化剂,既氧化木素,又能氧化碳水化合物的还原性末端基,从而得以稳定。但在得率和木素含量相同时,浆的强度较硫酸盐浆差。

3. 烷基苯磺酸盐

烷基苯磺酸盐是一类应用非常广泛的阴离子表面活性剂,其中以烷基苯磺酸钠为最常用的盐。烷基苯磺酸钠是一种黄色油状液体。经纯化可以形成六角形或斜方形薄片状结晶。通常烷基苯磺酸钠不是纯粹的化合物,当选用不同的原料和工艺路线时,其组成和结构差异很大,致使其表面活性和胶体性质有所不同。如烷基碳原子数、烷基链支化度、苯环在烷基链上的位置,磺酸基在苯环上的位置及数目等对其性质均有影响。

烷基苯磺酸钠的表面活性随烷基链上碳原子数的增加而增大。当烷基链超过 18 个碳时,表面活性下降,链长小于 5 个碳时不能形成胶团,随着碳数的增加,cmc 下降,但在 C_{18} 以上水溶性差,亦不能形成胶团溶液。就其泡沫性能而言,C_{14} 发泡力最好,$C_{10} \sim C_{14}$ 泡沫稳定性最好。润湿能力以低碳烷基为好,但洗涤力差。就洗涤力而言,以 C_{12} 洗涤力最好。关于烷基链分支、链烷基数目、苯基和烷基结合位置、磺酸基的位置等对烷基苯磺酸钠的性质影响,可参考有关表面活性剂的书籍。

烷基苯磺酸盐的制备,由于原料和制备方法的不同而制得各种不同产品。但生产过程主要分三部分:即用石油的烷烃或烯烃先制成烷基苯,然后烷基苯再被磺化成磺酸,最后用碱中和成磺酸盐。制备烷基苯根据原料不同,又有烷烃氯化法和烯烃缩合法。下面以直链烷基苯磺酸钠为例简述一下制备过程。

烷烃氯化法是用正构烷烃在紫外线照射下或经加热,与氯进行取代反应生成氯代烷,反应如下:

$$RH + Cl_2 \longrightarrow RCl + HCl \uparrow$$

然后,用氯代烷和苯在催化剂存在下进行烃化缩合为烷基苯,即:

$$RCl + \underset{}{\bigcirc} \xrightarrow[\text{或 AlCl}_3]{HF} R-\underset{}{\bigcirc} + HCl \uparrow$$

烷基具有疏水性,没有表面活性。要使其有表面活性,就必须在它的分子结构上接上一个亲水基团,常用的亲水基是磺酸。所以要用发烟硫酸或三氧化硫与烷基苯反应生成烷基苯磺酸。即:

$$R-\underset{}{\bigcirc} + H_2SO_4 \rightleftharpoons R-\underset{}{\bigcirc}-SO_3H + H_2O$$

或

$$R-\underset{}{\bigcirc} + SO_3 \rightleftharpoons R-\underset{}{\bigcirc}-SO_3H$$

制得的烷基苯磺酸后立即用碱液中和成烷基苯磺酸钠。其反应式：

$$R-\!\!\!\diagdown\!\!\!\diagup\!\!\!-SO_3H + NaOH \longrightarrow R-\!\!\!\diagdown\!\!\!\diagup\!\!\!-SO_3Na + H_2O$$

中和后的烷基苯磺酸钠为白色至浅黄色糊状膏体。可再进入喷雾干燥系统制得粉末状固体。

烷基苯磺酸钠为阴离子型表面活性剂，具有渗透、乳化、分散、发泡、洗涤去污等功能。生物降解度高，并可在较宽的 pH 范围内稳定，所以可用作破布脱色和废棉去除油脂的蒸煮助剂，从而提高漂白棉布浆的白度。在废纸脱墨中用作脱墨助剂，更广泛用于各种洗涤剂。

三、蒸煮助剂应用效果与实例

蒸煮助剂在应用过程中会受到各方面的影响，如蒸煮方法、蒸煮药液、原料种类、蒸煮条件等。因此在添加蒸煮助剂时要根据不同方法、不同条件选择最佳助剂，才能达到最好效果。由于蒸煮方法、蒸煮原料和蒸煮条件的不同，蒸煮助剂也有多种类型，下面列举两种蒸煮助剂的实例。

1. 添加硼氢化钠助剂应用效果

$NaBH_4$ 是无机还原性蒸煮助剂，它能使还原性基团特别是羰基还原为羟基，减少碳水化合物剥皮反应而得以稳定。因此，加入 $NaBH_4$ 的烧碱法蒸煮得率提高 5% 以上。由于 $NaBH_4$ 不仅能还原酮基，而且还原使还原性链 $1 \to 4\beta$ - 糖甙连接断裂。纤维素 $NaBH_4$ 还原性降解是一种局部化学反应，并决定于纤维素链的可接近性。因此，添加 $NaBH_4$ 浓度越大，影响越大，蒸煮温度越高，时间越长，得率和黏度越低，举例结果见表 2-2。

从表 2-2 看，添加 $NaBH_4$ 可提高得率和黏度，但受温度和蒸煮时间的影响较大。研究表明，$NaBH_4$ 最好是在 80℃ 左右用其预处理，再进行碱蒸煮，这样，蒸煮松木和桦木在纸浆卡伯值为 36 时，可提高得率 11%。

2. 添加蒽醌及衍生物助剂的应用效果

表 2-2　桦木聚木糖 $NaBH_4$ 蒸煮($NaOH$ 浓度 40g/L)结果

温度/℃	时间/h	未加 $NaBH_4$			加入 5% $NaBH_4$		
		得率/%	特性黏度/$cm^3 \cdot g^{-1}$	$\overline{DP}$	得率/%	特性黏度/$cm^3 \cdot g^{-1}$	$\overline{DP}$
100	2	73	89.6	170	84	94.8	201
100	8	65	85.6	182	81	92.4	198
130	2	46	51.9	110	56	62.7	133
130	4	30	41.5	88	39	46.7	99
170	2.3	23	44.8	95	27	50.5	107

在制浆过程中添加蒽醌及衍生物作为蒸煮助剂是目前应用较广的蒸煮助剂。这类助剂常用在碱法、硫酸盐法、亚硫酸盐法等多种方法的制浆中。它们在这些方法制浆中既起到了催化剂的作用，又具有反应剂的作用。既保护了碳水化合物，又促进了木素的脱除。这样既提高了浆的得率，降低了纸浆的硬度，又缩短了蒸煮时间。因此从 20 世纪 70 年代以来一直被广泛应用。应用效果如表 2-3。

表 2-3　针叶木未漂烧碱-AQ 浆、硫酸盐浆和硫酸盐-AQ 浆的应用效果比较

树种	浆种	170℃保温时间/min	总得率/%	筛渣/%	卡伯值	黏度/mPa·s
冷杉	烧碱-AQ 浆	118	41.2	0.4	25.5	23.9
	硫酸盐浆	128	39.3	0.4	29.2	31.5
	硫酸盐-AQ 浆	91	43.3	0.4	32.0	37.5
铁杉	烧碱-AQ 浆	113	44.2	0.7	36.6	20.4
	硫酸盐浆	128	42.3	0.2	31.6	32.0
	硫酸盐-AQ 浆	97	44.9	0.5	31.9	34.2

注：活性碱用量：18%（Na_2O 计）；硫化度：30%；烧碱-AQ 浆，AQ 用量：0.25%（对绝干木片）；硫酸盐-AQ，AQ 用量：0.10%（对绝干木片）。

从表 2-3 可以看出，添加 AQ 可以缩短蒸煮时间和提高纸浆得率。硫酸盐-AQ 浆的黏度较高，似对提高纸浆强度稍有帮助，但作用不显著。

在草浆生产方面,各种蒸煮方法也添加了 AQ 作蒸煮助剂。我国某厂还对各种方法中,添加 AQ 和不添加 AQ 进行生产上的试验比较,其蒸煮工艺条件和结果见表 2-4。

表 2-4　麦草烧碱法、硫酸盐法、碱性亚硫酸钠法中添加 AQ 和不加 AQ 蒸煮条件与结果比较

蒸煮方法	蒸煮锅数/锅	NaOH用量/%	Na_2S用量/%	AQ用量/%	Na_2SO_3用量/%	硫用量/%	纸浆$KMnO_4$值(平均)	白度/%	细浆得率/%(平均)
烧碱法	69	16.5	—	—	—	—	16.13	73	37.2
硫酸盐法	243	15.0	0.2	—	—	—	16.23	70	40.5
烧碱-AQ法	361	14.5	—	0.04	—	—	16.17	70以下	41.8
碱性亚硫酸钠法	259	13.0	—	—	3.0	—	16.50	75	43.0
碱性亚硫酸钠-蒽醌法	141	13.0	—	0.02	2.0	—	16.40	75	44.8
烧碱-S-AQ法	101	13.0	—	0.02	—	0.1	16.99	70以下	45.0

注:各种方法其他工艺条件均相同:草片含稻草率 80% 以上;浆球量 3200kg 绝干草;液比 1:2.8~3.0;药液预热温度 70℃ 以上;装球时间 50min;空转 10min;升压时间 ($0→4.91×10^5$Pa)60min;保压时间 150min;喷放时间 15min;总时间 4h45min;漂白为次氯酸盐一段漂,漂率 7.50%。

从表 2-4 可见,相同处理方法,添加 AQ 比不加 AQ 得率高。碱性亚硫酸钠-蒽醌法和烧碱-硫-蒽醌法不仅提高纸浆得率,而且还显著地降低生产成本。添加 Na_2SO_3 对提高纸浆的可漂性也有明显的效果。

四氢蒽醌可溶于碱液中,但 AQ 溶解度小,所以,日本多使用 THAQ,一般不使用 AQ。在用 THAQ 作助剂,在用量与 AQ 相同时,纸浆得率更高,结果见图 2-2。

在麦草碱法制浆中添加 0.05% 氨基蒽醌作蒸煮助剂也比用量相同蒽醌效果好,在相同条件下粗浆得率提高 2.1%,成浆颜色浅,易于洗涤和漂白。试验结果见表 2-5。

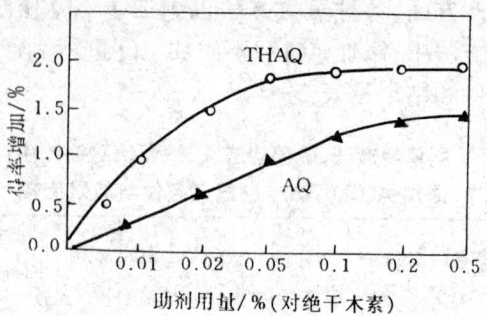

图 2-2 添加 AQ 和 THAQ 蒸煮得率的比较

表 2-5 麦草碱法制浆中 AQ 和 AQ-NH$_2$ 对比试验

蒸煮方法	序号	硬度(KMnO$_4$ 值)	残碱量/g·L^{-1}	粗浆得率/%
AQ-NaOH	1	14.2	7.2	48.0
	2	13.8	7.5	47.8
	3	13.9	7.4	46.9
	4	14.0	7.0	47.4
	平均	14	7.3	47.5
AQ-NH$_2$ NaOH	1	13.7	8.2	51.2
	2	14.0	8.4	47.2
	3	13.6	8.7	48.9
	4	13.5	8.3	48.7
	平均	13.7	8.4	49.6

注：蒸煮工艺条件：蒸球容积 25m^3；装球量 3700kg(绝干)；用碱量 13.5%(NaOH 计)；液比 1:3；AQ 用量 0.05%；AQ-NH$_2$ 用量 0.05%；空转 10min，0～0.4MPa 60min，保温 30min，0.4～0.6MPa 40min，喷放；粗浆要求：硬度 12～15K；残碱 6～9g/L。

第二节 漂白过程的化学助剂

在制浆过程中分离出的纤维素或多或少都含有一定量木素和有色物质及其他杂质，因而使纸浆具有一定颜色。各种不同原料和制浆方法所制得纸浆颜色的深浅也不同,制造出纸的颜色也不一样,这样会影响纸张的印刷和使用。因此,长期以来人们在制浆造纸中增加纸浆漂白过程,从而来提高纸浆的白度和性能。在漂白过程中能有效提高漂白效率的辅助化学药品称为漂白过程的化学助剂。本节主要介绍这方面的内容。

一、漂白化学助剂及分类

在漂白过程中,使用化学助剂是根据不同的方法和不同的目的要求选用不同化学助剂。

1. 漂白的目的和方法

纸浆漂白的目的是:以合理的费用,在保持纸浆良好强度和适宜的造纸性能的情况下,使用适量药品和合理的方法,消除纸浆中有色物质和杂质,从而生产出一定白度的纸浆。在生产化学加工用浆时,通过漂白还需使纸浆具有新的物理化学性能。

纸浆的漂白方法:漂白的方法多种多样,但从纸浆漂白的发展历史看,人们主要从漂白剂、漂白助剂和漂白设备及工艺两方面进行研究和开发。例如:在纸浆漂白剂方面,最早是手工业生产时代的氧漂。直到1774年瑞典化学家 K.W.Scheele 发现氯气漂白作用,才将其应用造纸。后来逐渐又发展到用次氯酸钠、次氯酸钙、连二亚硫酸盐、过氧化氢、二氧化氯、氧、臭氧等漂白剂。当前人们正开发高效、低污染和多组分、多功能的漂白剂和漂白助剂。

从漂白设备和工艺看,较早漂白是在打浆机内进行。1895年德国 Bellmer 兄弟制成贝麦漂白池设备,后来逐渐发展到连续漂白,分段漂白和综合多段漂白等工艺。

就其漂白所用药品的作用来看:传统漂白方法主要分两类,一类称氧化漂白,它是利用漂白剂的氧化作用除去纸浆中残留的木素,破坏发色基团,使木素分子氧化溶出。另一类称还原性漂白,它是用还原性漂白剂,有选择地破坏纸浆中的发素基团结构,并不除去浆中木素。

目前,投产和开发的新型漂白方法有氧漂白(氧－碱漂白)、置换漂白、臭氧漂白、气相漂白、酶漂白和漂白助剂协同漂白等方法。并且漂白助剂已是目前漂白法中不可缺少的越来越重要组成部分。这主要是因为单一漂白剂的功能总是有限的,并且单一漂白剂会受条件限制。

2. 漂白化学助剂

漂白化学助剂是指:在漂白过程中,用于提高漂白剂稳定性,减少无效分解或减少纤维素降解,保持漂白后浆强度的化学药品都称为漂白化学助剂。例如:在次氯酸盐漂白过程中,加入氨基磺酸,可缓和白氧化速率,从而减少纤维素降解,相应地保持漂白浆强度和减少漂白剂损失。

由于硅酸钠、硫酸镁表面有吸附重金属离子的作用,可防止漂白剂 H_2O_2 的分解。因此,可作为 H_2O_2 漂白保护剂,以调节酸值和防止微量重金属离子对 H_2O_2 的催化分解作用。碳酸镁、硫酸镁、氧化镁可作为氧碱漂白时纤维保护剂。如添加少量二乙烯三胺—戊亚甲基磷酸(DTPMP)则有更好的效果。

3. 漂白化学助剂的分类

漂白化学助剂可按其性能和作用分类,但该法分类有一定的任意性。本书为化学助剂,所以,我们采用从化学角度分类法。从化学角度可将漂白助剂分为以下几类。

(1) 无机漂白助剂。在漂白过程中,添加的化学助剂是无机物的称为无机漂白助剂。例如:在(二)中提到的 MgO、$MgSO_4$、$MgCO_3$、Na_2SiO_3,在二氧化氯漂白中添加 Cl_2、V_2O_5,氧碱漂白中的 KI,螯合剂三聚磷酸钠(STPP),碱处理中 KBH_4、Na_2SO_3、H_2O_2 等都属于无机化学助剂类。

(2) 有机漂白助剂。在漂白过程中,添加的化学助剂是有机物的称为有机漂白助剂。例如:次氯酸盐漂白中氨基磺酸;螯合剂乙二胺四乙酸及其钠盐,二乙烯三胺五醋酸及其钠盐;过氧化氢漂白中的尿素等都属有机漂白助剂。

(3) 生物漂白助剂。在漂白过程中,通过微生物或酶制剂预处理来协助纸浆漂白过程,这类微生物或酶制剂常称为生物漂白助剂。例如,木聚糖酶作为漂白助剂,目前已在北欧和北美地区不少工厂用于硫酸盐浆的漂白。利用白腐菌来脱除木素和提高硫酸盐浆白度,也是生物漂白与化学漂白相结合的一种好方法。

二、漂白助剂的作用原理

在漂白过程中,由于加入漂白剂和漂白助剂的不同,漂白助剂的作用原理也各不相同,就漂白助剂来看主要作用原理有下列几点。

1. 加速漂白剂与发色基团的作用

在前面已讲过,漂白的主要目的是利用还原性或氧化性物质与纸浆中残留的木素作用,破坏发色基团,而提高纸浆的白度。但是这些氧化性或还原性物质在作用时,会受各种因素的影响而受阻或降低其性能,使用漂白助剂可加速或提高漂白剂与发色基团的作用。如在 ClO_2 漂白时或多或少会发生分解产生氯酸盐,降低了 ClO_2 的漂白能力。为了使这部分氯酸盐发挥漂白作用,并使 ClO_2 起到充分漂白作用,可添加五氧化二钒作助剂,用量为浆的 0.008%,使氯酸盐充分发挥漂白作用,其反应如下:

$$V^{5+} + 有色物质(木素) \longrightarrow 氧化了的有色物质 + V^{4+}$$

$$6V^{4+} + ClO_3^- + 6H^+ \longrightarrow 6V^{5+} + Cl^- + 3H_2O$$

$$ClO_3^- + 2H^+ + 2Cl^- \longrightarrow Cl^- + ClO_2 + \frac{1}{2}Cl_2 + H_2O$$

由此可见, V_2O_5 助剂的催化作用,实际上是 V_2O_5 本身发生了氧化还原作用,间接地发挥了氯酸盐的漂白作用。V_2O_5 的催化作用,在终漂 pH 值为 4 时效果最佳。

2. 提高各种漂白剂的利用率

化学漂白中的漂白剂都是氧化剂或还原剂,它们都易和接触到的物质反应,除了与有色物质作用外,还易和周围其他杂质作用或受条件影响而分解。为使其稳定,减少无效分解。例如,在 H_2O_2 的漂白过程中,可添加 Na_2SiO_3、$MgSO_4$ 等能吸附重金属离子的助剂。也可添加三聚磷酸钠、乙二胺四乙酸及其钠盐、二乙烯三胺五醋酸及其钠盐等螯合剂等,可防止微量重金属离子对 H_2O_2 的分解,从而提高 H_2O_2 漂白剂的利用率。

3. 改善各类漂白过程的条件

在各种漂白方法中,各种漂白剂都有各自最佳使用条件,只有在最佳使用条件下,漂白剂才能发挥最佳效果。如,漂白过程中的酸碱度、温度、时间、其他物质及杂质的存在、设备及工艺等。还有在多段漂白中,前段漂白剂会带入后段漂白中,也会影响后段漂白。解决上述问题的主要方法就是添加漂白助剂来改变不利漂白剂发挥最大作用的条件。

例如:H_2O_2 漂白中,添加 Na_2SiO_3 具有缓冲酸、碱度的作用和降低浆中重金属离子作用,从而减少 H_2O_2 无效分解。

三、常见的漂白助剂及应用

(一)常见的无机漂白助剂

在各种纸浆的漂白过程中,所添加的无机漂白助剂较多,下面列举几种。

1. 镁的化合物

在氧碱漂白生产过程中,纤维素易发生降解,其原因主要来源于氧的游离基氧化反应,特别是有过渡金属离子存在时更为严重。为了阻止或减轻这种碱性氧化降解。人们发现可以添加镁的化合物能阻止这种氧化降解。常见的有碱式碳酸镁、硫酸镁、氧化镁或镁的配合物。

(1)碱式碳酸镁。碱式碳酸镁[$Mg(OH)_2CO_3$]为白色单斜结晶或无定形粉末。无毒、无味,在空气中稳定,微溶于水,能使水呈弱碱性。在水中长时间煮沸,有部分分解为 $Mg(OH)_2$。易溶于酸,在稀酸中分解,放出 CO_2。加热到 300℃ 以上即分解为 MgO 和 CO_2。

碱式碳酸镁制备有 3 种方法:一种是白云石碳化法;第二种是海水、石灰石碳化法;第三种是纯碱法。下面以纯碱法为例简述其制备。

纯碱法:将 Na_2SO_4 放入反应器中,在搅拌下缓缓加入碱液,由于流动性较好,变为豆腐状,再恢复流动性,即停止搅拌。反应终止后,经两次真空过滤、洗涤,再经破碎、干燥、粉碎、风选包装而制得,其反应式如下:

$$5MgCl_2 + 5Na_2CO_3 + 6H_2O =\!=\!= 4MgCO_3 \cdot Mg(OH)_2 \cdot 5H_2O + CO_2\uparrow + 10NaCl$$
$$5MgSO_4 + 5Na_2CO_3 + 7H_2O =\!=\!= 4MgCO_3 \cdot Mg(OH)_2 \cdot 6H_2O + CO_2\uparrow + 5Na_2SO_4$$

镁的碳酸盐是早期氧碱漂白中的化学助剂，1964年就被发现此用途，1968年此发现获得美国专利，从而促进了氧碱漂白在工业生产上的应用。

(2) 氧化镁(MgO)。俗称苦土。白色立方晶体或白色细微粉末，也有呈米黄色粉末，熔点 2800℃，沸点 3600℃。根据制法有轻质和重质之分。露置于空气中极易吸收水分和二氧化碳，逐渐转化成酸式碳酸镁而变硬。能溶于稀酸生成镁盐，也溶于铵盐溶液，难溶于水。

氧化镁的制备：可用 Na_2CO_3 与可溶性镁盐溶液反应生成碱式碳酸镁，再经煅烧而制得，这样得到的为轻质氧化镁。其反应式如下：

$$5MgCl_2 + 5Na_2CO_3 + 6H_2O =\!=\!= 4MgCO_3 \cdot Mg(OH)_2 \cdot 5H_2O + 10NaCl + CO_2\uparrow$$
$$4MgCO_3 \cdot Mg(OH)_2 \cdot 5H_2O \xrightarrow{\text{煅烧}} 5MgO + 4CO_2\uparrow + 6H_2O$$

利用苦土粉经水选除杂质，后沉淀成镁泥浆，然后通过消化、烘干、煅烧，使氢氧化镁脱水生成氧化镁，该法制得为重质氧化镁。

氧化镁作为制浆的漂白助剂外，还可作为蒸煮助剂使用，可提高蒸煮得率，改善纸浆质量，减少污染。作为蒸煮废液经蒸发、浓缩、燃烧后可大部分被回收。

硫酸镁也是常用的漂白助剂。

关于镁盐及其化合物作为氧碱漂白助剂的作用原理主要有以下几种说法。

① 镁盐与反应介质中形成的过氧化物络合起来，过氧化物的分解认为与降解现象有关。

② 某些过渡金属离子对纤维素的氧化降解有催化作用，镁盐及化合物，如 $Mg(OH)_2$，则对这些金属离子有吸附共沉作用。镁盐配合物，如葡萄糖酸镁能与 Fe^{2+} 形成配合物，从而减少催化降解作用，反应表示如下：

镁盐配合物　　　　　　　　过渡金属配合物，R - 葡萄糖酸基的其余部分

③ 镁盐对纤维素氧化物能形成稳定的配合物，从而避免 β - 烷氧基消除反应而不进行碱性氧化降解，镁盐对纤维素氧化物的配合反应如下：

实验也证明，每个葡萄糖基只要两个 Mg 就能得到很好的保护。

2. 硅酸钠

硅酸钠（Na_2SiO_3）俗称水玻璃或泡花碱。液体为透明无色或带淡黄色、浅灰色的黏稠液体。固体为天蓝色或黄绿色玻璃状物质，与少量水或蒸汽能发生水合作用生成水合水玻璃。

工业生产的硅酸钠是一类多硅酸钠，其组成常用 $NaO \cdot nSiO_2$ 表示，其性质随分子中氧化钠和二氧化硅的比值（摩尔比）不同而不同。

此比值称为模数。模数在 3 以上的称为中性水玻璃,在 3 以下的称为碱性水玻璃。固体水玻璃的密度随模数变化而变化,无固定的熔点。对急冷急热非常敏感,骤冷骤热时立即裂成不规则小块。置露在空气中与空气中的 CO_2 作用,生成 Na_2CO_3,析出白色固体结晶。

硅酸钠的制备可分为干法和湿法两种。干法又分为纯碱法和硫酸钠法。用它们和石英砂在高温下熔融反应而得,可制各种模数的水玻璃。湿法是用氢氧化钠和石英砂在反应器中加温加压而得,但难制得高模数的水玻璃。下面简述一下纯碱法。

纯碱法:将含 SiO_2 为 99% 以上石英砂粉碎到 50~80 目,与纯碱按比例混合均匀,两者配比根据成品模数而定。再经复式薄层加料器推入反射炉。逐渐升温使原料呈熔融态,在 1400~1500℃ 保温 4~6h。其总反应式为:

$$n SiO_2 + x Na_2CO_3 \longrightarrow x Na_2O \cdot n SiO_2 + x CO_2 \uparrow$$

反应后的熔料流出经水淬槽冷却,碎裂成 1~5mm 大小碎粒。固体碎粒再放入化料机加水溶解,溶解后的水玻璃溶液经过沉淀过滤除去未熔化的石英砂等杂质后,进入蒸发器,在 2.7×10^4Pa 真空度下加热浓缩成一定浓度的产品。

硅酸钠作为造纸业的漂白助剂,主要应用于 H_2O_2 漂白过程。其作用主要有两点:一是缓冲作用,二是消除金属离子的作用。缓冲作用的机理是 H_2O_2 是一种弱酸,在溶液中存在下列平衡。

$$H_2O_2 \rightleftharpoons H^+ + HOO^-$$

起漂白作用的是 HOO^- 离子,因此需要补充 OH^- 以促进 H_2O_2 提供足够 HOO^- 进行漂白反应,但 OH^- 也不能过高。加入一定量 Na_2SiO_3,补充一定碱度,以促进 H_2O_2 解离出起漂白作用的 HOO^-。Na_2SiO_3 是一种弱酸强碱盐,水解过程的酸碱性正适宜 H_2O_2 漂白的 pH 值,并且漂白过程中漂白液的 pH 变化很小。所以 Na_2SiO_3 起到缓冲作用。

消除金属离子作用机理是:在各种纸浆中都或多或少存在着重金属离子 Fe^{2+}、Cu^{2+}、Mn^{2+}、Fe^{3+} 等。加入 Na_2SiO_3 后,可吸附这些重金属离子,而减少 H_2O_2 受重金属离子催化而分解。所以,在 H_2O_2 漂白中 Na_2SiO_3 的稳定和保护作用是降低浆料中重金属离子。例如,在蔗渣硫酸盐化学浆中,采用 H_2O_2 漂白。漂白条件:浆浓度 6.0%,温度 80℃,时间 2h;其他药品用量:$MgSO_4$ 0.05%,$NaOH$ 1.0%,Na_2SiO_3 4.0%,H_2O_2 3.0%。在上述条件下漂白,H_2O_2 消耗为 74.6% 时白度达到 69.6%。若在上述条件下不加 Na_2SiO_3,只用 $NaOH$ 提高 OH^- 浓度,相同条件下漂白,H_2O_2 消耗 99.6% 时白度仅为 62.9%。在上述施加 Na_2SiO_3 的 H_2O_2 漂白过程中,随着漂白浆白度的提高,浆中 Fe^{2+}、Mn^{2+} 和 Cu^{2+} 的含量相应减少,漂白终点时,浆中 Fe^{3+} 和 Cu^{2+} 含量减少 50%,Mn^{2+} 浓度也有下降。若仅用 $NaOH$ 调 pH 值的漂白过程中,上述金属离子变化很少,甚至无变化。从上例可进一步说明 Na_2SiO_3 在 H_2O_2 漂白中起到碱性缓冲作用和 Na_2SiO_3 降低浆中重金属离子含量起到 H_2O_2 保护作用。

3. 亚硫酸盐

在制浆造纸工业中所用的亚硫酸盐,主要有碱金属的钠、钾和铵盐,碱土金属的钙、镁盐。它们在制浆中可作为蒸煮剂、漂白剂和漂白助剂。常用的是亚硫酸钠和连二亚硫酸钠。关于它们的性质和制备在第一节已介绍。它们作蒸煮和漂白剂的作用,在制浆造纸工艺书中也已介绍。此处仅介绍它们作为漂白助剂的情况。

在某些制浆工艺中设有碱处理工艺,在碱处理过程中存在着碳水化合物的降解问题。为减少降解反应,可在碱处理时添加助剂,早期用的助剂就是 Na_2SO_3。添加 Na_2SO_3 不仅减少降解,还增加纸浆的可漂性。Na_2SO_3 在碱处理时的作用与碱蒸煮时的作用相似。主要是 Na_2SO_3 能作为氧化剂对碳水化合物的还原性末端基进行氧化,同时又是脱木素的反应剂。因此,碱处理后的纸浆的可漂性提高。

在 H_2O_2 漂白工艺中,为了提高白度,也可采用加入螯合剂或同时加入 Na_2SO_3 进行预处理后,再用 H_2O_2 漂白的方法。例如图 2-3 所示,当添加 DTPA 或 Na_2SO_3 助剂时,可以改善纸浆白度情况。

采用 Na_2SO_3(2.4%)和 DTPA(0.14%)联合预处理时,未漂浆白

度不仅可以提高,而且也改善漂白性。但要注意在漂白前一定充分洗净,否则残留的 Na_2SO_3 会和 H_2O_2 又起反应,不仅无效消耗漂白剂,还使浆白度下降。试验结果见表 2-6。

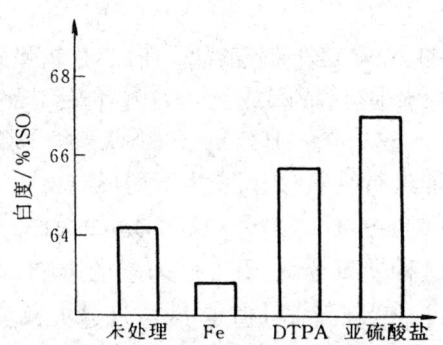

图 2-3　各种添加物处理对云杉木片
磨解后的白度影响

表 2-6　H_2O_2 漂白中用 Na_2SO_3 和 DTPA 预处理浆与未处理浆比较

H_2O_2/% (对绝干浆)	对照样		试样 A[(1)]		试样 B[(2)]	
	H_2O_2 消耗量/% (对加入量)	白度 /% ISO	H_2O_2 消耗量/% (对加入量)	白度 /% ISO	H_2O_2 消耗量/% (对加入量)	白度 /% ISO
0		63.0		70.1		70.1
1	39	72.3	27	76.0	39	75.6
2	41	73.8	33	77.6	40	77.3
4	43	77.0	28	80.3	47	79.3

注:(1) 漂白用水洗净;(2) 漂白前不洗,
　　Na_2SO_4 浓度:2.4%,DTPA 浓度:0.14%。

连二亚硫酸盐也是一种漂白剂,制浆中主要作还原性漂白剂使用。用作漂白助剂,只是与其他漂白剂配合进行分段漂白,如与 H_2O_2 配合进行二段漂白。虽然连二亚硫酸盐漂白的白度提高值不如 H_2O_2,但因其成本低。所以,工业上仍广泛使用。早期使用的连二亚硫酸盐是连二亚硫酸锌(ZnS_2O_4),由于 Zn^{2+} 对水源污染,1970 年后逐步改用连二亚硫酸钠($Na_2S_2O_4$)。

$Na_2S_2O_4$ 的结构为 $Na_2^{2+}\left[\begin{smallmatrix}O & & O\\ & S-S & \\O & & O\end{smallmatrix}\right]^{2-}$，此结构中的 S—S 键是不稳定结构，易变成 SO_2 或亚硫酸盐。所以，是较强的还原剂。其还原性主要表现在遇到水中溶解的氧或在空气中就能使其氧化为亚硫酸钠：

$$Na_2S_2O_4 + O_2 + H_2O \Longrightarrow NaHSO_4 + NaHSO_3$$

$Na_2S_2O_4$ 还能进行缺氧分解，发生下列反应：

$$2Na_2S_2O_4 + H_2O \Longrightarrow Na_2S_2O_3 + 2NaHSO_3$$

$Na_2S_2O_4$ 的这种缺氧分解，受许多因素的影响，如温度、pH 值、浓度、贮存时间等。温度越高、pH 值越小，浓度越大，贮存时间越长，分解的量越多。所以，在贮存和使用时要注意上述的影响。

$Na_2S_2O_4$ 的制备，现在工业生产主要采用甲酸法，该法是将甲酸钠和 NaOH 溶液加入装有乙醇水溶液的反应器中，在常温下搅拌，并通入 SO_2，再升温反应而得。反应式为

$$HCOONa + NaOH + 2SO_2 \Longrightarrow Na_2S_2O_4 + H_2O + CO_2\uparrow$$

$Na_2S_2O_4$ 的漂白作用，主要是它的还原作用，它能还原纸浆中特别是木素中的苯醌结构、松柏醛（双键）结构使之变成无色产物，$Na_2S_2O_4$ 本身则氧化为亚硫酸盐。亚硫酸盐本身也能破坏苯环共轭双键结构。

例如：$Na_2S_2O_4$ 在水溶液中可发生下列反应：

$$S_2O_4^{2-} + 2H_2O \longrightarrow 2HSO_3^- + 2H^+$$
$$S_2O_4^{2-} + 2H_2O \longrightarrow S_2O_6^{2-} + 4H^+$$
$$S_2O_4^{2-} + 3H_2O \longrightarrow HSO_3^- + HSO_4^- + 4H^+$$
$$S_2O_4^{2-} + 4H_2O \longrightarrow 2HSO_4^- + 6H^+$$

上式产生的 H^+ 能将木素分子的发色基还原成无色或浅色物。如将醌基还原成氢醌基，α/β 不饱和醛或酮基还原成醇基，导致可见光谱内光吸收作用的降低，起到纸浆的漂白作用。

$Na_2S_2O_4$ 作为漂白剂使用时，易受多方面的影响。所以，使用时应注意选择最佳使用条件。如其用作机械浆的典型漂白条件为：pH 值

5.5,温度 60℃;时间 60min;浆浓度 3.5%;$Na_2S_2O_4$ 加入量 10kg/t 绝干浆,还可根据浆中金属离子多少加入少量螯合剂。

$Na_2S_2O_4$ 与其他漂白剂配合进行分段漂白,也取得良好漂白效果。表2-7列举了过氧化物—连二亚硫酸盐二段漂白工艺条件。

表 2-7 磨木浆过氧化物—连二亚硫酸盐二段漂白工艺条件

过氧化物段	连二亚硫酸盐段
1%~3% Na_2O_2	0.5%~1.0% ZnS_2O_4 或 $Na_2S_2O_4$
1.5%~2.0% NaOH	0.2%~0.5% $Na_5P_3O_{10}$
2~3h	1~2h
38~43℃	55~60℃
漂白用 SO_2 调至 pH 值 5~7	pH 值 5~7

注:上述条件适用于云杉、松木、杨木等。

4. 磷酸盐

磷酸盐有正磷酸盐、偏磷酸盐、焦磷酸盐和聚磷酸盐等多种磷酸盐,这些盐的酸根基本结构单元都是磷氧四面体结构。作为造纸业常用的有磷酸钠、磷酸氢钠、焦磷酸钠和三聚磷酸钠等。这些可溶性的磷酸盐中的酸根具有很强的配位能力,能与许多金属离子形成可溶性配合物。造纸业用作漂白助剂使用,主要是利用它们的这一性质。下面举三聚磷酸钠说明。

三聚磷酸钠(Sodium tripolyphosphate):简称 S.T.P.P.。分子式 $Na_5P_3O_{10}$,结构式为:

$$NaO-\overset{\overset{O}{\|}}{\underset{ONa}{P}}-O-\overset{\overset{O}{\|}}{\underset{ONa}{P}}-O-\overset{\overset{O}{\|}}{\underset{ONa}{P}}-ONa$$

$Na_5P_3O_{10}$ 为白色粉末或颗粒状固体,是链状缩合磷酸盐。常见有无水 $Na_5P_3O_{10}$ 及含结晶水 $Na_5P_3O_{10} \cdot 6H_2O$ 的两种,有较大吸湿性,水溶液呈碱性,在水中会逐渐水解生成正磷酸盐。

三聚磷酸钠的生产工艺可归纳为三大工序:

(1) 分解。磷矿石在磷酸和硫酸的混合溶液中分解,其反应式如下：

$$Ca_5F(PO_4)_3 + 5H_2SO_4 \xrightarrow{80\sim95℃} 3H_3PO_4 + 5CaSO_4\downarrow + HF\uparrow$$

(2) 中和。过滤后的磷酸用纯碱中和反应为

$$6H_3PO_4 + 5Na_2CO_3 \longrightarrow 4Na_2HPO_4 + 2NaH_2PO_4 + 5CO_2\uparrow + 5H_2O$$

(3) 脱水聚合。

$$2NaHPO_4 + NaH_2PO_4 \longrightarrow Na_5P_3O_{10} + 2H_2O$$

此工艺过程为：将磷矿粉和硫酸加入装有稀磷酸的反应槽中，在80~90℃下反应。硫酸的用量按矿粉中 CaO 含量完全反应理论计算量的102%。经过滤后得到磷酸，再用 Na_2CO_3 溶液中和，Na_2CO_3 用量为理论计算量的1.2倍，中和温度为100℃左右，pH值6.8~7，反应时间10min。再经过滤，将滤液送到减压蒸发器，蒸发浓缩到50%溶液，再送到喷雾干燥塔干燥，得粉状磷酸盐的混合物。然后再送入回转聚合炉，在410~450℃下反应30~60min，经冷却后得成品。

三聚磷酸钠作为漂白助剂，其作用是利用它的配合性。例如，在连二亚硫酸盐漂白工艺中，由于浆中的重金属离子，特别是铁离子会严重地影响到漂白浆的白度。其原因主要是铁离子能与无色多元酚反应生成有色配合物，或与有色的多元酚形成更深的配合物。铁离子还能催化多元酚的氧化作用以生成深色化合物。Fe^{2+} 离子作用是首先由空气中 O_2 氧化 Fe^{2+} 为 Fe^{3+}，Fe^{3+} 再氧化多元酚，并本身还原 Fe^{2+}，反应为：

$$Fe^{3+} + 多元酚 \longrightarrow 氧化了的多元酚(深色) + Fe^{2+}$$

这样反复循环进行起着催化作用，结果使浆的颜色变深。加入0.2%~0.5% $Na_5P_3O_{10}$ 助剂，与 Fe^{2+} 等重金属形成稳定的螯合物来消除重金属离子的影响，提高纸浆的白度。

在 $Na_2S_2O_4$ 对磨木浆的连续漂白流程中，磨木浆先用 $Na_5P_3O_{10}$ 稀液预处理，再进行漂白也取得了很好的效果。在 H_2O_2 漂白中，也常加入磷酸盐作漂白助剂来减少 H_2O_2 的消耗和提高漂浆的白度。目前试验表明 KH_2PO_4 应用 H_2O_2 漂白中也有降低 H_2O_2 消耗，提高白度的效果。其他几种磷酸盐对钙、镁、铁的配合能力见表2-8。

5. 其他漂白助剂

表 2-8　　　　　　　常见磷酸盐与几种金属离子配合量

磷酸盐名称	Ca^{2+} g/100g 磷酸盐	Mg^{2+} g/100g 磷酸盐	Fe^{2+} g/100g 磷酸盐
焦磷酸钠	4.7	8.3	0.273
三聚磷酸钠	13.4	6.4	0.184
四聚磷酸钠	18.5	3.8	0.092
六偏磷酸钠	19.5	2.9	0.031

(1) 硼氢化钠($NaBH_4$)：它是一种强还原剂，选择性强。早在 1958 年 W.C.Mayer 等人就用 $NaBH_4$ 对 65% 红松和 35% 香脂冷杉的 SGW 浆进行漂白试验，试验结果表明，$NaBH_4$ 用量为 1%，可提高白度 8%；2% $NaBH_4$ 漂白时，可提高白度 10.4%。P.L-uner 研究冷碱桦木浆的 $NaBH_4$ 漂白，表明 2% 用量可提高白度 15%。后来 Ventron 公司开发了用由 40% NaOH、12% $NaBH_4$ 和 48% 水构成混合物能与 $NaHSO_3$ 作用产生新生态 $Na_2S_2O_4$，用于高得率纸浆的漂白，可节约化学药品，省人省力、安全方便，且稳定性好。

KBH_4 除作为漂白剂外，还可作为助剂添加碱处理中。如 Assarson 等人曾在 90℃ 碱处理时添加 KBH_4，结果是 α-纤维素增加 3%～8%。

(2) 碘化钾(KI)：KI 作为漂白助剂，可以单独使用，也可与镁盐配合物联合使用。例如，在氧碱漂白中可用 KI 作助剂。过去认为：碘化物对氢氧游离基·OH 是很好消除剂，同时对过氧化氢游离基 HOO·反应也很顺利。但是，在硫酸盐浆氧碱漂白是很难直接测定的。不过 I^- 对碳水化合物稳定作用的效果是很明显，比起其他氢氧游离基消除剂来说效果好得多，结果见表 2-9。

从表 2-9 可以看出：I^- 对碳水化合物的碱性氧化降解有相当强的阻抑作用，这可从漂白后纸浆黏度最高看出。另外，通过 KI 对氧碱漂白时重金属离子催化氧化的影响试验得出，添加 KI 助剂对重金属离子的催化作用会有明显的降低，并且同时添加 KI 和葡萄糖酸镁效果更好。

其他无机漂白助剂，如草酸、高锰酸钾、过醋酸，过一硫酸等都可作漂白助剂使用。

表 2-9　硫酸盐浆氧碱漂白时不同氢氧游离基清除剂效果比较

清除剂	纸浆黏度/Pa·s	与·OH反应相对速率
未加助剂	0.010	—
加 I^-	0.029	100
加 NO_2^-	0.014	56
加 COO^-	0.012	42
加 Br^-	0.012	8

注：氧碱漂白条件：南方松硫酸盐浆，O_2 1.034MPa，130℃，pH=9.5（硼砂缓冲液调节），浆浓25%，漂白时间30min，漂白后卡伯值为15。

（二）常用的有机漂白助剂

1. 氨基磺酸、甲脒亚磺酸

（1）氨基磺酸（H_2NSO_3H）：外观为无色无臭晶体；相对密度为2.126；熔点478K；在482K开始分解，分解产物为二氧化硫、三氧化硫、氮气和水等。氨基磺酸不挥发、不吸湿，在空气中稳定。可溶于水和液氨，微溶于甲醇，不溶于乙醇、乙醚和烃类。在硫酸和硫酸钠存在下，在水中的溶解度降低。10%水溶液pH值为0.5~1.5。水溶液加热时，水解成硫酸氢铵。容易同亚硝酸反应，在20℃时溶解21.3g/100g水，80℃为47.1g/100g水。

氨基磺酸能和NaOH反应生成氨基磺酸盐，将其加入漂白液中，能抑制纤维素的剥皮反应和其他降解反应，因而可提高浆料的得率和强度性能。利用其性能常作为漂白助剂使用。如在次氯酸盐漂白过程中加入0.1%~0.2%的氨基磺酸作为漂白助剂，使漂白反应有选择性，降低耗氯量，降低漂损提高得率，半漂浆可提高2.1%~3.7%，全漂浆可提高2%，氨基磺酸加量在有效氯量3%~4%左右为好，半漂浆零距抗强指数可提高10%左右，全漂浆可提高10%以上，漂时可适当延长保温0.5h以保证效果，益林纸厂使用氨基磺酸作为漂白助剂后，减少了漂白废水中细小纤维流失，生产6000t浆，可多产浆150t，减去加入氨基磺酸成本后增加约18万元的经济效益。

氨基磺酸的制备是由尿素与发烟硫酸或氯磺酸反应制得，反应式如下：

$$H_2N-\underset{\underset{O}{\|}}{C}-NH_2 + SO_3 + H_2SO_4 \longrightarrow 2H_2NSO_3H + CO_2\uparrow$$

制备方法是将尿素先加入到反应釜中,在搅拌下缓慢加入发烟硫酸,控制温度不超过 80℃,至发烟硫酸加完,反应液相无气体放出时,将反应液在冰水中冷却下慢慢移入盛有硫酸钠的结晶罐中,冷却结晶,结晶物经离心分离后,将粗氨基磺酸加入溶解罐中,加水在 80℃ 下加热搅拌溶解,全溶后将溶液转入结晶罐中,加入工业乙醇,冷却使其充分结晶,再经离心分离后,干燥即为产品。

氨基磺酸作为漂白助剂可用于次氯酸盐漂白中。由于次氯酸盐漂白需在碱性条件下漂白,漂白的 pH 值为 10～10.5 时,漂后纸浆白度的稳定性最好。但是漂白时 pH 值越高,漂白速度就越低,在某些情况下,为了加快漂白速率,有时采用降低 pH 值的办法。但是,这种情况下必须添加助剂防止碳水化合物的剧烈降解,用来抑制降解的助剂常用氨基磺酸。其抑制次氯酸过度氧化的反应如下：

$$H_2NSO_3 + HOCl \Longrightarrow ClHNSO_3^- + H_2O$$
$$ClHNSO_3^- + HOCl \Longrightarrow Cl_2NSO_3^- + H_2O$$
$$Cl_2NSO_3^- + HOCl \Longrightarrow NCl_3 + HSO_4^-$$

氨基磺酸作为次氯酸盐漂白时的助剂,实际上是起到"游离基清除剂"的作用。在 pH 值较低的条件下,HOCl 含量增加,HOCl 能形成 HO·和·Cl 游离基,对碳水化合物的氧化能力特别强。所以,加入"游离基清除剂"就可以减少碳水化合物的降解。例如：有人对次氯酸盐漂白硫酸盐竹浆和针叶木浆进行试验,试验结果表明：添加氨基磺酸能降低漂白损失,提高得率,半漂浆可提高 2.1%～3.7%,全漂浆可提高 2%,氨基磺酸添加量在有效氯量的 4% 左右效果较好。上述试验半漂浆的条件为：浆浓 8%,加碱 0.3%,漂白温度 50℃,漂白时间 1h;全漂浆浓度为 4%,加碱为 0.6%,漂白温度 50℃,漂白时间 2h。试验还表明添加氨基磺酸除了降低耗氯量外,还降低漂白剂损失,提高纸浆强度。

(2) 甲脒亚磺酸(Formamidine Sulfinicacid 简称 FAS)：化学结构

式为 $H_2N-\overset{NH}{\underset{\|}{C}}-SO_2H$,因其具有较强的还原性,国外已用于纸浆的漂白。甲脒亚磺酸为无色针状晶体,易溶于水,新配制的水溶液接近中性,但放置一段时间后酸性增强。在沸水中易分解并具有还原性。在碱性溶液中,甲脒亚磺酸分解同时生成强还原性的不稳定的次硫酸盐(SO_2^{2-})。在弱酸性溶液中,甲脒亚磺酸很易被氧化成甲脒磺酸[$NH_2(NH)CSO_3H$]。

甲脒亚磺酸的制备:将硫脲和过氧化氢在中性水溶液中反应而得。其化学反应式为:

$$H_2N-\overset{S}{\underset{\|}{C}}-NH_2 + H_2O_2 \xrightarrow{\text{冰浴}} H_2N-\overset{NH}{\underset{\|}{C}}-SO_2H$$

制备工艺过程是将 6% H_2O_2 水溶液,置于冰浴中冷却,缓慢加入硫脲,待硫脲溶解,1h 后,甲脒亚磺酸以无色针状结晶析出。

甲脒亚磺酸具有较强的还原性,可被用在纸浆的漂白中。例如,FAS 用于脱墨浆(DIP)高白度漂白,日本专利报道了这方面的情况,其方法是用 P-FAS 两段漂白,可使脱墨浆白度达 80% ISO 以上。并且证明 FAS 作为终漂段比 $Na_2S_2O_4$、H_2O_2 漂白效果好。我国在做 FAS 与 H_2O_2、$Ca(ClO)_2$、$Na_2S_2O_4$ 进行漂白试验比较时,发现 FAS 漂白效果最好。使用 1%FAS,其白度增值相当于 2% H_2O_2 的效果。1995 年 5 月美国 BC 公司率先推出 "Mixed Office Waste to Fine Paper System"。该系统在中国市场销售。其中漂白流程为:P—O—FAS 三段漂白。它采用 FAS 作为终漂,可提高和稳定白度。FAS 添加量为 0.5%。

2. EDTA、DTPA

EDTA 和 DTPA 是两种能与许多金属离子形成螯合物的螯合剂,它们与金属离子形成的螯合物很稳定。所以,常被添加到纸浆的漂白中,用以消除金属离子对漂白剂和漂白后纸浆白度影响。

EDTA:它是乙二胺四乙酸的简称。其结构式为:

$$\begin{matrix} HOOCH_2C & & & CH_2COOH \\ & \diagdown & & \diagup \\ & NCH_2 & - & CH_2N \\ & \diagup & & \diagdown \\ HOOCH_2C & & & CH_2COOH \end{matrix}$$

EDTA 为白色结晶,微溶于水,不溶于普通的有机溶剂。加热到 150℃ 时趋向脱羧基,加热到 240℃ 时分解。与碱金属的氢氧化物中和,生成溶于水的盐,如乙二胺四乙酸钠。盐类比游离的酸更稳定,EDTA 和它的盐都具有很强螯合能力。它们可以与金属离子形成五个五元环的稳定螯合物。所以,是一种重要的螯合剂。

EDTA 的制备:先以氯乙酸溶液和纯碱溶液为原料制得氯乙酸钠溶液,然后与乙二胺在氢氧化钠的作用下缩合生成乙二胺四乙酸四钠盐,在缩合液中,加入适量浓硫酸酸化得到乙二胺四乙酸结晶,经过吸滤、水洗、脱水即得成品。

DTPA 是二乙烯三胺五醋酸的简称,它和它的钠盐也是一种螯合剂。由于 DTPA 的结构有五个支链,比 EDTA 的 4 个支链结构具有更强的螯合能力。所以,DTPA 也是一种很好的漂白助剂。

EDTA 和 DTPA 及其可溶性盐在漂白过程中的作用,主要是利用它们配合能强,将纸浆中的金属离子螯合起来,防止金属离子影响漂白过程。例如,在 H_2O_2 漂白中 Fe^{2+}、Mn^{2+}、Cu^{2+} 等重金属离子会引起 H_2O_2 的催化分解;在 $Na_2S_2O_4$ 漂白中 Fe^{3+}、Mn^{2+}、Al^{3+} 存在时,白度也下降,因为它们能使 $Na_2S_2O_4$ 催化分解。再有像 Fe^{3+} 这样的金属离子能与无色的多元酚反应生成有色的配合物,或与有色多元酚形成更深色的配合物,还能催化多元酚的氧化作用以生成深色的化合物。为了减少这些金属离子的影响,通常加入 EDTA 或 DTPA 漂白助剂来解决。其用量一般为 0.2%~0.5%。另外像柠檬酸钠、酒石酸钠等有螯合能力有机物,也可作为漂白助剂使用。

3. 尿素

在机械浆的漂白过程中,常用 H_2O_2 作为漂白剂,而通常在 H_2O_2 漂白工艺中,要求 pH 值控制在 10~10.5 范围内。pH 值超过这个范围对漂白有不利影响。为了解决这个问题,近些年来,人们研究出采用尿素作为 H_2O_2 的漂白助剂,使 H_2O_2 能在较低的 pH 值下对磨木浆进行漂白,并获得了理想的效果。

尿素,分子式 $CO(NH_2)_2$,结构式 $H_2N-\underset{\underset{O}{\parallel}}{C}-NH_2$。纯净尿素是

无色、无味的针状或棱柱状结晶体,密度(20~40℃)1.335g/cm³,熔点132.7℃。工业尿素则是白色或淡黄色斜方棱柱状结晶。尿素易溶于水、醇及液氨中,与氨生成配合物$(NH_2)_2CO \cdot NH_3$。尿素不溶于乙醚、氯仿。尿素水溶液加热会水解,在大气压下加热到高于80℃时,尿素水溶液由于水解作用而转化为氨基甲酸铵:

$$CO(NH_2)_2 + H_2O \xrightarrow{\triangle} NH_2COONH_2$$

NH_2COONH_2溶于水时部分水解为碳酸铵,接着转化为碳酸氢铵。当超过130℃时水中尿素水解为氨和二氧化碳。

尿素的制备:目前工业上是由氨和二氧化碳直接合成的,其反应过程可分为两步。

(1) 液氨与气体CO_2作用生成液体氨基甲酸铵:

$$2NH_3 + CO_2 \longrightarrow NH_4CO_2NH_2 + Q$$

(2) 氨基甲酸铵脱水生成尿素

$$NH_4CO_2NH_2 \longrightarrow CO(NH_2)_2 + H_2O - Q$$

上述反应中,第一步是放热反应,反应速度很快;第二步是略微吸热反应,反应速度较慢,并且达到化学平衡时也不能使$NH_4CO_2NH_2$全部脱水转化为尿素,它是生产尿素的控制因素。

根据尿素的生产工艺可分为三种方法:第一种是不循环法;第二种是半循环法;第三种是全循环法。这主要是根据未反应尾气循环情况而确定方法。

尿素本身没漂白作用,作为漂白助剂主要是促使H_2O_2快而稳定地分解,从而提高漂白纸浆的白度。尿素的加入,可使纸浆漂白在较低的pH值下进行,减轻了后续处理的负担。尿素—H_2O_2漂白能对成浆白度比较低的半化学浆漂白,或化学浆多段漂的终漂会更好。它提高白度幅度较大,且对碳水化合物有一定的保护作用。

尿素—H_2O_2漂白的工艺条件可为:H_2O_2 1.0%~1.2%,尿素用量0.6%(绝对干浆量),pH值为8,漂白温度45℃,漂白时间2.5h,浆料浓度为12%。

(三) 生物漂白剂

在制浆漂白中,人们为了减少对环境的污染,对不使用或少使用有害化学药品漂白技术非常关注。目前,利用生物漂白是减少化学药品污染的最理想的漂白技术。生物漂白技术就是利用真菌、细菌和酶等微生物来辅助漂白。这些辅助漂白的微生物,我们称他们为生物漂白剂。下面就白腐菌、聚木糖酶等生物漂白剂在漂白中的应用结果举例说明。

1. 白腐菌

白腐菌中的黄孢原毛平革菌(phanerochaete chrysosporium)是目前用得最多的白腐担子菌,它能产生多种被称为木素酶的胞外酶,这些酶的活性依赖于过氧化氢,故称为木素过氧化酶。这些酶与木素的酚型和非酚型结构的侧链进行氧化反应,从而起到脱木素而漂白的作用。用其对硫酸盐浆漂白试验表明:用白腐菌生物漂白法制得纸浆,其光学性能与常规化学漂白相当,同时明显地减少漂白化学药品的使用量和废液的污染负荷,并增加纸浆的白度。

例如:用 IZU-154 白腐菌较大规模处理未漂硫酸盐浆,可使纸浆的白度增加 23.7 个百分点,从 28.3% 提高到 52.0%,但处理时间超过 5d 结果基本不变;相应的卡伯值由 20.9 下降到 8.5。用该菌漂白(F)结合化学漂白 CED 流程,在得率为 94% 时,纸浆白度达 88%,与常规 CEDED 漂白流程白度基本相同;同常规漂白方法相比,FCED 漂白可在 C、E、D 段分别减少化学药品用量 72%、79% 和 63%。试验还表明,同常规 CEDED 五段漂白相比,用 FCED 四段漂白废水的化学需氧量(COD_4)和色度降低 50% 和 80%。

2. 木糖酶

酶是一类具有专一性生物催化能力的蛋白质。从生物(包括动物、植物、微生物)中提取的具有酶活力的酶制品,称酶制剂。酶制剂应用于造纸业是减少污染的好方法,引起了造纸业的广泛重视。特别是近些年来酶制剂工业的发展,酶在制浆造纸工业中的应用日趋广泛。目前,应用于制浆造纸工业的酶主要有脂肪酶、木素酶、木糖酶、纤维素酶、果胶酶等。

木糖酶是能催化降解木聚糖的一种半纤维素酶,主要用于硫酸盐浆漂白中。它是由法国 Viikari 等人 1986 年提出来的,此后迅速被大量研究结果证实和完善。1989 年,芬兰率先进行了木糖酶硫酸盐浆漂白工业化试验,现在北欧和北美地区不少工厂已应用这一技术漂白硫酸盐浆工业化生产。

木糖酶的制备可由黑曲菌 Aspergillus niger var. Tieghem 的培养提取液,经交联葡聚糖凝胶(G—75 Sephadex)的层析柱精制而得。此外,枯草杆菌、青酶菌、米曲霉等亦能生产。

木糖酶用于硫酸盐浆的漂白,其主要作用是降解浆料中的木聚糖。这一点已被研究证实。然而,为什么木糖酶对浆料中木聚糖降解能促进后续漂白作用,目前普遍被人们所接受的是由 Reid 等人提出的机理,如图2-4所示。Reid等人认为,在硫酸盐蒸煮中,蒸煮液中的木

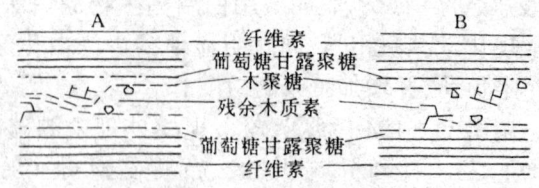

图 2-4 半纤维素酶对提高硫酸盐浆脱木质素能力的机理
图中方箭头为酶水解的位置

聚糖部分重新被纤维吸回。这些被纤维素吸回的木聚糖阻碍了漂白药剂对木质素的漂白作用。木糖酶使用后使得这些木聚糖降解,从而有利于后续漂白药剂进行漂白。另一方面,在未漂硫酸盐浆中,部分木聚糖与部分木质素存在着化学键连接,即存在着木质素—木聚糖复合体(LCC)。以这种形式存在的木质素难以漂白,而木糖酶使这些复合体中木聚糖部分降解,进而也有利于后续漂白药剂对木质素进行漂白作用。LCC 的结构示意图见图2-5。

将木糖酶用于硫酸盐木浆漂白中,可提高浆的白度,降低漂白药品的用量,减少废水污染等作用。例如,Tolan 等人研究发现,木糖酶预处理可使硫酸盐浆(DC)EoDED 的漂白总氯耗降低 16%。Skerke 等人研究表明,木糖酶处理可将无氯漂白的白度提高 7%,而不降低纸浆的物理性质。

加拿大 Canfor 洲际工厂利用木糖酶对针叶木硫酸盐浆进行预漂。在进入高浓贮浆池以前,纸浆经筛选和酸化后,向其中加入木糖酶,可使 XD_{100} EopDED 漂白针叶木硫酸盐浆生产过程的有效氯用量减少 28.3%,ClO_2 总消耗量降低 15%,同时漂白车间废水的 AOX 减少 15%。

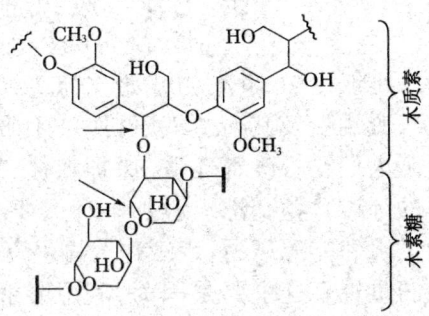

图 2-5 未漂白硫酸盐浆中 LCC 的结构示意图
图中箭头为酶水解的位置

木糖酶的使用条件:影响木糖酶作用的因素很多。主要是由于酶是一种蛋白质,对环境条件极为敏感。所以每一种酶都有其特定的最佳条件。一般木糖酶最适宜的使用温度为 40~50℃;pH 值为 6.5~8.0;作用时间在 2h 内基本达到;用量要根据浆的种类而定,通常处理针叶材硫酸盐浆所需木糖酶 5000IU/kg(绝干浆),而处理阔叶材硫酸盐浆需要木糖酶 3000IU/kg(绝干浆)。

3. 木素酶

最近几年,人们试验了木素酶在麦草浆漂白中的应用,结果表明:木素酶漂白效果优于木糖酶。例如,麦草浆用全无氯(TCP)漂白顺序使麦草浆至合格白度。也即纸浆用 OP,OLP,OXP 漂白顺序(O—氧,P—过氧化氢,L—木素酶,X—木糖酶),过氧化氢段用 2% H_2O_2 和 0.5% NaOH 处理 4h,对上述漂白顺序白度分别达到 67.4%、72.9% 和 72.6% ISO。当用 Eop—P、Eop—L—P 或 Eop—X—P 顺序时(Eop:用氧和过氧化氢强化抽提),纸浆白度分别达到 64.9%、68.7% 和 66.1% ISO。比较上述试验,发现木素酶处理纸浆比木糖酶更有效。即是在低用量也是如此。木糖酶用量 1U/g 绝干浆,而木素酶用量为 0.3U/g 绝干浆,用木素酶增加白度为 3.8% ISO 单位,而木糖酶仅增加 1.2% ISO 单位。

第三节 废纸制浆用脱墨剂

废纸在20世纪初开始作为造纸工业的再生资源,亦称"二次纤维",其用量及其在造纸原料中的比例逐年增加。进入90年代以来,由于人们要求改善环境、保护森林、节约能源及原材料、降低造纸成本的呼声日益高涨。再加上环保要求越来越严格,造纸原料价格不断上涨和能源压力,废纸作为再生资源,再度引起世界各国政府及企业的重视。这主要是因为,利用废纸原料制浆与直接使用植物纤维原料制浆相比,废纸制浆除能够大量节约能源、节约植物纤维原料、降低产品成本外,还可以节约设备投资、减轻环境公害。以制浆造纸为例,回收利用废纸,可节约用水50%,相应地污水排放量减少;节约能源60%~70%;节约建设投资2/3;节省氢氧化钠等化工原料的用量;减少对环境污染,对大气污染减少60%~70%,生物耗氧量减少40%,污水中悬浮物减少25%,固体垃圾减少70%;节约原生资源,如用木材作原料,生产每吨纸约节约木材4t,如用草类作原料,每吨纸节约草资源2t。由此可见,废纸再生利用具有显著的社会效益及经济效益。

目前,一些木材资源缺乏的国家,如日本废纸回收率已达到48.6%,利用率达52.5%,并计划2000年废纸利用率达55%。美国废纸回收率达40%,我国废纸回收率仅达20%多,利用率仅达24.4%。因此,我们今后将加大废纸的回收和利用工作。

利用废纸制浆的关键工序是脱墨,脱墨所用的化学药品称为脱墨剂。本节主要就脱墨剂及其种类,各类脱墨剂成分的作用机理,影响脱墨过程的因素等内容做一介绍。

一、脱墨剂及其种类

(一) 脱墨剂及其作用

脱墨剂是能使粘附在纸张上的油墨、颜料颗粒及胶黏物脱落所用的化学药品。以往多以氢氧化钠、碳酸钠、硅酸钠等碱性物质作为脱墨剂,但效果较差。碱类物质对皂化油脂虽有效,但对紧密吸附于纤维间的油墨很难除去,并易使纸浆返黄。当前,使用的废纸脱墨剂应具有使油墨润湿、渗透、发生润胀,减少对纤维的结合力,并使油墨乳化、分散,与纤维脱离,防止再沉积在纤维上的多种功能复合型混合物。例如,以聚氧乙烯烷基酚醚、聚氧乙烯烷基苯醚等非离子型表面活性剂为主体,配有其他助剂组成的脱墨剂,可有效去除书刊、杂志和报纸的印刷油墨,现被广泛应用。具体组分要根据废纸种类,以及脱墨纸浆质量的要求而不同。

脱墨剂的作用,主要是降低脱墨温度、节约能源;加速脱墨反应、缩短脱墨时间,并减少纤维受机械作用的损伤;减少碱的用量,减少纤维强度的降低,从而提高脱墨效果,并尽可能取得高质量的回收纸浆。

(二) 油墨的组成与性质

目前,印刷油墨主要有两类基本成分组成:①油墨中含有颜料或染料使其具有颜色、不透明性及油墨的可流动性。②油墨还应含有载色体,它们起着夹带颜料的作用,并把它们携带到纸页上,使其在纸面上凝固下来。载色体一般为植物油、矿物分馏液、树脂、可溶性塑料或挥发性溶剂。

除了上述基本成分外,印刷油墨中还含有一些其他成分,如黏合剂、溶剂、催干剂、润湿剂和蜡质等。

上述各成分要根据印刷过程中油墨的固化机理和印刷方法不同采用不同的配比而成。如油墨的固化方法有吸收、挥发、氧化、热化、紫外线、红外线、沉淀、胶凝、冷却等。印刷方法有:凸版印刷、平版印刷、凹版印刷、柔版印刷、静电印刷、喷墨印刷、激光印刷等。特别是当前印刷技术在不断改新,油墨的组成也不断变化。所以脱墨剂组成也要随着印刷技术的变化而变化。

(三) 脱墨方法及步骤

1. 脱墨方法

现代废纸脱墨的基本方法分为洗涤法和浮选法两种,这是根据油墨与纤维分离方式不同而分的。

(1) 洗涤法。这是最早使用的方法,该法是把从废纸上脱离下来与纸浆悬浮液共存的油墨等污物,用脱水处理的方法进行污水—清水轮流置换洗涤,使油墨污物和纸浆纤维分离。该法动力消耗较浮选法少,处理后的纸浆灰分含量少,脱墨洁净,白度高,适于生产薄页纸及要求灰分低的纸张。但用水量较大,纸浆得率较浮选法低。

(2) 浮选法。在与纸浆悬浮液共存的油墨及污物中不断通入微小空气气泡,使气泡吸附油墨及污物并浮到表面,然后排除的方法。该法特点是耗水量少,但要求精确控制 pH 值,占地面积较大,动力消耗大。

2. 脱墨步骤

分离废纸油墨、脱色及漂白统称为废纸脱墨。废纸脱墨一般要通过制浆、净化、筛选、洗涤、漂白等步骤。具体步骤概略如图2-6。

废纸分选→离解→熟化→粗选→脱墨→精选→脱水→漂白→纸浆

图 2-6 废纸脱墨主要流程示意图

(四) 对脱墨剂的要求

废纸的脱墨是通过脱墨剂的作用使废纸纤维恢复或超过原来的净化度、白度、原纤维的柔软性及其他特性,使纸浆具有较好的抄纸性能,并达到所需要的产品指标。所以,要求脱墨剂应具有以下的性质。

(1) 有助于废纸的疏解及脱墨,不产生脱墨后的再吸附现象,有利于除去与分离墨分。

(2) 有利于降低纸浆含碳量,提高白度,洗涤或浮选时,碳分能顺利地洗去或随气泡跑掉。

(3) 不影响制浆造纸的得率,不影响抄纸机的生产,能在废水处理中起良好的作用。

(五) 脱墨剂的种类

随着纸张、油墨组成的变化及脱墨技术的改进,脱墨剂的品种也在不断增加,所以脱墨剂分类方法也有所不同,比较常见的有两种。一种是从化学组成分类,另一种是按脱墨药品性能分类,下面简述这两种分类法。

1. 按化学组成分类

按脱墨物质的化学组成可将所有的脱墨剂分为无机脱墨剂和有机

脱墨剂两大类。

无机脱墨剂是指脱墨剂是无机物。常用的有 NaOH、Na_2CO_3、Na_2SiO_4、磷酸盐、过氧化物等。

有机脱墨剂是指脱墨剂是有机物。常用的有阴离子型表面活性剂,如烷基苯磺酸钠,油酸钠,二辛基琥珀酸盐等。非离子表面活性剂如:聚氧乙烯烷基酚醚,聚氧乙烯烷基酯等。在实际应用中大多数以阴离子型与非离子型合用。

2. 按脱墨剂的性能和作用分类

目前常用的有以下四类。

(1) 碱类和过氧化物:碱类化学品如 NaOH、Na_2CO_3、Na_2SiO_3 等,过氧化物如 Na_2O_2、H_2O_2。

(2) 表面活性剂类:具有表面活性的物质,如阴离子型的烷基苯磺酸盐,脂肪酸盐等;非离子型的聚氧乙烯烷基酚醚;阳离子型的十二烷基氯化铵等。

(3) 螯合剂类:是指具有螯合性能的物质。如:三聚磷酸钠、焦磷酸钠、ETPA、EDTA 等。

(4) 吸附剂类:为了使脱墨效果更好,有的方法还加入吸附剂,常用的有高岭土、硅藻等。

二、脱墨剂各成分的作用

从脱墨机理看,脱墨过程主要分两步:第一步是使各种油墨从纤维上脱落,第二步把脱落的油墨从浆料中分离出去。这些过程实质上是一个物理化学过程。加入脱墨剂能使油墨黏着剂皂化溶解,这样就破坏了油墨与纤维的黏附力,并降低印刷油墨的表面张力,乳化油墨中的油分,从而剥离纤维中的炭黑等染料,并与炭黑粒子形成胶体,再就是采用有效的方法,除去已脱离纤维的油墨。这就是脱墨剂在脱墨过程中的作用机理。关于脱墨剂中各成分的性质和制备在前几节中已介绍了,下面就各成分在脱墨中的作用分别介绍。

(一) 无机成分

1. 氢氧化钠

氢氧化钠(NaOH)在脱墨过程中主要是将溶液的pH值调至碱性范围,而使油墨黏合剂皂化或水解,并使纤维润胀。脱墨过程中纤维的润胀很重要,它使油墨粒子附着在纤维表面的强度变弱,也有助于松动涂层和分裂油膜,从而有利通过机械作用使油墨颗粒变小。NaOH的加量要根据废纸含墨量而定。在不含磨木浆的账本纸、计算机打印纸、课本纸和轻淡印刷的纸板上的油墨,在pH值10~11的范围内可以得到有效的除去和分散。除去浓重印刷或上亮油的涂布纸上的油墨时,要求pH值在11.5。但要注意NaOH的用量不能过低或过高。即要使油墨树脂充分皂化水解、纤维变柔韧,并为H_2O_2作用提供条件以减少发色团形成,又能够软化想除去的物质,同时也不能过量,因为在含机械浆的纸浆中加NaOH过量会导致纸浆变黄或变黑。

2. 碳酸钠

碳酸钠(Na_2CO_3)也是一种无机碱,其作用和NaOH类似,有时与NaOH一起使用。二者共同使用比单独使用NaOH脱墨条件缓和,并可制出较白的纸浆。但由于Na_2CO_3碱性弱,延长脱墨时间,所以通常不单独使用。Na_2CO_3除了提供碱度外还具有缓冲碱度的作用。

3. 硅酸钠

Na_2SiO_3,通常在脱墨厂中使用41.6°Bé的Na_2SiO_3溶液,其SiO_2和NaO的含量基本相等,其碱度大约与11%NaOH相当。Na_2SiO_3是一种具有渗透性的缓冲剂和分散剂,在脱墨中具有润湿和分散作用,既能皂化油类物质,又能分散颜料,并保护纸浆不再吸附污点。当Na_2SiO_3与H_2O_2同时使用时,它还有助于稳定H_2O_2,以利H_2O_2效能的发挥。

Na_2SiO_3溶液的碱性是由于Na_2SiO_3水解,反应式:

$$Na_2SiO_3 + H_2O \Longrightarrow 2Na^+ + OH^- + HSiO_3^-$$,pH值为11.3时,它又是pH缓冲剂。由于Na_2SiO_3具有上述多重性,所以用它作脱墨剂加入,脱墨效果好。

4. 过氧化氢

H_2O_2既起到脱墨剂的作用,又起到漂白剂的作用。在废纸脱墨中

加入 H_2O_2 能提高表面活性剂的性能,更好地分离油墨。在碎浆机中用 H_2O_2 作漂白剂的效果不高,这是因为存在碎浆机中的油墨和杂质能降低 H_2O_2 的漂白效率。在漂白阶段,用于漂白浆料。

(二) 有机成分

目前,作为脱墨剂使用的有机成分主要是表面活性剂和少量溶剂等。下面主要介绍表面活性剂和螯合剂两部分的作用。

1. 表面活性剂

表面活性剂是一类具有一定功能特性的化合物或化合物的混合物。其种类很多,作用也不同,其应用领域也很广泛。但表面活性剂的分子结构有一个共同特点,就是分子由具有不对称结构的两部分组成,一部分易溶于水,具有亲水性质,叫做亲水基,另一部分不溶于水易溶于油,具有亲油性,叫做疏水基。疏水基一般是长链烃基构成,可以是碳氢化合物、烷基苯、高级醇、烷基酚、脂肪酸、烷基胺、氧化丙烯等。亲水基可为:—COOMe、—SO_3Mc、—OSO_3Me、—N^+—、EO 等。

由于表面活性剂由亲水基和疏水组成,所以,它们在水溶液中具有下列基本性质:①具有表面(界面)定向吸附性;②表面(界面)张力的减少性;③集合体(胶束)形成性。由于表面的这些基本性质,从而使表面活性剂具有渗透、湿润、分散、乳化、发泡、消泡、可溶、洗涤、润滑等各种性能。这些性能取决某种活性剂中亲水基和疏水基的相对多少和各亲水、疏水基团的组成和结构的不同。表面活性剂作脱墨剂使用,主要是利用它们上述特性,加入少量的表面活性剂,可使脱墨剂更快地渗透到油墨中,使油墨润湿、分散开,并乳化到水中洗涤除去。这就是表面活性剂的作用。脱墨用主要表面活性剂见表2-10。

表 2-10　　　　　　　　脱墨用主要表面活性剂

名　称	结　构　式	实　例
1. 阴离子型		
(1) 烷基羧酸盐	R—COOM	$C_{17}H_{35}COONa$
(2) 烷基硫酸盐	R—OSO_3M	$C_{12}H_{25}OSO_3Na$

续表

名　称	结　构　式	实　例
脂肪醇聚氧乙烯硫酸盐	$RO(CH_2CH_2O)_nSO_3M$	$R=C_{12-18}; n=3$
(3) 烷基磺酸盐	$R-SO_3M$ $R_1R_2CHSO_3M$	$C_{11}H_{23}\underset{SO_3Na}{CHC_2H_5}$
磺化琥珀酸酯盐	$\begin{array}{l}CH_2-COOR\\CH-COOR\\SO_3Na\end{array}$	渗透剂 T
烷基苯磺酸盐	$R-\!\!\!\!\bigcirc\!\!\!\!-SO_3M$	$C_{12}H_{25}-\!\!\!\!\bigcirc\!\!\!\!-SO_3Na$
(4) 烷基磷酸酯盐	$R-O-\underset{O}{\overset{ONa}{P}}-ONa$	$C_{12}H_{25}O-\underset{O}{\overset{ONa}{P}}-ONa$
2. 非离子型		
(1) 醚型		
聚氧乙烯烷基醚	$RO(CH_2CH_2O)_nH$	JFC, AEO-9
聚氧乙烯烷基苯醚	$R-\!\!\!\!\bigcirc\!\!\!\!-O(CH_2CH_2O)_nH$	OP-10
聚氧乙烯聚氧丙烯醚	$H(CH_2CH_2O)_n(CH_2\overset{CH_3}{\underset{}{C}HO})_mH$	
(2) 酯型		
聚氧乙烯烷基酯	$R-\overset{O}{\overset{\|}{C}}-O(CH_2CHO)_nH$	SE-10
山梨糖醇酐脂肪酸酯	$R-\overset{O}{\overset{\|}{C}}-O\underset{HO\ CH_2OH}{\underbrace{\bigcirc}_{OH}}$	SPan-80

续表

名 称	结 构 式	实 例
聚氧乙烯山梨糖醇酐脂肪酸酯 (还其他两种结构形式)	$HO(CH_2CH_2O)_w$ 结构，含 $CH_2(OCH_2CH_2)_xOCOR$, $(OCH_2CH_2)_yOH$, $(OCH_2CH_2)_xOH$	Tween-80
(3) 烷基酰胺	$R-\overset{O}{\underset{\|}{C}}-N(CH_2CH_2OH)_2$	$R=C_{12}\sim C_{14}$, 6501
3. 两性离子型		
(1) 氨基酸型	$R-NHCH_2CH_2COOH$	$C_{14}H_{29}NHCH_2CH_2COOH$
(2) 甜菜碱型	$R-\overset{CH_3}{\underset{CH_3}{\overset{\|}{\underset{\|}{N^+}}}}-CH_2COO^-$	$R=C_{12}\sim C_{14}$, BS-12
(3) 咪唑啉型	咪唑啉环结构，$HOCH_2CH_2$ 和 CH_2COO^- 取代，· X	$R=C_{12}\sim C_{25}$

表面活性剂的使用还取决于脱墨的工艺流程，也就是说要根据不同脱墨流程来选择具有不同性能的活性剂作为脱墨剂。

洗涤法是利用污水—清水置换洗涤的方法使纸浆和油墨等污物分离，这就需要进行浸透、乳化、分散等综合洗涤才能起作用。这种方法所采用的脱墨剂是使用具有上述特性的表面活性剂，其主要是非离子型表面活性剂为主要成分，如壬基酚乙氧基化合物和直链乙氧基化乙醇等。它们可使脱离下油墨粒子尽可能变小，并具有亲水性，以便使其能够溶于水里并顺利通过筛网洗去。因此，理想的分散剂应同时集湿润、乳化和分散于一身。洗涤脱墨除去油墨粒子要小于 $10\mu m$，最理想的应小于 $5\mu m$。

浮选法脱墨是一种需要气-液-固表面共同参与的脱墨法。选用脂肪酸皂、氧化乙烯和氧化丙烯共聚物、羟乙基化的脂肪酸的混合物等，它们不仅起着脱离、凝集油墨作用,而且又提高油墨对气泡的吸附性。该法要使油墨粒子呈疏水性而随气泡除去。使用不同非离子和阴离子表面活性剂,还起到分散、乳化作用,不会发生油墨粘附脱墨装置的问题。

2. 螯合剂

在脱墨过程中常使用 H_2O_2 等过氧化物,由于过氧化物不稳定,特别是溶液中有少量铁、铜、锰、铬等重金属离子存在时,能使过氧化物分解而失效。为了稳定过氧化物,一般加入少量螯合剂,使其和重金属离子形成稳定的螯合物,而起到保护过氧化物作用。常用的有机螯合剂有 DTPA 和 EDTA 及其钠盐。它们结构式分别为:

DTPA 的结构式

EDTA 的结构式

从上述结构看出,它们都含有多个能提供孤电子对的原子,因此称为多基配体。它们可以和金属离子形成很稳定的多圆环螯合物,这些螯合物可溶于水。形成螯合物防止这些金属离子分解过氧化氢。

综合上述,可以看出脱墨剂的脱墨效果往往是各种组成共同作用的结果,各种脱墨剂的性能和用量可参考表 2-11。

表 2-11　　　　　常用脱墨剂的性能和用量

脱墨化学品类型	结构式和名称	性　能	配料类型	用量/%（对纤维）
氢氧化钠	NaOH	纤维素润胀,油墨分离、皂化、油墨分散	不含磨木浆	3.0~5.0

续表

脱墨化学品类型	结构式和名称	性能	配料类型	用量/%（对纤维）
硅酸钠	Na_2SiO_3（水合的）	润湿、胶化、油墨分散，碱性和缓冲，过氧化物稳定作用	磨木浆类、轻印刷账本废纸	2.0~6.0
碳酸钠	Na_2CO_3	碱性，缓冲，水软化	磨木浆、轻印刷账本废纸	2.0~5.0
磷酸盐类	$(NaPO_3)_n$ $Na_5P_3O_{10}$ $Na_4P_2O_7$	螯合作用，油墨分散，碱性、缓冲、洗涤、胶溶作用	所有浆种	0.2~1.0
非离子表面活性剂	$CH_3(CH_2)_nCH_2-O(CH_2CH_2O)_xH$ 直链乙氧基醇，乙氧基烷基苯酚	润湿、分散、乳化、除去油墨、加溶剂	所有浆种	0.2~2.0
溶剂	C_1~C_4脂肪族饱和烃	软化油墨、溶剂化作用	不含磨木浆	0.5~2.0
亲水聚合物	$-(CH_2CH)_n-$ $\quad\ |$ $\quad\ COONa$ 聚丙烯酸钠	分散油墨、抗再沉积作用	所有浆种	0.1~0.5
脂肪酸	$CH_3(CH_2)_{16}COOH$ 硬脂酸	油墨浮选助剂	各种废纸	0.5~3.0

三、影响废纸脱墨的因素

废纸再生处理是一个非常复杂的系统工程，它包括纯机械系统，如碎浆机、筛和离心分离器；化学和机械联合系统，如制浆阶段，使用化学药品以及除去油墨和污物等阶段。从工艺上看包括：废纸分选工序、离解工序、熟化工序、脱墨工序等。这些系统中的每一道工序，每一台设备的合理性都对废纸利用有影响，也就是说影响脱墨除杂的因素是多方面的。因此本节不能对其进行系统全面的介绍，仅对脱墨中与脱墨剂有关的因素简单介绍。

(一) 脱墨方法的影响

前面已经介绍过,目前脱墨方法主要有洗涤法和浮选法两种,这两种方法前段离解、熟化工序基本一样,只是分离纸浆和油墨颗粒的方法不同。洗涤法是用脱水处理的方式,使油墨和污物与纸浆纤维分离。由于清水轮流置换洗涤,洗净度高,所以纸浆白度高。但在洗涤过程中同时易将微细纤维和灰分洗去,所以该法主要影响纸浆得率,并且洗涤次数越多,影响得率就越大。所以注意洗涤中细纤维的损失,只要洗至浆达到要求,尽可能减少洗涤次数。该法特别适于生产薄页纸及要求灰分少的纸张。

浮选法脱墨是利用矿业上浮选矿的原理,根据纤维、填料及油墨等组成的可湿性不同,用浮选机将油墨(可湿性差)浮到浆面而除去,纤维和填料仍留在浆中达到分离的目的。该法影响脱墨效果因素较多。如脱墨剂和废纸的加入次序、空气进入量和速度、浆的pH值、浆料浓度、温度、时间、药剂等都影响脱墨效果。如在碎浆机中应先加热水、化学脱墨剂、后加废纸。若先加废纸后加脱墨剂,则油墨粒子在解离纤维中,易进入到纤维内部,不易被悬浮出来,从而影响脱墨效果。浮选法是气-液-固表面共同参与的脱墨方法,气泡的稳定性、油墨等污物对气泡的附着性都影响脱墨效果。如果泡沫不稳定和气泡一同浮上来的油墨会再次混入悬浮的纸浆中,达不到预期的目的。如果油墨等污物对气泡附着性差,也不能有效除去,所以要想防止上述现象,除了有良好脱墨剂外,还要严格控制浆液pH值、浓度、温度、时间和进气度。

浮选法脱墨细微纤维损失少,纸浆灰分含量高,灰分可高达25%～30%,洗涤法纸浆仅有2.4%。所以浮选法得率高,得出灰分高的浆不能作为薄页纸用浆。

(二) 脱墨剂的影响

脱墨过程中脱墨剂起着关键的作用,在某一脱墨工艺中,选用何种脱墨剂,脱墨剂的性能如何,直接影响着脱墨的效果,这主要是不同的脱墨剂有各自的性能。关于各种脱墨剂的作用,在前面已做了介绍,下面仅举表面活性剂作脱墨剂使用时对脱墨的影响。

1. 不同类型表面活性剂对脱墨效果影响

表面活性剂按在水中离解情况可分为：阴离子型、阳离子型、非离子型和两性离子型四大类。阴离子型和非离子型表面活性剂是脱墨剂的主要成分，这主要是因为它们有分散、乳化、洗涤，不会发生油墨黏附装置等性能。但是，非离子型和阴离子型又有差异，所以脱墨效果也不同。例如，在浮选中分别使用非离子和阴离子两种类型脱墨，在其他条件都相同条件下，实验结果如表2-12。

表2-12 非离子型、阴离子型表面活性剂的脱墨性

脱墨剂	浮选前		浮选后		脱水后	
	白度/%	残留油墨数	白度/%	残留油墨数	白度/%	残留油墨数
非离子型（高级醇系）	42.5	230	44.5	178	50.1	85
阴离子型（ABS系）	42.0	245	43.8	195	48.8	110

2. 同类型而结构中组分不同的表面活性剂对脱墨的影响

同种类型的表面活性剂，由于结构中的亲水基和疏水基不同，它们的性能也不同，所以脱墨效果也不一样。如在洗涤法脱墨中，乙醚型非离子表面活性剂是脱墨剂主要成分，它是由烷基酚或高级醇与烯烃基氧化物作用，经聚合而成的。都属非离子型表面活性剂，当它们结构中亲水基和疏水基变化时，脱墨效果也变化。图2-7和图2-8是在其他实验条件都相同，用量也相同（0.2%），只是HLB不同的实验情况。HLB是指表面活性剂中亲水基与疏水基的质量百分比。

从图2-7和图2-8看出：衡量表面活性的起泡强度和衡量脱墨好坏的白度，都随着HLB值变化而变化，并且有一个最佳

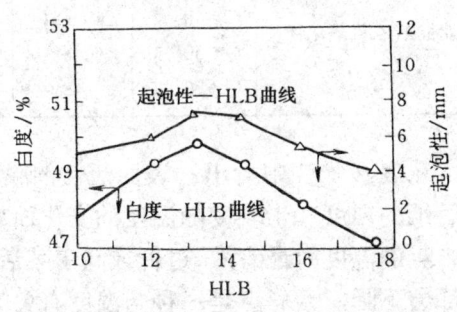

图2-7 高级醇（$C_{12} \sim C_{14}$）EO加合物脱墨性和脱水液的起泡性

值。表明高级醇EO聚合物、烷基酚EO聚合物在HLB=12~14范围内的表面活性剂性能最优,脱墨效果最佳。

(三) 脱墨温度、时间、脱墨剂用量的影响

在脱墨过程中,各工序中脱墨所需要的温度、时间、脱墨剂的用量都对脱墨有影响,一般情况下脱墨时间越长,温度越高、用量越大,其脱墨效果越好。但这只是在一定的范围内的情况,因为它们都有一个最佳条件,越过最佳条件效果反而变差,而且在高温下,加热时间越长,纤维损坏的会越多。表2-13是温度对脱墨效果的影响。

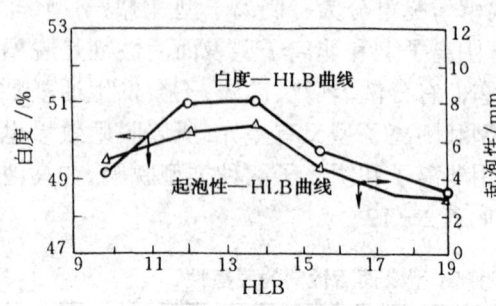

图 2-8 烷基苯(C_9)EO加合物脱墨性和脱水液的起泡性

表 2-13　　　温度对新闻纸脱墨的影响

表面活性剂	温度/℃	白度/%	尘埃度/$mm^2 \cdot m^{-2}$	云彩点的温度/℃
脂肪酸乙氧基化物 $C_{12-15}E_9$	40 50 70	48~49 49~50 52	40~45 40 15	74
脂肪醇乙氧基化物 $C_{14-15}E_7$	40 50 70	49~51 48 48	20 30 20	46

从表2-13中看出:表面活性剂脱墨效果受温度的影响,因为脱墨后纸的白度和尘埃度随温度的变化而变化。表面活性剂在刚好低于云彩点的温度时最有效,过低或高于某活性剂的云彩点的温度,脱墨效果都会下降。云彩点是一种与温度有关的描述给定表面活性剂活性的术语。

脱墨剂用量的影响实例见表2-14,该表是利用浮选法脱墨,其他

条件均相同,只是脂肪酸型脱墨的用量不同,其白度和残留油墨数随用量的变化而变化。

表 2-14　　脂肪酸型脱墨剂的添加量对脱墨的影响

脱墨剂加入量/%	白度/%	残留油墨数
0.2	50.8	34.8
0.4	54.5	17.3
0.6	55.5	14.7

从表2-14看出:脂肪酸型脱墨剂用量在一定的范围内脱墨效果随加入量增加而增强,但开始效果增加的明显。

脱墨时间包括离解、熟化、脱墨等步需要的时间,在一般情况下随着时间增加而效果增强,但要考虑效率和对纤维的影响,脱墨时间不易过长。

(四) 印刷方法与油墨组成的影响

新的印刷技术和各种不同组成油墨的出现,使印刷的颜色、光泽和牢固性都有所提高,从而影响了脱墨效果。因此,必须在脱墨前,事先了解印油墨的组成性质,油墨固化机理、印刷方法,才能更有的放矢地去消除这方面的影响,更好去脱掉油墨。这方面的内容较多,下面仅举几例说明之。

例1　凸版印刷:该法常用于印刷报纸、杂志和牛皮纸袋。该法印刷油墨具有中等黏度,呈糊状,主要是碳墨分散在碳氢油料的载体中,还添加树脂和其他添加剂。油墨主要借助于吸收、挥发和沉淀作用而干燥于纸面之上。所以凸版印刷的废纸比较容易脱墨,脱墨中可加入1%~2%活性剂,利用洗涤法即可脱墨。

例2　胶版印刷:该法广泛应用于印刷表面光滑的杂志、书籍、艺术品等。该法印刷油墨中含有斥水性载色体和颜料,不能在水和醇类中把它们去掉,此类颜料在色调上要比凸版印刷油墨强得多,同时很容易把亚麻仁油渗入载色体中。目前的配方使用醇酸树脂与干性油,在印刷时聚合成耐磨交叉链的薄膜,热固化油墨常用碳氢树脂为基料,以挥发作用来干燥。紫外油墨用于印刷报纸彩色印刷品,它含有丙烯酸单体物和预聚合物的混合物,它在紫外线照射下聚合成强度大薄膜。所以胶版印刷对脱墨影响较大,因为胶版印刷油墨中的树脂难于分散。但是可加入硅酸盐和表面活性剂进行脱墨。有些厂则使用冷分散的设备有助于分散胶版印刷油墨,可采用浮选和洗涤相结合的办法脱墨。

例3 柔性印刷:它是凸版印刷方法的改进。柔性印刷的油墨为快干和低黏性油墨,类似凹版印刷油墨。其颜料常用醇—脂的混合物。有些油墨以水基作载色体,用挥发与吸收使之干燥。此法印刷对脱墨影响不大,可采用浮选法。一般用钙离子/脂肪酸收集系统会使油墨颗粒在收集时充分与水相排斥,使收集工作产生困难,因而采用分散收集法,用二级洗涤可得到良好效果。

静电印刷、激光印刷等都是办公用纸类的印刷方法。这些印刷品对脱墨影响较大,一般常规的脱墨剂不能除去。因为这些印刷不使用常规的颜料——载色体品种的油墨。必须开发新型脱墨剂和新工艺来脱墨。

第四节 消 泡 剂

泡沫是制浆厂、造纸厂以及废液处理中的一个较为严重问题,也是食品、印染等行业中经常遇到的问题。缺乏对泡沫足够认识和控制可能导致减产或降低产品质量,还能造成污染环境。因此,如何消除和抑制上述工业生产过程中的泡沫是一个很重要课题。要控制泡沫,必须了解泡沫形成的原因以及采用的方法。实践证明,使用化学消泡剂和阻泡剂是一种有效地控制泡沫的方法。这类化学助剂已广泛应用于制浆、造纸及其他行业中。因为利用该法控制泡沫形成,比其他方法如机械法要有效、方便,还不需要设备投资。本节主要对造纸行业中所用的消泡剂做概述性介绍。

一、消泡剂及其分类

(一)消泡剂

在造纸业中,所谓的消泡剂是指用于消除制浆、造纸和涂布加工等过程中出现泡沫的化学品。与此类似,用于上述过程中阻止泡沫出现的化学品称为阻泡剂。一般消泡剂都具有一定的阻泡性。

造纸过程的工艺流程比较复杂,各工序条件也不一样,所以形成泡沫的原因也是多方面的。例如,各工艺装备形式、机械设备形式、施胶种类,浆料 pH 值、化学品添加、纸机车速、浆料输送等均对泡沫的产生与形成有影响。因此必须对各个工序中物料的性质、产生泡沫的原因及消泡的要求弄清楚,有目的地选择使用相应的消泡剂,才能取得预期的效果。

(二) 消泡剂的种类

消泡剂的种类很多,从普通的烃油、硅酮油、脂肪酸及其盐,到聚氧乙烯醚类系列等,所以,常将他们分成几类,常见的有按消泡剂的化学组成分类,还有按造纸生产工序分类,下面简述这两种方法的分类情况。

1. 按消泡剂化学组成分类

按消泡剂的化学组成可分为:①高级醇类;②脂肪酸及其盐类;③磷酸酯类;④烃油类;⑤聚醚类;⑥有机硅聚合物;⑦酰胺类等。

2. 按造纸工序分类

按造纸工序可将消泡剂分为制浆消泡剂、造纸消泡剂、涂布消泡剂三大类。

(1) 制浆消泡剂:该类消泡剂是指消除制浆过程中泡沫所用的化学药品。如在未漂碱法、硫酸盐法制浆中,含有大量可溶性有机物;废纸浆经脱墨后也含有皂化物。在洗涤、筛选和漂白过程中,往往会积聚大量泡沫,黑液在蒸发浓缩时,也会产生严重泡沫,影响洗涤和浓缩效果。由烃油类溶剂和亲油性表面活性剂组成的化学品是制浆消泡剂类,它具有耐碱、耐高温特性,加入纸浆或黑液中,可减少或消除泡沫,提高洗涤、筛选和浓缩效果,节约用水,并提高纸浆脱水后的干度。

(2) 造纸消泡剂:是指用于消除造纸机上泡沫的化学品。在造纸过程中,由于不合理的施胶及洗涤不良纸浆,酸性系统中使用碱性填料,以及过量或其他不适当浆内添加剂等均可能使在造纸机沉砂槽、高位箱、网前箱、白水坑等湿部系统积聚泡沫。含有泡沫的纸料，上网抄纸，则会在纸面形成泡沫纱点或透帘等，所以需要添加消泡剂。用于造纸机的消泡剂，要求在纸面不会形成油点和影响抗水性，通常选用硅油、脂肪酰胺钙（钠）皂或环氧丙烷衍生物等组成的乳液型消泡剂，也有用以非离子型表面活性剂为主体组成的脱气剂等。这些消泡剂可以减少纸面针眼，提高平滑度，加强滤水性和有利于提高纸页的湿强度。

（3）涂布消泡剂：是指纸张在涂布加工过程中使用的消除泡沫的化学品。有阻泡和消泡两种，用于防止涂布过程中吸收空气而产生泡沫的为阻泡剂；消除在涂布系统已产生泡沫的为消泡剂。这些消泡剂要求干燥后涂布纸无"鱼眼"，不影响涂层光亮度和印刷性能，常用的如：有机磷酸酯，例如磷酸三丁酯、磷酸三丙酯等；还有由脂肪酰胺与聚氧乙烯酯、醇、醚等多种表面活性剂复配而成的消泡剂。

二、消泡剂的作用原理

如何选择有效的消泡剂消除泡沫，就必须对泡沫的形成和消泡剂的作用原理有所了解，因此，下面先就这两方面的问题做一简单介绍。

1. 泡沫的形成

当我们取一盆肥皂水溶液，往里吹气或搅拌时，肥皂溶液即可产生泡沫，这就是说泡沫必须有气体和溶液才能产生。实践证明，泡沫是气体分散在溶液中的分散体系。气体是分散相（不连续相），液体是分散介质（连续相）。被分散的气泡呈多面体形状。由于气体和液体的密度相差很大，故液体中的气泡总是较快升到液面，形成以小液体构成的液膜隔开气体的气泡聚集物，即通常说的泡沫，作为分散相的泡沫是多面体形，不像浮状液的分散相为球形。

根据实验，纯的液体不能形成较稳定的泡沫，只有在液体中溶解其他物质时才与气体产生泡沫。例如，溶解表面活性剂、蛋白质及高分子的溶液才能形成稳定的泡沫。当然非水溶液也能产生泡沫。在制浆过程中浆料中含有碱、碱木素和皂化物等其他物质，在浆料搅拌过程中或流送过程中,经泵送浆料流送的位差等原因混入空气和其他气体,由此会产生大量泡沫。造成洗涤和运送纸浆的困难,也易造成浆池浮浆,影响浆料洗涤和漂白的质量。此外,在抄纸工序,在涂布加工中都会混入气体产生泡沫。

2. 消泡剂的作用原理

消泡剂的作用原理主要是降低液体的表面张力,即消泡剂能在泡沫的液体表面铺展,并置换膜层上的液体,使得液膜层厚度变薄至机械失稳点而达到消泡的目的。一般消泡剂在液体表面铺展得越快,液膜变薄得就越快,消泡作用就越强。能在表面铺展,起消泡作用的液体,其表面张力都较低,易于吸附于液体表面,此类物质主要是醚、醇等表面活性剂。消泡剂的种类多种多样,其作用机理也有所不同。表2-15列举消泡剂能起作用的途径和方法,要控制泡沫可以应用其中一种或几种方法。

表 2-15　　　　消泡剂的作用原理及作用方法

作　用	方　法	作　用	方　法
降低泡沫稳定剂的作用	① 化学反应 ② 非极性溶剂	降低泡沫稳定性	① 提高表面张力 ② 降低表面黏度 ③ 减少氢键
置换泡沫形成体	① 偶合表面活性剂 ② 极性溶剂	形成局部薄弱点	① 形成低表面张力点 ② 加入憎水固体

三、对消泡剂的要求及使用时注意的问题

1. 对消泡剂的要求

作为消泡剂来说,对其应有如下几点要求:

(1) 成泡倾向低,否则被加入后也会起泡。

(2) 在水中的溶性,因此有移动气-液界面的倾向。

(3) 与起泡剂相反,有正铺展系数。

(4) 使用条件(pH值、温度等)下化学稳定。

2. 使用消泡剂时应注意的问题

一种好的消泡剂,是否起到好的作用,除消泡剂本身原因外,还要取决于加入是否恰当、正确。因此,在使用时应注意以下几点。

(1) 在使用消泡剂时要注意浆料的条件。如酸碱性、温度、何种浆等,针对条件选择消泡剂。例如,脂肪酸在酸性条件下可能是消泡剂,而在碱性条件下则是起泡剂,在低温下效果良好,但在高温时可能是无效的。

(2) 注意消泡剂加入的位置和用量。使用消泡剂时,要距泡沫处尽量远些加入,以使消泡剂得到良好的分散,分散速度因不同产品而有差异。一般用量在 0.045kg/t 浆,而泡沫严重的系统用量达 3.2~3.6kg/t浆,这也与不同产品有关。

(3) 通常使用两种以上的消泡剂比用较高比率加单一消泡剂更为经济有效,并将两种相距较远的部位分别添加。例如,一种消泡剂在打浆机前加入,而另一种在网前箱前加入,比添相同量单一消泡剂效果好。

(4) 有些消泡剂存在某些缺点,使用时应注意。例如,酰胺类消泡剂,可能造成沉积而使筛板缝堵塞,由于分散不良造成纸面出现鱼眼点。一些消泡剂也可能是对施胶剂和增强剂有干扰的活性剂。所以,使用时要特别注意。

四、几种重要的消泡剂

消泡剂的种类很多。目前,最常用的有高级醇、脂肪酸酯、磷酸三丙酯、磷酸三丁酯、烃油类等。近些年来开发了有机极性聚合物,即环氧丙烷和脂肪酸及脂肪醇的缩合物,其他具有消泡能力的许多表面活性剂也被开发。其中,较大分子量聚氧乙烯醚类消泡剂在我国已形成系列。下面介绍几种合成的消泡剂。

(一) 聚氧乙烯醚类消泡剂

聚氧乙烯醚类消泡剂是一类非离子型表面活性剂。这类聚合物是以含活泼氢原子的疏水性物质同环氧乙烷进行加成反应制得的,活泼氢原子是指羟基(—OH)、羧基(—COOH)、氨基($—NH_2$)和酰胺基

(—CONH$_2$)等基团中的氢原子。由于这些基团中的氢原子的化学活泼性较强,容易参加反应。所以,常用含上述原子团的疏水性物质与环氧乙烷反应生成聚氧乙烯型非离子表面活性剂。

1. 聚氧乙烯非离子消泡剂的制备

聚氧乙烯非离子消泡剂合成方法,是将含疏水基化合物加入反应器中,再加碱作催化剂,通氮气赶走水分及空气,再通入环氧乙烷,保持一定压力和温度,使它们发生反应,反应式如下:

$$R-OH + n\,CH_2-CH_2(O) \xrightarrow[\text{压力、温度}]{\text{催化剂}} R-O+CH_2CH_2O\!+_n\!H$$

脂肪醇聚氧乙烯醚(AE)

$$R-\!\!\!\bigcirc\!\!\!-OH + n\,CH_2-CH_2(O) \longrightarrow R-\!\!\!\bigcirc\!\!\!-O+CH_2CH_2O\!+_n\!H$$

烷基酚聚氧乙烯醚(APE)

$$R-\underset{O}{C}-OH + n\,CH_2-CH_2(O) \longrightarrow \begin{cases} R-\underset{O}{C}-O+CH_2CH_2O\!+_n\!H \\ R-\underset{O}{C}-O+CH_2CH_2O\!+_n\!\underset{O}{C}-R \\ HO+CH_2CH_2O\!+_n\!H \end{cases}$$

聚氧乙烯脂肪酸酯(混合物)

$$R-\underset{O}{C}-NH_2 + n\,CH_2-CH_2(O) \longrightarrow R-\underset{O}{C}-N\!\!\begin{array}{c}(CH_2CH_2O)_x\!H \\ (CH_2CH_2O)_y\!H\end{array} \quad (x+y)=n$$

聚氧乙烯烷基酰胺

$$R-NH_2 + n\,CH_2-CH_2(O) \longrightarrow R-N\!\!\begin{array}{c}(CH_2CH_2O)_x\!H \\ (CH_2CH_2O)_y\!H\end{array} \quad (x+y)=n$$

聚氧乙烯脂肪胺

以脂肪醇聚氧乙烯醚为例,说明合成方法。

在不锈钢反应釜中加入起始剂原料,搅拌下加入预先配好的50%

碱催化剂,加热100℃,同时抽真空脱水,然后充 N_2 再抽真空,再通入环氧乙烷,并根据反应所需要压力和温度控制环氧乙烷加入量。反应釜内搅拌并冷却、保温150~180℃,当环氧乙烷加入后,继续搅拌直到压力不再下降为止,冷却至100℃,用 N_2 压入漂白釜内,用冰醋酸中和至微酸性,加 1% H_2O_2 漂白,滴加完 H_2O_2 后,保温30min,冷却出料,制得高黏度液体成品。合成工艺除了上述单釜合成法外,现在还有如物料循环的周期性生产法和 Prss 乙氧基化新法两种方法,这里就不做介绍。

溶剂混合:由于聚氧乙烯醚化合物,在水中溶解度不大,如果单独使用,则由于其分散不良而不能充分发挥其消泡作用。因此,必须选用适当溶剂使该聚醚溶解。溶解的方法是将一定量聚氧乙烯醚与一定量的溶剂加入配制锅,升温至60~80℃,搅拌30min,滤去杂质即得制品。

2. 聚氧乙烯醚消泡剂的主要性质

聚氧乙烯醚是一类非离子型表面活性剂,其在无水状态时虽称直链型,但实际上形状为如下锯齿型:

$$\boxed{R}-O-CH_2-CH_2-O-CH_2-CH_2-O-CH_2-CH_2-O-CH_2-CH_2-OH$$

在水溶液中聚氧乙烯醚则以另外一种形状存在——曲折型。

从上结构看出,该聚合物分子中有亲水基的聚氧乙烯基或羟基,因而能溶于水,但在水中不电离,它的亲水基团不是离子,而是聚氧乙烯醚链 $(-OCH_2CH_2-)$ 及 $-OH$ 链中的氧原子都可能与水分子生成氢键,而具有水溶性。其水溶性的大小与聚氧乙烯醚基多少有关系,一般 n 值为5~10时具有较好水溶性。但在水中氢键的结合是不牢固的,如果升高温度氢键断裂,水分子脱落,则亲水性减弱,而变成不溶于水,原先透明溶液就会变成混浊乳状液。当这类非离子表面活性剂的水溶液在加热情况下,由清晰变为混浊时的温度称为浊点。聚氧乙烯醚型非离子表面活性剂在浊点温度以下可溶于水,在浊点温度以上则不溶于水。并且该类聚合物中聚氧乙烯醚基增多时浊点随着增高。如图2-9所示。对于不同

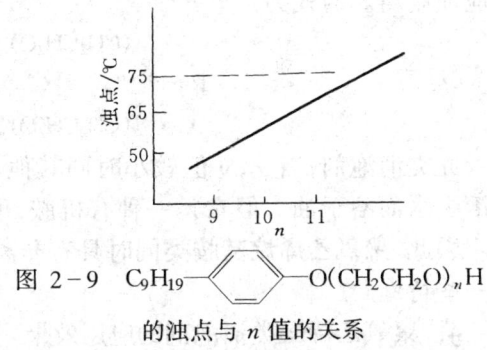

图 2-9 C_9H_{19}——O$(CH_2CH_2O)_n$H 的浊点与 n 值的关系

疏水基而相同环氧乙烷分子数的聚合物,疏水基中的碳原子数越多,浊点越低。

3. 聚氧乙烯非离子型消泡剂种类

按含活泼氢原子的疏水基和环氧乙烷加成原料不同,可合成如下几种类型的消泡剂:

(1) 脂肪醇聚氧乙烯醚:是由脂肪醇与环氧乙烷加成而得。常用的脂肪醇有月桂醇、油醇、十八醇等。其通式是 R—O$(CH_2CH_2O)_n$H,国产品 MPO 即为此类。各种产品的不同之处主要在于疏水基和聚氧乙烯基团数 n 的不同,从而决定它们在水中或油中的溶解度及性质,也影响消泡性能。此类消泡剂的脂肪基和环氧乙烯基是醚键结合,故稳定性较高。

(2) 烷基苯酚聚氧乙烯醚消泡剂:该类是由烷基酚和环氧乙烷反应制得的。通式为: R——O$(CH_2CH_2O)_n$H,R = $C_5 \sim C_{16}$,如 C_9H_{19}——O$(CH_2CH_2O)_n$H 是最常用的,简称 OP 型。为一系列产品,随 n 不同而不同。该类物质化学稳定性好,不怕强酸、强碱,高温时也不会破坏。

(3) 聚氧乙烯脂肪酸酯类消泡剂:该类是由脂肪酸与环氧乙烷反应制得。通式为: R—COO$(CH_2CH_2O)_n$CO—R,所用的脂肪酸原料主要

是月桂酸、油酸、硬脂酸、软脂酸等。

（4）聚氧乙烯脂肪胺类消泡剂：该类是由脂肪胺与环氧乙烷加成反应而制得。通式为：

$$R-N\begin{matrix}(CH_2CH_2O)_xH\\(CH_2CH_2O)_yH\end{matrix}$$

此类消泡剂，当 x,y 值较小时同其他非离子型表面活性剂一样，不溶于水而溶于油。但它是一种有机胺，可用于 pH 值小的酸性溶液中。因此，聚氧乙烯烷基胺类同时具有非离子和阳离子型表面活性剂的一些特性。

4. 聚氧乙烯醚类消泡剂的应用效果

下面以聚氧乙烯脂肪醇醚为例说明其应用方法和效果。该消泡剂的使用方法与以前用柴油消泡剂一样，在纸浆洗涤出口处的沉沙盘上滴加，也可在贮浆池中加入，一般用量在 0.045～0.11kg/t 就能快速有效地消除和抑制造纸过程中所产生的泡沫。该消泡剂的消泡能力为柴油的 10～20 倍，并且无毒、无臭、不黏稠、不沉淀，还有利于提高纸张质量。在制浆造纸中可以代替柴油等消泡剂。由于 MPO 具有较大疏水性，有可能在纸面形成油点和影响施胶度，因而不易用于白纸和优质纸中。

（二）有机硅类消泡剂

有机硅类消泡剂现在种类也很多。例如，有机硅乳液就是一种表面活性大、不易挥发、耐热、抗氧化、对人体无害、对机械不腐蚀、消泡性能好而且经济的消泡剂。它是有机硅油与乳化剂经乳化设备（如超声波乳化器）加工后，使硅油变成十分微小的颗粒，分散在水中而制成白色乳液。乳化剂常用聚乙烯醇、吐温 80 等。有机硅乳液消泡特性主要与有机硅油有关，有机硅油的主链是—Si—O—Si—的无机结构，而侧链与有机基团相连，由于结构特殊，因而有特殊功能。乳化硅油已被极度冲稀，良好的乳化状态已被破坏，形成了硅油膜，它会干扰或破坏气、液相的表面张力，从而破坏空气泡沫的稳定性，使空气泡不断地破裂，迁移合并成较大的气泡，起到消泡和抑泡的作用。

有机硅乳液消泡能力强,某厂在造纸中泡沫严重情况下使用 0.03%～0.04%该乳液,即可消除泡沫。使用该乳液车速提高,产量增加 10%,成品率上升 2%。

目前,对聚有机硅氧烷类消泡剂研究的较多。如聚二甲基硅氧烷,其结构为:

$$CH_3-Si(CH_3)_2-O-[Si(CH_3)_2-O]_n-Si(CH_3)_3$$

它可作消泡剂使用,但单独在水溶液中使用需使用表面活性剂乳化。其他大量是二甲基聚硅氧烷的衍生物。

(三) 酰胺类聚合物消泡剂

酰胺类聚合物消泡剂是碱法制浆造纸中常使用效果良好的消泡剂。其主要成分为酰胺,是由二胺与脂肪酸在加热下反应制得的。反应式为:

$$2\ R-\underset{OH}{\underset{\|}{C}}=O + H_2N-(CH_2)_n-NH_2 \xrightarrow{\Delta} R-\underset{\|}{\underset{O}{C}}-NH-(CH_2)_n-NH-\underset{\|}{\underset{O}{C}}-R + 2H_2O$$

该类消泡剂稳定性高、耐酸、耐碱、耐热、耐氧化性好。实践证明,该类消泡剂是碱法制草浆生产中较理想的消泡剂,其优点是用量少,一般是纸浆的 0.04%～0.05%,用滴加法即可,使用时不加任何溶剂,不需加温直接加入,所以操作简便。

(四) 高碳醇消泡剂

这是一类与水不相溶,需要乳化后才能使用的消泡剂,其消泡效果较显著。但若用量较多时,在浆中产生白点,常用的有仲辛醇和正丁醇等。

(五) 油类消泡剂

这类消泡剂主要有煤油、柴油、汽油、烃类油等,是一类早期使用的消泡剂,在网前箱等处填加。加入后,能扩展到水的表面,并形成新的表面,使泡沫层溃裂。由于这类消泡剂性能差,用量大,现已基本不用。

此外,还有蓖麻油及其衍生物消泡剂。它是以蓖麻油为原料制成的,其主要成分是蓖麻酸和甘油酯。主要品种有磺化蓖麻油、羟乙基化的蓖麻油。它们对消泡有一定效果,但应用不广泛。

第五节 废液治理用助剂

制浆造纸工业是一个产量大,用水多、消耗化学药品多、污染严重的工业。从20世纪70年代初世界许多国家就对制浆造纸废液排放制订了控制标准,促使造纸业对废液进行治理。但是,随着人们环境意识增强和废液有害物质不断发现,对废液的排放标准要求越来越高。因此,如何更有效对制浆造纸废液处理问题仍是一大课题。目前来看,处理废液最佳方法是厂内处理,这是消除造纸废液污染中最积极的措施和途径,是治本的办法,厂外处理应是厂内处理的补充。但是,从目前我国情况看,主要还是采取厂外处理方法。在这些处理废液的方法中,所用的处理剂称为废液治理助剂。

在废液治理剂中,最常用的是絮凝沉淀剂,本节主要介绍废液治理所用的絮凝剂及有关生物处理剂方面的内容。

一、絮 凝 剂

絮凝剂是能使溶胶变成絮状沉淀的凝结剂。絮凝剂能使分散相从分散介质中分离出絮状沉淀,其凝结作用称为絮凝作用。用于促进废液中废物沉降、过滤、澄清等过程的普通絮凝剂,包括无机物和有机高分子。两者可单独使用,也可配合使用,但配合使用比单独使用效果更佳。

(一) 絮凝原理

制浆造纸的废液中所含杂质范围很大,从呈稳定的胶体状态的杂质,到只有流动状态下的悬浮,以至在静止时沉淀的较大颗粒等杂质。其粒度分布直径为 $10^{-1} \sim 10^{-7}$cm 范围内,其中大约在 $10^{-4} \sim 10^{-7}$cm 大小的细而轻的粒子是造成混浊和颜色的主要原因。它们在水中不容易沉淀。必须添加药剂改变物质的界面特性,使分散的胶体聚合,然后形成大颗粒,使这些胶体粒子易于沉降或浮上分离,此过程称为絮凝。

在废水处理中,水中胶体粒子多数带负电荷,这些带负电荷的粒子吸引水中的阳离子,而排斥阴离子,这也是胶体粒子得以稳定的原因。因此,在胶体粒子表面附近,阳离子浓度高,阴离子浓度低。这样胶体粒子表面形成 Zeta 电位。絮凝剂多为电解质,加入水中电离出带相反电荷的部分与胶体粒子的电荷中和,粒子间斥力作用也随之消失,便可形成大颗粒而沉降,水即可澄清。一般认为,如果将粒子表面的 Zeta 电位降到 ±5V 以下,可以得到良好的絮凝效果。由此看出,微小粒子聚集形成大颗粒的絮凝作用是由于静电力、化学力或机械力的作用或三者共同作用的结果,这就是一般絮凝的原理。

(二) 絮凝过程及其影响因素

絮凝过程主要包括 4 个阶段:

①向废水中添加絮凝剂;②絮凝剂在液体中扩散;③为了使絮凝剂和悬浮物粒子接触而进行搅拌;④为了使接触后的粒子成为大而重的颗粒而进行的搅拌。实际上这些阶段有的也很难分开。

从以上过程看,絮凝是一种物理化学过程,所以,影响因素较多,除了废液中胶体粒子的种类、胶体粒子的大小、表面特性、胶体粒子的浓度和絮凝剂的种类与特性等因素外,还包括溶液的 pH 值,共存物质(特别是盐类)的种类和浓度,反应温度和温度变化,搅拌的方法及絮凝剂用量等等。

总之,胶体粒子的絮凝是较复杂的过程,影响因素是多方面的。所以,最好的方法是对实际废水进行絮凝试验,选出最佳絮凝剂及其絮凝条件。

从诸多因素影响来看,只要废液和絮凝剂一定,最为重要的影响因素是胶体粒子浓度和搅拌条件。胶体粒子越浓,粒径大小越不均匀,粒子间接触的几率越大,絮凝效果越好。同时搅拌仅对絮凝效果有很大影响。为了便于胶体粒子与絮凝剂有良好的接触,搅拌越剧烈效果越好。而在絮凝颗粒生长过程中,搅拌太剧烈则使颗粒破坏或长不大,此时则应缓慢搅拌。所以絮凝过程中,加入絮凝剂后搅拌应先快后慢。加入絮凝剂在溶液中电离出离子的电荷和絮凝剂的用量也影响很大。一般电离出离子电荷越高,浓度越大,絮凝效果越好。

(三) 絮凝剂的种类

在水处理中,所用的絮凝剂种类很多,但从化学的角度看主要有无机絮凝剂和有机絮凝剂两大类。

1. 无机絮凝剂

凡是使用的絮凝剂是无机物的都称为无机絮凝剂。这类絮凝剂应用最早、用量大,应用也广泛。常见的无机絮凝剂见表 2-16。

表 2-16　　　　　　　　　无机絮凝剂

分　类	物　　质
无机盐	硫酸铝、聚合氯化铝、氯化铁、硫酸亚铁 $FeSO_4 \cdot 7H_2O + \frac{1}{2}Cl_2$
酸	硫酸、盐酸、二氧化碳
碱	碳酸钠、氢氧化钠、消石灰、生石灰
其他	活性硅土

(1) 硫酸铝:该盐有无水硫酸铝和含结晶水的硫酸铝。常温下水溶液中析出的是 $Al_2(SO_4)_2 \cdot 18H_2O$,为无色单斜晶体,密度为 1.69 g/cm^3,熔点 770℃,200℃时失去结晶水。能溶于水,水溶液呈酸性,不溶于醇。

硫酸铝的制备:硫酸铝通常用硫酸处理含铝的矿石而制得。例如,硫酸分解高岭土,高岭土主要成分是硅酸铝,它与酸酸共热时生成硫酸铝和二氧化硅。反应如下:

$$H_2Al_2(SiO_4)_2 \cdot 2H_2O + 3H_2SO_4 = Al_2(SO_4)_3 + 2SiO_2 + 6H_2O$$

硫酸铝溶于水,SiO_2 则不溶,从而分离。

还有硫酸分解铝土矿法,铝土矿主要含 Al_2O_3,反应式为:

$$Al_2O_3 + H_2SO_4 = Al_2(SO_4)_3 + H_2O$$

硫酸分解氢氧化铝法,反应为:

$$2Al(OH)_3 + 3H_2SO_4 = Al_2(SO_4)_3 + 6H_2O$$

硫酸铝的絮凝机理:通常认为溶液中硫酸铝与水中碱反应生成氢氧化铝:

$$Al_2(SO_4)_3 + 6NaOH = 2Al(OH)_3 + 3Na_2SO_4$$

氢氧化铝胶体带正电,被废液中胶体粒子吸附,胶体粒子的负电荷被中和而产生絮凝。

现在进一步研究认为,铝离子水解形成氢氧化物沉淀之前,先形成各种大的聚合体,溶液中可存在$[Al_6(OH)_{15}]^{3+}$和$[Al_8(OH)_{20}]^{4+}$等离子。这种聚合体的氢氧化物,吸附了带负电的胶体粒子而使电中和。这样,胶体粒子的 Zeta 电位下降,削弱了促使胶体稳定的粒子间斥力,胶体粒子互相聚集形成大颗粒而产生絮凝。

硫酸铝的应用:硫酸铝作为絮凝剂广泛应用于自来水和工业废水净化,并且是造纸业应用最早的絮凝剂之一。硫酸铝在制浆造纸中还用作调节浆料的 pH 值、提高填料的留着剂、松香料的沉淀剂等。在印染、皮革、消防、制药以及木材防护等方面也有大量的应用。

硫酸铝作为絮凝剂的特点是:硫酸铝与其他絮凝剂相比,具有价格便宜;对浊度、色度、细菌、藻类等几乎所有悬浮和漂浮物质均有效;并且无毒、无腐蚀性等优点。其缺点是,与铁盐相比,絮凝适宜 pH 值的范围较窄,生成的絮凝颗粒较轻;在废水处理中,一般需填加碱和助凝剂;与 PAC 相比,用量较大,制浆造纸厂废水处理中用量在 0.33~3000mg/kg。

(2) 聚合氯化铝絮凝剂:作废水处理用的氯化铝有含 6 个结晶水的固体三氯化铝($AlCl_3 \cdot 6H_2O$)和液体聚合氯化铝(Polyaluminium chloride,缩写 PAC),造纸业废水常用液体 PAC,本节主要介绍一下液体聚合氯化铝。

液体聚合氯化铝通式为$[Al_2(OH)_nCl_{6-n}]_m$或$Al_n(OH)_mCl_{3n-m}$。是一种无机高分子絮凝剂,呈灰色或浅黄色液体。其中OH^-离子与铝离子的比值叫碱化度,以百分数表示,如:

$$碱化度(B)\% = \frac{[OH^-]}{3[Al^{3+}]} \times 100$$

一般碱化度要求在 40%~60%,若碱化度高于 70%,可加适量的水搅拌后,可聚合成树脂状固体,此固体产物较原产品易溶于水。

关于液体聚合氯化铝制备方法,工业上常用的有铝灰酸溶法,铝灰碱溶法,氯化铝、硫酸铝混合法,铝、矾土二段酸溶法。如铝灰酸法是将含铝废渣与盐酸反应,经聚合、沉降得液体聚合氯化铝。

聚合氯化铝的应用:主要用作工业废水的净化,造纸废水及自来水的净化用絮凝剂。还可用来代替硫酸铝作纸浆施胶沉淀剂等。在铝系絮凝剂中,铝离子在水溶液中离解为单核配合离子$[Al(OH)]^{2+}$、$[Al(OH)_2]^+$、$[Al(OH)_5]^{2-}$等;铝离子在水解过程中还发生羟基架桥式多核配合离子$[Al_7(OH)_{18}]^{3+}$、$[Al_8(OH)_{20}]^{4+}$、$[Al_{13}(OH)_{34}]^{5+}$等。这些多核离子絮凝能力很强,而PAC在水中直接提供这些高效能的多核配合离子,避免出现那些效率较低的离子,因此能得到较好絮凝效果。

PAC作为絮凝剂的特点:①絮凝能力强,对河水、地下水、煤炭染色水、造纸废水及其他废水都有很好絮凝效果。一般是硫酸铝的1.5～3倍。而且适宜的加入量范围较大,操作稳定性高。②由于絮凝颗粒的形成和沉淀快,可缩短混合、处理时间,故此可提高设备处理能力或使设备简化。③形成的絮凝颗粒大而坚实,从而减少漏滤事故的发生。④絮凝效果不受温度影响,即使在10℃以下的低温时,絮凝效果也不降低。而且一般不需要加活性硅、高分子絮凝助剂。⑤不需使用用碱或只需少量碱助剂。如若使用只需固体硫酸铝用碱量的1/3即可。⑥可以得到低电导率的净化水。⑦贮存和使用方法简单,可以实现设备自动化。

PAC贮存和使用时应该注意几点:①在与PAC原液或浓度较大的溶液直接接触的容器。管道或料泵,应用合成树脂、橡胶等衬层。②所加入的PAC通常需稀释,使用浓度应小于5%或大于50%。浓度在5%～50%之间的PAC溶液易呈白色混浊状,效力有所降低。③若将PAC溶液与硫酸铝等其他化合物混合使用时,会很快反应,生成不溶性白色沉淀,使其作用降低。而且会使贮料罐装置、管道等发生堵塞。④PAC加入量应根据水质或废水的情况试验而定。

(3) 铁盐:作为絮凝剂使用的铁盐主要是硫酸亚铁、氯化铁和氯化亚铁。它们主要是用作废水处理,一般不用于自来水和工业用水的处理。原因是它们和铝盐相比,铁盐絮凝颗粒比硫酸铁重而易沉淀,价格也便宜。

硫酸亚铁($FeSO_4·7H_2O$)俗称绿矾。蓝绿色单斜晶体,相对密度1.899(14.8℃)。熔点64℃,在90℃失去6个结晶水,在300℃失去全部结晶水,在空气中渐渐风化,并被氧化呈黄褐色。溶于水和甘油,几乎不溶于乙醇。其制备是由铁与稀H_2SO_4作用而制得,也可从钢铁酸洗液和制钛工厂废液中制取。

硫酸亚铁应用广泛。作为水处理剂时,可与原水中的碱反应,但需要一定时间。因此往往添加石灰及其他碱助剂,使其生成沉淀。反应式为:

$$FeSO_4 + Ca(OH)_2 = Fe(OH)_2\downarrow + CaSO_4\downarrow$$
$$4Fe(OH)_2 + O_2 + 2H_2O = 4Fe(OH)_3\downarrow$$

当pH值在7以上时,水中溶解的氧就很容易使$Fe(OH)_2$氧化成$Fe(OH)_3$。最适宜絮凝的pH值是9.5～11.0,故适用于原水pH值高及高浊度的废水。其优点是絮凝颗粒重而沉降快,可在高pH值下不溶解,价格低等。

三氯化铁 $FeCl_3·6H_2O$,也称为氯化铁。是一种黄色结构。易潮解,潮解后呈深棕色的液体。易溶于水,水溶液呈酸性,在溶液中易水解生氢氧化物沉淀。其制备是将铁屑与Cl_2作用制得。在水的净化中用作絮凝剂。在纸浆废水处理中,先用石灰调pH值,再加入氯化铁,可以除去90%以上的有机碳。也有用铁屑与硫酸盐浆漂白工序的氯化废水混合生成氯化铁溶液,再加石灰生成氢氧化铁沉淀来处理有色废液,铁在氯化废水中含200mg/kg,氯化废水与氯化铁溶液比为6:4,用石灰调pH至11.3～11.8,经凝聚沉淀,使废水脱色率达85%～90%,COD_{Cr}降低60%～65%,BOD_5降低55%。

(4) 石灰絮凝剂:石灰在早期主要作为絮凝剂的碱助剂使用。现在在水处理和造纸废水处理中,可直接用其作絮凝剂。国外造纸厂也有许多采用石灰法(MLP)。

石灰法是石灰与含有羧基和木素结构相似的一类化合物生成不溶性钙盐而产生絮凝。在该法中,虽然在有色废水中需要加较多量的石灰,用量在5～10g/kg,但由于带有污泥的絮凝沉淀石灰可在转炉中燃烧而重复使用,成本较低,而且杂质去除率高,脱色性能也很好。但大量石灰存在易引起泡沫,絮凝沉淀设备负荷大等问题,现在多采用当量石灰法,即添加石灰量限制在与废水的污染量成平衡的范围,一般在 3g/kg 以下。该法脱色率虽稍有下降,但污泥的脱水性较好。

为了改善石灰沉淀法沉淀量大,沉淀物脱水、烧结困难问题。后来又改用海水—石灰法取得了良好效果。该法是利用海水中含有约 0.12% 的 Mg^{2+},与石灰浆混合时生成 $Mg(OH)_2$ 沉淀可以与有机胶体物质絮凝。

该法一般添加废水量 10%~20% 的海水和 0.4~1.8g/kg 的石灰,脱色率可达 50%~95%,杂质脱除率在 90% 以上。

(5) 活性硅絮凝剂:活性硅是在硅酸钠的稀溶液中,加入稀酸等制成的胶体状聚合硅酸。它在净化水厂中,作为低浊度水的絮凝剂使用,也广泛用于工业用水和废水处理,与硫酸铝共用,则有促进沉淀的作用。

除了上述无机絮凝剂外,还有一些,如无机多聚羟基氯化铝—硅(称 IPASC)、无机多聚羟基氯化铝—铁(IPAFSC)、石灰—二氧化碳等絮凝剂。

2. 有机絮凝剂

有机絮凝剂是指起絮凝作用的物质是有机物。这类絮凝剂主要是有机高分子化合物,早期使用的主要是淀粉、明胶、藻朊酸钠等天然有机高分子化合物。作为合成有机高分子絮凝剂是从 1950 年以后才开始应用,当时主要应用聚丙烯酰胺,并且主要是用于矿山工程中。随着环境保护要求日益提高,高分子絮凝剂用于工业废水净化受到重视,随之品种也越来越多。目前,有机高分子絮凝剂按其离子性分类,可分为阴离子型、弱阴离子型、非离子型、阳离子型 4 大类。其中聚丙烯酰胺类用量最大,其用量约占高分子絮凝剂的 80%。表 2-17 列举了这 4 大类有机高分子絮凝剂。

上述中阴离子型、弱阴离子型、非离子型一般用于废水处理,而阳离子型主要用于有机污泥的废水处理中。

高分子絮凝剂的作用原理:高分子絮凝剂的作用原理与废水中悬

表 2-17　　　　　　　　　高分子絮凝剂

聚合度	离子性质	高分子絮凝剂实例
中等聚合度(相对分子质量)数千~数万	弱阴离子型	藻朊酸钠、CMC-Na
	阳离子型	水溶性苯胺树脂盐酸盐、聚乙烯亚胺、聚胺、聚二芳基二甲基氯化铵、己甲撑二胺和3氯1,2环氧丙烷缩聚物
	非离子型	淀粉改性树脂、明胶
高聚合度(相对分子质量)数十万~千万	阴离子型	聚丙烯酸钠
	弱阴离子型	丙烯酰胺和丙烯酸钠共聚物
	阳离子型	聚乙烯咪唑啉、聚烷氨基丙烯脂或丙烯酸酯、聚丙烯酰胺的衍生物
	非离子型	聚丙烯酰胺、聚氧化乙烯

浮物的种类、表面性质,特别是 Zeta 电位、粒度、浊度和悬浮液的 pH 值有关,可分如下几点:①能使疏水性的胶体颗粒表面的 Zeta 电位下降,从而让颗粒彼此接触而絮凝。②悬浮粒子被高分子絮凝剂吸附,桥联结合,形成大颗粒絮凝而沉淀。③高分子絮凝剂可以沉淀在水溶液中溶解或水合一些离子型有机物。例如染料、制浆废液、土壤中的有机腐殖质、蛋白质等。这是由于阳离子型高分子絮凝剂与阴离子型有机物间的静电作用,在水中生成难溶性盐后而沉淀。

关于有机高分子絮凝剂的性质和制备,在以后几章还要分别介绍,本节只着重介绍应用较多的聚丙烯酰胺和聚丙烯酸钠。

(1) 聚丙烯酰胺絮凝剂:聚丙烯酰胺简称 PAM,其结构式为 $\mathrm{[CH_2-CH]_n}$,侧基为 $\mathrm{CONH_2}$。PAM 一般是白色粉末状,是由丙烯腈在浓 H_2SO_4 中水解后,再经氨和 NaOH 中和制得单体。单体丙烯酰胺中有活泼的双键及酰胺基,可采用不同的聚合工艺,导入不同的官能团,可得到不同相对分子质量和不同电荷的产品,也可与其他单体共聚,获得一系列 PAM 产品。PAM 分子量较低时易溶于水,高分子量通过搅拌或改性后溶于水。它有广泛的分子量,可以从数千至千万以上。氢键结合加强。

PAM在造纸业中可作为絮凝剂、助留剂、干强剂、湿强剂、表面施胶剂、涂料胶黏剂、分散剂等。作为絮凝剂使用的主要是非离子型、弱阴离子型和阳离子型的聚丙烯酰胺。

非离子型聚丙烯酰胺作为絮凝剂,是以水合状态溶于水中,此时高分子链不是伸展状态,而是呈卷曲状态,其絮凝作用是通过酰胺基与粒子表面的氢形成氢键结合而产生吸附。为了在被吸附粒子间产生桥联作用而形成坚实的絮聚体,聚丙烯酰胺的分子量应尽可能大些。

弱阴离子型聚丙烯酰胺是由非离子聚丙烯酰胺部分水解或丙烯酰胺与丙烯酸钠共聚而得。与非离子型PAM相比,絮凝沉淀性强,所以工业上应用广泛。悬浮胶体粒子与絮凝剂间靠氢键结合。

阳离子型聚丙烯酰胺在水中溶解时,具有带正电的活性基,从而吸附带负电的悬浮胶体粒子,中和粒子表面电荷,消除了粒子间的斥力,产生絮凝。如果聚合物有较长的链,则一个聚合物分子链可同时吸附几个粒子,聚合物分子链之间形成桥联作用,就能导致大颗粒而产生沉淀。

使用PAM絮凝剂,其优点是加入量少,沉淀速度快,在废水处理时投入量约为无机盐絮凝剂的1/30～1/200。如对浑浊水澄清时,与无机混凝剂配合投入0.1～5mg/L PAM就可发挥显著的助凝作用。这主要是PAM絮凝剂不仅有无机絮凝剂所具有的电荷粒子的电中和作用,还具有对粒子表面产生吸附架桥这样独特作用之故。

经过大量使用证明:对含有机悬浮物较多的制浆造纸厂废水宜采用无机絮凝剂和阴离子型或非离子型PAM共用的絮凝,这样效果更显著。并且废液pH值偏低时使用阴离子型比非离子PAM产生的沉淀速度快。

PAM在纸厂废水中有显著脱色效果。例如美国多斯加鲁沙造纸厂日产750t硫酸盐浆,每日处理污水5300m³,在二级生化处理后以硫酸铝、含硅化合物乳液和PAM结合进行脱色和残余BOD_5处理,除去率达90%以上。日本大王子公司春日井纸厂,对漂白过程的氯化和碱处理每日排出 27520m³ 的废水,加入 6mg/kg PAM 进行脱色。

(2) 聚丙烯酸钠:聚丙烯酸钠是阴离子型高分子絮凝剂的代表性盐类,是有丙烯酸钠水溶液缩聚或悬浮聚合而成。

聚丙烯酸钠分子链上有羧基,由于静电斥力而使分子链呈较舒展状态,使活性官能团暴露在表面,这些活性官能团易吸附悬浮粒子而形成粒子间的桥联作用。同时,如果在聚丙烯酸钠水溶液中添加 Al^{3+}、Ba^{2+}、Ca^{2+}、Sr^{2+}、Mg^{2+} 等多价金属离子,很容易生成不溶性凝胶,因而起到与悬浮胶体粒子共沉淀协同作用。

二、生物处理剂

利用生物处理剂对制浆造纸废水处理是今后废水处理的发展方向。目前,在这方面已取得了很大的进展。各种各样生物处理不断出现,如活性污泥、微生物处理剂、酶制剂等。在处理方法方面也取得了可喜的成绩,如活性污泥法、生物转盘法、曝气塘法、滴滤池法、厌氧/好氧处理法等。

(一) 白腐菌

白腐菌 *Phanerochaete Chrysosporium* 是能分解木素的真菌,早期用于碱处理废液的脱色。如白腐菌经繁殖后,与碱处理液在 pH 值为 4.5 和 39℃ 条件下处理 5h 后,脱色率达到 60%,甚至可以达到 80%。BOD_5 和 COD_{Cr} 也降低了 40% 左右。白腐菌之所以能脱色,主要是由于白腐菌对有色物质有破坏作用,并能将有色物质分解为低分子量的、无色的、可溶性和挥发性的物质。白腐菌的脱色与菌种、废液种类、处理条件和方法有关。下面介绍几种曾用的菌种。

1. 白腐菌中的 *Phanerochaete Chrysosporium* F-1767

这是一种白腐担子菌。这种白腐菌能降解氯化木素,但需要另加碳源以产生过氧化物酶,从而降解木素。例如,其所产木素过氧化酶和锰过氧化物酶一起能使 2,4-二氯苯酚氧化脱氯,形成 1,2,4,5-四羟基苯,再进一步产生丙二酸,这对废液中氯酚的处理产生了良好的作用。此外,这种白腐菌还能脱除废液中的氯化物和毒性。

美国林产研究所等开发 MyCOR 法,即是利用这种白腐菌固定在生物转盘上或固定在多孔的塑料粒上再装入长管中。MyCOR法能除去AOX70%,其滞留时间为2d,若只用1d,可除去AOX50%。

国内对苇浆CEH漂白混合废液的研究表明,将这种白腐菌经接种、培养、挂膜和驯化后固定在煤渣表面。让废水接触停留$8\sim12h$,COD_{Cr}去除率$65\%\sim68\%$,BOD_5去除率$89\%\sim92\%$,TOCl去除率$58\%\sim62\%$。用此法处理后的液体,再加石灰水调pH值至$9\sim10$絮凝沉降处理,COD_{Cr}可进一步去除70%,脱色达90%,SS去除率95%,排水清亮。

2. 白腐菌 Phlebia radiata 79 (ATCC 64658)

这种白腐菌与 P. Chrysosporium F-1767一样能产生木素降解酶,能减少废液中AOX和脱色。但不如第一种脱色速率快,除去AOX的量也不如第一种多。

3. IZU-154

这也是一种真菌,它对碱处理液的脱色效果比 P. Chrysosporium 和 C. versicolor 要好,三种菌种脱色情况见图2-10。

从图2-10可以看出:IZU-154的脱色速率要比其他两种真菌高很多。

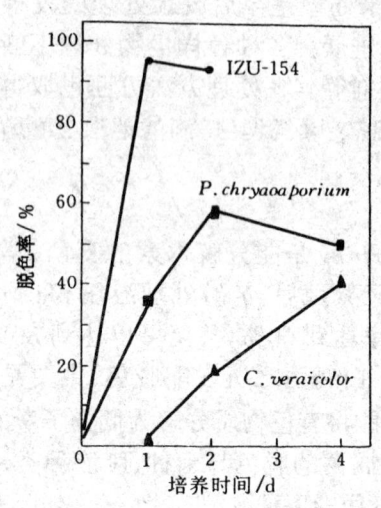

图2-10 E_1废液用不同白腐菌脱色比较

其他菌种,如白腐菌 Tramete versicolor 24h能去除AOX25%,该菌是用于碱法草浆黑液脱色最有效的真菌。半知菌(Deuteromycetes)中的 Paecilomyces Variotii 第二天能脱色80%,这是脱色最高的菌种。

(二) 生物活性炭

生物活性炭是将具有生物活性物质固定在活性炭上而制的。例如将驯化培养好的微生物中置入活性炭进行物理吸附挂膜,挂膜后的活性炭称为生物活性炭。将其填充到柱子中,然后让待处理的黑液通过柱子,达脱色、除杂目的。

在以非木材为原料制浆造纸厂,黑液处理仍是一个问题。我国对蔗渣碱法制浆黑液的处理中,采用"中和—好氧微生物—生物活性炭"三级处理法,实验结果见表2-18。

表 2-18　中和—好氧微生物—生物活性炭三级处理的效果

处理方式	处理时间/h	COD_{Cr} /mg·L^{-1}	COD_{Cr} 总去除率/%	色度	色度去除率/%
未处理		11048		5000	
中和		6296	43.0	2500	50.0
好氧微生物	48	1792	83.8[1]	400	92.0
生物活性炭	15	435	96.1[2]	50	99.0
	24	231	97.9	50	99.0
	30	177	98.4	50	99.0

注:(1) 中和—好氧微生物二级处理的结果;
　　(2) 三级处理的结果。

从表2-18看出,采用中和—好氧微生物—生物活性炭三级综合处理,取得很好的效果,黑液中COD_{Cr}去除率为98.4%。COD_5从未处理前5330mg/L降至106mg/L,去除率为98%,色度去除率为99%,出水基本达到国家规定的排放标准。

(三) 活性污泥处理剂

活性污泥是由细菌、真菌、原生动物、昆虫类和其他高级生物等组成,其中细菌是主要的微生物群。利用活性污泥处理废液,就是利用这些絮状微生物群的活性,在有氧条件下把有机物氧化,生成CO_2、H_2O和细胞物质。这些细胞物质再用沉淀的方法从悬浮液中分离出来,一部分回用,剩余部分则加以处理。因此,利用活性污泥处理废水包括一个废水曝气的过程和污泥沉淀的过程,曝气通常用曝气池,沉淀常用沉淀池。

活性污泥处理法中,曝气池是该法核心,曝气器是影响曝气法效果的关键部件。因此,采用活性污泥处理废水影响因素很多。有设备问题、工艺问题、活性污泥的活性问题和废液种类等。这就要根据各种废液,选择适宜的设备、工艺和活性污泥。才能达到最佳处理效果。

国外研究指出,活性污泥能除去 14%～65% AOX,对氯酚类毒性物的降低值视氯酚类不同种类而不同,最少可除去 18%,最多可除去 100%。例如,加拿大 B.C. 省西部某纸浆公司进行使用氧和空气曝气的活性污泥法试验,发现使用氧和空气的结果差不多,视处理周期而定,BOD_5 最高可以除去 96%,最低为 71.0%;COD_{Cr} 最高可以除去 56%,最低除去 27%;树脂酸最高除去 98%,最低为 73%;脂肪酸最高可除去 95%,最低为 31%;氯苯酚类最高可除去 96%,最低为 4%。

我国在利用活性污泥处理废水中,也进行大量的研究,取得了可喜的成绩,并不仅用于化学浆废水处理,也用生产 TMP 或 CTMP 废水的处理。例如,CTMP 废水采用活性污泥法处理,能在较短的 8～16h 使 BOD_5 降低 90%～98%,树脂酸和脂肪酸的去除率高达 94%～98%。

第三章 造纸过程化学助剂和纸张增强剂

造纸过程化学助剂主要包括助留剂、助滤剂、纤维分散剂、树脂障碍控制剂、消泡剂和防腐剂等,纸张增强剂主要包括干强剂和湿强剂。由于消泡剂在黑液提取、抄纸、涂布、纸张表面施胶和污水处理过程中都有应用,防腐剂在抄纸和涂布过程中、食品及药物包装用纸、卫生纸、餐巾纸等纸品中都有应用,所以本章不涉及消泡剂和防腐剂的内容,有关内容在其他章节中单独介绍。本章主要讨论在造纸过程中添加的具有助留、助滤、纤维分散、树脂障碍控制和纸张增强功能的常用聚合物助剂、表面活性剂和生物酶制剂等。这类助剂主要包括合成聚合物助剂、改性淀粉系列助剂、纤维素及甲壳素衍生物助剂、植物胶类助剂、表面活性剂和生物酶制剂等。

第一节 合成聚合物造纸助剂

合成聚合物助剂的特点之一是在应用上表现出来的多功能性,这是一般天然性聚合物所不能及的,造纸工业中应用最多的有聚丙烯酰胺(PAM)、聚乙烯醇(PVA)、聚乙烯亚胺(PEI)、聚氧化乙烯(PEO)、脲醛树脂(UF)、三聚氰胺甲醛树脂(MF)、聚酰胺—环氧氯丙烷树脂(PAE)等。

一、聚丙烯酰胺(PAM)

聚丙烯酰胺是目前应用最广泛的造纸化学助剂之一,自从1955年开始作为干强剂应用于造纸工业以来,已大量地推广于造纸工业的各个方面。根据分子量的不同,聚丙烯酰胺可用作为干强剂、助留剂、助滤剂和絮凝剂等。

(一) 聚丙烯酰胺的性质

聚丙烯酰胺是一种多功能水溶性的高分子有机聚合物。聚丙烯酰胺的分子量可由几千到一千万以上,其产品形态可为白色粉末(纯品)或为无色透明胶体(聚合物水溶液)。在造纸工业中,聚丙烯酰胺的功能与其相对分子质量的关系大致如下:相对分子质量在 100 万以下的 PAM 可以作为分散剂(如颜料分散剂、长纤维分散剂等),相对分子质量在 100 万～500 万的 PAM 可作为助留、助滤和增干强剂,相对分子质量超过 500 万的 PAM 可作为絮凝剂(造纸废水处理)。

(二) 聚丙烯酰胺的制备和类型

聚丙烯酰胺是由丙烯酰胺聚合而成。在工业生产上,丙烯酰胺单体是由丙烯腈经催化剂催化水合而制得,丙烯酰胺单体再经自由基引发聚合成各种分子量的聚丙烯酰胺。

合成聚丙烯酰胺的反应式如下:

$$CH_2=CHCN + H_2O \xrightarrow[85\sim125℃(0.3MPa)]{催化剂} CH_2=CHCONH_2$$

丙烯腈　　　　　　　　　　　　　　　　　　　丙烯酰胺

$$n CH_2=CH\text{—}CONH_2 \longrightarrow \text{─}(CH_2\text{—}CH)_n\text{─}\,CONH_2 \quad 聚丙烯酰胺$$

聚丙烯酰胺的链状分子上有若干官能基团,在水中大部分可电离,根据可离解基团的特性可把聚丙烯酰胺分为阴离子型(APAM)、阳离子型(CPAM)、非离子型(NPAM)和两性型(EPAM)。聚丙烯酰胺本身属于非离子型化合物,通过对其改性,可以得到不同离子形式的产物。常用的方法有:

a. 通过水解反应获得阴离子型产物;
b. 通过 Mannich 反应获得阳离子型产物;
c. 通过霍夫曼反应获得阳离子型产物。

聚丙烯酰胺在造纸工业中主要用作干强剂、助留剂、助滤剂和絮凝剂等,应用情况如表 3-1 所示。

以上三类 PAM 在造纸过程中能产生很多好的作用,如使纸浆发生絮凝、分散、黏附、成膜、增强以及助滤和助留等作用,用量很少而效果明显,而且在设备上不必做大的变动。因此,PAM在造纸生产中获得了广泛的应用。

$$(CH_2-CH)_n \atop CONH_2$$

加热水解 NaOH → $-(CH_2-CH)_x-(CH_2-CH)_y-$ CONH₂ COOH (20%~30%水解) ⎤
磺酸甲基化 CH₂O, NaHSO₃ → $-(CH_2-CH)_x-(CH_2-CH)_y-$ CONH₂ CONHCH₂SO₃Na ⎦ 阴离子型PAM (APAM)

甲胺基化 CH₂O, R₂NH → $-(CH_2-CH)_x-(CH_2-CH)_y-$ CONHCH₂NR₂ ⎤
NaOCl, NaOH → $-(CH_2-CH)_x-(CH_2-CH)_y-$ CONH₂ NH₂ ⎦ 阳离子型PAM (CPAM)

羟甲基化 → $-(CH_2-CH)_x-(CH_2-CH)_y-$ CONH₂ CONHCH₂OH   非离子型PAM (NPAM)

表 3-1　　　　　　　聚丙烯酰胺的应用情况

用　途	适用的类型	相对分子质量	一般添加量
干强剂	阴离子型 阳离子型	中等 低	5~10kg/t 纸

续表

用　　途	适用的类型	相对分子质量	一般添加量
助留剂	阳离子型 阴离子型	中等 高	0.1~0.375kg/t纸
助滤剂	阳离子型	中等	0.15~0.75kg/t纸
絮凝剂(用于废水净化)	非离子型 阳离子型	极高 极高	1~2mg/kg
中性施胶(代替硫酸铝)	阳离子型	低~中等	0.01%~0.03%

由于造纸湿部化学和电荷的特性,阳离子助剂得到了广泛应用,并一直在湿部添加剂中占主导地位,获得了令人满意的效果。但有时也使人感到还未达到尽善尽美的境地,主要表现在以下几个方面:①在盐含量高的系统中,阳离子助剂的使用效果受到很大影响,有时甚至不起作用。由于环保的要求,许多造纸厂为减少废水排放量,往往采用部分废水和全部纸机白水闭路循环。这样,系统中盐含量积累很快,阳离子助剂的效果就会受到很大影响。②为了更进一步提高纸页强度,往往想增加阳离子助剂的量,但加入过多,会造成过阳离子体系,使纸机操作困难,留着率下降,效果反而降低。③在酸性抄纸中,由于硫酸铝用量较高,也影响其使用效果。④纸浆本身(尤其是脱墨浆)带有的以及在配料中带入的某些离子性"杂质"也会在不同程度上影响其应用。为克服阳离子助剂以上的缺点,近年来在阳离子的基础上新发展了复合变性的两性助剂。

两性助剂从电化学的角度解决了上述问题,其独特的作用原理如下:

(1) 两性助剂的阴离子基团有助于清除体系中干扰助剂对纤维吸附的阳离子。

(2) 两性助剂的阴离子基团能对阳离子基团起保护作用,电性排斥那些在体系中存在的高活性"杂阴离子",从而使助剂中的阳离子基团不会发生过早的反应或被中和掉。

(3) 纤维通常带负电,因而易于吸附阳离子助剂,但也易于吸附其他带正电的物质,这样就削弱了对阳离子助剂的吸附,而两性助剂中的阴离子基团能优先吸附体系中的阳离子。

(4) 两性助剂电荷基本平衡,那些未被留着的助剂随白水排出后再循环使用时,不会失去电荷平衡,从而可保证纸机良好的运转状态。

(5) 在中性或碱性抄纸中,离子电荷的平衡敏感度很大,体系较容易出现过阳离子化,造成湿部失控,而使用两性助剂可以使体系得到控制。

因而,两性助剂比阳离子助剂更能有效地提高纸页的强度、填料留着率和纸机的滤水,从而可提高纸机车速,大大减轻白水处理负荷。所以在当今从酸性抄纸向中性、碱性抄纸的转变中,急需开发性能良好的两性助剂。两性聚丙烯酰胺就是一种性能良好的两性助剂,叔胺型两性聚丙烯酰胺的化学结构如下:

$$-\text{CH}-\text{CH}_2-[\text{CH}-\text{CH}_2]_n-\text{CH}-\text{CH}_2- \\ \underset{\underset{\text{H}^+}{\text{O}}}{\overset{\text{C}=\text{O}}{|}} \quad \underset{\text{NH}_2}{\overset{\text{C}=\text{O}}{|}} \quad \underset{\text{NH}-\text{CH}_2-\text{N}^+ \overset{\text{CH}_3}{\underset{\text{CH}_3}{\diagdown}}}{\overset{\text{C}=\text{O}}{|}}$$

可见,在两性聚丙烯酰胺的一个分子链上有不同的电荷分布在不同的链节上。

(三) 聚丙烯酰胺的助留、助滤作用

PAM能改善网部纸料的滤水性能和细小纤维及填料的留着率,这主要是因为PAM能使纸料产生"絮聚"作用。当在纸料中添加PAM后,纸料中很快会呈现出絮聚现象,这时纸料中的细小粒子(包括细小纤维和填料)附着到较长纤维的表面上并形成体积较大的絮聚体。这样,就使纸料易于脱水,同时也减少了细小粒子通过网子的流失量。

1. 作用机理

很多研究工作者对PAM能使纸料发生絮聚现象的机理进行了研究,一般来说,可分为三种理论。

(1) 架桥理论。在水溶液中,PAM首先被部分粒子的表面所吸引,而聚合物分子的线型部分和尾端又有可能被另一些粒子所吸附,这样,就像架桥一样把两个粒子连在一起。由于PAM的分子链很长,其跨越距离超过了粒子间的有效排斥距离,即使在很低的浓度下也可使纸料发生絮聚。这种絮体结构能承受较强的搅拌力,一旦其结构被破坏后,就很难重新再絮聚在一起。有研究者认为,架桥理论适用于高相对分子质量的阳、阴和非离子型的PAM,其效果随相对分子质量的增大而加强。

(2) 补丁理论。在粒子与聚合物电荷密度相差很大的情况下,带正电荷的聚合物无法以对等的方式排列在带负电荷的粒子上,因此在粒子表面上零星地分布着带正电荷的局部区域。由于该局部电荷与粒子的电荷相反,通过区域性的吸附,就发生了絮聚现象。

这种作用所形成的絮体不易受剪切力的影响而分散,在搅拌力过强而使絮体分散后,只要剪切力降低,絮体又会重新形成。一般阳离子PAM引起的絮聚作用可用这一理论来解释。

(3) 电性中和理论。在一个含有粒子的体系中,颗粒的表面上含有不同量的表面电荷,可以是正电荷,也可以是负电荷。由于测定这种表面电荷很困难,可利用测定Zeta电位来反映体系中所有表面电荷的综合结果。测定Zeta电位的方法有多种,一般可通过测定粒子的电泳淌度而计算求得。已经得知纤维和很多填料的Zeta电位是负值。因此当阳离子助剂加到纸料中时,Zeta电位就发生了变化,表现在当PAM的加入量逐渐增大时,粒子的电泳淌度就从负值向零靠近以至达到零,继续加入PAM,电泳淌度亦继续上升成为正值。研究结果表明,只有在Zeta电位接近于零时,纸料的滤水性能和细小纤维及填料的留着性能才能处于最佳状态。这是因为纸料中的粒子都带有负电荷,同性相斥,细小粒子很难与长纤维接近并附在其表面上,而加入PAM后,粒子表面的Zeta电位发生变化,到Zeta电位为零时,粒子间的斥力就消失了,从而使细小纤维及填料被吸附在长纤维表面上,发生了絮聚现象。阳离子PAM对纤维的作用可以用这一机理来解释。但也有人认为,这种机理只能解释简单的体系。这种絮聚作用的特点是絮聚体易在搅拌中分散,而搅拌停止后随即又重新絮聚。

2. PAM的助留、助滤使用情况及影响因素

1) 影响PAM助留、助滤效果的因素

(1) 聚合物的分子量。

(2) 聚合物的链结构。
(3) 聚合物的水解度(羧基含量)。
(4) 硫酸铝(明矾)的存在与否及其用量。
(5) 聚合物的用量、浓度及加入位置和程序。
(6) 填料的种类、使用浓度、纸浆的种类及外来离子等。

2) 实际应用效果

作为造纸工业的助留、助滤剂,合理使用 PAM 可以获得以下效果:

(1) 提高细小纤维和填料的留着率。表现在成纸灰分含量提高和定量增加,故可节约纤维原料和填料用量。

(2) 降低网下白水浓度,加速白水沉降速度,提高白水回收设备的效率。

由于在纸机网上提高了细小纤维和填料的留着率,因此网下白水中细小纤维和填料的含量降低,白水浓度低,沉降速度快。

(3) 改善纸料的滤水性能,为提高车速、节约蒸汽创造了条件。

纤维和细小纤维在微絮聚状态下,其流体动力表面积较小,因而纸料滤水时水阻力也较小,在纸机的铜网部较易脱水,而滤水性又是限制车速的一个重要因素,因而改善滤水性能可以提高车速。

(4) 减少铜网的磨损,保持毛毯的清洁,可以使纸机更好地正常运转。

在生产实践中发现,使用助留、助滤剂可以使网部泡沫明显减少,同时还使粘辊现象消失,这是由于填料和细小纤维流失量减少所致。如持续使用助留、助滤剂,因填料流失减少,铜网的磨损也相应减少。由于细小纤维的流失减少,机架、管道的结垢现象也减少,更易保持毛毯清洁,这些均为纸机正常运转创造了有利条件。

3) 应用实例

(1) 使用阴离子型 PAM 所取得的效果

a. 提高细小纤维和填料的留着率。

• 某造纸厂生产邮票纸,以 $CaCO_3$ 为填料,加入量为 35%,成纸灰分在 12% 左右,加入阴离子型 PAM(用量为 200mg/kg,kg 代表 1kg 绝干纸浆,下同)后,成纸的灰分上升至 14%,留着率提高约 15%。

• 某厂生产定量为 $75\sim 77g/m^2$ 的胶版纸,在其他条件不变的情况下,加入 200mg/kg 阴离子型 PAM 后,定量上升为 $81g/m^2$。

b. 降低白水浓度,加速白水沉降速度。

• 某造纸厂网下白水浓度原为 2.1g/L,加入阴离子型 PAM 后,白水浓度降低至 $1.1\sim1.3g/L$。在白水中含有较多填料时,因填料粒子较细,白水沉降速度很慢,加入 PAM 后使沉降速度大大加快。从而减轻了白水回收设备的负荷。

c. 改善滤水性能,有利于提高车速,节约了干燥用汽。

d. 提高双面胶版纸的填料留着率。

• 某厂生产定量为 $80g/m^2$ 的双面胶版纸,其原料配比是木浆 65%,草浆 35%,松香 0.9%,硫酸铝 3.6%,滑石粉 30%。在网前箱加入水解度小于 10%、相对分子质量为 500 万的阴离子型 PAM 200mg/kg 后,使定量增加约 6%,白水浓度由 4g/L 降低为 $2.7\sim3g/L$,降低率达 28%。由于白水浓度降低,加之其中的细小纤维和填料呈现絮凝状态,因此白水澄清速率加快。此外填料留着率由 84.5% 提高至 88.9%,而每吨浆所耗助留剂量很少,其经济效益是很明显的。

(2) 使用非离子型 PAM 的实例

a. 某造纸厂生产凸版纸,原料为麦草浆,加入非离子型 PAM 后,在生产上表现出:网前箱泡沫减少了;纸机抄造正常,断头少;提高了滤水性能,水线提前了 1/2 个吸水箱,干燥部蒸汽压可以降低,车速可以提高;填料留着率从原来的 26% 提高到 69%。同时对成纸强度并无显著影响。

b. 将胶体浓度为 10.64%、相对分子质量在 100 万以上的非离子型 PAM 溶解后稀释至 0.01%,与填料混合,经过滤后在网前箱加入。加入后每 1h 取白水样品 1 次,用光电比色法测得白水样品的吸光度,然后计算出白水浓度(当入射光的强度和液层厚度一定时,溶液的吸光度和溶液的浓度成正比)。

结果表明,加入 PAM 后,地沟白水浓度和白水盘白水浓度都显著下降,亦即填料和细小纤维的留着率增高,地沟白水流失的细小纤维和填料粒子减少了 25.5%,因此添加 PAM 后的经济效益是显著的。

(3) 使用阳离子型 PAM 的实例。某厂采用阳离子型 PAM 作絮凝剂,使带负电荷的纤维相互结合,相互吸附,生成网状结构,使大部分填料留着在纸页上。在生产上,不同 PAM 用量对填料留着率的影响如表 3-2 所示。实践证明,在纸浆中添加阳离子型 PAM 能够使钛白粉的留着率从原来的 60% 左右提高到 90%,纸机运转正常,无糊网、粘辊、粘毛毯等现象。PAM 的加入量以 0.1% 左右为最好。当 PAM 加入量在 0.05%~0.10% 间增加时,成纸灰分增加较快,在 0.20%~0.50% 间增加时,成纸灰分增加不明显。而且当 PAM 的加入量为 0.20%~0.50% 时,浆料中的阴阳离子处于完全结合状态,纤维出现静止絮凝,会给纸机运转带来困难,对抄纸不利。使用 PAM 可以提高成纸灰分 2%~3%,使纤维流失由 0.17% 降低到 0.14%,从而降低吨纸浆耗,降低吨纸成本。

表 3-2　　　　不同 PAM 用量对填料留着率的影响

条件 效果	PAM 用量/%				
	0.05	0.07	0.08	0.10	0.12
灰分/%,(平均值)	13.48	14.34	14.30	14.58	15.74
留着率/%,(平均值)	77.83	82.79	82.56	84.18	90.88

(4) 使用两性 PAM 所取得的效果。有研究结果表明,叔胺型两性聚丙烯酰胺对麦草浆的助留助滤效果随纸料 pH 值的增加而下降,随硫酸铝用量的增加而增加,当两性聚丙烯酰胺的用量为 0.1% 时,可使漂白麦草浆纸料的打浆度降低 20°SR,填料留着率从 45.1% 提高到 98.5%。因而,叔胺型两性聚丙烯酰胺是漂白麦草浆很好的助留助滤剂。另有研究表明,季胺型两性聚丙烯酰胺在 pH 值 7.5 的条件下是漂白麦草浆纸料的优良的助留助滤剂,在用量为 0.04% 和 0.08% 时,填料留着率从 33.0% 分别提高到 76.1% 和 91.7%,但成纸的强度随填料留着率的提高而有所下降。

(四) 聚丙烯酰胺的增湿强作用

1. 作用机理

这里仅介绍对 PAM 的增湿强作用机理的两种解释。

(1) 树脂进入到缺乏耐水性的成纸纤维素分子间的氢键结合领域,先起包覆和保护作用,进而在氢键结合领域中树脂自身间起硬化反应,从而形成三维网状结构并定着在纤维之间,达到防止水分子渗透到纤维空隙中使纤维润胀并破坏纤维间结合的目的,从而使湿纸页的强度增加,同时也增加了干纸的强度。

(2) 某些阳离子聚丙烯酰胺(CPAM)的增湿强效果是由于 CPAM 的阳离子基团与纤维表面的阴离子官能团形成离子键而产生的。当 CPAM 的阳离子电荷密度低时,则聚合物对纸的湿强度不起作用,当阳离子电荷密度增加时,发现纸的湿强度也逐渐增加。用于产生阳离子氨基的霍夫曼降解条件还会引起其他变化,含有氨基最多的 CPAM (氨基含量为聚合单位的 82%)中没有残余的酰氨基团,而含有 10% 的羧基以及 8% 的取代的尿素基团,可能是 CPAM 本身的氨基和羧基间形成离子型均交联,使其能增加纸的湿强度。

2. PAM 湿强剂的应用实例

(1) 作为瓦楞纸和卡片纸的湿强剂。向纸浆悬浮液中添加聚丙烯酰胺或它与丙烯酸的共聚物的水溶液(用量为 0.1%~0.3%,对绝干纤维,下同),然后用这种悬浮液抄纸,或者用一种类似的水溶液涂于纸的表面(用量为 $0.05 g/m^2$)。然后用 0.1%~10% 的乙二醛水溶液和弱酸碱式盐(乙二醛重量的 2%~10%,例如柠檬酸钠、醋酸钠)处理纸的表面,可制得具有很好湿强度的瓦楞纸和卡片纸。这种方法可避免在保存期间聚丙烯酰胺和乙二醛反应而影响纸的耐久性。

(2) 把聚丙烯酰胺、阳离子调节剂和乙二醛的混合物添加到纤维素纸浆中,可以提高纸的湿强度和干强度,如在浓度为 1% 的纸浆悬浮液中添加此混合物(混合物的比例是:聚丙烯酰胺 90 份,聚氯化乙二烯二甲胺 20 份,乙二醛 30 份,$Na_4P_2O_7$ 20 份),然后抄成纸,所得样品的干强度和湿强度分别提高 56.6% 和 25.1%。

(3) 在纸浆中添加聚丙烯酰胺或丙烯酰氨共聚物后抄纸,然后用含有乙二醛和弱酸碱式盐的水溶液进行涂布,可明显提高纸的湿强度。例如,用 1.2%(对绝干纸浆)的浓度为 10% 的聚丙烯酰胺水溶液和 2% 的浓度为 10% 的硫酸铝水溶液与浓度为 2% 的纸浆混合,制成纸张,再用乙二醛和醋酸钠比例为1:0.5的水溶液涂布,并在105℃下干燥5min。制成的纸在水中浸渍1min和4h后,其裂断长分别为1690m和1350m。如果不经醋酸钠处理,在水中浸渍1min和4h后,裂断长分别为1320m和900m。

(五) 聚丙烯酰胺的增干强作用

1. 作用机理

PAM的增干强作用机理如第一章所述。使用非离子型和阴离子型PAM必须加入硫酸铝,而阳离子型PAM无论在酸性、中性或碱性条件下,加或不加硫酸铝均可提高纸张强度。

2. 应用实例

(1) 为了提高马尾松硫酸盐浆纸袋纸的质量,特别是提高纸的干强度,可在浆中添加阴离子型聚丙烯酰胺。

某厂的马尾松硫酸盐浆在打浆机中打浆,成浆打浆度20°SR,纤维长度2.1mm。在成浆池中先加入松香胶1%,再加矾土2%~3%,抄纸前加入阴离子型聚丙烯酰胺。PAM的相对分子质量在50万左右,PAM制备后在阴凉处放置一定的时间,其效果更加稳定。制备好的PAM溶液的浓度为10%,稀释至1.5%左右后在网前箱中加入,浆料pH值为4.0~4.5。生产用水中铁离子的含量应尽量减少(因为铁离子能使聚丙烯酰胺降解和断链),水的纯净度应尽量提高(因为水中的悬浮物和泥沙等会直接影响PAM的补强效果)。

生产是在抄宽为1930mm,车速为75~80m/min的长网多缸纸机上进行的,PAM加入前后纸机各部分的纸页水分见表3-3。

表 3-3　　　　　　　　纸机各部分的纸页水分　　　　　　单位:%

项　目	纸浆打浆度 23°SR		纸浆打浆度 19°SR	
	未加 PAM	已加 PAM	未加 PAM	已加 PAM
伏辊后	91.10	89.00	91.50	90.90
一道压榨后	67.40	67.20	68.10	67.40
二道压榨后	65.80	65.40	64.80	64.80

PAM 加入前后纸张的物理性能见表 3-4。

表 3-4　　纸张的物理性能

强度指标		纸浆打浆度 23°SR		纸浆打浆度 19°SR	
		未加 PAM	已加 PAM	未加 PAM	已加 PAM
定量/$g \cdot m^{-2}$		84	88	83	88
耐破度/kPa		266.80	354.14	246.23	311.96
耐破指数/$kPa \cdot m^2 \cdot g^{-1}$		0.38	0.47	0.31	0.40
耐破指数提高率/%		0	23.68	0	29.00
拉力/N	纵	56.01	73.97	58.27	68.87
	横	27.76	36.89	24.92	37.77
纸张水分/%		12.20	10.80	12.80	10.00

上述结果说明,阴离子型聚丙烯酰胺除了具有补强作用外,还有加速滤水、提高车速等辅助作用。

(2) 某厂用林区废木材制成的硫酸盐木浆生产包装纸,用 PAM 作干强剂可以使定量为 $80g/m^2$ 的包装纸的耐破度从 176.60~196.20kPa 提高到 235.40kPa,耐破度指数提高 20% 以上。PAM 的添加工艺流程如下:

水
↓
PAM→搅拌稀释→输送→一次过滤→贮存→二次过滤→稳位→计量→喷淋→流浆箱

(六) 聚丙烯酰胺的分散作用

生产实践表明,适于作纤维分散剂的部分水解的聚丙烯酰胺(即 APAM)的相对分子质量不应低于 200 万,水解度(丙烯酸含量)为 20%~30% 的 APAM 溶液的稳定性较好,一般不易受加热和高剪切力的影响。部分水解的聚丙烯酰胺不像来源于植物的分散剂容易变质发臭,且可以回收后多次使用,对提高长纤维纸强度和降低成本都有利。

1. 作用机理

传统认为,分散剂分散纤维的机理是胶体附着在纤维表面,可以减少摩擦,有助于纤维的滑动分散,现代理论则进一步从流体力学的角度给以解释,认为长链高分子聚合物的加入改变了纤维悬浮液的流变特性,使其具有较低的雷诺系数,即流动状态较为有序,亦即纤维随流体流动的能力增加,从而减少了纤维的相对运动,也就减少了纤维间相互碰撞而产生的絮聚。

利用长纤维抄纸,如果不加一定的黏液,使纤维之间形成一定的膜层,在搅拌过程中纤维之间易产生绕结。另外,长纤维纸浆上网时脱水快,要求黏液有高度的黏性和弹性,即具有反过滤性能,延缓脱水,使纸张匀度提高。

2. 影响因素

阴离子聚丙烯酰胺是目前普遍使用和较为有效的一种纤维分散剂,它是一种线性有机高聚物,其水溶液呈胶体状,有一定的黏度。

(1) 聚丙烯酰胺的加入量。聚丙烯酰胺的加入量增加,纤维的分散能力也相应提高,纸页匀度会得到改善,但有一定限度,加入量过多,纤维在高黏度的溶液中受到黏液包围,虽经剧烈搅拌,纤维分散较困难,且湿纸页在吸水箱部分难于吸干,水分过高,易引起压花与压溃。故在决定 PAM 的加入量时,实质是控制合适的黏度。

(2) 聚丙烯酰胺溶液的黏度。聚丙烯酰胺溶液的黏度是影响分散效果的重要因素,一般来说,黏度越高分散效果越好。

PAM 干粉的纯度在 95% 以上,相对分子质量 800~900 万,水解度为 20%~30%,PAM 溶液的黏度用恩氏黏度计测定[以 200mL 溶液流过毛细管的时间(s)表示黏度]。PAM 溶液的浓度与黏度的关系如表 3-5 所示。

(3) 聚丙烯酰胺的分子量。20 世纪 80 年代初的资料认为纤维分散剂应选用低分子量的阴离子聚丙烯酰胺,但实践证明高分子量的阴离子聚丙烯酰胺的分散效果更好。当在同一用量时,宜选用分子量高的聚丙烯酰胺。

(4) 金属离子的影响。高价金属离子如铁离子、铝离子是聚丙烯酰胺化学降解的催化剂。这些离子的混入会影响其分散作用,可见采用松香胶施胶的系统不宜采用阴离子聚丙烯酰胺作分散剂,溶解和贮存设备也应当避免金属离子的带入。

表 3-5　　PAM 溶液的浓度与黏度的关系

编号 项目	1	2	3	4	5	6	7
浓度/%	0.010	0.012	0.014	0.016	0.018	0.020	0.025
黏度/s(15℃)	74	80	85	88	90	92	94

3. 应用实例

(1) PAM 黏液的配制。将纯度为 95% 的 PAM 干粉溶解,按比例配制成黏度为 70~80s 的溶液,溶解时搅拌并可加温至 40~95℃ 以缩短溶解时间,操作时一边加水一边加 PAM,并开始搅拌,搅拌时间为几分钟,溶液的 pH 值为 8.0~9.0。

(2) 原料及浆料。100% 桑皮纤维,纤维长度最长 13.8~15.4mm,最短 1.03~1.28mm,平均 5.20~5.60mm。桑皮经两级碱法蒸煮(总用碱量为 24.5%)制得粗浆,经洗涤、打浆、漂白而制成抄纸用浆料。

(3) 纸机。用圆网单缸单毛布纸机抄造引线纱纸(爆竹厂用),用侧浪式长网纸机抄造电池棉纸。车速 60~80m/min,浆浓 0.11%,抄纸液黏度 72s、白水黏度 68s。出纸情况良好,不粘缸,不粘毯,纸页纤维匀度好。按常规方法进行抄纸,这两种产品的物理性能如表 3-6 所示。

表 3-6　　引线纱纸和电池棉纸的物理性能

强度指标	引线纱纸	电池棉纸
定量/g·m^{-2}	16.90	16.00
纵向拉力/N	20.01	6.08
横向拉力/N	0.65	6.47
厚度/mm	0.05	0.05
紧度/kg·m^{-3}	325	307

二、聚乙烯醇(PVA)

20世纪50年代初,随着石油化学工业的发展,PVA作为造纸助剂得到开发和应用,并取得了一定的效果。

(一) 聚乙烯醇的性质

(1) 聚乙烯醇的外观为白色颗粒状或粉末状,密度在 $0.3g/cm^3$ 左右,无毒,无味。

(2) 聚乙烯醇是一种水溶性聚合物,具有优越的胶粘强度和成膜性,膜层透明而柔韧,由于其具有高度吸湿性与水蒸气透过性,故不会产生"结露"现象。

(3) 聚乙烯醇除溶于水、乙二醇和甘油外,不溶于其他有机溶剂。

(4) 聚乙烯醇因聚合度不同醇解度不同,而具有不同的性能,醇解度高的PVA不溶于冷水而溶于热水。

(5) PVA结构上的羟基与醇类相似,遇钠发生作用而放出氢气,其羟基可以发生酯化、醚化及缩醛化。当加热至130~140℃时,其性质几乎不变,但色泽变微黄。在160℃下长时间加热黄色变深,加热到200℃时,分子间开始脱水,水溶性开始降低,这时重量减轻,接近300℃时分解成水、醋酸、乙醛和巴豆醛等。PVA的水溶液与碘相遇生成紫蓝色络合物。

(6) PVA的黏度与聚合度之间有一定的关系,直接影响以后涂料的流动性质和胶粘强度。用B型黏度计的测定结果见表3-7。

表 3-7　　PVA的黏度与聚合度的关系

PVA的平均聚合度	1700	1300	1000	500
20℃时浓度为40g/L的PVA溶液的黏度/Pa·s	0.0264	0.0179	0.0114	0.0041

高聚合度的PVA可通过氧化降解的方法降低其黏度。当PVA经1%的有效氯降解后,黏度会迅速降低,以后随着有效氯用量的增加,黏度会继续下降,但降低速度缓慢。一般情况下,高聚物的强度是

随着平均聚合度的增加而提高的,但当聚合度达到一定程度后强度增加缓慢。用高聚合度的PVA制成的涂料的黏度太高,在使用上困难较大,故造纸涂布仅选用中、低黏度的品种。

(二) 聚乙烯醇的制备

聚乙烯醇不能直接由乙烯醇聚合而得,因为不存在有游离的乙烯醇。实际上,PVA是由乙酸乙烯酯单体在甲醇存在下进行自由基溶液聚合成聚醋酸乙烯酯,然后再将其醇解而成的。

1. 聚乙烯醇的单体制备

目前工业上生产乙酸乙烯酯主要有两种方法。

（1）乙炔法：即用乙炔和乙酸在一定条件下发生加成反应,生成乙酸乙烯酯：

$$HC \equiv CH + HO-\underset{O}{\overset{}{C}}-CH_3 \xrightarrow[75\sim80℃]{HgSO_4, H^+} CH_3-\underset{}{\overset{O}{C}}-O-CH=CH_2$$

所用乙炔以前来自电石,现在转向由天然气合成。

（2）乙烯法：现在世界各国都转向以乙烯为原料来合成乙酸乙烯酯。目前已经工业化的有乙烯直接合成法,即将乙烯直接和氧通入含有氯化钯、氯化铜、乙酸钠的冰醋酸中进行反应,或者用金属钯作催化剂,在气相中进行氧化脱水。反应式如下：

$$CH_3COOH + CH_2=CH_2 + 1/2 O_2 \xrightarrow[CH_3COONa]{PdCl_2-CuCl_2} CH_3COOCH=CH_2 + H_2O$$

2. 聚合方法

乙酸乙烯酯的溶剂很多,有芳烃、酮类、卤代烃、醇类等,但从聚合速度和相对分子质量两方面考虑,在溶液聚合时,以选用甲醇为宜。在聚合反应中,向甲醇链转移常数不大(自由基向溶剂转移会使其活性消失,影响引发效率和相对分子质量),但甲醇用量对PVA相对分子质量有影响。一般选用偶氮二异丁腈为引发剂,聚合温度约为65℃,在回流条件下聚合,转化率控制较低(约50%~60%),否则产物相对分子质量分布不均,支化度大。聚合结束后,蒸除多余单体,再在聚乙酸乙烯酯溶液中加入一定量的碱进行醇解。总的反应如下：

$$n\text{CH}_2=\text{CH}\text{—OCOCH}_3 \xrightarrow[65℃]{均相溶液聚合} \text{—(CH}_2\text{—CH)}_n\text{—OCOCH}_3 \xrightarrow[\text{NaOH}]{醇解} \text{—(CH}_2\text{—CH)}_n\text{—OH} + \text{CH}_3\text{COOCH}_3$$

（三）聚乙烯醇的增强机理

由于PVA是由聚醋酸乙烯酯醇解而制成的,其结构上有密集的羟基,因此它能和纤维素纤维产生氢键结合,从而提高纸张的抗张强度及其他干强度。

（四）聚乙烯醇的特性及应用

PVA能增加纸张的强度性能,如耐破度、撕裂度、抗张强度、耐折度以及抗掉毛性。适合于造纸工业应用的PVA树脂具有不同的黏度和水解度,所用品种都具有优良的成膜性,也兼具保护层的特性,同时表现出较高的抗张强度。

1. 单独使用聚乙烯醇

为了提高纸张的抗张强度和耐折度,可单独使用聚乙烯醇进行表面施胶,一般单独使用聚乙烯醇进行表面施胶所采用的PVA浓度均较高,例如,对于证券纸、钞票纸和导火线纸等可采用$35\sim40$g/L的浓度,而对于为了显著提高强度和特种纸的机外施胶甚至可采用100g/L的浓度,这种表面施胶后的纸幅多经干燥室进行干燥。

2. 聚乙烯醇与氧化淀粉配用

（1）将纸张先用氧化淀粉进行表面施胶,干燥后通过$10\sim30$g/L的聚乙烯醇溶液再次进行表面施胶。

（2）聚乙烯醇和氧化淀粉混合熬制为表面施胶剂,在氧化淀粉中配加20g/L聚乙烯醇就能改善表面施胶剂在纸张表面的成膜性能。一般聚乙烯醇与氧化淀粉的比例可为$1:1\sim1:4$。

3. 聚乙烯醇与硼砂配用

为了防止聚乙烯醇溶液在表面施胶时的过度渗透,也可采用与硼砂混用的方法。用硼砂与聚乙烯醇对纸和纸板进行表面施胶的一种程序是：先将纸面用浓度为 50g/L 的硼砂预处理，待稍干后用浓度为 10~30g/L 的聚乙烯醇溶液进行表面施胶。这种方法多用于纸板的表面施胶。

4. 聚乙烯醇与其他物料配用

PVA 与脲醛、三甲醇三聚氰胺或乙二醛、碳酸铵和碳酸锆、石蜡、硬脂酸油或树脂胺、乙二醇类等配用可以提高各种具体应用的效能或降低成本。

三、脲醛树脂和三聚氰胺甲醛树脂

（一）脲醛树脂和三聚氰胺甲醛树脂的性质

1. 脲醛树脂（UF）的性质

（1）脲醛树脂是由脲 $CO(NH_2)_2$ 与甲醛 CH_2O 缩聚而成的树脂性物质。反应初期尿素与甲醛缩聚成低分子量的缩合产物溶液，在缩聚过程中相对分子质量增大，反应介质的黏度不断增加，或再经真空干燥而成为固体。脲醛树脂溶于水，但如果反应仍继续进行，则脲醛树脂变得不溶于水。故根据控制的条件，通过缩聚反应可得到水溶性或能溶于有机溶剂的脲醛树脂产品。这些产品，外观为无色到浅色液体或白色固体，无味，耐光性好。

（2）造纸工业中常使用改性的脲醛树脂，它是在普通脲醛树脂的分子链间引入能够电解的化学基团而使其改性为阳离子型或阴离子型，改性后的树脂几乎能溶于所有的有机溶剂中，包括芳香族碳氢化合物、酒精和石油系溶剂的混合溶剂，所以它能与其他大部分树脂溶合，在使用中较为方便。改性的脲醛树脂常作为纸张的胶粘剂、湿强剂和处理剂（如用多元醇改性后可显著提高纸张的挠曲性）。

（3）低分子量的脲醛树脂均能和纤维素发生化学反应。在使用中可进一步在酸性条件下和高温条件下进行聚合。聚合时常以明矾或强酸的铵盐（氯化铵）作为催化剂，以增加聚合速度。

2. 三聚氰胺甲醛树脂（MF）的性质

三聚氰胺甲醛树脂是一种离子型树脂。造纸工业用的三聚氰胺甲醛树脂是由三聚氰胺 $C_3N_3(NH_2)_3$ 粉末与甲醛 HCHO 在微碱性条件下缩合而成的水溶性树脂，是一种广泛使用和有效的增湿强剂。

三聚氰胺与甲醛作用,形成结晶的三羟甲基三聚氰胺。在使用前必须在树脂中加入一定量的酸,使之溶解于水中形成5%~10%的浓度,然后将树脂放置老化,至出现蓝色霞雾现象时,树脂开始具有阳电荷,从而使之与纸浆纤维具有亲和力,使纸张产生湿强度。未经老化的三聚氰胺甲醛树脂的增湿强度效果较差,因此,一般将这种树脂老化3~5h后再使用。

三聚氰胺甲醛树脂是热固性树脂,在高温和酸性条件下它能由水的可溶性物质变为水不溶性物质,一经熟化(固化)之后便不能逆反,成为在溶剂中不溶解、加热也不熔融的物质。聚合反应条件对三聚氰胺甲醛树脂的性能影响很大。

(1) 摩尔比的影响。三聚氰胺与甲醛在中性或弱碱性介质中反应时,由于摩尔比不同,则生成不同羟甲基三聚氰胺。如三聚氰胺与甲醛的摩尔比为1:2~3时,生成二和三羟甲基三聚氰胺;而在摩尔比为1:3的条件下生成三羟甲基三聚氰胺。这才能满足造纸增湿强剂的性能要求。若甲醛过量,则生成多羟甲基三聚氰胺。

(2) 反应介质pH值的影响。反应介质的pH值对反应速度和树脂的性能影响很大。反应在碱性介质中进行时,树脂的形成较为缓慢;在中性和弱碱性介质中形成的羟甲基三聚氰胺是可溶于水的树脂初聚物;在酸性介质中,羟甲基三聚氰胺可逐步缩合聚合并以较快的速度形成树脂。若在较高温度、较大浓度、较低pH值的条件下,三聚氰胺甲醛树脂便以很快的速度形成不可逆的凝胶体或硬块(即俗称"蹲锅"),从而失去增湿强剂的作用。

(3) 反应介质温度的影响。反应介质温度会影响三聚氰胺在甲醛溶液中的溶解度,因而影响三聚氰胺与甲醛的反应速度。反应温度在60℃以下时,三聚氰胺难溶于甲醛,所以反应速度很低;超过60℃,三聚氰胺溶解速度随温度的升高而增大,反应速度加快,但温度也不能过高,超过80℃时会造成羟甲基三聚氰胺分解,同时也使其过早地固化,所以反应温度在70℃左右为宜。

(4) 升温速度的影响。升温速度过快,温度会很快达到70℃,但三聚氰胺溶解的不好,此时溶液不透明,呈悬浮液状。因而必须均匀且缓慢升温,反应才能较完全,否则对树脂质量不利。以每分钟升温不超过2℃为宜,尤其在升温后期应注意控制不要超温。

(二) 脲醛树脂和三聚氰胺树脂的作用机理

(1) 脲醛树脂(UF)和三聚氰胺甲醛树脂(MF)的相对分子质量为数千左右,为多官能团活性聚合物。树脂的反应官能团是含氨基团的羟甲基。经 UF 处理的纸,其羟甲基原则上是与树脂的其他基团(均交联)或者是与纤维的羟基、羧基或醛基(共交联)形成共价键。树脂的氨基与纤维的醛基也有可能产生共交联,两种交联都将形成一个三维的聚合网。

(2) 有证据表明,脲醛树脂与纤维上的羟基间不形成共价键,如在造纸条件下,UF 树脂与一种作为纤维素的模型化合物甲基 $-\alpha-$ 葡萄糖甙之间并不产生反应,用 UF 处理一系列不同的纸(牛皮纸、单面光包装纸、滤纸、玻璃纤维纸等),测定这些纸的湿强度产生的总活化能,从而获得了动力学证据。由于这些纸的表面化学性质很不相同,如纤维表面进行了固化反应,其活化能定将有所不同。但是,发现活化能的大小并不取决于纸的表面化学性质。

迄今对 MF 树脂的研究比对 UF 树脂的研究要少,从两种湿强剂的相近结构关系可以想到它们的作用是相似的。

可以把现有对 UF 树脂和 MF 树脂作用机理的认识概括如下:UF 树脂的共价键导致了均交联。MF 树脂的情况不那么清楚。

(三) 脲醛树脂和三聚氰胺甲醛树脂的应用

1. 脲醛树脂的应用

(1) 脲醛树脂作湿强剂。无论是纸还是纸板,被水完全润湿后,一般只能保持原有干强度的 4%~10%,提高湿强度对纸袋纸、晒图原纸、地图纸、海图纸、广告用纸、宣传画纸、照相原纸、冷冻食品包装纸、手巾纸及毛巾纸等均具有重要意义。在使用增湿强剂后,这类纸张在完全润湿状态下大多能保持原有干强度的 20%~40%,除此之外,在纸浆中加增湿强剂,又可给高速纸机的操作创造更为有利的条件。工业上大量应用脲醛树脂及三聚氰胺甲醛树脂作为增湿强剂,它们除赋予纸张湿强度外,还能增加纸张的耐磨性、耐折度、伸长率、强度、湿纸撕力及纸幅收缩稳定性。这些树脂在纸浆上的留着机理和其离子性质、纸浆中的 β-纤维素、γ-纤维素、木素、果胶的性质有密切关系。纸浆吸收树脂的数量取决于同树脂接触的时间及纸浆的浓度。

在漂白亚硫酸盐纸浆中加入阳离子脲醛树脂，pH 值为 4.5，使其接触 30min，在 10s 内其湿强度约能够达到可能达到的 90%，而这时树脂的留着率仅为 54%。脲醛树脂在 pH 值 4.5 时的效果最好。使用阴离子脲醛树脂时，为了得到最好的效果需要加入少量的明矾。打浆度或水化度越高，树脂留着率和湿强度越高。浆料温度保持在 1.7～48.8℃时，温度对脲醛树脂的增湿强效果影响不大。

（2）脲醛树脂作纸的干强剂。在纸浆中加入脲醛树脂可以大大提高纸的强度，它的最适宜的用量为 1%～3%（对绝干纤维）。例如：把脲醛树脂加入到纸浆中，不仅能增加成纸的裂断强度，而且能增加裂断前试样的伸长。

2. 三聚氰胺甲醛树脂的应用

三聚氰胺甲醛树脂只能作浆内增湿强剂，其用量随纸张品种不同而异，并且往往与其他胶料（如硬脂酸胺胶料、松香胶、氧化淀粉等）同时使用，以获得较好的施胶效果和改善纸张的其他性能。几种纸张使用三聚氰胺甲醛树脂的用量见表 3-8。

表 3-8　几种纸张中三聚氰胺甲醛树脂的用量

纸张品种	三聚氰胺甲醛树脂的用量/%
海图纸	3.00
高级水彩画纸	3.00
照相原纸	1.80～2.00
水砂纸原纸	2.50～3.00
膏药纸原纸	2.50
布轮纸（电镀抛光纸）	1.00
证券纸	2.00～2.50

当浆料 pH 值在 4.5～5.0 时，这种湿强剂能达到最佳增湿强效果。在碱性浆料中加入这种湿强剂，如用铝酸钠中和浆料使其 pH 值

呈中性,也能达到最佳的增湿强效果。三聚氰胺甲醛树脂在 pH 为 4.5、5.5 或 6.5 时的增湿强效果比脲醛树脂在 pH 值 5.5 或 6.5 时的效果都要好。阴离子对三聚氰胺甲醛树脂的效能有一定的影响,当硫酸盐含量为 25~75mg/kg 时可达最佳的湿强度。浆料温度保持在 1.7~48.8℃时,温度对三聚氰胺甲醛树脂的增湿强效果影响不大,超过 71℃时对三聚氰胺甲醛树脂和脲醛树脂的破坏程度相似,但对脲醛树脂的破坏程度要比三聚氰胺甲醛树脂的大些。与脲醛树脂相比,三聚氰胺甲醛树脂在较低温度下固化快,抗湿摩擦性能优越。浓度为 10~20g/L 的碱液或 10~100mg/kg 的氯可使成纸的湿强度降低 5%~15%。试验证明:在浆池内施用三聚氰胺甲醛树脂,树脂熟化时间越短,则湿强度越高,湿强度是随着树脂加入量的增加而增加。在浆池内施用树脂,氨基与甲醛的比值对增加湿强度的效率有影响,甲醛含量高,则增加湿强度的效率也高。如加入 3% 三聚氰胺甲醛树脂时,当三聚氰胺与甲醛的比值为 1:2 时,其湿强度与干强度的比值为 20%。当三聚氰胺与甲醛的比值为 1:3 时,其湿强度与干强度的比值为 37%。变化氨基与甲醛的比值对湿强度的影响比树脂聚合度的差别所起的影响大。在纸机湿部加入高分子量的树脂,其效力优于低分子量的树脂。

1) 三聚氰胺甲醛树脂作湿强剂

(1) 采用 100% 硫酸盐木浆,打浆度 25~30°SR,在打浆机内先加入含松香 1%、硫酸铝 3% 的浆料,然后再加入三聚氰胺甲醛树脂 2.5%~3.4%(对绝干浆料)。树脂的浓度为 1%,加三聚氰胺甲醛树脂之前浆料的 pH 值控制在 5.0~5.5,加入树脂后浆料的 pH 值也不应低于 4.5~5.0,因为三聚氰胺甲醛树脂在 SO_4^{2-} 浓度为 75mg/kg 时的存留率最好。加入树脂后纸张必须经过 120℃ 成熟,时间 5min,成熟前后纸的湿强拉力相差三倍多。按以上条件在低速圆网纸机上抄纸,其物理性能如表 3-9。

(2) 在打浆机内的纸浆中施加水溶性的三聚氰胺甲醛树脂,可以提高纸的湿强度。因三聚氰胺甲醛树脂与纸浆纤维的电荷符号不同,树脂由于吸引而附着于纤维的表面上,增加了纤维彼此之间的结合力,使纸的变形减小。除此之外,纸浆中含有三聚氰胺甲醛树脂,则纤维的膨润降低,这是纸在干时和湿时的变形降低的基本原因。纸张的膨润和变形的降低意味着湿强度的增加。

表 3-9　　三聚氰胺甲醛树脂对纸张干、湿强度的影响

定量 /g·m^{-2}	紧度 /kg·m^{-3}	干强度			湿强度			透气度 /m^3·s^{-1}
		拉力 /N	裂断长 /m	耐破度 /kPa	拉力 /N	裂断长 /m	耐破度 /kPa	
59	490	49.1	4500	245.3	20.6	2500	137.3	2.66×10^{-5}
60	500	54.0	4700	247.2	23.6	2700	166.8	2.50×10^{-5}

在漂白硫酸盐木浆中加入用量小于6%的三聚氰胺甲醛树脂,纸的湿强度随着树脂用量的增加而显著增加,树脂用量高于6%时,无论干纸或湿纸的强度都不会再增加。当树脂含量高达10%时,纸的耐折度和耐破度下降,撕力也相应地降低。

2) 三聚氰胺甲醛树脂减少纸张的收缩率

将三聚氰胺甲醛树脂放在粉碎机中,逐步碎成泥状,另将稀盐酸放在锅内并开始搅拌,逐步加入已粉碎好的树脂,间接加热,温度保持50℃,搅拌1h至树脂完全溶解为止。熬制好的树脂不能立即使用,经过滤后将溶液贮存2d,待树脂呈蓝色闪光方可使用,但不能贮存过久,贮存过久它将会产生胶凝而失效。使用时,要经常检查皮管及开关处有无堵塞,要保证畅通。三聚氰胺甲醛树脂可以有效地减少纸张横向收缩率20%～40%。

3) 三聚氰胺甲醛树脂提高填料留着率

在施加水溶性阳离子树脂之后和浆料上网之前,施加水溶性阴离子聚合物,可以提高纸中填料和颜料的留着率。在上网之前,往浆中施加填料或颜料和阳离子树脂,填料和颜料在树脂的作用下沉附在纤维上,往浆料中加约为纤维重量1%的水溶性阴离子聚合物,可使纸浆中的填料、颜料进一步沉附在纤维上。

实例:在强力搅拌下,往打浆度为40.3°SR的漂白亚硫酸盐浆水悬浮液(浓度为0.6%)中添加10%(对绝干纤维)的TiO_2,并保持pH

值4.5,然后往浆料中施加2%(对绝干纤维)的阳离子型三聚氰胺甲醛树脂。把浆料试样分成两份,在搅拌下,在其中一份中加入0.5%(对绝干纤维)的丙烯酰胺和丙烯酸的阴离子共聚物,结果表明,未加阴离子聚合物的纸样的灰分为4.7%,加阴离子聚合物的纸样的灰分则为7.35%。也就是利用共聚物把颜料和填料的留着率提高了56.5%。

四、聚乙烯亚胺(PEI)

(一) 聚乙烯亚胺的制备和性能

1. PEI 的制备

单体乙烯亚胺在酸性条件下经聚合可制得聚乙烯亚胺。聚合物的触媒可以是 HCl、H_2SO_4 等无机酸,也可以是有机酸、二氧化碳等。反应式如下:

$$n\begin{array}{c}H_2C\\ \diagdown\\ H_2C\end{array}\!\!NH \longrightarrow H_2N\!\!-\!\!(CH_2\!-\!CH_2N)_x\!\!-\!\!(CH_2\!-\!CH_2NH)_y$$
$$|$$
$$CH_2$$
$$|$$
$$CH_2$$
$$|$$
$$N$$

2. PEI 的性能

聚乙烯亚胺是一种在叔胺基上带有支链的聚合物,可提高纸张的湿强度,同时对含有填料和细小纤维的纸张有粘结作用,也能起到良好的助留助滤作用。其作用和效果由纸浆中电离的阴离子基,特别是羧基的量来决定。纸浆的 pH 值高于 6 时,纸浆所含的羧基完全离子化,而 pH 值在 9.0 以下仲胺基又可完全离子化,故在 pH 值 6.0~9.0 时 PEI 仅适用于未施胶的吸收性纸(如餐巾纸、卫生纸等),树脂的加入,不影响其吸水性。当 PEI 加入草类纤维中时,可加强其滤水性,且赋予其一定的湿强度,而对棉绒及高 α-纤维素含量或溶解性的纸浆,PEI 的存留性很差。

聚乙烯亚胺是水溶性高聚物,可以以任意比例与水混合,一般是直接加入浆内,由于 PEI 在水溶液中呈阳离子型,易被具有阴电荷的纤维素所吸附,故可单独使用,而无需加入硫酸铝来提高留着率。

(二) 聚乙烯亚胺的作用机理

PEI 是目前应用最多、效果得到公认的阳离子型湿强剂,其分子链中含有多个阳离子基,可和纤维素上的羟基产生强的静电吸引,形成所谓次价力交联网络,从而起到增加纸张湿强度的效果。

PEI 能对纸浆中的阴离子杂质进行捕集、定着,还可与填料及细小纤维产生较强的静电力结合,从而改善纸料的滤水性,提高细料的留着率。

(三) 聚乙烯亚胺的应用

PEI 与脲醛树脂和三聚氰胺甲醛树脂不同,PEI 使纸页在干燥阶段就达到最佳湿强度,即纸一下纸机就具有最大的湿强度,因而不必储存。

表 3-10 是 PEI 作增湿强度剂与三聚氰胺甲醛树脂、脲醛树脂效果的比较。从表中数据可见,PEI 的效果是显著的,但 PEI 价格较高。

表 3-10   几种增湿强剂的用量及效果

增湿强剂		用量/%	抄纸的 pH 值	裂断长/km		湿润时裂断长/干燥时裂断长/%	吸水度/%	
序号	类别			干燥时	湿润时		30min	60min
1	—	—	9.0	4.80	—	—	17	21
2	PEI	0.25	8.3	4.94	0.35	7.1	18	27
		0.55	9.0	5.08	0.56	11.0	16	24
		0.75	9.2	5.79	0.78	13.5	16	22
		1.00	9.4	5.89	0.91	15.4	17	21
		1.25	9.5	6.32	0.98	15.5	15	21
		1.50	9.5	6.36	1.29	20.3	14	18
		1.75	9.6	6.42	1.33	20.7	14	19
		2.00	9.6	6.47	1.42	21.9	13	17
		2.25	9.6	6.47	1.49	23.0	12	14

续表

序号	增湿强剂类别	用量/%	抄纸的pH值	裂断长/km 干燥时	裂断长/km 湿润时	湿润时裂断长/干燥时裂断长/%	吸水度/% 30min	吸水度/% 60min
3	三聚氰胺甲醛树脂	1.00	6.5	5.81	0.88	15.1	9	9
		2.00	5.3	6.42	1.42	22.1	3	5
4	脲醛树脂	1.00	7.2	5.79	0.77	13.3	10	14
		2.00	7.4	5.77	1.13	19.6	11	11

实际上 PEI 通常用量为 1%～2%（用量较大），且其单体乙烯亚胺非常活泼，毒性也极大，空气中的允许浓度为 0.5～1.0mg/kg。尽管聚合物的允许用量要大得多，但在干燥纸张中的允许用量仅为 0.5%。根据美国有关食物和药物的法令，PEI 对纸或纸板的用量也不能超过 0.5%。

另外，PEI 可使细小纤维凝聚，提高滤水性能，使纸机车速提高 5%～20%，细小纤维的留着率提高 40%～80%。

五、聚氧化乙烯（PEO）

近年来，PEO 越来越受到人们的重视，其主要原因在于许多使用混合废纸的工厂使用常规的助留剂毫无效果，新闻纸厂也面临类似的问题。

PEO 作为新闻纸配料的助留剂，已经对其进行了广泛的研究。在高级纸中使用的阳离子型或阴离子型助留剂，对于新闻纸是不合算的。因为在新闻纸配料中，存在着大量的短磨木浆纤维，有大量的有机聚合物、木素、树脂及半纤维素等。

非离子型高分子量 PEO 作为一种有效的助留剂已应用多年，但不同工厂的使用效果相差很大，原因尚不太清楚。

（一）聚氧化乙烯的性质

聚氧化乙烯又称聚环氧乙烷，分子式为 $HO-(CH_2CH_2O)_n-H$，是环氧乙烷（EO）在特定条件下聚合而成的产物，其性能取决于相对分子质量的大小。相对分子质量在 200~600 时为黏稠状液体;相对分子质量大于 1000 时为蜡状固体;相对分子质量在 100 万以上时呈疏质或硬质固体,色泽随相对分子质量、催化剂、溶剂不同而变化,硬度和软化温度随相对分子质量增大而减小,水溶液可盐析,溶于三氯甲烷、二氯甲烷等,不溶于乙醚、乙烷。造纸中使用的 PEO 的相对分子质量一般在 300 万以上,在室温下为白色粉末,本身无特殊气味,软化点为 66℃,脆化点为 50℃,溶于水,其水溶液浓度低于 1% 时为黏稠性液体,当水溶液浓度高于 20% 时,则呈不黏性的弹性胶,所以高分子量的 PEO 一般只能配成极稀的溶液使用。

PEO 的使用性能也取决于相对分子质量的大小。如具有中等相对分子质量的 PEO 可作"黏连"黏合剂。相对分子质量大于 300 万的 PEO 是良好的分散剂,有一定的润滑性、减阻性和热解性,是一种有效的纤维分散剂;相对分子质量大于 600 万的 PEO 可作为助留剂和白水澄清剂。高相对分子质量 PEO 在空气中即使是常温下分子降解也很快,如相对分子质量 300 万的 PEO 可在 15d 内降至 150 万左右。在溶液中,其相对分子质量下降得更快。因此在生产、运输过程中应采取密封充氮、加稳定剂等措施。在应用中,PEO 溶液应随配随用,尽量缩短贮存时间。

(二) PEO 的制备

环氧乙烷在常温下为无色气体,熔点为 -111.3℃,沸点为 10.7℃,易于液化,可与水任意混合,溶于乙醇、乙醚等有机溶剂中,易燃烧,与空气的混合物在宽广的浓度范围内[3%~80%(体积百分比)]形成爆炸性混合物。用它作合成原料时,在反应开始前,常用惰性气体(氮气)清洗反应釜及管线以排除空气。环氧乙烷是从石油裂解气乙烯制备的。

聚氧化乙烯的生产方法是环氧乙烷在多相催化剂作用下开环聚合成聚氧化乙烯。常用的催化剂有碱土金属的碳酸盐和氧化物、烷基锌化合物、烷基铝化合物和烷氧基铝化合物及氯化铁、溴化铁和醋酸铁的水合物。在 KOH(固体粉末)催化下环氧乙烷可以进行阴离子连锁聚合反应,当加入终止剂 H_2O 时,便得到 PEO,反应式如下:

$$n\ CH_2\!\!-\!\!CH_2 \xrightarrow[(2)\ H_2O]{(1)\ KOH} H\!\!-\!\!\!\left[O\!\!-\!\!CH_2\!\!-\!\!CH_2\right]_n\!\!OH$$
$$\diagdown\!O\!\diagup$$

生产中控制的条件是:催化剂 KOH 粉末用量为单体的 0.5%~1%,反应温度为 100~120℃,压力 50~100Pa,反应时间 10~20h,产率约为 90%。相对分子质量取决于反应条件。反应温度越高,反应速度越快,产物相对分子质量越低,反应时间不影响相对分子质量(连锁聚合反应的共同特点)。

(三) PEO 的特性

1. PEO 的助留作用

作为造纸工业用助留剂,PEO 是一种高相对分子质量非离子型聚合物,其留着机理是借桥联和成键而起作用,PEO 通过与存在于纸浆中的悬浮固形物形成网络而起作用。这一机理是独特的。

高相对分子质量水溶性聚合物在造纸机网部改善滤水和留着的机理是絮凝,其分子可以同时吸附纸浆悬浮液中的几个颗粒,并形成三维点阵结构,颗粒之间互相缠绕产生架桥絮凝。一般而言,相对分子质量越高,絮凝作用越好。

大量实验结果表明,影响 PEO 留着效果的因素有:相对分子质量及相对分子质量分布;PEO 的加入位置;PEO 的用量;PEO 增效剂的使用。

2. PEO 的分散作用

用作纤维分散剂的 PEO,相对分子质量不宜低于 300 万,相对分子质量在 200 万以下时,用量要成倍增加;相对分子质量低于 50 万时,完全失去纤维悬浮和阻止纤维凝聚的作用。PEO 作为纤维分散剂的作用有:

(1) 提高成纸均匀度:在纸料中添加 PEO 能使纤维充分分散、减缓絮凝,可提高成纸均匀度。

(2) 增加水溶液的黏度:水溶液的黏度增大,可使纸料具有较好的悬浮性而不致过快的沉降。

(3) 有一定黏附性:可吸附在纤维表面,形成一层滑而不黏的水合膜,作用类似润滑剂,以阻止纤维絮凝。

对于使用长纤维抄纸,无论是手工抄纸还是机械抄纸,均必须使用纤维分散剂,只有这样才能使成纸组织匀度好,而不致出现长纤维绕结和并条的现象。

(四) PEO 的应用

1. PEO 作纤维分散剂

PEO 作为纤维分散剂,对提高纸机车速和改善纸张匀度均有较好效果。生产薄纸,如卫生纸,添加 PEO 可使用较低打浆度的纸料,效果相当显著,缺点是在强烈剪切力作用下,以及放置时间较长或遇到较高温度时,则会产生相对分子质量下降、黏度降低和分散能力下降等问题。

打浆是为了满足造纸工艺、提高成纸性能的要求而进行的,但长时间的打浆不但浪费能源,而且还会损坏纸张的某些性能。在生活用纸的生产中,从纸张要求柔软、吸水出发,应进行轻打浆。然而由于棉浆纤维长纤维束多,打浆过轻、打浆度低时,纤维分散不好,纸页组织不均匀,不能生产出又薄又匀的纸张,因此要求添加一种能在长纤维、低打浆度情况下能均匀抄造的助剂。实践证明,PEO 就是一种新型的良好的纤维分散剂。

浆中加入 PEO 后,打浆度可降低 15°SR,纤维长度也有所提高。由于打浆度的降低,成纸柔软度提高 2~4mm,吸水增加 2mm,且纸张起皱均匀。打浆时间降低一半以上,每吨纸节电 400 多 kW·h,而且解决了打浆能力不足的问题。使用 PEO 后,上网浓度高,白水浓度降低,流失减少,并节约了清水。使用 PEO 后,由于供浆充足,纤维组织均匀、孔眼少、纸机车速提高 5~10m/min,生产能力可提高 10% 左右。

实例:某厂使用棉浆生产 $18g/m^2$ 皱纹卫生纸,在抄宽 1650mm、车速 200~207m/min 的短网扬克式纸机上进行。把相对分子质量为 170 万、272 万的 PEO 分别加入棉浆内进行抄纸。

在棉浆内加入 PEO 后,改善了纸页成形匀度。纸浆的打浆度由 65~68°SR 降低至 54~56°SR,纤维湿重由 2.5~3.0g 提高至 4.2g,仍能抄出高质量的卫生纸,缩短了打浆时间,节约了电耗。由于纤维交织均匀,减少了断头,成品率提高,产量增加,经济效益很大。

2. PEO 作助留剂

PEO 是一种高分子量非离子型聚合物。理论上,这种聚合物是一种较好的助留剂,但经过试验,发现它对某些未洗涤新闻纸浆料的效果显著,而对另一些洗涤过的浆料则不起作用。这是由于未洗涤的纸浆中存在有某些高浓度的溶解物质,这些物质可使 PEO 活化而起助留作用。经过洗涤的浆料,由于这种高浓度物质以溶解的聚合物或小胶粒形式随洗涤水流失,浆料中缺少这种特效溶解物质,PEO 得不到活化而失去助留作用。因此,对于洗涤的磨木浆料或某些高级纸和磨木浆纸的配料,单独使用 PEO 是无效的。经过大量试验,发现在 PEO 中加入某些第二添加剂,可使其在单独使用时无效的情况得到有效的改善。第二添加剂可采用磺化酚类聚合物,其结构中含有甲基和甲基醚联结的磺化的酚类基团。试验表明,将这类聚合物与 PEO 配合使用于洗涤过的新闻纸浆料时,可大大提高填料的留着率。添加 0.35% 的第二添加剂,可使一次通过留着率提高近 20%。细小纤维的留着率随第二添加剂用量的增加而提高。

低定量的纸制成后,有时出现机械强度和不透明度达不到要求,如果要保持较高的不透明度,必须在纸机湿部添加助留剂以提高纤维细料的保留率。

实例:北美和斯堪的纳维亚的许多工厂,在生产定量为 $45g/m^2$ 的新闻纸时,用高分子量聚氧化乙烯来提高细料保留率,使纸页不透明度增加 1.7%。在生产 $37g/m^2$ 电话薄纸时使用 PEO,成纸不透明度可增加 2.8%。PEO 可以单独使用,也可以和酚醛树脂增强剂一起使用。

每吨风干浆加 0.27kg PEO,细小纤维留着率从 47% 提高到 52%,明矾的留着率从 36% 增至 75%,二氧化钛的留着率从 8% 增至 60%。PEO 加入纸浆中的地点很重要,应该刚好在网前箱之前的位置加入。

六、聚酰胺-环氧氯丙烷树脂(PAE)

迄今所述的增湿强剂对纤维与纤维产生牢固的键合作用,都应在特定的 pH 值或 pH 范围内使用方可有效,这就促使人们去研究在酸性、中性和碱性范围内均可使用的有效增湿强剂—聚酰胺-环氧氯丙烷树脂。聚酰胺-环氧氯丙烷树脂也称作聚酰胺-表氯醇树脂。

市场上所售的 PAE 均为溶液状,它能以任何比例与水混合,也是一种阳离子形多胺类聚合物。

1. PAE 的特性

用作造纸湿强剂的 PAE,其特点如下:增湿强效果与 pH 值无关;留着率高;有白色调色剂作用;具有一定的耐碱性。

2. PAE 的制备

PAE 的合成步骤为:第一步,由二元酸与三元胺生成聚酰胺;第二步,聚酰胺用环氧氯丙烷处理可得到烷基化的次氨基,次氨基会自身烷基化形成 3-羟基氮杂环丁烷基团,即得到 PAE。3-羟基氮杂环丁烷基团对 PAE 的阳离子性和湿强度的产生都很重要,最终产品是阳离子型的,相对分子质量小于 10 万。合成步骤如下所示:

$$R^1OOCRCOOR^1 + H_2NCH_2CH_2NHCH_2CH_2NH_2 \longrightarrow$$
$$[CORCONHCH_2CH_2NHCH_2CH_2NH]_n + 2R^1OH$$
聚酰胺

3. PAE 的作用机理

PAE 产生湿强的机理一般认为有两步反应:一是 PAE 分子链上的氮杂环丁烷基团与另一分子链上的第二个氨基产生交联反应。二是在单个树脂分子中的氮杂环丁烷基团与两根纤维上的羧基产生交联。

4. 影响 PAE 性能的因素

PAE 树脂本身的物理化学性质对所制纸张的性能有很大影响,而影响 PAE 性能的因素主要有:

(1) 大分子链中叔胺和季铵基团氮原子上阳电荷的强度。这取决于聚酰胺聚胺分子中仲胺基团与表氯醇反应时生成的叔胺与季铵基团的含量。含有较多较高级的含氮基团,PAE 树脂就有可能具有较多的阳电荷,从而使其更赋有与纤维相互作用的特性。

(2) 产品的粘度。产品的粘度在一定意义上代表分子量大小,同时也将影响 PAE 的水溶性能。

(3) 产品的固含量。

5. PAE 的适用范围

PAE 作为增湿强剂适用的纸种如表 3-11 所示。

表 3-11　　　　　　　　PAE 适用的纸种

纸　　　种	要　　　求
餐巾纸、手帕纸	这种纸要求柔软、吸水性强和有一定的湿强度、无毒
液体包装用纸	如牛奶包装纸板,要求有湿强度
瓦楞纸箱用纸	在润湿时仍要求有相当高的强度
纸袋纸	在润湿时也要求有一定的强度
照相原纸	浸泡在水中不变形、纸层不松散
一次性消耗用纸	如婴儿尿布纸、妇女卫生巾纸等,要求柔软、吸水、有一定湿强度,还要求对皮肤无刺激作用

继 PAE 后,造纸工业又相继开发了一系列胺类聚合物-表氯醇树脂增湿强剂。如聚二丙烯胺-表氯醇树脂、聚胺亚脲基-表氯醇树脂、聚甲基二丙烯胺-表氯醇树脂等。

七、其他增湿强剂

除上述常用增湿强剂外,还有如下一些不常使用的增湿强剂。

1. 氯丁橡胶

这种增湿强剂主要用于膏药纸,除增加其湿强度外,还能提高纸张的柔软性和防油性。

2. 酚醛树脂

将苯酚与甲醛经碱催化加成缩聚而成酚醛树脂。它具有良好的耐热性、耐化学性,可作为纸张的增湿强剂,但由于酚醛树脂的色泽较深,加之需高温(约 150℃)才能熟化,为此不常使用。

3. 聚偏二氯乙烯(氯偏树脂)

其成分约为偏氯乙烯65%、氯乙烯30%、丙烯酸丁酯5%。在制备耐水砂纸时,除使用三聚氰胺甲醛树脂外,有时也加用氯偏树脂。

4. 高分子脂肪族氯氢化物

这是一种阳离子型化合物,呈液体状,能与纤维素起交联作用,提高纸张的湿强度。

第二节　改性淀粉系列助剂

一、淀粉及改性淀粉

在各种造纸助剂中,淀粉是使用最早、应用范围最广的一种。它即可以用于表面施胶,增加纸面纤维内结合力和表面强度,改善印刷性能,又可进行湿部添加,提高纸张强度和填料留着率。这类助剂包括原淀粉及改性淀粉。本节讨论的淀粉以湿部添加为主。造纸工业常用的是化学改性淀粉。

(一) 淀粉的性质及种类

原淀粉是绿色植物进行光合作用的产物,是一种高分子碳水化合物。植物把淀粉贮藏在根部、种子中,作为贮备的养料。

1. 淀粉的种类

淀粉种类一般有玉米、木薯、甘薯、马铃薯、小麦、大麦、稻米、高粱淀粉等。我国造纸常用的是玉米、木薯淀粉。

2. 淀粉的性质

淀粉是由葡萄糖组成的天然碳水化合物类高聚物,有直链淀粉和支链淀粉两种异构体。不同的淀粉其性能亦不相同,见表3-12。

淀粉分子中的直链状分子,称为直链淀粉,是葡萄糖单元间经由$\alpha-1,4$糖甙键连接,聚合度在$100\sim6000$之间,一般为几百。另一种是支叉状分子,称为支链淀粉,支链与主链的连接为$\alpha-1,6$糖甙键,主链糖基间为$\alpha-1,4$糖甙键连接,聚合度在$100\sim3\times10^6$之间,一般在6000以上。这两种不同的淀粉分子经由氢键结合成颗粒状态存在于植物体中,不溶于水。不同品种的淀粉在直链淀粉和支链淀粉含量方面存在差别,例如,玉米淀粉含直链淀粉28%,其余为支链淀粉,木薯淀粉含直链淀粉17%,其余为支链淀粉。这种差别影响淀粉的性质。

表 3-12　　　　　　　不同淀粉的颗粒及性能比较

淀粉	颗粒大小/μm	颗粒形状	直链淀粉含量/%	糊化温度/℃
玉米	4~26(15)	圆、多角	28	64~72
马铃薯	15~100(33)	椭圆	23	56~67
木薯	5~36(20)	圆、椭圆	17	59~70
小麦	2~38(20)	圆、椭圆	25	64~70

注：表中括号内数值为平均值。

混淀粉于水中,搅拌成乳状悬浮液,称为淀粉乳。加热淀粉乳到糊化温度,则淀粉颗粒急骤膨胀,体积增大几百倍,变成粘稠的糊状,称为淀粉糊。这种现象称为糊化。因为淀粉的各种应用,几乎都是使淀粉糊化,应用所得的淀粉糊,糊化是淀粉的最重要性质。不同品种的淀粉具有不同的糊化温度,同一种淀粉,颗粒大小不同的糊化难易也不相同,较大颗粒的易在较低的温度下糊化。表示淀粉的糊化温度常用糊化温度范围,如表3-12中前面的低温度为糊化开始的温度,后面的高温度为糊化完成的温度。

不同品种的淀粉糊,在粘度、粘度的稳定性、冷却时结成凝胶的强度、透明度和其他性质方面存在差别。表3-13为几种普通淀粉糊性质的比较。

表 3-13　　　　　　　几种淀粉糊性质的比较

性　　质	玉米淀粉	马铃薯淀粉	小麦淀粉	木薯淀粉	蜡质玉米淀粉
糊的粘度	中等	非常高	低	高	高
蒸煮后,获得同样热粘度,每份干淀粉与水结合的份数	15	24	13	20	22
糊长短	短	长	短	长	长

续表

性　　质	玉米淀粉	马铃薯淀粉	小麦淀粉	木薯淀粉	蜡质玉米淀粉
糊的透明度	不透明	非常透明	模糊不透明	十分透明	很透明
抗剪切	中等	低	中低	低	低
凝沉性（老化性能）	高	中	高	低	很低

淀粉糊中的直链淀粉在放置期间趋向凝结成白色不溶物，沉淀出来，这种现象称为凝沉。这是分散的直链淀粉分子又重新排列，通过氢键形成结晶结构的缘故。支叉形状的支链淀粉分子基本没有凝沉性。凝沉现象的发生破坏了淀粉糊的胶体性质，对于应用是不利的。玉米淀粉的凝沉性较薯类淀粉强。通过变性处理能改进凝沉性质。

3．淀粉的用途

在纸浆中加入原淀粉，可以适当提高纸张的抗张强度、耐破度和耐折度，改进纸张的耐磨性能，并能增加纸张的挺度。但原淀粉的效果不显著，不常使用。

（二）化学改性淀粉

用物理、化学或酶法处理原淀粉，改变一种或几种物理或化学性质，使其更适合于一定应用的要求，效果好，用量省。这种二次加工产品的种类很多，统称为变性淀粉即改性淀粉。造纸工业中所应用的淀粉大都为改性淀粉。常用的改性淀粉有阳离子淀粉、阴离子淀粉、非离子淀粉、氧化淀粉、双醛淀粉等。

1．淀粉需要改性的主要原因

（1）原淀粉在通常使用的浓度（5%～15%固含量）下粘度太高，如用水稀释至需要的可能工作时的粘度，则要加入大量的水，致使淀粉失去胶粘效应。

（2）原淀粉糊液在陈化时，容易发生退减作用，有流动性差、易凝聚等缺点。

（3）改进原淀粉某些性质，更适宜现代造纸工业的要求，同时减少其用量，获得良好的经济效益。

2. 改性淀粉的分类

原淀粉通过不同的处理改性,可得到非离子型淀粉、阳离子型淀粉、阴离子型淀粉以及双性淀粉等。

3. 改性淀粉应具备的品质

改性淀粉产品需具备良好的溶解性,优良的胶粘性,随着温度的降低或浓度的增加,粘度仅有少量的增加,能形成连续的膜等。

二、阳离子淀粉

阳离子淀粉是美国 20 世纪 60 年代开发并得到发展的一种改性淀粉。所谓阳离子淀粉,是在淀粉分子中引进阳离子取代基。这种淀粉衍生物在水中离解,就会生成带正电荷的淀粉复杂化合物和带负电荷的离子。

如下式所示:

$$\text{淀粉—O—R—N} \begin{subarray}{c} R \\ \cdot \\ R \end{subarray} \text{HX} \xrightarrow{H_2O} \text{淀粉—O—R—N} \begin{subarray}{c} R \\ \cdot \\ R \end{subarray} \text{H}^+ + \text{X}^-$$

阳离子淀粉本身带有正电荷,它能被吸附在带负电荷的纸浆纤维、填料、颜料上,生成电化学键,从而提高了纸张强度。其主要优点是:

a. 能改善纸页的耐破度、抗张强度、耐折度,这样就可以代替一部分木浆。

b. 提高松香、硫酸铝的留着率,改善纸张的施胶度。

c. 提高填料、细小纤维的留着率,从而降低了纸的成本。

d. 改善纸料的滤水性能,提高纸机车速,或者可以降低干燥蒸汽的消耗量。

e. 可以用作胶乳、中性施胶剂的分散剂、稳定剂,提高中性施胶的效果。

f. 减少造纸白水中的有机物的含量,降低 BOD,有益于环境保护。

(一) 阳离子淀粉的制备

在淀粉的基本单元葡萄糖中,2、3、6 碳原子上各有一个活性羟基,这是淀粉可以阳离子化的基本原因。衡量阳离子淀粉变性程度的主要指标为取代度(简称 DS),即指每摩尔葡萄糖基上的活性羟基被取代的摩尔数。由此可见,理论上最大取代度为 3。造纸上所用的阳离子淀粉取代度一般为 $0.01\sim0.07$。即便如此,原淀粉的性质已大大改变,表现为其胶化温度已大大下降,当取代度为 0.07 时,已可在室温下胶化,在冷水中能溶。其次是热糊性增加,即使在室温下仍保持清澈透明的流动状态。这种稳定性无疑是由于在分散液中阳离子淀粉之间存在排斥作用造成的。用 Brabender 粘度仪测定原淀粉和阳离子淀粉在蒸煮过程中的粘度变化,可以看出两者之间有着明显的差别。

阳离子淀粉品种很多,Paschal 把阳离子淀粉分成四类:即叔胺烷基淀粉醚、季铵烷基淀粉醚、伯或仲胺烷基淀粉醚、杂类如亚胺等淀粉醚。目前造纸业中最常用的是叔胺烷基淀粉醚和季铵烷基淀粉醚,其中又以后者为多,因为其性能大大优于叔胺烷基淀粉醚,很有发展前途。

现简单介绍叔胺烷基淀粉醚和季铵烷基淀粉醚的制备方法。

1. 叔胺烷基淀粉醚的制备

通常是把淀粉与水以一定比例混合搅拌成浆状,加入抗凝胶剂(如 NaCl、Na_2SO_4 等)、催化剂($NaOH$、$Ca(OH)_2$ 等)、阳离子剂,在 $40\sim50℃$ 反应 $12\sim48h$。在碱性条件下,淀粉叔胺基醚以游离碱的形式存在,中和反应将游离的胺转变为阳离子叔胺盐。

$$\text{淀粉—OH} + \text{Cl—CH}_2\text{—CH}_2\text{—N} \begin{array}{c} \text{CH}_2\text{—CH}_3 \\ \\ \text{CH}_2\text{—CH}_3 \end{array} \xrightarrow{\text{NaOH}} \text{淀粉—O—CH}_2\text{—CH}_2\text{—N} \begin{array}{c} \text{CH}_2\text{—CH}_3 \\ \\ \text{CH}_2\text{—CH}_3 \end{array}$$

(二乙基氯乙基胺)

$$\xrightarrow{\text{HCl}} \text{淀粉—O—CH}_2\text{—CH}_2\text{—N}^+(\text{CH}_2\text{CH}_3)\text{Cl}^-$$

(阳离子型叔胺盐)

尽管制备叔胺烷基淀粉醚所用的阳离子剂成本较低,但由于叔胺烷基淀粉醚只有在酸性条件下呈强阳离子性,因此它在造纸工业中的应用就受到一定的限制,一般宜在偏酸性抄纸中使用。

2. 季铵烷基淀粉醚的制备

在工厂制备季铵烷基淀粉醚时,首先要制备阳离子剂,然后再将其与淀粉反应。例如,首先常用丙氯醇与叔胺反应而制得季铵阳离子试剂。

$$(CH_3)_3N + Cl-CH_2-\overset{O}{\overset{|}{CH-CH_2}} \longrightarrow H_2C\overset{O}{\underset{\diagdown}{-}}CH-CH_2N^+(CH_3)_3Cl^-$$

  叔胺   丙氯醇   季铵阳离子试剂

$$淀粉-OH + H_2C\overset{O}{\underset{\diagdown}{-}}CH-CH_2N^+(CH_3)_3Cl^-$$

$$淀粉-O-CH_2-\overset{OH}{\overset{|}{CH}}-CH_2N^+(CH_3)_3Cl^-$$

季铵阳离子淀粉

由季铵试剂与淀粉作用生成季铵基淀粉的工艺有湿法、干法和半干法等。与叔胺烷基淀粉醚相比,季铵烷基淀粉醚阳离子性较强,且在广泛的pH范围内均可使用,深受造纸厂的欢迎,尤其是随着中性造纸的发展,季铵烷基淀粉醚有了迅速的发展。

(二)阳离子淀粉的作用机理

(1)最初1%~2%的阳离子淀粉与纤维表面的活性基进行选择性吸附。

(2)由于阴离子纤维被迫更靠近或借助于增加细小纤维的留着率的结果,阳离子淀粉有助于更多的纤维—纤维键的形成。Marton证明阳离子淀粉按照吸附物体的表面积被吸附。因为细小纤维有很大的表面积,它们优先吸附阳离子淀粉。但阳离子淀粉被细小纤维过分的吸附能导致电荷变换,易造成不易絮凝,抄纸时脱水困难等生产故障。

(3)阳离子淀粉的动电电位随着浆液体系的酸度下降而下降。应根据淀粉的性质调整浆液的pH值。

(4)加入矾土会降低浆料纤维对阳离子淀粉的吸附。

(5)填料的加入能提高淀粉的被吸附量,但增加的量不大。

(三) 阳离子淀粉的应用方法及实例

1. 阳离子淀粉作为湿部添加剂的应用方法

阳离子淀粉是一种优良的湿部添加剂,这是由于阳离子对带负电荷的纤维有很强的亲和力,其不可逆的吸附几乎达到 100%。阳离子淀粉在纤维与矿物填料和涂料之间起着离子桥的作用,它还可以优先吸附于细小纤维上,从而增加细小纤维和填料的留着率;并且通过长纤维包围细小纤维,形成内聚网络,改善纸的强度,也导致了最好的滤水性能。但是要取得良好的使用效果必须掌握正确的应用方法,否则,不仅达不到预期目的,还可能产生相反的副作用。所以下面我们将讨论阳离子淀粉使用中必须注意的问题。

1) 阳离子淀粉品种的选择

阳离子淀粉品种较多,我国目前主要有叔胺烷基和季铵烷基阳离子淀粉两大类。虽然后者的制造工艺较前者复杂,成本略高,但因其阳电性比前者强,对应用条件要求不严格,所以很多纸厂都乐于使用季铵类阳离子淀粉。而从其本身品种来说,主要差别在于取代度(DS)的不同,我国生产的阳离子淀粉的取代度从 $0.01\sim 0.07$ 不等。在使用时根据不同的应用目的进行选择。一般来说,如果是以增加纸或纸板的干强度为主要目的时,应选取代度较低的产品;如果是以助留和助滤为主要目的,则应选择取代度较高的阳离子淀粉。若两个目的均有,则可选取代度为 $0.03\sim 0.04$ 的淀粉醚。但是对于填料用量少或无填料的纸种,一般高取代度产品比低取代度产品的效果好,且使用量少。

在选择使用何种阳离子淀粉品种时,除考虑不同取代度的产品外,造纸厂还可以根据实际情况和工艺条件通过调整添加量、添加点,或与其他化学添加剂配用来实现自己的既定目的。

2) 阳离子淀粉糊的制备

阳离子淀粉在使用前必须进行有效的蒸煮。蒸煮方法可以是间歇蒸煮也可以用连续喷射蒸煮,我国造纸厂采用间歇蒸煮比较合适。

阳离子淀粉糊蒸煮工艺是很重要的,蒸煮不足或过度蒸煮都可能导致其使用效果的降低。现在我们可以应用下列方法制备。先将阳离子淀粉分散在冷水中(水温不得高于 40℃),浓度一般不超过 5%,并用搅拌机搅拌均匀,再直接通入蒸汽。以每分钟 2~3℃ 的速度升温到 90~95℃,在此温度下保温 20~30min,然后将淀粉糊液体排放到贮存槽中(中间可经过一滤网,以除去颗粒类杂质),再注入一定数量的温水把其浓度调节为 0.05%~1.00%,并在 60~65℃ 温度下保温备用。阳离子淀粉糊化液配制所需设备见表 3-14。

表 3-14　　配制阳离子淀粉糊化液设备一览表

序号	设备名称	规格型号	材　质	备　注
1	糊化缸	$0.5\sim1m^3$	A_3 钢	桨式搅拌器,转速 60~80r/min
2	过滤筛	80 目	白定	
3	贮缸	$1\sim4m^3$	水泥池内衬瓷砖	桨式搅拌器,转速 10r/min
4	加热器	盘管 $F0.5\sim1m^3$	A_3 钢	
5	离心泵	$2B_A\sim6B$		

3) 添加方法

阳离子淀粉与纤维之间的反应瞬间即可完成,因此采用正确的添加工艺是十分重要的。为了取得良好的效果,应注意下列事项:

(1) 添加浓度:为了保证淀粉能与纤维均匀作用,均匀混合是前提,所以阳离子淀粉糊的浓度应低一点,以防止因不均匀的局部吸附而产生局部过度絮凝作用,影响纸的匀度和强度。所以阳离子淀粉糊的浓度一般都不高于 1%,对高取代度的产品,因其电荷密度大,作用较强,最好稀释到 0.5% 左右。

(2) 添加点和添加顺序:阳离子淀粉的添加位置与使用的目的和效果有着密切的关系。一般来说增加淀粉与纸浆的接触时间,提高搅拌强度有利于提高纸张的干强度。反之,如果以助留为目的,应减少接触时间。因此,欲取得较好的增强效果,可在成浆池或调浆箱中加入。如欲取得较好的助留、助滤效果,添加位置应尽可能接近网前箱。如果需要同时得到增强和助留效果,也可在不同部位同时加入。总之为了取得满意的效果,在实际应用时可根据纸厂的设备条件和湿部条件而定。

明矾的添加量和添加顺序对阳离子淀粉的应用效果有很大的影响。

由于铝离子带有强的阳电性,若明矾先于淀粉加入,它就可能先被填料、纤维吸附,就会妨碍阳离子淀粉对它们的吸附作用,导致留着率的下降。若明矾的添加量过多,一则会造成浪费,二则又会干扰阳离子淀粉对填料和纤维的吸着作用。因此明矾应在阳离子淀粉加入以后再加,其用量也不宜超过 3.20%。由于阳离子淀粉对施胶剂的沉淀作用十分有利,所以明矾用量的减少不会影响施胶的效果。在阳离子淀粉的添加点还应注意不要与高阴离子物质直接接触,如铝酸钠、磷酸盐、松香酸树脂、消泡剂、瓷土等。但当这些物质已被均匀地分散在纸浆悬浮液中时,则对阳离子淀粉的添加没有影响。

在使用阳离子淀粉时,其添加顺序是:木浆、麦草浆混合均匀→加松香胶→加阳离子玉米淀粉→加明矾→加碳酸钙→进入抄纸系统。

(3) 阳离子淀粉的用量:阳离子淀粉的用量一般为 0.25%~2.00%,不超过 2.00%。阳离子淀粉的添加量取决于浆料品种、应用条件、使用目的等。一般来说,以助留为目的时,添加量可适当少些,而作为增强剂时,用量可适当大些。高取代度产品用量少些,低取代度产品用量大些,草浆用量比木浆用量高一些,可达 1.00%~3.00%。

(4) 阳离子淀粉与阴离子型助剂及中性施胶剂的配伍:阳离子淀粉对阴离子助剂具有良好的留着效果。但是阳离子淀粉应该避免与强阴离子性的助剂直接接触,例如 VBL 荧光增白剂和某些染料,以免发生局部絮凝作用,而影响两种离子型助剂的使用效果。在一般情况下,同时使用阳离子淀粉和阴离子助剂时,就可以组成"双聚合物系统",可以更有效地发挥它们的作用,收到比单独使用时更好的效果。但应拉开添加距离和添加时间。例如使用相对分子质量为 $4\times10^6 \sim 6\times10^6$ 的阴离子聚丙烯酰胺,其用量仅为淀粉量的 2%,在阳离子淀粉之后添加,可以生成对水的剪切力具有抵抗能力的硬絮聚,产生良好的助留作用。

在中性施胶中,阳离子淀粉可以作为中性施胶剂的分散剂、乳化剂、也是中性施胶剂的良好定着剂。

阳离子淀粉在造纸工艺过程中作为湿部添加剂应用时,除要注意正确的使用方法外,还要注意纸料中阳离子物质的含量、水的硬度、浆料的水化度、保水值、细小纤维含量、其他添加剂的性质和数量、白水和回用情况等等。所以在应用阳离子淀粉时,为了取得最佳效果,应该做一些小型试验,在取得一定的数据和经验后,逐步正式投入使用。

2. 应用实例

(1) 用 1760mm 纸机生产 $80g/m^2$ 铜版原纸中试取得了较好的效果。

a. 生产条件。

浆料配比:木浆 25%,麦草浆 75%;

辅　　料:明矾、阳离子淀粉、松香胶、滑石粉;

车　　速:120m/min;

辅料加入量:(对绝干浆)松香 1.00%,明矾 7%,滑石粉 23%;

阳离子淀粉:1.5%;

加入顺序:麦草浆、木浆混匀→松香胶→阳离淀粉→明矾+滑石粉;

b. 阳离子淀粉糊的制备。

$1m^3$ 溶解桶内加半桶清水,开动电机搅拌,将阳离子淀粉分散在冷水中,浓度控制在 5%,直接用蒸汽升温至 95℃,并保持 20min,然后将淀粉湖化液放入贮存槽中,用冷水稀释至 0.8% 的浓度,65℃ 左右保温备用。

c. 打浆及配浆情况如表 3-15。

表 3-15　　配浆浓度、浆量、打浆度等数据情况对比

测定项目	阳离子淀粉加入量/%		
	(空白)0	(#1)1.50	(#2)1.50
木浆浓度/%	3.20	3.40	3.70
木浆容积/m^3	10	10	10
木浆量/kg	320	340	370
草浆浓度/%	3.80	3.90	4.05

续表

测定项目	阳离子淀粉加入量/% (空白)0	(#1)1.50	(#2)1.50
草浆容积/m³	22	24	22.5
草浆量/kg	836	936	911.3
配比：木浆/草浆	27.70/72.30	26.65/73.35	28.90/71.12
木浆：打浆度/°SR(湿重/g)	42(11)	37(12.50)	37(13)
草浆：打浆度/°SR(湿重/g)	44(3.00)	43(3.00)	44(2.30)
混合浆：打浆度/°SR(湿重/g)	43(5.20)	40(6.00)	40(4.00)
加辅料后的混合浆打浆度/°SR(湿重/g)	44(4.00)	38(3.00)	39(4.00)

d. 纸样物理指标测定情况如表 3-16 所示。

表 3-16　空白纸样与添加阳离子淀粉纸样的物理指标对比

项目 助剂加入量/%	定量/g·m⁻²	拉力/N 纵	拉力/N 横	裂断长/m	撕裂度/N
(空白)0	75	56.6	31.6	3671.9	5.00
(1#)1.50	78	62.0	33.7	4205.5	4.41
(2#)1.50	81	61.2	36.7	3922.1	5.05

项目 助剂加入量/%	平滑度/s	耐折度/次 纵	耐折度/次 横	施胶度/s	白度/%
(空白)0	11.5	60.0	58.5	11.5	81.7
(1#)1.50	18.4	89.6	84.0	21.5	81.9
(2#)1.50	11.8	104.0	71.0	14.2	82.2

e. 经济效益：加入阳离子淀粉后所抄每吨纸节约与支出费用比较，以年产 1 万 t 铜版原纸计，全年可盈利 196.20 万元。

(2) 阳离子淀粉在新闻纸中的应用。

a. 助剂的选择:某厂在进行大规模生产应用以前,曾对不少化学添加剂进行过筛选,如阳离子淀粉、阴离子淀粉、阴离子和阳离子 PAM 以及轻质二氧化硅等。综合各方面的因素,最后选定阳离子淀粉。

b. 添加量的确定:经多种选择试验,该厂确定最佳添加量为 0.5%,也就是每吨纸只需添加 5kg 阳离子淀粉就能达到满意的结果。

c. 加入方式:该厂采用与填料混合添加的方式。最初他们把淀粉与填料分别填加,结果填料留着率几乎没有提高,很有可能是阳离子淀粉首先与纸浆中带负电荷的纤维等物质作用,因而无法再对填料起留着作用。可是当把阳离子淀粉与填料混合后,带负电荷的填料首先吸附了阳离子淀粉,并使填料外层带正电荷,加入纸浆后与带阴电荷的纤维作用,不仅大大增加了填料的留着率,而且增加了纤维之间的结合力。

d. 添加地点:这是助剂应用成败的关键,为了保护阳离子淀粉的絮凝团,减少木素等非纤维素物质的干扰作用,添加地点应尽可能靠近网前箱。该厂选在旋翼筛出口处的管道中添加,获得了很好的效果。

e. 应用效果分析:应用效果如表 3-17 所示。

表 3-17　　　　　　阳离子淀粉的应用效果

指　标　名　称		未加阳离子淀粉	加阳离子淀粉	增加率/%
定量/$g \cdot m^{-2}$		48.7	48.8	—
平滑度/s(平均)		25	30	+20
拉毛强度/$m \cdot s^{-1}$(平均)	纵	0.47	1.10	+133
	横	0.37	0.62	+70
灰分/%		4.50	5.40	+20
正反面差/%		57	58	—
裂断长/m		3180	3300	+3.7
撕裂度/mN(横)		300	280	-6.7
车速/$m \cdot min^{-1}$(平均)		289	300	+3.8
总白水浓度/%		0.11	0.09	-17.3

从表 3-17 可见,阳离子淀粉对成纸的裂断长提高不大,而对平滑度、灰分、尤其是拉毛强度有较大幅度的提高,同时还提高了车速、降低了白水浓度。

另外,从印刷质量看,未加助剂的新闻纸字迹图片比较模糊,立体感差,油墨色泽暗淡。而加过助剂的新闻纸字迹图片清晰,立体感强,色泽鲜艳,线条凸出,感观舒适,能满足高速胶印的需要。这一方面与表面强度、表面平滑度提高有关,另一方面阳离子淀粉增加了新闻纸表面的阳电荷。而一般油墨带阴电荷,纸张表面阳电荷的增加,提高了对油墨的吸附作用。

f. 经济效益分析:每吨新闻纸添加 0.5% 的阳离子淀粉,吨纸原料成本增加约 20 元。而使普通新闻纸升级为胶印新闻纸增值 200 元/t 纸;填料留着率提高 20%;阳离子淀粉本身留着率在 90% 以上;车速提高 11m/min(1991 年平均 289m/min,1992 年平均达 300m/min);白水浓度下降 17.3%;断头减少。

(3) 阳离子淀粉对填料留着率的影响。阳离子淀粉对填料留着率的影响如表 3-18 所示。

表 3-18 阳离子淀粉对填料、细料留着率的影响

项 目		上海造纸研究所实验工厂 $52g/m^2$ 仪表记录纸			上海江南造纸厂 $80g/m^2$ 胶版印刷纸		
		灰分/%	保留率/%	增长率/%	灰分/%	保留率/%	增长率/%
天然淀粉量/%	0.50	8.43	53.52	1.90	11.85	58.90	2.39
	1.00	8.64	54.86	3.24	12.43	61.78	5.27
	2.00	8.70	55.24	3.62	12.58	62.52	6.01
CS-5 阳离子淀粉量/%	0.50	8.94	56.76	5.14	13.77	68.44	11.93
	1.00	9.43	59.87	8.25	14.74	73.26	16.75
	2.00	9.50	60.32	8.76	14.60	72.56	16.05

续表

项 目		上海造纸研究所实验工厂 $52g/m^2$ 仪表记录纸			上海江南造纸厂 $80g/m^2$ 胶版印刷纸		
		灰分/%	保留率/%	增长率/%	灰分/%	保留率/%	增长率/%
CS-10 阳离子淀粉量 /%	0.50	10.62	67.43	15.81	15.71	78.08	21.57
	1.00	12.40	78.73	27.11	17.93	89.11	32.60
	2.00	11.89	75.49	23.87	17.58	87.38	30.87
空白		8.13	51.62	—	11.37	56.51	—
备 注		仪表记录纸：浆料配比为63%漂白硫酸盐针叶木浆、37%漂白硫酸盐桉木浆，滑石粉20%，填料100%留着时成纸灰分为15.75%			胶版印刷纸：浆料配比为50%漂白硫酸盐针叶木浆、50%漂白硫酸盐桉木浆，滑石粉23%，填料100%留着时成纸灰分为20.12%		

注：CS-5 为用 5%醚化剂醚化的阳离子淀粉。
CS-10 为用 10%醚化剂醚化的阳离子淀粉。

三、阴离子淀粉

阴离子淀粉是淀粉分子上的活性羟基被磷酸及其盐类等酯化或被氧化成羧基，使淀粉衍生物在水中离解带负电荷。阴离子淀粉包括磷酸酯淀粉，带羧基及磺酸基的淀粉，黄原酸酯淀粉，既带羧基又带羰基的氧化淀粉。

按我国现实条件，绝大多数纸厂是酸性抄纸，选用阴离子淀粉作主要助剂是符合我国造纸工业实际情况的。抄纸时往纸浆中加入硫酸铝，便能使纸浆纤维表面带正电荷，纤维与阴离子淀粉互相吸引，使大量的淀粉、填料和细小纤维被留着于纸张纤维上。它还有补强作用，可改善纸张干强度，有助留、助滤等作用。使用阴离子淀粉作助剂有以下优点：

a. 目前造纸湿部添加用工业淀粉中自身留着率最高的一种淀粉，

留着率大于90%。(阳离子淀粉的留着率可达90%,一般原淀粉糊液的留着率为10%~15%)。

b. 使用范围广。凸版纸、胶版纸、铜版原纸、有光纸、打字纸、拷贝纸、招贴纸、白卡纸、白纸板、箱纸板等都可使用。

c. 专供以松香、硫酸铝为施胶剂和沉淀剂的酸性抄纸添加使用的助剂。最适应我国目前绝大多数纸厂的生产现状。不需要改变现有抄造工艺条件,即可添加使用。

d. 对没有表面施胶设备的纸机,能简便易行地提高纸张质量,适合我国目前多数纸厂现状。对已具有表面施胶设备的纸机,使用此淀粉后,可弥补纸张表面施胶量不足的缺陷。还可利用表面施胶设备作轻量涂布设备使用,可改进质量,提高产品档次。

e. 淀粉糊化设备简单,纸厂能自行制造,投产容易。

f. 在国外,阴离子淀粉的售价比阳离子淀粉便宜。国内此类淀粉又比国外同类产品售价低1/4。

g. 能为纸厂增加经济效益。

h. 以此产品为主要助剂与其他抄纸助剂配用,产生互补协同效应,纸厂能取得更多的效益。

(一) 阴离子淀粉的制备

1. 磷酸单酯淀粉的制备

反应式:

$$\text{淀粉—OH} + \begin{array}{c} \text{MO} \\ | \\ \text{P} \\ / \ \backslash \\ \text{MO} \ \ \text{OH} \end{array}\!\!\!\!\overset{\text{O}}{=}\ \longrightarrow\ \begin{array}{c} \text{MO} \\ | \\ \text{P} \\ / \ \backslash \\ \text{MO} \ \ \text{O—淀粉} \end{array}\!\!\!\!\overset{\text{O}}{=}\ + H_2O$$

其中M为碱金属离子、NH_4^+ 或 H^+。

通过淀粉和可溶性磷酸盐反应制备成磷酸单酯淀粉(磷酸二钠淀粉),所用的磷酸盐为焦磷酸盐、三磷酸盐的酸式盐或磷酸盐,当淀粉与多官能团的含磷化合物和氯氧化磷反应时,生成单酯、双酯的混合物。

磷酸单酯淀粉的制备工艺有湿法、干法两种:

(1) 湿法工艺:通常是将淀粉悬浮在磷酸盐溶液中,将混合物搅拌10~30min,过滤,滤饼采用空气干燥或在40~45℃下干燥至含水5%~

10%,然后加热反应。使用带式连续干燥机效果好,用此设备在 48~124℃ 温度下干燥,淀粉不发生胶凝。在淀粉和磷酸盐混合物湿度减少到 20% 以前,温度不应超过 60~70℃,以防止胶凝和副反应的发生。

湿法反应的优点是:试剂与淀粉充分渗透,混合均匀度好。但产生三废,滤饼湿度大,干燥时间和反应工时长。

(2) 干法工艺:使用喷雾法把试剂喷到淀粉上,混合去湿、反应。

干法反应的优点是:无三废、去湿时间短。但对喷雾混合设备要求高,其均匀度不如湿法。

淀粉与磷酸氢盐或二氢盐混合物(pH 值 5.0~6.5)反应可生成取代度达 0.20 的淀粉磷酸单酯,但淀粉也发生部分水解,产品具有宽的流度范围,随反应 pH 值、温度、时间的改变而改变。

淀粉和三聚磷酸钠反应,可制备淀粉磷酸单酯,反应式为:

$$\text{NaO-P(=O)(ONa)-O-P(=O)(ONa)-O-P(=O)(ONa)-O-P(=O)(ONa)} + \text{淀粉—OH} \xrightarrow{Na_2CO_3} \text{淀粉—O-P(=O)(ONa)_2} + Na_3HP_2O_7 + CO_2$$

这种方法生产的淀粉酯基本不发生降解,取代度(DS)较低,约为 0.02。如玉米淀粉与足量的三聚磷酸钠在水中搅拌,pH 值大约为 8.5,三聚磷酸钠的加入量应足以使过滤和干燥后的淀粉中保留 5% 盐的含量。另一种方法是将三聚磷酸钠溶液喷雾到干淀粉上,混合均匀,将湿淀粉和三聚磷酸盐混合干燥到含水量 5%~10%,在 120~130℃ 下加热 1h 左右,产物冷却、水洗、干燥。产物含磷 0.46%,DS 为 0.02(以磷酸根计)。

2. 磷酸多酯淀粉的制备

反应式:

$$\text{淀粉—OH} + POCl_3 \xrightarrow{NaOH} \text{淀粉—O-P(=O)(ONa)-O—淀粉} + NaCl$$

或

$$\text{淀粉—OH} + \text{O=P(ONa)(ONa)—O—P(=O)(ONa)—O—P(=O)(ONa)(ONa)} \xrightarrow{Na_2CO_3} \text{淀粉—O—P(=O)(ONa)—O—淀粉}$$

这类淀粉又称为交联淀粉。氯氧化磷和三聚磷酸钠又称交联剂，在 20~50℃ 将交联剂加入到淀粉碱性悬浮液中，过滤、水洗、干燥得产品。

3. 含氮磷酸酯淀粉的制备

由含氮试剂、磷酸盐与淀粉反应制成。含氮试剂种类繁多，典型的有水溶性胺、尿素、乙酰尿素、硫脲、氨基氰、二氰基二胺、甲酰胺、丙烯酰胺、二乙醇胺等。磷酸盐有磷酸盐、焦磷酸甲基磷酸盐及聚磷酸盐等。反应的淀粉可以是预胺化淀粉、酸改性淀粉、氧化淀粉、酯化淀粉。一般在磷酸酯化的同时伴有淀粉解聚、含氮基团反应等，故产物的组成也十分复杂。

较简单的反应是尿素、磷酸盐和淀粉的反应。尿素作为淀粉与磷酸盐反应的催化剂以提高反应转化率和反应速度。当尿素存在时，产物的粘度较高，利用基于淀粉 2%~5% 的尿素、各种数量的正磷酸盐、在 pH 值为 4.0~8.0 时于 140~160℃ 加热数小时，可获得 1%~5% 结合的磷。磷和氮的比例可以通过在减压下加热反应混合物来控制，当真空度减小时，用氮取代、冷水溶解，可取得分散性好，粘度增加的效果。当所采用的磷试剂是正磷酸时，在酯化反应的同时，淀粉发生减聚，可制备低粘度淀粉。

（二）阴离子淀粉的作用机理

阴离子淀粉带有阴电荷，而纸浆和填料也均带阴电荷，两者阴电荷互相排斥。但是在明矾之类架桥剂的阳性电荷存在下，纤维和填料就能与淀粉靠静电引力互相吸着，这就是阴离子淀粉具有增干强及增加细小纤维和填料留着率的基本原理。

由于应用了阴离子淀粉,微细颗粒充分填于纤维之间,从而使得单位体积内纤维含量相对减少,影响了纤维之间的结合力,致使拉力下降,湿纸页强度降低。

(三) 阴离子淀粉的应用方法及实例

1. 阴离子淀粉作为造纸助剂的应用方法

往糊化桶中加入不含铝离子的软水,搅拌下加入阴离子淀粉(以糊液浓度 2.50%~5.00% 计量;低粘性淀粉以 5%~10% 计量),搅拌成悬浮液后,直接通蒸汽升温至 90~95℃,恒温 15~20min,加冷水将糊液冲稀至 1% 浓度备用。若用在加填纸中,作为填料的助留剂,则可将填料直接加入已糊化好的淀粉中,并搅拌均匀,使淀粉糊把填料包裹起来,再加入酸性抄纸系统(pH 值 4.3~6.0),这比淀粉与填料分别添加具有更好的助留效果。加入顺序与地点:

(1) 在不加填纸中,加入淀粉的目的是为了提高细小纤维留着率,提高纸张物理强度。加入顺序:胶→阴离子淀粉→矾。

(2) 在加填纸中,加入淀粉的目的是为了提高填料留着率,提高纸张物理强度。加入顺序:胶→矾→淀粉糊与填料的混合浆。加入地点:间歇添加,可在配料池中进行;连续添加,可在打浆时或网前箱加入,由于 Al^{3+} 离子起架桥作用,因此无论生产哪一种纸,纸浆中必须有至少 1% 的明矾存在。

2. 应用实例

(1) 磷酸酯淀粉应用实例。SP-Ⅱ型磷酸酯淀粉,市售有增强型与助留型两种,实际上都具有增强、助留、助滤作用,它可以使耐破度提高 17.60%,裂断长提高 10.50%,并解决了掉毛掉粉现象。使用方法:

a. 糊化:在糊化桶中加入不含铝离子的软水边搅拌边加入 SP-Ⅱ 淀粉,使之浓度为 5%,待完全浸润后通入蒸汽至近沸腾,但不得超过 94℃,保温 3~5min 后加水稀释至 2% 以下,并降温至 50℃ 以下备用。(加入配料机时浓度不得过大,否则会粘缸、粘网、粘毯、纸页断头)。

b. 配料顺序:糊化好的淀粉液经过滤后,放入已乳化好的滑石粉液中,搅拌均匀(阴离子淀粉用量 1.0%~1.5%,决不许超过 2.5%)。

加入顺序是：胶→矾→淀粉、滑石粉混合液，pH值4.5~5.5，pH值超过6.0时则粘缸。

c. 生产轻施胶纸时，磷酸酯淀粉与滑石粉混合后可以在加入松香胶之前加入。但生产重施胶纸时，则必须按胶先矾后的顺序加入，硫酸铝用量不能低于1%。

d. 注意事项：初次使用SP-Ⅱ淀粉，必须清洗管道；SP型淀粉为阴离子型，不能被纤维吸附，必须施用明矾；糊化温度不得超过94℃。

(2) ZY-Ⅱ型阴离子淀粉应用实例。某造纸厂用某淀粉厂生产的ZY-Ⅱ型阴离子淀粉于书写纸中，成纸平滑度、强度、柔软性、细腻性均有显著提高。

ZY-Ⅱ型淀粉特征：白色粉末，易溶于水，含磷量$\leqslant 1.50\%$，无毒但不能食用，pH 6.0，糊化温度84~88℃，浓度为4%的糊液在20℃时的粘度为250~500Pa·s。

淀粉混合液制备：在不断搅拌下先将淀粉均匀稀释至5%浓度(用软水稀释)，糊化温度84~88℃，再稀释至2%浓度；将已制备好的浓度为2%的淀粉液加入到浓度为25%的滑石粉液中，并加软水稀释至混合液浓度为16%，并按增白剂→松香胶→明矾→淀粉、填料混合液次序加入成浆中。

配料量：松香0.80%、滑石粉25%、ZY-Ⅱ淀粉2%、硫酸铝6%、无铝离子软水按比例计算。

注意事项：制备淀粉糊的容器不得过大(带搅拌器，搅拌器转速为31r/min)，小厂以小于3m³为好，制好的淀粉糊存放时间不得超过8h；除了上述淀粉、填料混合液加入成浆中的方案外，也可单加阴离子淀粉液于网前箱中，以减轻清洗浆池、管道的负担。

四、两性淀粉

所谓两性淀粉，是指即有阳离子取代基又有阴离子取代基的淀粉。两性淀粉是在阳离子、阴离子和非离子等普通变性淀粉基础上发展起来的新型淀粉衍生物，它与通常的阳离子、阴离子和非离子变性淀粉相比，应用效果更明显。

研究和应用结果表明,两性淀粉与阳离子淀粉相比,具有添加量少,对 pH 值敏感度低等优点。添加 0.50% 两性淀粉,对麦草浆的耐破度、裂断长、耐折度均有较好的增强效果,对撕裂度的影响不大。填料留着率也有很大的提高。

两性淀粉由于其令人瞩目的应用性能,已越来越受淀粉研究者和造纸企业的重视。但其生产工艺复杂,一般要经过多步反应步骤才能完成,不仅原料成本增加,工时加长,质量控制难度大,而且还存在着不同试剂的相互抵消作用,及产品纯化和三废治理等问题,因而相应的售价较贵。

(一) 两性淀粉的制备

两性淀粉的合成不需要特殊的复杂的条件。制造两性淀粉分两个阶段,第一阶段是淀粉阴离子化,制备过程与普通阴离子淀粉相同;第二阶段,在阴离子淀粉内引进阳离子基团,(采用的阳离子醚化剂见前述)醚化温度 50℃,搅拌 1h,所得两性淀粉经中和、过滤、洗涤、减压干燥、粉碎即可。产物的阴阳离子化率根据要求而定。

(二) 两性淀粉作用机理

(1) 所含阴离子基团有助于消除体系中有碍于淀粉吸附在纤维上的"杂"阳离子。

(2) 分子中的阴离子基团对阳离子基团起保护作用,电性排斥那些体系中存在的高活性的"杂"阴离子,从而使淀粉中的阳离子基团不会发生过早的反应或被中和掉。

(3) 纤维常带负电荷,很易吸附阳离子淀粉,但它也易吸附其他带正电荷的物质,这会减弱淀粉与纤维的吸附,而两性淀粉中的阴离子基团能给予弥补。

(4) 两性淀粉电荷基本平衡,那些未被留着的淀粉随白水排出后,再循环使用白水时,不会失去电荷平衡,从而保持良好的机械运转状态。

(5) 在中性或碱性体系中,离子电荷平衡敏感度较大,即体系较容易出现过阳离子化,就构成了"失控"状态,使用两性淀粉使体系的可控程度大大提高。

(三) 两性淀粉的应用

两性淀粉在实际生产上应用,与 pH 值关系很大,以致影响其阴离子或阳离子性。

我国麦草浆厂大都为酸性抄纸,因此实验选择 pH 值变化范围为 4.0~7.0,添加 0.5% 的两性淀粉,观察其对纸张强度的影响,效果见表 3-19。

表 3-19 添加 0.5% 两性淀粉时,pH 值对纸张强度的影响

pH 值	4.0	5.5	7.0	4.0	5.5	7.0
两性淀粉用量/%	0	0	0	0.50	0.50	0.50
定量/$g \cdot m^{-2}$	64.6	64.3	64.4	68.5	66.6	64.6
紧度/$kg \cdot m^{-3}$	497	495	495	527	512	520
耐破指数/$kPa \cdot m^2 \cdot g^{-1}$	1.50	1.70	1.80	2.00	2.00	2.00
抗张力/N	30.31	29.71	31.49	37.38	39.14	37.15
裂断长/km	3.19	3.14	3.26	3.71	3.99	3.92
撕裂指数/$mN \cdot m^2 \cdot g^{-1}$	4.30	4.50	4.20	4.30	4.20	4.30

注:所用纸浆为麦草浆。

从表中可以看出,添加 0.5% 两性淀粉,在 pH 值 4.0~7.0 的范围内,成纸的耐破指数、裂断长、撕裂指数随 pH 值的变化不大。阳离子淀粉(尤其是季铵醚类的阳离子淀粉)随着 pH 值的升高增强作用增加,因此 pH 值较低时,阳离子淀粉的增强效果不能充分发挥。而两性淀粉对 pH 值变化所带来的影响不甚敏感,在 pH 值 4.0~7.0 范围内都适用。

另外对许多湿部添加剂来说(如阳离子淀粉、阴离子淀粉、阴离子 PAM 等),随着添加剂的加入,纸页的撕裂度均有不同程度的下降,对麦草浆来说,使得原来就偏低的撕裂度再进一步下降,确实是很不利的,但表 3-19 的数据表明,两性淀粉对麦草浆的撕裂度影响并不大。

五、非离子型淀粉

淀粉中的活性羟基与烷基或与有机酸反应生成羟烷基淀粉或淀粉

酯。这些淀粉衍生物在水中没有极性。它们有羟乙基淀粉醚、羟丙基淀粉醚、醋酸淀粉酯等。

（一）羟烷基（丙基或乙基）醚化淀粉的制备

羟烷基醚化淀粉也是60年代初开发的一种淀粉衍生物。它是将淀粉在碱性催化下与环氧化合物加温作用而得到的,醚化剂如为环氧乙烷,所得产物为羟乙基淀粉;醚化剂如为环氧丙烷,其产品为羟丙基淀粉,羟丙基淀粉制备时大约每20~50个葡萄糖基取代一个羟基,取代度一般在0.04以上就可符合要求。

羟丙基淀粉的制备过程：先将淀粉和15%（对淀粉量）的硫酸钠（作为胶凝剂,以抑制淀粉颗粒膨胀）配成50%的浆状悬浮液,然后在搅拌下加入1%（对淀粉量）的氢氧化钠溶液,得到40%的淀粉浆状液,在18℃下加入10%（对淀粉量）的环氧丙烷并在此温度下搅拌0.5h,然后升温到45~50℃,并保温4~8h,最后用酸中和碱,pH值控制在5.0~5.5,经过滤、洗涤、干燥,则可得到醚化度为0.04左右的颗粒状羟丙基淀粉。如为纸厂自用,无需保持颗粒状态,可以在较低浓度下直接加热进行醚化处理,不必加入硫酸钠,淀粉在加热过程中发生膨胀,粒度增加,因此反应浓度应降低到20%左右,反应时间延长6~8h。使用时按需要浓度进行糊化,最后中和到适当pH值即可。

（二）羟烷基醚化淀粉的应用

淀粉经过醚化后接上了一段支链,阻碍了直链淀粉的相互靠近,原有的退减现象基本消除。此外,增加了亲水性和降低了胶凝温度,经过加热糊化后,可形成不冻凝、流动性好、稳定的溶胶,其流动性、稳定性和透明性均优于天然淀粉,有很好的成膜性能,干燥后能形成清晰、柔韧、亲水的膜,加在浆内可提高纸的干强度。还可用于印刷纸的表面施胶,可使油墨不易渗透到纸内,提高油墨印刷的光泽度,并具有一定的抗拉毛能力。与多种天然或合成的水溶性树脂相混溶,是一种较理想的表面施胶剂。与羟基丁苯胶乳配合使用,可作为铜版纸胶粘剂,以提高印刷质量和降低胶粘剂成本。

六、淀粉的接枝共聚物

淀粉和烯类单体接枝共聚可生成具有天然高分子和合成高分子双重特性的共聚物,它是由丙烯酰胺单体接到淀粉自由基上,侧链增长,形成具有线性高分子与淀粉的接枝共聚物。其粘度主要取决于丙烯酰胺聚合物分子链的长短和接枝频率,而不是淀粉本身。接枝共聚物不仅具有良好的助留助滤作用,也具有较好的对纸张的增强作用。

(一) 淀粉与丙烯酰胺的接枝共聚

1. 以高锰酸钾酸性溶液引发聚合

称取 20 份重量的淀粉加入到 350 份重的蒸馏水中,搅拌均匀,在通入氮气的同时,用夹套加热,使淀粉糊化完全后再冷至 40℃。在搅拌下,加入高锰酸钾酸性溶液,搅匀后立即加入丙烯酰胺,40℃下保温反应 2h。

2. 以 Mn^{2+} 离子的焦磷酸盐络合物引发聚合

(1) Mn^{2+} 络合溶液的配制:在 100mL 蒸馏水中溶解 0.88g $MnSO_4 \cdot H_2O$,另取 50mL 蒸馏水溶解 2.89g 焦磷酸钠($Na_4P_2O_7 \cdot 10H_2O$),两溶液混合后,用浓硫酸中和至 pH 值=6.0。

(2) 在 100mL 蒸馏水中溶解 0.21g 高锰酸钾。

(3) 称取 20g 淀粉加入到 350mL 蒸馏水中,搅拌均匀,在通入氮气的同时,用夹套加热,使淀粉糊化完全后再冷至 40℃。在搅拌下加入 100mL Mn^{2+} 络合溶液和 100mL 高锰酸钾溶液,搅匀 5min,再加入丙烯酰胺溶液,45℃反应 2h。

3. 以 Ce^{4+} 离子引发聚合

称取 20g 淀粉加入到 350mL 蒸馏水中,搅拌均匀,加热糊化完全后冷却至 40℃,加入 15g 丙烯酰胺,加 20mL 含有 0.28g NaOH 的溶液,50℃时反应 10h 后,用硼酸中和至 pH 值=6.5,再加入 350mL 蒸馏水,通入氮气,加入 5mL 3mol/L 硝酸和 4mL 1mol/L 硝酸(溶有 0.55g 硝酸铈铵),升温至 70℃,反应 3h。

在未经分离的接枝共聚物中,加入甲醛和二甲胺,调节 pH 值至 11.0~12.0,70~75℃下反应 2h,即制成阳离子型高分子絮凝剂。

在未经分离的接枝共聚物中,加入 NaOH 溶液,调节 pH 值为

12.0,90℃时水解 3h,即制成阴离子型高分子絮凝剂。

用高锰酸钾酸性溶液引发淀粉和丙烯酰胺接枝共聚避免了使用昂贵的铈盐和复杂的步骤。

(二) 淀粉与丙烯酰胺接枝共聚物的应用

(1) 浆料 pH 值对阳离子型接枝共聚物的助留、助滤作用具有很大影响,最佳的 pH 值为 5.0~6.0。

(2) 阳离子型接枝共聚物用量增加,其助留、助滤效果增加,但综合考虑,用量应在 1.00% 以内,最佳用量应为 0.25%~0.50%。

(3) 在保证助留、助滤效果及纸张强度的基础上,考虑到生产成本应尽可能降低,阳离子型共聚物最适宜的淀粉与丙烯酰胺重量比为 1:0.75。

七、双醛淀粉(过碘酸氧化淀粉)

使用双醛淀粉增加的纸张的湿强度持久性较差,其废纸具有在回用时易碎解、在垃圾中易于被生物降解的优点。

1. 双醛淀粉的制备

双醛淀粉是由淀粉和过碘酸盐反应而成的。过碘酸盐的氧化作用是极为特殊的,每一脱水葡萄糖基在第 2 和第 3 碳原子间裂开并生成两个醛基。其反应式:

2. 双醛淀粉的作用机理

双醛淀粉是带负电荷的阴离子聚合物,因此分散的粒子附着在表面呈负电性的纤维上是极其有限的。一般都将双醛淀粉制成阳离子分散体再添加于纸浆中,或与阳离子淀粉配用,或通过加入硫酸铝改变纤维表面的电荷等措施以提高双醛淀粉的留着量。生产中使用的是已阳离子化的双醛淀粉的阳离子分散体。

3. 双醛淀粉的应用

双醛淀粉阳离子分散体对硫酸盐针叶木浆的增强效果如表 3–20 所示。打浆、抄纸条件如下:

表 3–20　双醛淀粉阳离子分散体的增强效果

	空　白	Ⅰ号阳离子分散体	Ⅱ号阳离子分散体
打浆度/°SR		32	
湿重/g		8.7	
定量/$g·m^{-2}$	49.9	49.8	49.8
耐折度/次	1210	1356	1895
抗张强度/$10^{-3}kN·m^{-1}$	2550	2916	3191
湿抗张强度/$10^{-3}kN·m^{-1}$	105	693	438
湿抗张/干抗张/%	4.1	23.8	13.7
耐破度/kPa	205.0	232.4	254.0
湿耐破度/kPa	38.2	66.2	41.2
撕裂度/N	0.75	0.68	0.75
施胶度/mm	<0.25	1.25	1.00

(1) 打浆:在标准打浆机中将 360g 绝干浆稀释至 1.80%。疏解 10min,加压打至需要的打浆度。

(2) 抄纸:取 50g 浆,加 1.50% 松香胶,3%～5% 硫酸铝,调至需要的 pH 值,加 2.0% 双醛淀粉阳离子分散体后,把浆浓调至 0.20%,然后在抄片器中抄成定量为 50g/m^2 的纸页,在 1000kPa 压力下压

3min,90℃下烘干。纸页各项物理强度的测定均按国家标准进行。

从实验结果可以看出,双醛淀粉阳离子分散体对木浆有好的增湿强效果,与空白样比较,添加2.0% Ⅰ号双醛淀粉阳离子分散体于木浆中,纸页湿抗张强度提高560%,湿耐破度提高约73%。除撕力外,各项干强度的提高幅度也是可观的。但由于双醛淀粉成本较高,未能得到广泛应用。

第三节 纤维素、甲壳素衍生物及植物胶类助剂

一、纤维素衍生物

造纸工业常用的纤维素衍生物是羧甲基纤维素、甲基纤维素、羟乙基纤维素等,其中最常用的是羧甲基纤维素,可应用于浆内添加、表面施胶、涂布加工,以提高纸张强度与填料和细小纤维的留着率,改进施胶效果和改进纸张的表面强度。

(一) 羧甲基纤维素

羧甲基纤维素简称CMC,即指羧甲基纤维素的钠盐,是一种白色粉末、粒状或纤维状的物质,无味、无臭。CMC易溶于水,并能形成透明的粘胶体。这种胶体为中性或微碱性,可长期保存而不变质,在低温及日光照射下也是稳定的,80℃以上的温度会引起溶液粘度的降低。

造纸工业使用的CMC在质量上不同于一般石油工业与洗涤剂工业所使用的粗制品,除需要适当的取代度和粘度外,特别在应用于表面施胶和涂布加工时,要求纯度较高的精制品,使之在纸面上能形成连续的膜。

1. CMC的制备

工业上常用的CMC是由一氯乙酸与碱纤维素作用而得的,反应为:

$$[C_6H_7O_2(OH)_3]_n + nClCH_2COOH + 2nNaOH \longrightarrow nNaCl + nH_2O + [C_6H_7O_2(OH)_2(OCH_2COONa)]_n$$

CMC的制备方法:将纤维素原料浸渍于NaOH浓溶液中,压榨后制成碱纤维素。在捏和机中以一氯乙酸的有机溶液进行醚化而制成

CMC 钠盐。改变醚化条件,如温度、醚化剂用量和醚化时间,可得到不同醚化度的产品。

适用于造纸工业的 CMC,其取代度应在 0.4~1.2 之间。通常加入浆内的,其取化度约 0.4~0.7(低取代度),应用于表面施胶的取代度约 0.7~0.8(中取代度)。

2. CMC 的增强机理

按照经典理论,增强剂的作用有以下 4 个因素:
(1) 提高单根纤维的强度;
(2) 增加结合面积;
(3) 改变单位结合面积上的结合力;
(4) 改善纸页的成形。

按以上 4 个因素的定量测定和比较,CMC 在纤维水平上增强的主要原因是提高了单位面积上的结合力,而其他决定纸页强度的因素,如纤维的自身强度、结合频率、单个交织点的结合比例的变化,是可以忽略的。

CMC 加入浆内有助于改进纸张干强度,但需要与纸浆中的硫酸铝接触才能沉淀在纤维上,如接触时间不够,混合不均匀,就不能很好地加强纤维间的结合力。一般用作内部粘合剂时,应在配浆箱前加入,上网浆料 pH 值应控制在 6.0~6.4。

3. CMC 的应用

CMC 用途很广,它用于造纸工业作为胶料、增强剂及增加填料留着率;在纺织工业中用作高级浆料,其效率较淀粉高数倍,它也可作为颜料的乳化剂与增稠剂;用作石油钻探时泥浆的稳定剂;在食品工业、化妆品生产及合成洗涤粉中都有应用。

(1) CMC 溶液的制备。少量 CMC 在水中溶解是比较快的,但当 CMC 量较多和水量较少的情况下,有可能会出现湿润不完全、CMC 粘附于容器壁上以及 CMC 粉末浮于水溶液表面等现象。在工业上一般采用高速搅拌装置以加速溶解,其方法是将水先放入容器,开动搅拌后以较快速度加入 CMC 使其沉入液面之下,然后继续搅拌直至溶完为止。近来国外发展了速溶品种的 CMC。

溶解 CMC 的操作程序及条件：

a. 先在溶解槽中加入半槽清水，随后开动快速搅拌器（转速约为 2000r/min）进行搅拌。

b. 徐徐加入 CMC 粉末进行溶解，根据取代度，一般溶解浓度不大于 3%，否则搅拌负荷太大。

c. 搅拌通常进行 2h 左右，至 CMC 全部溶解。

d. 随后加入工业盐酸调至中性，pH 值 7.0～8.0，可用万能试纸进行检查。

e. 将溶解好的 CMC 溶液经过过滤后放入贮存槽，并稀释至使用时所要求的 0.5% 的浓度备用。

（2）应用实例。在纸袋纸的生产中，当竹浆配比 50% 和木浆配比 50%，在不施加化学助剂时，纸张的耐破指数已不能达到纸袋纸的质量要求，当竹浆配比增加到 80% 时，耐破指数会进一步下降，这种情况下，可加入 CMC 来增加纸张的强度，使纸张质量全面达到标准。CMC 用量为 0.50%～1.00% 时已能满足要求。结果见表 3-21。

表 3-21　　　　CMC 加入量与纸页质量的关系

竹浆配比/%	CMC 加入量/%	物理指标		
		透气度/m·(Pa·s)$^{-1}$	撕裂因子/mN·m^2·g^{-1}	耐破因子/kPa·m^2·g^{-1}
标准		0.34	121	35
50	0	1.44	165	28.6
80	0	1.34	151	27.9
80	0.50	1.36	155	34.8
80	1.00	1.70	158	36.2
80	1.50	1.67	140	39.2

注：浆料打浆度为 32°SR。

施加 CMC 后助剂成本有所增加，但可以节约木材用量，而且制竹浆的碱耗和电耗都比制木浆的节省，所以总体上是可以获得一定的经济效益的。

CMC对纸袋纸是一种较好的增强剂。它能在保证其他指标没有什么变化的前提下提高纸的顶力。特别是低黏度的CMC的增强效果较高黏度的好,而且均能自己制造,价格也比高粘度CMC降低一半。

(二) 甲基纤维素

甲基纤维素是一种有效的水溶性的胶粘剂,它在表面施胶中已获得了某些应用。

1. 甲基纤维素的制备

由碱纤维素与氯甲烷或硫酸二甲酯作用,或由纤维素与甲醇在脱水剂存在下作用生成甲基纤维素。商品水溶性甲基纤维素的每个葡萄糖基一般含有1.7~1.9个甲氧基,粘度值在0.01~4.00Pa·s之间。

2. 甲基纤维素的应用

甲基纤维素可单独用于施胶,也可与淀粉或动物胶混用。现已生产出改性的甲基纤维素,它在热水中有较大的溶解度,这些衍生物对改良淀粉胶料配方尤其有用。甲基纤维素溶液是比较稳定的,通常不用防腐剂。虽然碱会增加它们的黏度,然而pH值在2.0~12.0范围内不致有明显的影响。有的阴离子(NO_3^-、Cl^-、SO_4^{2-})起凝聚作用,而另外一些(SCN^-和I^-)则具分散作用。

甲基纤维素用于表面施胶时,它能在纸面上产生一种强韧、不能透过油脂的覆膜,并显著减少纸张的气孔度,所以可用于防油纸和蜡纸的表面施胶。它用于印刷纸时,也可显著改善印刷油墨的光泽度。

二、甲壳素及其衍生物

(一) 甲壳素

甲壳素(chitin)又名甲壳质、壳蛋白几丁,是许多低等动物,特别是节肢动物,如是虾、蟹和昆虫等外壳的重要成分,同时也存在于低等植物,如菌、藻类的细胞壁中,分布十分广泛。自然界每年生物合成的甲壳素估计有数十亿吨之多,远远超过其他的氨基多糖,是一种十分丰富的自然资源。

甲壳素是由2-乙酰氨基-α-脱氧-β-D-葡萄糖通过β-1,4

苷键连接而成的直链状多糖。由于—O⋯H—O—型及—O⋯H—N—型氢键的作用,使甲壳素大分子间存在着有序结构。因晶态结构的不同,甲壳素存在 α、β、γ 三种多晶型物。α-甲壳素的存在最丰富,也最稳定,但在加工分离过程中能向其他形态转化。由于大分子间强的氢键作用,导致甲壳素不溶化,加热到 200℃ 以上则开始分解;也不溶于一般溶剂,在少数酸性溶剂中溶解时,大分子发生降解。甲壳素若脱去分子中的乙酰基,就转变成壳聚糖(chitosan)。由于壳聚糖的溶解性能大大改善,习惯上常称之谓可溶性甲壳素。组成壳聚糖的基本单位是 D-葡胺糖。甲壳素和壳聚糖的结构与纤维素相似,它们的结构式如下:

甲壳素　　　　壳聚糖

纤维素

甲壳素来源丰富,制备简单,不仅能根据结构上的相似找到类同纤维素的用途,而且从氨基多糖的特点出发,能发现更多很有魅力的新用途。因此对甲壳素的研究自 20 世纪 60 年代起,在许多国家变得十分活跃。近十几年来,对甲壳素的研究更加广泛和深入,国际性的甲壳素学术会议相继在一些国家召开,发表的论文涉及纺织、印染、造纸、医疗及水处理等许多部门领域。有些项目已具有生产价值和实用意义,使甲壳素化学开始显露头角,日益引起人们的关注。

1. 甲壳素、壳聚糖的制备

(1) 甲壳素。甲壳素可以从虾、蟹的甲壳及柠檬酸发酵的菌体等多种原料中分离得到,从虾、蟹壳的分离比较容易。虾、蟹壳中除含有甲壳素外,其余主要是碳酸盐和蛋白质,可通过简单的化学处理除去。一般用稀盐酸在常温下分解碳酸盐,用稀碱溶液经加热分解蛋白质,再经高锰酸钾处理或用有机溶剂萃取除去色素,可得到白色的甲壳素产品。产率一般在15%~30%之间。所得甲壳素的分子量因来源不同而异,曾测得蟹壳中的甲壳素的相对分子质量为$1.04 \times 10^6 (\overline{M}_w)$。

(2) 壳聚糖。甲壳素经脱乙酰化反应便得壳聚糖,又叫脱乙酰基几丁质,脱乙酰反应一般是在 100~180℃、40%~60%的浓碱液(NaOH)中进行的,属非均相反应,脱乙酰度一般在70%~90%,含氮量在7%左右。与一般的胺类物质不同,壳聚糖的氨基在碱液中十分稳定,即使在50%的NaOH溶液中加热至160℃也不分解。

提高反应温度、碱液浓度及延长反应时间可提高脱乙酰化度,但在碱液中甲壳素的主链也会发生水解,随着强化脱乙酰反应,大分子链的降解也变得严重。最近报道了制备脱乙酰化度和分子量都高的壳聚糖的方法。即通过降低脱乙酰反应的温度、缩短反应时间、增加反应次数并进行中间产物的溶解、沉淀等处理,可得到脱乙酰化度达99%的高相对分子质量(59万,$\overline{M}_w$)壳聚糖。用特殊方法还可制得100%脱乙酰的壳聚糖。

如果甲壳素的脱乙酰化反应在均相进行,则可得到脱乙酰化度在50%左右而能溶于中性水的产物。但在非均相条件下得到的相同脱乙酰化度的产物不但不溶于水,也不溶于烯酸。据认为,这种差异是由于两种反应条件下得到的产物中脱乙酰的氨基在分子链上的分布不同所造成。

壳聚糖由于游离氨基的存在,其反应活性比甲壳素强。

2. 壳聚糖的作用机理

壳聚糖作为造纸工业增强剂的机理:壳聚糖为线性高分子聚合物,分子链上又存在许多游离氨基,这些活性较强的官能团能充分接近纤维表面,通过纤维上的负电荷与纤维素可产生离子键结合,和纤维上的非离子表面又可产生氢键,同时可在纤维、填料等空隙间架桥,并形成凝聚,使形成的纸页强度有明显的增强。此外壳聚糖还能以良好的成膜状态附着在纸张表面,使得纸张表面强度明显提高。

方程式(1)为壳聚糖链分子上的阳离子氨基团一部分与纤维表面的阴离子区域的羧基形成牢固的离子键。

$$纤维—COOH + NH_2 \sim \sim \rightarrow 纤维—COO^- NH_3^+ \sim \sim \qquad (1)$$

方程式(2)为壳聚糖链分子上一部分氨基团与纤维表面非离子区域的羟基形成氢键。

$$纤维—OH + NH_2 \sim \sim \rightarrow 纤维—O—H \cdots NH_2 \sim \sim \qquad (2)$$

3. 壳聚糖的应用

由于甲壳素和纤维素的化学结构十分相似,甲壳素及其衍生物长期吸引着造纸工作者的注意。20世纪30年代,Rigby的研究报导过,纸张用3%中等粘度的壳聚糖醋酸溶液单面涂布,粘合后在氨气中干燥,得到的纸张具有高度抗水性。Merrill的研究证明,纸张用壳聚糖醋酸溶液浸渍,然后用乙酐处理,使壳聚糖转变为再生甲壳素,得到的纸张具有高度抗水、抗油及抗其他溶剂的性能。

利用壳聚糖易和戊二醛进行交联反应的特点,先用壳聚糖处理纸张,后用戊二醛进行交联反应,抄制特种纸张已不存在任何技术上的困难。壳聚糖稀酸溶液可作为施胶剂,与松香胶施胶效果比较,用壳聚糖施胶具有较高的干、湿耐破度和撕裂度,较好的书写和印刷性能,并可在碱性介质中施胶。壳聚糖也能和能被水分散的物质如松香、淀粉、酪蛋白、动物胶、明胶以及水溶性的或可乳化的多元醇、多元酸树脂一起,制成复合施胶剂使用。

壳聚糖的增强效果与施用方法有关,Allane曾用机械浆、亚硫酸盐浆和硫酸盐浆,通过平衡吸附法、沉淀法和喷雾法添加1%壳聚糖溶液,比较不同施用方法对形成的纸页强度的影响,结果喷雾法效果最好,平衡吸附法效果最差。同是沉淀法,添加壳聚糖和阳离子淀粉抄制新闻纸进行比较,裂断长增加的数值,壳聚糖比阳离子淀粉高40%。此外,以白土作为填料,用壳聚糖进行涂布,可提高纸的印刷不透明度和机械强度。填料添加量由10%增至20%,经壳聚糖涂布后的纸,裂断长都增加。强度提高的幅度也和填料的粒度及壳聚糖的脱乙酰度有关,填料的颗粒增大,强度下降;脱乙酰度增加,强度提高。

在漂白硫酸盐针叶木浆中添加壳聚糖和 PAE,可同时提高纸的干、湿强度。在抄制瓦楞原纸板芯层的半化学浆中添加相当于纤维绝干重 0.05%~0.06%的壳聚糖,可提高纸板芯层的平压性能。

(二) 壳聚糖、磷酸酯淀粉双助剂

阴离子淀粉与壳聚糖作为双助剂共用,能有效地提高纸张的物理强度和填料留着率。强度提高主要是由于双助剂增加了纤维间的结合面积及结合强度。壳聚糖分子链上的—NH_3^+基同纤维表面的—COO^-基形成了牢固的离子键结合。壳聚糖、纤维、磷酸酯淀粉、填料之间的电荷中和所引起的絮聚及它们之间的架桥作用,提高了填料的留着率。

1. 壳聚糖、磷酸酯淀粉双助剂的作用机理

(1) 吸附过程:壳聚糖和磷酸酯淀粉在纤维上的吸附。一般认为造纸纤维、填料等水的悬浮液具有胶体的特性,粒子带电就是其中之一。实验测定了在 pH 值 5.5 时,浆料、壳聚糖、磷酸酯淀粉的 Zeta 电位值,浆料为 -28.70mV;壳聚糖为 51.80mV;磷酸酯淀粉为 -35.70mV;随着壳聚糖的加入,纸浆的 Zeta 电位值迅速增加。当加入量达 0.05%左右时,浆料的 Zeta 电位值接近等电点,继续加入壳聚糖时,Zeta 电位穿过等电点转为正值,当加入量达到 0.10%以后,Zeta 电位值的增加开始变得缓慢。由于壳聚糖的阳电荷密度较高,加到浆中后即可被纤维强烈地吸附并中和纤维表面的负电荷,随着壳聚糖的继续加入,纤维表面的电荷被完全中和以后,由于正电荷的相互排斥作用,使壳聚糖在纤维表面的吸附变得缓慢。在添加 0.20%的壳聚糖后,往 Zeta 电位变为正值的浆料中再加入磷酸酯淀粉,Zeta 电位值保持在 -20mV 附近几乎不再变化,这种情况同壳聚糖加到 Zeta 电位为负值的浆料中的情形是相似的。

(2) 从纤维角度对壳聚糖和磷酸酯淀粉双助剂增强机理的讨论:试验采用零距抗张强度表示纤维强度。结果表明,随壳聚糖加入量的不断增加,纸张零距裂断长的变化很小。加入不同量的双助剂,其零距裂断长的变化与单助剂壳聚糖的加入基本相同。表 3-22 是加入不同

量的双助剂后纸页紧度、光散射系数、Z—强度和抗张指数的变化。可以看出,所有在不同条件下抄成的纸页的紧度都在 440kg/m³ 左右,相差很小,因此,可近似认为紧度对测定结果没有影响。

表 3-22　双助剂对成纸光散射系、Z—强度、抗张指数的影响

壳聚糖(%)/磷酸酯淀粉(%)	空白	0.05/0.75	0.10/0.50	0.15/1.75	0.20/3.00
表观密度/$g·m^{-3}$	0.44	0.45	0.45	0.44	0.43
光散射系数/$m^2·kg^{-1}$	46.60	47.20	44.70	43.90	43.70
Z—强度/kPa	235	285	410	450	465
抗张指数/$N·m·g^{-1}$	34.80	39.90	45.00	45.80	46.50

结果表明,在光散射系数、Z—强度和抗张强度指数之间存在近似的线性关系,说明纸张强度的提高,确实是由于双助剂的加入增加了纸页的结合面积和结合强度所致。通过电镜观察也可以说明上述问题。电镜分析结果表明,空白纸页在拉断时,纤维绝大部分都是整根被抽出来,拉断的纤维很少。这说明纤维本身强度超过了纤维之间的结合强度。加入双助剂的纸页在拉断时,纤维自身被拉断的多而整根纤维被抽出的较少。说明纤维之间的结合强度超过了大部分纤维自身的强度,这充分证明了双助剂增加了纤维之间的结合点数目和结合强度。

(3) 助留机理:对一定配比的浆料,使用双助剂后,可以不用硫酸铝作为填料的助留剂,其留着效果较硫酸铝的助留效果提高 9.50%。如表 3-23 所示。

试验证明,影响双助剂对填料留着的主要因素是壳聚糖用量和 pH 值。双助剂只有在酸性条件下才能对填料起到有效的助留作用。

由于壳聚糖在酸性 pH 值下具有较高的表面电荷(Zeta 电位值为 +51.80mV),因此在浆中可以同纤维、填料及磷酸酯淀粉的表面电荷中和,促使它们彼此絮聚。另外,由于壳聚糖和磷酸酯淀粉均是链状高分子化合物,因此,可以同时跨越纤维、填料等粒子之间的空隙,同时吸

附多个粒子。从而促进填料的留着。

表 3-23 壳聚糖、磷酸酯淀粉双助剂的增强、助留性能

项目 \ 木浆:苇浆	40:60	40:60	70:30
pH 值	醋酸调至 5.5	醋酸调至 4.5	醋酸调至 4.5
松香胶含量/%	0	1	1
壳聚糖含量/%	0.20	0	0
磷酸酯淀粉含量/%	3.00	0	0
滑石粉含量/%	20	20	20
裂断长/m	3810	2900	3790
耐破度/kPa	246.23	188.35	244.27
撕裂度/mN	981	856	1324
填料留着率/%	71.80	65.60	53.50
施胶度/mm	0.50	0.50	0.50

2. 壳聚糖、磷酸酯淀粉双助剂的作用效果

从表 3-23 可以看出，在 pH 值为 5.5 的条件下，将 0.20% 的壳聚糖和 3% 的磷酸酯淀粉加入浆料中，可以明显地提高纸张的机械强度并能促进填料的留着，同时还有一定的施胶效果。对于同一配比的浆料，使用双助剂后抄成的纸页与空白纸页相比，裂断长和耐破度分别提高了 31.4% 和 30.7%。纸张的撕裂度提高了 14.8%。填料的留着率提高了 9.5%。这说明双助剂的使用可以使填料在不用硫酸铝的情况下仍能保持较高的留着率。

壳聚糖分子量对双助剂作用效果有很大影响。试验用 4 种不同粘度、不同聚合度的壳聚糖，0.2% 的壳聚糖与 3% 的磷酸酯淀粉作为双助剂加到纸浆中，考察它们对纸张物理性能的影响，试验所用四种壳聚糖的性质见表 3-24，从表中可见壳聚糖脱乙酰化度几乎为定值，这样只考虑壳聚糖分子量对双助剂作用效果的影响。壳聚糖分子量对双助剂作用效果的影响如图 3-1 所示。

表 3-24　　　　　　　　4 种壳聚糖的性质

壳聚糖 指标	#1	#2	#3	#4
相对分子质量/万	26.33	21.74	16.91	9.26
聚合度	1557	1295	998	551
脱乙酰度/%	77.30	80.50	78.10	79.90

从图3-1可以看出,随壳聚糖分子量的增加,双助剂的作用效果也随之增加。表现在纸张的4项物理指标均随壳聚糖分子量的增加而有所提高,当壳聚糖的相对分子质量由9.26万增加到26.33万时,裂断长提高了14.1%,耐破度提高了19.0%,撕裂度提高了12.5%,填料的留着率提高了8.5%。

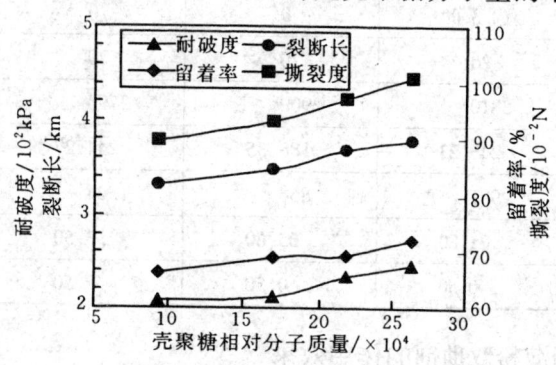

图 3-1　壳聚糖相对分子质量对双助剂作用效果的影响

(三) 壳聚糖、阳离子淀粉接枝共聚物

据 Siagelt 和 Dimarco 报道,壳聚糖接枝共聚物作为增强剂的效果优于壳聚糖,用来抄制低定量的纸张尤为适宜。

壳聚糖、阳离子淀粉是造纸工业较有前途的两种助剂,但在应用中壳聚糖用量较大,造成成本较高、经济效益不太好的结果。阳离子淀粉水溶性极好,吸附留着率高,设想用接枝共聚的方法,将两者连接在一起形成以阳离子淀粉为主要"骨架"结构的改性高分子,减少壳聚糖的流失,充分发挥壳聚糖的有效性,同时改变阳离子淀粉粘度大,成膜性不好,抗水性较差的缺陷。这一设想在理论上是行得通的,从壳聚糖和阳离子淀粉的化学结构可看出:

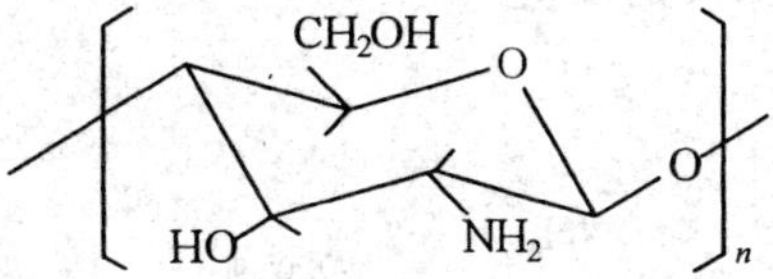

壳聚糖

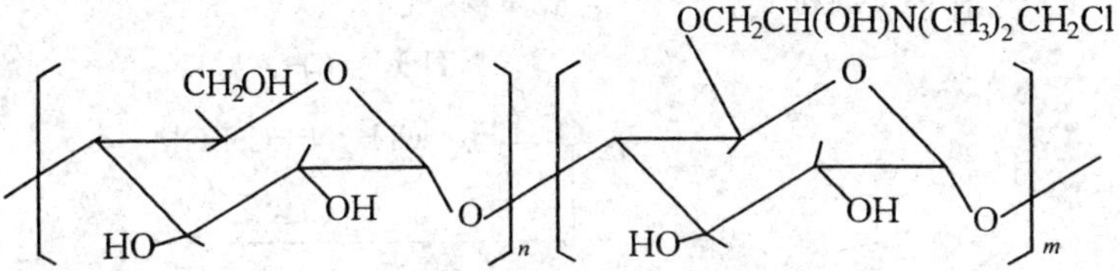

阳离子淀粉

壳聚糖分子中 C_2 位上有一个—NH_2 基,而在阳离子淀粉分子中 C_6 位上的羟甲基除了部分被阳离子化外,大部分的—CH_2OH 还是游离态的,此外阳离子淀粉 C_2 位上的—OH 基位阻较小,阳离子淀粉支链上的—$OCH_2CH(OH)N(CH_3)_2CH_2Cl$ 基团的活性大,在适当条件下,均可参与化学反应,可生成改性壳聚糖,改变其物化性能。

在壳聚糖和阳离子淀粉接枝共聚反应中至少有以下几种反应:

a. —NH_2 与—CH_2OH 的反应

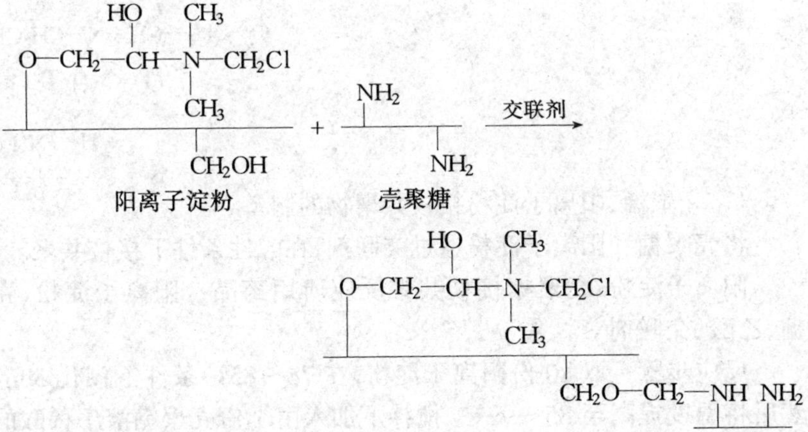

阳离子淀粉 + 壳聚糖 $\xrightarrow{交联剂}$

b. —NH_2 与 C_2 位—OH 的反应

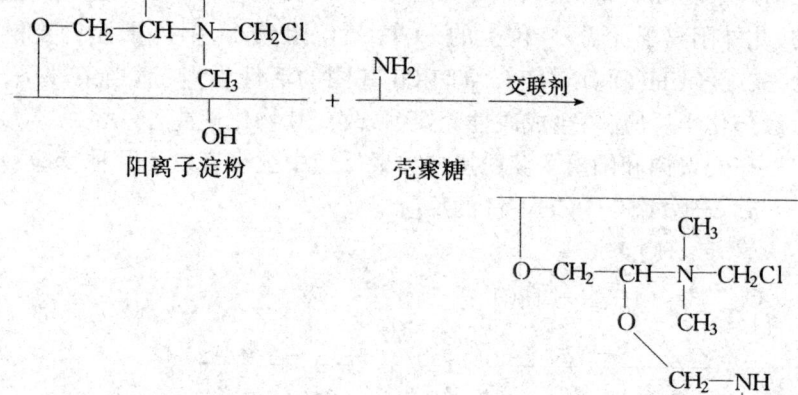

c. —NH_2 与 —$OCH_2CH(OH)N(CH_3)_2Cl$ 上—OH 的反应

1. 壳聚糖、阳离子淀粉接枝共聚物的制备

将壳聚糖和阳离子淀粉通过交联剂,在酸性条件下接枝共聚。

阳离子淀粉、壳聚糖接枝共聚反应所用药品：阳离子淀粉、壳聚糖、乙酸、交联剂等。

反应步骤：取 10 份阳离子淀粉,在 78~85℃ 条件下糊化 30min,然后将温度提高至 85~92℃,搅拌下加入由 1 份壳聚糖溶于稀酸的溶液,搅拌10min后加入交联剂反应1h后,降温至50℃,停止搅拌,反应完毕。

反应结束后的产物中含有阳离子淀粉和壳聚糖的接枝共聚物和未参与反应的壳聚糖和阳离子淀粉。

壳聚糖、阳离子淀粉接枝共聚物的特性参数:外观为微黄色胶体溶液;粘度为0.05Pa·s;pH值4.0~4.5;固含量3.00%;ZP为+5.10mV。

2. 壳聚糖、阳离子淀粉接枝共聚物增强作用的机理

(1) 增加纤维本身的强度。试验结果表明:加入壳聚糖、阳离子淀粉接枝共聚物后纸张的零距裂断长变化很小,当加入1.0%的增强剂时,零距裂断长仅比空白纸张增加3.2%,因为壳聚糖和阳离子淀粉的接枝共聚产物和壳聚糖是聚胺类物质,其中包含少量低分子量成分,所以当接枝共聚物加入浆中后,低分子量成分中的少量分子会沿着纤维细胞壁微孔渗入至纤维内部形成不可逆吸附,从而使纤维本身强度稍有提高。

(2) 接枝共聚物对纤维间结合面积的影响。纤维间结合面积的大小可用纸张的光散射系数表示,因为按纤维一般结合方式,只有纤维的非光学接触面积才能使光分散,亦即光只有在纤维-空气界面发生分散作用。

Z—强度:表示纤维在纸页$X-Y$平面内的紧密结合程度。Mats Anderson通过改变打浆度,对漂白针叶木和阔叶木KP浆、漂白针叶木和桦木SP浆的Z—强度和光散射系数之间的关系进行了研究,研究结果证明:当打浆度改变时,两者之间有近似直线的关系。这说明Z—强度的数值也间接的表示纤维间结合面积的大小,所以用光散射系数的变化来表征不同条件下,引起给定浆料结合面积的变化,而Z—强度可作为光散射系数测定的极好补充。

另外,紧度对光散射系数和Z—强度的影响是很大的。Mats Anderson的研究发现,无论是针叶木还是阔叶木,KP浆还是SP浆,其纸张的Z—强度都随着紧度的增大而直线上升。因此,在测定光散射系数和Z—强度时,纸张的紧率必须保持一致。表3-25是加入不同量的壳聚糖、阳离子淀粉接枝共聚物后,纸张的紧度、光散射系数、Z—强

度、抗张指数的变化数值。

表 3-25　壳聚糖、阳离子淀粉接枝共聚物对纸张强度的影响

指标 \ 接枝共聚物用量/%	0	0.25	0.50	0.75	1.00
表观密度/kg·m^{-3}	426	424	435	436	422
光散射系数/m^2·kg^{-1}	47.70	47.30	44.50	43.70	43.50
Z—强度/kPa	223	281	398	472	497
抗张指数/N·m·g^{-1}	28.67	32.03	35.50	35.96	36.87

从表中数据可以看出,在不同助剂用量下,所抄成的纸张的紧度均在(430 ± 8)kg/m^{3}的范围内,可近似认为紧度对其他测定结果无影响。在紧度几乎不变的情况下,随着助剂用量的增加,纸页的Z—强度有较大的提高,而光散射系数却有所减少。加入1.00%的助剂后,使Z—强度提高了122.9%,光散射系数降低了8.8%,这说明:助剂加入到浆料中后,其大分子跨越在纤维之间形成桥联,增加了纤维间的结合点数和结合强度,使Z—强度有较大的提高,光散射系数减小。此外,助剂带有正电荷,被纤维吸附后在纤维表面形成吸附层,使纤维表面变得平滑,对光的散射能力减弱,所以光散射系数减小。

(3) 接枝共聚物的加入在纤维间形成新的结合键。从分子角度来看,接枝共聚物加入浆料中,纸页干燥后,助剂分子与纤维表面的羟基之间、羟基与氨基之间形成了更多的氢键结合。更重要的是助剂分子中的氨基与纤维表面的羟基形成了牢固的离子键结合,从而使纸张的强度得以提高。

3. 壳聚糖、阳离子淀粉接枝共聚物作为湿部添加剂的使用效果

壳聚糖、阳离子淀粉接枝共聚物作为造纸助剂,其效果优于单独使用壳聚糖或与壳聚糖复配的双助剂。

1:1的龙须草浆、麦草浆的混合浆料和40:60的针叶木浆、麦草浆的混合浆料在不同条件下抄片,对所抄造的纸张进行各项指标的比较,

结果列入表 3-26。

表 3-26　　　　　不同条件下纸张强度的比较

序号 项目	#1	#2	#3	#4	#5
木浆用量/%	0	0	0	0	40
麦草浆用量/%	50	50	50	50	60
龙须草浆用量/%	50	50	50	50	0
pH 值	不调 pH 值	醋酸调 pH 值至 5.0	矾土调 pH 值至 5.0	矾土调 pH 值至 4.5	矾土调 pH 值至 4.5
松香胶用量/%	0	0	0	1	1
滑石粉用量/%	0	20	20	20	20
壳聚糖、阳离子淀粉接枝共聚物用量/%	0	1	1	0	0
裂断长/m	4587	5011	3862	2817	4816
耐破指数/$kPa \cdot m^2 \cdot g^{-1}$	2.70	2.80	2.31	1.93	2.76
撕裂指数/$mN \cdot m^2 \cdot g^{-1}$	7.41	7.46	6.18	5.69	8.14
填料留着率/%	—	71.90	62.00	49.00	54.70
施胶度/mm	—	0.25	0.25	0.25	0.25

从表 3-26 看出,以 1:1 比例混合的龙须草浆、麦草浆的混合浆料所抄造的纸张,当接枝共聚物用量为 1%,用醋酸调 pH 值到 5.0 时,纸张的强度有大幅度提高,填料留着率明显上升,除撕裂指数外,裂断长、耐破指数均与针叶木浆和麦草浆以 40:60 比例配抄的纸张的物理强度指标近似,填料留着率高出 31.4%,各项指标比全空白纸张有所提高:裂断长提高 9.2%,耐破指数提高 3.7%,撕裂指数提高 0.7%。比接枝共聚物用量为 1.00%,改用矾土调节浆料 pH 值的纸张的各项指标有一定程度的提高:裂断长提高 29.8%,耐破指数提高 21.2%,撕裂指数提高 20.7%,填料留着率提高 16.0%。

与用矾土调节浆料 pH 值、松香施胶的纸张相比,各项指标均大大提高：裂断长提高 77.9%，耐破指数提高 45.1%，撕裂指数提高 31.1%。同时该增强剂对纸张有一定的施胶效果。因此，使用该增强剂可以使纸张在不用矾土的情况下，填料仍能保持较高的留着率；在对纸张撕裂度要求不太高的情况下，用龙须草浆代替部分木浆是可行的。

壳聚糖、阳离子淀粉接枝共聚物在浆内添加用作为造纸增强剂的最佳使用条件：pH 值 5.0、助剂用量为 1.00%。

（四）壳聚糖、聚丙烯酰胺接枝共聚物

壳聚糖、聚丙烯酰胺接枝共聚物可由丙烯酸系单体在硝酸铈铵引发下，于室温下和壳聚糖反应生成，反应通过游离基共聚合进行。很多研究表明，壳聚糖—聚丙烯酰胺接枝共聚物作为增强剂的效果优于壳聚糖，用来抄造低定量的纸张尤为合适。

1. 壳聚糖、聚丙烯酰胺接枝共聚物的制备

反应式如下：

$$\text{壳聚糖—OH} + Ce^{4+} + CH_2 = CHR_1 \longrightarrow \text{壳聚糖—OCH}_2 = \underset{\underset{R_1}{|}}{CH} \sim \sim + Ce^{3+}$$

R_1——羧基、酯基或酰胺基

产品质量指标：外观为淡黄色粘稠液体，pH 值为 3.0～5.0，有效物含量≥10%，粘度 1.2Pa·s 左右，在室温下可放置半年不变质，呈两性离子型。

2. 壳聚糖、聚丙烯酰胺接枝共聚物的应用

壳聚糖、聚丙烯酰胺接枝共聚物的加入量和加入位置取决于浆的类型、其他助剂的性质及对产品的要求。通常接枝共聚物的添加量为绝干浆的 0.2%～1.0%。合适的 pH 值范围为 3.5～9.0。如漂白亚硫酸盐阔叶木浆中加入 1% 的壳聚糖，按常规方法手抄纸页，耐破度和抗张强度分别比空白纸页提高 12.1% 和 18.5%。用壳聚糖:丙烯酰胺:2-丙烯酰胺-2-甲基-丙基磺酸以质量比为 54:6:40 的比例共聚得到三元共聚物，在漂白亚硫酸盐阔叶木浆中加入 1% 的三元共聚物，按常规方法手抄纸页，纸页的耐破度和抗张强度分别比空白纸页提高 54.4% 和 22.1%。

三、植物胶类助剂

几个世纪以前,我国和日本的造纸工作者已认识到植物胶类在用极长的三桠皮纤维和构树皮纤维造纸时的有利效应。从黄蜀葵(木槿属)及圆锥绣球的地下根得到的抽出物中即含有植物胶,现在日本仍把这些植物胶用于制造手工纸。这些抽出物的有利效应来源于一种植物胶,它可以被认为是半乳糖醛型及少量蛋白质。在近代,植物胶的价值已被欧洲及北美的造纸工作者所认识。因此,现在相当大数量的瓜尔豆胶、槐树豆胶及较少数量的脱去乙酰基的刺梧桐树胶被用作湿部添加剂,这些植物胶有助于改进纸页的成形。

在这三种主要的植物胶中,瓜尔豆胶用得最多。瓜尔豆胶及槐树豆胶是含有非离子的聚甘露糖半乳糖类,而刺梧桐树胶是一种有更复杂的多糖结构的树的渗出物。瓜尔豆植物类似大豆,它原产于苏丹,然后被人们移植到印度及巴基斯坦,后来它又被推广到美国得克萨斯州及俄克拉何马州,在1953年瓜尔豆树开始被商业生产,这种植物是一种固氮的豆科植物,它耐旱并且能用普通的机械设备收割,因此,与槐树豆胶相比,瓜尔豆胶的供应和价格的稳定性有利于纸厂的使用。

槐树豆胶是从一种只在地中海地区生长的常用豆树的种子中取得的。在圣经中描述的这种树的果实也称为圣约翰的面包,是用手工收割的。因此槐树豆胶的价格受劳动力价格及豆荚的二次使用程度所影响。其价格往往高于瓜尔豆胶。

刺梧桐树胶是由生长在印度的刺激苹婆的渗出物经烘干及磨碎而制得的。原料树胶用人工收集。在它的应用中,由于脱去部分乙酰基的结果,刺梧桐树胶是阳离子型的,这使它变得更有效。

植物胶的主要用途是改进未漂硫酸盐长纤维浆的成形。当希望增加生产能力时,植物胶的使用是特别重要的。在纸浆中添加植物胶后,在降低纸浆的打浆程度的情况下仍可以获得较高的耐破度,同时可以改善纸浆的滤水性能,这有利于提高纸机车速。Yang认为植物胶在改善纸页成形方面的效率不如在降低纤维浓度及游离度方面的效率。

1. 造纸用植物胶的性质

瓜尔豆胶及槐树豆胶是聚半乳糖甘露糖类聚糖,其中骨干的聚合物是由 β—D—吡喃式甘露糖单元以$(1\rightarrow 4)$苷键连接组成主链,每隔一段距离 α—D—吡喃式半乳糖单元以$(1\rightarrow 6)$苷键连接在主链糖基上。植物胶结构的差别在于甘露糖与半乳糖的比率,瓜尔豆胶和槐树豆胶的这一比率大约分别为 2 和 4。部分水解的刺梧桐树胶的 D—半乳糖,L—鼠李糖及 D—半乳糖醛酸的分子比为 $4:6:5$。它约含有 8% 的乙酰基。它的准确的结构还不知道。

在纸浆悬浮液中涉及植物胶的吸附过程是快速的。Barry 证明在槐树豆胶及 H^+,Na^+,Ag^+,Ba^{2+},及 $C_2H_3O_2^-$,NO_3^-,SO_4^{2-},HSO_4^- 离子之间没有可观察到的结合,但对—OH 基显示了一种亲和力。植物胶可以认为是被纤维吸附,很可能是由于它们和半纤维素有相似性。已有报道瓜尔豆胶的最大吸附是在 pH 值 6.7 处。根据 Keen 和 Opie 的意见,一旦饱和点已超过时,植物胶的浓度对吸附的植物胶量没有影响。这一饱和点决定于比表面,而对瓜尔豆胶来说约为纤维重量的 $0.2\%\sim 0.6\%$。有资料报道,瓜尔豆胶、槐树豆胶及刺梧桐树胶的平均相对分子质量分别是 22 万、31 万及 950 万。Koleske 乙酰化了瓜尔豆胶,并测定出在高分子量时它的结构近似于一种不规则的线圈式状,而在低分子量时是一种棒状。

植物胶包着纤维而改进纸页成形的起因可能是由于:纤维的润滑性得到提高;阴电荷在纤维上更好的分布;或胶体保护效应的结果。植物胶也增加了悬浮介质的粘度,但是鉴于少量的植物胶即可起到好的作用,所以有理由假定植物胶包着纤维而改进纸页成形的起因主要是由于纤维表面的变化,而不是粘度的变化,单单增加粘度是不够的,因为一些高粘度的植物胶没有显示出好的效应。为了获得纤维悬浮液,这些胶体必须:(a)被吸附在纤维上;(b)有足够的水合作用,以防止纤维的粘附。

De Roos 评价了许多多糖对未打浆的云杉亚硫酸盐浆的分散效应,并推断出不分支的或略有分支的高度聚合的有 $1\rightarrow 4$ 配糖键的多糖是最好的分散剂。如甲基纤维素、乙基羟乙基纤维素、羧甲基纤维素(在 pH 值为 5.0 时)、槐树豆胶及瓜尔豆胶。属不良分散剂之例的是果胶、罗望树胶、藻朊酸盐、淀粉、葡萄糖、角叉菜胶、阿拉伯树胶、牧豆树属植物及魔芋。McGuire的研究结果表明,在淀粉衍生物、种子植物胶类、微生物的多糖类、半纤维素及葡萄糖衍生物等物质中,只有瓜尔豆胶及槐树豆胶对纤维结合及纸页成形均有好处。

作为抑制絮凝的添加剂,聚半乳糖甘露糖类聚糖是最有效的,它们被广泛的用于长纤维纸浆的抄纸过程中,它们能引起网上纸料的脱水速度显著减慢,从而获得成形良好的纸张,而且这种纸张的强度比由机械打浆到相同打浆度得到的纸张强度大。对成形最有利的效应是在没有明矾时得到的。

在普通纸浆中添加植物胶时,对纤维重量0.1%的槐树豆胶能明显改进纸页的成形。1%以上的植物胶不会产生更大的改进,所以很少使用这样高的量。用很长的纤维例如由楮皮纤维抄纸时,可以使用高得多的植物胶量。随着纸浆打浆度的上升,植物胶的留着率和它的效率就增加。

最有效的反絮凝剂是脱去乙酰基的刺梧桐树胶。这可以通过在水中配制5%刺梧桐树胶分散体并加入对树胶重量约15%的26°Bé的氢氧化铵(pH值约为8.0~8.5)溶液来制备,在室温下陈化至少3h或从71℃加热到82℃,15min后树胶溶液变为"拉丝的"或"成丝的"并被稀释到0.5%的浓度。在有明矾存在的情况下,脱去乙酰基的刺梧桐树胶是最有效的。

使用很少量的植物胶就可有效增加纸张的干强度。Rowland发现瓜尔豆胶是同量淀粉效力的几倍,特别是在牛皮纸中。例如,使用对纤维重量0.25%~1%的瓜尔豆胶就可以使纸张在耐破度及抗张强度方面得到明显的增加;或者,通过减少机械处理量可能保持相同的耐破度,增加撕力并大大地增加在纸机上的滤水速率。一般地,在每吨浆中添加仅仅1.36~1.82kg的槐树豆胶或瓜尔豆胶即能在强度及成形方面得到满意的改进结果。在每吨浆用量为1.82~2.72kg时,这些植物胶是有效的填料助留剂。在更高的用量下,虽然耐破度及抗张强度继续增加,而填料的留着率则下降。

如果含有瓜尔豆胶的纸页用硼砂处理,它们可产生一点暂时的湿强度。水或纸浆中过量的铁离子对在打浆机中加入的瓜尔豆胶有一种不利的影响。

瓜尔豆胶在造纸中有用的另一个性质是它能减小在湍流中纤维悬浮体的摩擦阻力。这种性质能延长泵的寿命并降低泵的电耗。

2. 植物胶的应用

植物胶的使用要求它们被恰当地分散。一般地,瓜尔豆胶在室温下易水化而槐树豆胶需要加热。植物胶最好在浓度0.5%~1%,90℃下蒸煮约30min。由于容易水化,使用时必须防止胶粉变成"胶球"。已经研制出慢慢地将植物胶粉末加入到水流中的喷射器,并由供应厂商推荐使用。此外还可将硼砂或羟丙基纤维素之类的添加剂与植物胶混合,以抑制水化速率。

植物胶比淀粉更有效。在没有打浆的情况下,可以抄造出透气度和耐破度都高的纸张来,这一点对纸袋纸是非常重要的,因为透气度是自动装袋过程所需要的,而耐破度是纸袋纸在搬运过程中所要求的。

某造纸厂在生产水松纸时,在水力碎浆机碎解浆板的过程中,按浆板绝干量0.3%的比例,以干粉的形式,直接将瓜尔豆胶缓慢均匀地加入纸浆中。应用结果如表3-27所示。

表3-27　　瓜尔豆胶对水松纸生产的影响

指标	未加瓜尔豆胶	添加瓜尔豆胶
定量/$g \cdot m^{-2}$	28.5	28.3
抗张强度/$kN \cdot m^{-1}$	1.69	1.75
伸长率/%	1.58	1.59
灰分/%	4.8	6.7
水分/%	5.8	5.5
白水浓度/%	0.21	0.18
5000m盘纸无接头率/%	81.7	85.0

结果表明,加入瓜尔豆胶后,在水松纸定量、水分、伸长率基本没有变化,灰分大幅提高的情况下,成纸抗张强度提高,说明瓜尔豆胶在水

松纸中有一定的增强作用。加入瓜尔豆胶后,成纸灰分从 4.8% 提高到 6.7%,增长 30%;而白水浓度从 0.21% 减少到 0.18%,下降 14%。这说明瓜尔豆胶有明显的助留效果。加入瓜尔豆胶后,5000m 盘纸无接头率从 81.7% 上升到 85.5%,增长约 3 个百分点。这是因为:加入瓜尔豆胶后,在网案成形过程中,纸页匀度有明显的改善;其次是,由于抗张强度增加,减少了纸页在抄纸和分切过程中的断头数。

与其他化学助剂相比,瓜尔豆胶的使用简单方便,不需要单独的溶解、搅拌设备,也不存在分子链的剪切降解问题。所以瓜尔豆胶在低定量纸的生产中有较大的推广价值。

第四节 树脂障碍控制剂

造纸原料中除含有纤维素、木素和半纤维素这三种主要成分外,在某些木材原料中还含有少量的树脂。树脂中不仅含有可皂化物如树脂酸、脂肪酸及其酯外,还含有非皂化物如萜烯、高碳醇等。这些物质淤积于浆内,会严重影响纸页抄造和成品质量,故在制浆过程中应尽量脱除。但由于亚硫酸盐法蒸煮和机械法制浆脱除树脂的能力有限,所以这类纸浆所产生的树脂问题较为严重。硫酸盐法或其他碱法蒸煮由于树脂和脂肪酸的皂化作用而在洗涤时容易出去,因而所产生的树脂问题较少。

造纸过程的树脂障碍是由于纸浆中带有的一些溶于中性有机溶剂的憎水性物质以多种形式沉积在设备的表面上而带来的,所以造纸过程的树脂障碍控制就是要控制树脂的沉积。树脂障碍的危害作用主要有三个:一是使纸页产生斑点和孔洞,降低产品的质量;二是降低了网子和毛毯的寿命,及由于树脂的存在而产生大量的微生物,从而增加了设备的腐蚀;三是由于纸页的断头,设备的清洗和维修而增加了停机的时间。

随着制浆造纸工业的发展,造纸过程的树脂障碍问题必将日益突出,这主要是由以下因素决定的:①环境方面的限制,使系统用水封闭循环系统日趋完善,导致用水中含有高浓度的树脂;②机械浆、二次纤维用量的增加,从而引入更多树脂类污染物;③纸机车速的提高,使剪切速率增大,从而加大树脂的沉积趋势;④生产能力的提高,使洗浆机等设备超负荷运转,导致纸浆中含有更多的树脂成分。所以不仅使用亚硫酸盐法木浆和机械法木浆的造纸厂需要对造纸过程的树脂障碍进行控制,而且使用硫酸盐法木浆的造纸厂对造纸过程的树脂障碍问题也应给予更多的重视。生产过程中控制树脂障碍的方法主要有化学控制法、工艺控制法和生物控制法。本节主要介绍在造纸过程中使用的树脂分散剂、螯合剂和生物酶制剂。

一、树脂分散剂

1. 无机分散剂

无机分散剂主要是具有极性吸附能力的硫酸铝、滑石粉、高岭土、硅藻土、石棉等。下面主要介绍生产上常采用的硫酸铝和滑石粉。

(1) 硫酸铝。硫酸铝在造纸车间广泛用于施胶、pH调整、助留、助滤、增湿强、树脂熟化和树脂障碍控制方面。就以马尾松为原料的新闻纸机而言,主要是起树脂障碍控制作用。

硫酸铝控制树脂障碍的机理是:溶解状态的水解铝离子如$[Al_8(OH)_{20}]^{4+}$借助于氢键吸附在胶状树脂的表面而与树脂粒子发生聚结,使胶状树脂表面的负电性和Zeta电位减小,扩散层变薄,粒子之间斥力减小而发生聚结。水解铝离子浓度大时,胶状树脂表面的电性由原来的负电性变为正电性,粒子趋于分散、稳定,当遇到表面呈负电性的纤维时,胶状树脂粒子就会强烈地吸附在纤维表面上,并最终留着在纸页之中。

在新闻纸的抄造过程中,可采用硫酸铝来控制树脂障碍。硫酸铝控制树脂障碍的效果在很大程度上取决于浆料树脂含量的大小和系统pH值控制的范围。浆料树脂含量大时,如将pH值降得太低,纸页会发脆,导致复卷过程中断头多;白水中泡沫显著增多,白水泵的工作效率降低;增加了设备的腐蚀,硫酸铝和消泡剂消耗量大量增加;纸机压光、干燥部树脂障碍严重。pH值过高时,溶解状态的水解铝离子以

$[Al_8(OH)_{20}]^{4+}$ 状态存在的较少,则起不到相应的效果。一般 pH 值控制在 4.8~5.0 为宜。另外,铝离子浓度也很重要,当系统中铝离子浓度达 20mg/L 以上时,可获得显著的控制树脂障碍的效果。故有时为了不使 pH 值过低,又能保证一定的铝离子浓度,可适当加入碱性的铝酸钠来调节 pH 值。铝离子浓度过高时,控制树脂障碍的效果并不会明显增加,反而对纸页的白度、撕裂度、耐破度不利。一般系统中铝离子浓度达到 20~40mg/L 比较好。

硫酸铝控制树脂障碍的效果还与加入的地点有较大的关系,硫酸铝的加入多采用多点加入的方法。如在马尾松磨木浆的来浆池中、靠近纸机的成浆池中以及纸机前的上浆泵入口处都分别加入一定比例的液体明矾。这样一方面使硫酸铝有足够的水解反应时间,另一方面,又可尽量减少硫酸铝絮聚物被流体剪切力分裂,从而获得最佳的控制树脂障碍的效果。

(2) 滑石粉。滑石粉是造纸厂常用的又一化学品,主要作用是提高纸的不透明度、亮度、平滑度、匀度、吸收性能、吸墨性能和节省纤维原料等。在以马尾松为原料的新闻纸厂,滑石粉也被用作树脂障碍控制剂。但控制树脂障碍用的滑石粉与加填用的滑石粉在性质上有很大的区别。滑石粉控制树脂沉积是利用其具有亲油的性质,滑石粉可吸附系统中憎水性的胶状树脂,降低树脂粒子的表面能,使树脂失去其特有的黏性,从而抑制树脂的黏附、聚结和沉积。滑石粉常呈片状、鳞片状或致密集合体,每个结晶体的表面可吸附多达 14 个树脂粒子。此外,已经发生聚结的胶状分散树脂也可以吸附滑石粉,避免进一步的聚结和沉积。但系统中有剪切力存在时,已聚结的胶状分散树脂可能又重新暴露出新鲜的粘性表面再发生聚结和沉积。因此,利用滑石粉控制树脂沉积时,应在树脂未发生聚结时加入,在制备马尾松硫酸盐浆过程中,把滑石粉加入漂白工序的稀释中和池中可收到一定的效果。而对于马尾松磨木浆,在机浆车间的贮浆池和抄纸车间配浆工序的来浆池都分别加入一定量的滑石粉,可对减少纸机上树脂障碍起到明显的作用。

滑石粉的纯度、粒度以及浓度与其控制树脂沉积的效果有很大的关系。纯度越高,越易发生层状剥离,亲油性表面越多,效果就越好。

粒度越小,比表面越大,表面能也越大,其吸附能力就越大。滑石粉的浓度增加,则滑石粉吸附树脂的量呈直线增加。一般来讲,用于控制树脂沉积的微细滑石粉呈片状薄层结构,其吸附树脂的效率高达 90% 以上。用于加填的滑石粉呈块状结构,也有吸附树脂的作用,但由于尚未形成薄片,且小粒度的含量低,其吸附树脂的效率不足 80%。为保证使用效果,对滑石粉溶液的浓度控制比较严格,一般控制在 8%～12% 的范围内。

值得注意的是,滑石粉吸附树脂的作用不受造纸过程中温度和 pH 值的限制,但应避免与油类消泡剂同时使用。因为油类消泡剂能吸附在滑石粉上,降低其吸附树脂的效果。

2. 高分子树脂分散剂

用得最多的是聚氧化乙烯,其他如甲基纤维素、羧甲基纤维素、羟乙基纤维素、聚丙烯酸钠等都有所应用。

烯类单体与马来酸酐共聚物用作树脂分散剂近年来已引起重视,如可用己烯或二异丁烯与马来酸酐反应生成共聚物,再用氨水处理,得到相对分子质量为 1000～50000 的聚合物盐,其结构式如下:

$$\cdots CHCH\text{—}CH_2\cdots$$
$$|||$$
$$O\text{=}CC\text{=}OCH_3$$
$$||$$
$$HOO^-\ NH_4^+$$

将得到的聚合物加入纸浆中,可防止树脂污染筛浆机或毛毯,同时不降低纸张的施胶度和强度。

3. 表面活性剂

表面活性剂是近些年来控制树脂障碍的又一种化合物,研究表明,阴离子型表面活性剂、阳离子型表面活性剂和非离子型表面活性剂都可用于树脂沉积的控制。其作用大体上都是利用其疏水基吸附到树脂表面,而亲水基伸到水中来避免树脂沉积到设备表面。此外,表面活性剂还具有软化和"溶解"已形成的树脂沉积物的性能。用作树脂分散剂的主要是阴离子型表面活性剂,如扩散剂 N、拉开粉 BX 等,加入浆料中可有效地分散树脂颗粒,减少其相互凝聚或沉淀的趋势,其用量约为纸浆量的 0.5%。按使用方法分,用于控制树脂障碍的表面活性剂分为两大类,一类用于浆内添加,在化学制浆车间和机械制浆车间的贮浆池和抄纸车间纸机上浆系统的特定地点,在树脂障碍严重时,针对不同浆种树脂的特性,分别加入一定比例的浆内树脂障碍控制剂;另一类主要是用于新闻纸机的压榨部,稀释后喷洒在毛毯表面,起到清洁毛毯孔隙内树脂的目的,使毛毯水分降低、横向水分分布均匀,从而使出压榨部湿纸页水分降低、纸页横向水分分布均匀,有利于降低干燥用汽量,提高成纸水分和成纸平滑度,并减少工艺计划外停机清洗毛毯的时间、延长毛毯使用寿命,达到提高新闻纸质量、产量和降低成本的目的。

用作树脂分散剂的表面活性剂的优点是:很少的加入量就可以获得良好的控制效果;操作和计量很方便;不需要像加硫酸铝那样严格地控制 pH 值和温度。然而,表面活性剂的加入可能会对施胶产生不利的影响;大部分表面活性剂(除阳离子型外)不能使树脂留着在成纸中,从而引起白水循环系统中树脂的积累。

二、螯 合 剂

1. 螯合剂的种类

螯合剂是由正离子或原子与一定数目的中性分子或负离子以配位键结合起来的物质。螯合剂现已广泛应用于 H_2O_2 漂白过程中重金属离子的螯合,在树脂障碍控制方面,螯合剂也已显示出其应用价值。在制浆造纸工业中常用的螯合剂有 EDTA、DTPA、HEDTA 和 NTA 等。

2. 螯合剂控制树脂障碍的机理

系统用水中的 Ca^{2+} 或 $CaCO_3$ 会诱发树脂沉积。螯合剂可以螯合系统中的钙、铜、铁和锰等金属离子,从而可防止它们和系统中的阴离子皂结合成不溶性皂化物,也可避免不溶性 $CaCO_3$ 的形成。因此,螯合剂是通过螯合金属离子而间接地控制树脂的沉积。

某些螯合剂如六偏磷酸钠不仅能够螯合金属离子,也对树脂具有分散作用。

3. 螯合剂的树脂障碍控制效果

DTPA 对胶状分散树脂沉积具有控制作用，40mg/kg 的 DTPA(与钙离子及胶状分散树脂浓度之比为 1∶5∶30)，可使树脂沉积量降低 82% 以上。

EDTA 在 pH 值为 7.0 的条件下控制树脂沉积的效果非常明显，足够量的螯合剂可获得和非离子表面活性剂至少相同的效果。表 3-28 是 Vincent 对 Na_4EDTA 控制树脂沉积的研究结果。

表 3-28　　Na_4EDTA 对树脂沉积的影响

Na_4EDTA 用量/mL,1%溶液	0	10	15	20	25	50
树脂沉积量/mg	714	342	165	138	38	28
树脂沉积百分比/%	100	48	23	19	5	4

注：系统中存在纤维。

磷酸盐是控制树脂障碍最为常用的螯合剂。通常，磷酸盐和表面活性剂一同使用。表 3-29 是三聚磷酸钠、焦磷酸钠、六偏磷酸钠的树脂障碍控制效果。从表中可以看出，在所测试的磷酸盐中六偏磷酸钠是最为有效的。

表 3-29　　几种磷酸盐的树脂障碍控制效果

螯合剂用量/mL	三聚磷酸钠			焦磷酸钠		六偏磷酸钠		
	40	60	100	40	100	40	60	100
树脂沉积量/mg	193	194	150	410	216	192	112	29
树脂沉积百分比/%	24	24	19	52	27	24	14	4

只有当系统中树脂的沉积是由于含有较多的钙等金属离子引起时，添加螯合剂才是最为有效的。螯合剂的加入地点要考虑在形成不溶性钙皂以前加入，否则会大大降低螯合剂的效果。此外，一般不单独使用螯合剂来控制树脂障碍问题，只有和其他树脂障碍控制剂如表面活性剂等混合使用，才能发挥各自的优势，达到控制树脂障碍的目的。然而应该注意的是，由于磷酸盐和硫酸铝发生反应形成不溶性磷酸铝，故这两种物质不能同时使用。

三、生物酶制剂

利用生物技术来解决纸厂中的树脂障碍问题是近年提出的一种新的树脂障碍控制方法。国内外都已开始了与此相关的研究,且该技术已在工厂中获得了应用。

利用生物技术来解决纸厂中的树脂障碍问题,主要有两种方案:一是利用脂肪酶(lipases)处理纸浆,通过水解纸浆中的甘油三酸酯(triglycerides,TG),从而达到控制树脂沉积的目的;二是利用真菌(fungi)处理木片,通过降低木片中树脂含量来控制树脂障碍的产生。在此仅介绍前一种方案。

1. 脂肪酶的特性及控制树脂沉积的机理

酶(enzymes)是一种高效能、高专一性、高度可变性的高分子有机催化剂。脂肪酶(EC3.1.1.3)即甘油酯水解酶,是一种能够分解脂肪的酶。它可以将甘油三酸酯水解成游离的脂肪酸。脂肪酶的另一重要特性是它只能在异相系统,即在油(或脂)-水的界面上作用,对均匀分散的或水溶性底物无作用,即使有作用也极缓慢。

脂肪酶的来源非常广泛,它广泛存在于动物组织、植物种子和微生物中。不同来源的脂肪酶,其结构的差异性使酶的底物专一性也不同。其底物专一性包括:①位置专一性;②脂肪酸专一性;③立体专一性。

许多研究表明,树脂中的甘油三酸酯是制浆造纸过程中产生树脂障碍的有害组分之一。在纸浆中加入脂肪酶,可通过将 TG 水解成低粘性的脂肪酸和水溶性甘油,从而抑制树脂的沉积。脂肪酶对甘油三酸酯的水解作用如下式所示:

$$\begin{array}{c} H_2C-O-\overset{O}{\underset{\|}{C}}-R_1 \\ HC-O-\overset{O}{\underset{\|}{C}}-R_2 \\ H_2C-O-\overset{O}{\underset{\|}{C}}-R_3 \end{array} \xrightarrow{\text{脂肪酶}} \begin{array}{c} H_2C-OH \\ HC-OH \\ H_2C-OH \end{array} + R_1COOH + R_2COOH + R_3COOH$$

2. 影响脂肪酶控制树脂障碍效果的因素

(1) 脂肪酶用量。胶状分散树脂游离地悬浮在浆液之中,这些树脂是发生沉积的主要因素。脂肪酶要分解胶状分散树脂中的甘油三酸酯,就必须和它接触,吸附在胶状树脂粒子与水的界面上。显然,脂肪酶浓度直接决定着这种接触的频率,因此脂肪酶浓度是树脂障碍生物控制的一个重要因素。利用来自 candida lipolytica 的脂肪酶处理马尾松磨木浆时,脂肪酶用量以 5IU/g 为佳,再增加脂肪酶用量,处理效果基本不变。

(2) pH 值。酶对于 pH 值的影响极其敏感,每一种酶只能在一定限度的 pH 范围内活动,且有一个最适宜的 pH 值。在最适宜的 pH 值下,酶的反应速率最大,若 pH 值稍有变更,酶的反应速率即受抑制。利用来自 candida lipolytica 的脂肪酶处理马尾松磨木浆时,应尽量维持系统的 pH 值在 7.0 左右,不可大于 8.0 或小于 6.0。

(3) 温度。一般化学反应速率随温度的升高而加快。酶的催化作用与温度也有密切的关系,当酶浓度与底物浓度固定时,在一定范围内酶所催化的化学反应的速率也随温度的升高而加快。然而温度超过酶的最适温度就会使酶的活力下降,从而引起反应速率的降低。利用来自 candida lipolytica 的脂肪酶处理马尾松磨木浆时,40℃是其最适温度;在 30~50℃范围内,该脂肪酶能保持较高的活力;超过 60℃,该酶严重失活。日本 Jujo 造纸公司和奥地利 Novo Nordisk 生物有限公司联合开发了一种耐热脂肪酶,该酶甚至在高达 80℃以上仍是有效的,故可在磨木区加入。

除了上面三个影响因素外,处理时间和搅拌方式对处理效果也有很大影响。一定的反应时间和适当的搅拌对取得好的处理效果都是必须的。

3. 利用脂肪酶控制树脂沉积的生产实践及其效果

日本 Jujo 造纸公司 Yatsushiro 纸厂利用日本红松生产磨木浆抄造新闻纸。该厂自 1991 年 3 月以来一直使用脂肪酶来控制树脂障碍问题。使用的脂肪酶有 Resinase A(液体)、Lipase AYL(液体)、Lipase OF(粉状)。液体酶用量为每吨磨木浆 500~1000mL,粉状酶用量为每吨浆 80~120g。

表 3-30 是脂肪酶处理前后压辊上的沉积物的去除次数。可以看出,尽管利用酶处理时采用了 0~30% 的新鲜木材,但酶处理仍可以显著降低压辊上所沉积的树脂量,树脂的去除次数由未处理前的每天2.5次,降为每天 0.21 次,若停止使用脂肪酶,则沉积物又有明显增加。由于利用酶处理时采用了 0~30% 的新鲜木材,而新鲜木材的白度高于经风化的木材,因此所得磨木浆白度由 58.5% 上升到 62.0%。利用脂肪酶处理后,该厂降低了风化处理和漂白费用。

表 3-30　脂肪酶处理前后压辊上沉积物的去除次数

脂肪酶处理与否	未脂肪酶处理		脂肪酶处理
生产日期	3.1—3.12	4.1—4.15	3.13—3.31
风化木材与新鲜木材比例	100/0		100~70/0~30
去除次数/次·d^{-1}	2.5	3.37	0.21

日本 Jujo 造纸公司 Ishinomaki 纸厂在磨木浆 1 号浆池的出口处加入脂肪酶,脂肪酶加入后,到达混合浆池或纸机浆池的时间大约分别是 120min 或 150min。经长期的生产试验可以发现以下的结果:

(1) 降低了表面树脂及其中的 TG 含量。表面树脂约占绝干磨木浆的 1.5%~2.1%。其中 TG 含量约占表面树脂的 16%~20%。很显然,脂肪酶可在浆料到达混合浆池入口处时使 70% 的 TG 发生水解,且经脂肪酶处理后循环白水中树脂含量也降低到了较低的水平。

(2) 增加了树脂的初次留着率。在新闻纸和电话簿纸的抄造中,纸浆的初次留着率(FPR)分别是 40%~45% 和 35%~37%,加入脂肪酶后这些数据没有什么变化,然而树脂的 FPR 分别从 5%~7% 和 9%~14% 增至 12%~18% 和 17%~24%。随着脂肪酶对 TG 的水解,树脂分散在纸浆悬浮液中并固定在纤维表面,这也防止了树脂在循环用水系统中的积累。

(3) 减少了树脂在纸机浆池内壁的沉积。在未使用脂肪酶以前,在纸机浆池内壁上经常发现一些黑色的球状沉积物。使用脂肪酶一个月后,该沉积物消失了。这说明脂肪酶可以防止树脂在浆池内壁上的沉积。

(4) 减少了树脂在网部和压榨部的沉积。经脂肪酶处理后,发现新闻纸抄造过程中湿树脂的沉积量减少了87%,而黄色电话簿纸抄造过程中减少了58%。数据见表3-31。

表 3-31　　　　湿树脂的沉积量和纸幅中的孔洞数

	日　　期	产　品	湿树脂沉积量 平均值/$g \cdot d^{-1}$	纸幅中孔洞数 平均值/$个 \cdot d^{-1}$
未用脂肪酶 处理时	8.5—8.13	新闻纸	242.6	11.0
	8.18—9.14	黄电话簿纸	110.2	4.5
用脂肪酶 处理时	9.7—9.14	新闻纸	32.6	1.4
	9.18—10.2	黄电话簿纸	46.1	3.4

这些结果进一步表明,脂肪酶可以水解树脂中的 TG,TG 水解后变成了低粘性的脂肪酸组分。

(5) 减少了纸幅中的孔洞。从表3-31可以看出,脂肪酶处理可以有效地减少纸幅中的孔眼数,从而提高了纸张的质量。

参 考 文 献

1. 张运展,张瑞生译.造纸中的界面动电现象.北京:轻工业出版社,1984
2. 凯西.制浆造纸化学工艺学(第三卷).北京:轻工业出版社,1988
3. 蔡季琰.造纸用化学助剂200例.北京:科学普及出版社,1985
4. 沈一丁.造纸化学品的制备和作用机理.北京:中国轻工业出版社,1999
5. 张光华.造纸湿部化学原理及其应用.北京:中国轻工业出版社,1998
6. 侯世珍,安郁琴.造纸助剂作用原理及应用.西北轻工业学院印刷厂,1999
7. 尹家贵,马洪礼,冯大春.高分子造纸助剂的应用、合成及发展.造纸化学品,1999(4):15~17
8. 谢来苏,胡惠仁,陈夫山等.造纸用两性助剂.天津造纸,1999(3):2~11
9. 陈夫山,王海毅,何秋实.两性聚丙烯酰胺的制备及应用.广东造纸,1999

(4): 9~12
10. 张维茹.阴离子聚丙烯酰胺作造纸分散剂的实践与认识.天津造纸,1999(3): 27~31
11. 聂俊红.纸中三聚氰胺树脂的鉴别与测定.天津造纸,2000(2): 6~9
12. 胡志斌,谢来苏.PEO特性及其在造纸中的应用.黑龙江造纸,2000(1): 12~15
13. 于树明.淀粉、丙烯酰胺的接枝共聚.西北轻工业学院论文集,1990
14. 张岩.壳聚糖—磷酸酯淀粉作为造纸助剂的研究.西北轻工业学院硕士学位论文,1991
15. 王欣.壳聚糖—阳离子淀粉接枝共聚物的研制.西北轻工业学院硕士学位论文,1992
16. 卢秀萍编.造纸工业中的合成聚合物.天津大学出版社,1995
17. Stoujesdik P G, Smit G. Papier Corton Cellul. 1995,24(1): 56~62
18. Davisn RW. US Patent 3049069,1962
19. Landes GG. Tappi.1950,33(9): 463~471
20. 杨光旺.瓜耳胶在滤嘴棒纸中的应用.造纸化学品.1994(4): 31~32
21. 秦梦华.纸浆中的树脂及其障碍控制.北京: 中国轻工业出版社,1998
22. 秦梦华.制浆造纸厂的树脂问题及其控制.天津造纸,1998(1): 17~21
23. 梁荣国.马尾松新闻纸生产的树脂障碍及控制.中国造纸,2000(4): 29~34

第四章 纸张施胶与加工纸化学助剂

施胶剂与加工纸化学助剂在造纸助剂中所占比例很大。有相当大一部分纸和纸板需要施胶,而加工纸的生产几乎离不开化学助剂。据有关部门统计及预测,在 2000 年,仅松香乳液施胶剂,需求量就达到了 2 万～2.5 万 t;涂布胶黏剂、分散剂、润滑剂、抗水剂和防腐杀菌剂的需求量分别为 5 万 t、0.5 万 t、0.5 万 t、0.1 万 t 和 0.1 万 t;预计到 2005 年,我国造纸用松香施胶剂为 3.0 万～4.0 万 t;加工纸化学助剂年需求量:涂布用胶黏剂约 10 万 t、分散剂 0.5 万～0.6 万 t、润滑剂 0.4 万～0.5 万 t、抗水剂 0.10 万～0.15 万 t、防腐剂 0.1 万～0.2 万 t。

本章着重论述施胶剂的种类、性质、制备方法和使用条件以及施胶过程中的影响因素等;同时,对加工纸及特殊纸常用化学助剂的种类、性质、使用条件等进行了阐述。

第一节 纸 张 施 胶

许多纸和纸板在使用过程中需要具有抗水性,而施胶能够提高纸和纸板的抗水性,使产品具有所需要的使用性能,以控制水、墨水、血液、软饮料以及其他液体的渗透。有时,施胶的目的仅是为后续加工创造条件。

随着造纸工业的发展,纸张施胶剂的发展经历了如下阶段:褐色松香胶、白色松香胶、高游离松香胶和蜡乳液施胶剂(20 世纪 30 年代)、强化松香胶(20 世纪 40 年代)、合成施胶剂硬脂酸酐(20 世纪 50 年代)、AKD 和 CS 中性施胶剂以及采用强化松香胶的仿中性施胶剂技术(20 世纪 60 年代)、分散松香胶和 ASA(20 世纪 70 年代)、阴离子分散松香胶、分散松香胶加聚合氯化铝的中性施胶剂技术(20 世纪 80 年代中期)、阴离子松香中性施胶剂、阴离子石蜡乳液中性施胶剂(20 世纪90年代)和近年来开发研究的阳离子型分散松香胶。

为了提高纸张质量和保存性能、改善生产过程和减轻环境污染,世界各国纷纷将酸性施胶改为中性或碱性施胶。目前,欧洲的高级纸,50%以上为中性纸,日本和美国的中性纸也在20%～30%以上。用于中性施胶的化学品有:①反应型胶料AKD(烷基烯酮二聚物)和ASA(烯基琥珀酸酐)。②阳离子自行固定型胶料,不需另加沉淀剂,用量为反应型胶料的两倍,对纸张强度有不利影响。③阴离子强化分散松香胶,用PAC(聚合氯化铝)作沉淀剂。但有报道称,用硫酸铝作沉淀剂另加PAM(聚丙烯酰胺)作助留剂,也可实现中性施胶。④阳离子强化分散松香胶,不需另加沉淀剂,但加CPAM(阳离子聚丙烯酰胺)和PAC,均可促进施胶。⑤阳离子乳化石蜡胶,与助留剂配合使用也有效果。

在合成类中性施胶剂中,AKD约占50%。施胶剂的添加量,也呈逐年下降的趋势。由于AKD、ASA的使用存在很多操作方面的问题,目前世界各国都把注意力放在开发松香类中性施胶剂方面来。

在我国的造纸厂,施胶剂仍以松香胶为主,分散松香胶得到了逐步推广,在质量上有了很大的提高,在应用上也取得了可喜的进展;ASA在我国某些厂家于20世纪90年代末开始正式使用,AKD也有很多厂家在使用。开发松香类中性施胶剂,特别是阴离子乳化松香胶中性施胶技术和阳离子型分散松香胶,非常适合我国国情。

一、施 胶 分 类

目前,施胶基本分为两大类,即纸内施胶和纸面施胶。

(一) 纸内施胶

纸内施胶是指在浆料中加入施胶剂,抄成具有憎液性能的纸或纸板。这是施胶的主要方法。

通常纸内施胶的目的多是使纸或纸板具有一定的抗水性,即提高产品的施胶度。

(二) 纸面施胶

纸面施胶是指施胶剂施加到纸的表面上,使施胶剂与纸体黏结,并在纸面上附着一层近乎连续的薄膜或在其表面涂上一层施胶剂,取得憎液性能或其他性能。

纸面施胶根据在纸机内还是在纸机外,可分为机内施胶和机外施胶;根据其所用设备及施胶方式不同又分为辊式施胶、槽式施胶、烘缸施胶、压光机施胶和喷雾施胶等。

二、施胶剂的类型

纸内施胶常用的施胶剂有:松香胶、石蜡胶、硬脂酸胶、沥青胶、石油树脂胶和合成胶料等,其中以松香胶的使用最为广泛,但国际上目前合成胶料的发展很快,使用量也在逐年上升。

纸面施胶常用的施胶剂有:改性淀粉、聚乙烯醇(PVA)、羧甲基纤维素(CMC)、动物胶、石蜡胶、松香胶等。

(一)纸内施胶剂

1. 松香胶

松香胶是用松香制备而成的。松香是一种天然树脂,它以溶液状态存在于某些针叶木的树脂道中,尤其在松属树木中含量最高,可用不同的方法提取。松香是一种复杂的混合物,树脂酸是松香的主要组成部分,有许多同分异构体,其共同的分子式为 $C_{19}H_{29}COOH$。它们具有一个菲骨架,多数是含有两个双键的一元羧酸。

从外观上看,松香是一种透明、硬脆的固体,带松节油气味,折断面似贝壳,有玻璃状光泽;颜色呈淡黄至褐红色;密度在 $1.070\sim1.085$ g/cm³ 之间;软化点不低于 70℃,通常在 75℃ 左右开始软化;熔点在 90~135℃ 之间;能与 Na_2CO_3、$NaOH$、KOH 等反应,生成松香酸钠或松香酸钾。

松香易溶于酒精、丙酮、乙醚、松节油、氯仿、四氯化碳和苯,在汽油、煤油中的溶解性较差,不溶于冷水,在热水中部分被乳化。

适合于造纸工业中作为施胶剂的松香指标如表 4-1 所示。

松香长期暴露在空气中能被氧化,在较高的温度下,粉末状的松香更易氧化变色,降低其使用价值,因而要避免把松香置于阳光下曝晒和雨淋或磨碎暴露于空气中。

表 4-1　　　　　　　制备松香胶所用松香的指标

指　标	数　值
皂化值/mgKOH·g^{-1}	160~170
不皂化物/%	≤8
挥发物/%	≤0.5
机械杂质含量/%	≤0.07
颜　色	呈橙黄色且透明

松香按质量标准分为"特、一、二、三、四、五、六、七、八"九级,各级松香需符合有关规定的要求。

脂松香的颜色一般由淡黄色到棕褐色。市售松香按色泽分为九个等级,色浅的松香较色深的松香质量好。但是对于造纸工业来说,一般认为熬制白色松香胶选用 4~5 级松香最适宜,即选用呈黄棕色且透明者,因其易于熬制,并且施胶效果也好。熬制分散松香胶则选用特级~3 级松香为宜。

根据松香的外观,可做出初步质量判断:松香断面色淡而不透明者,则残存松节油较多,松香不易皂化。松香断面多孔而不透明者,则含不皂化物较多,当这种松香制成胶料再稀释时,易于析出沉淀,因而不宜用于施胶。

松香胶根据其制备方法不同,可分为白色松香胶、强化松香胶、分散松香胶、阴离子分散松香胶、阴离子松香中性施胶剂、石蜡松香胶、高游离松香胶和褐色松香胶等。

1) 白色松香胶

白色松香胶是松香加入一定量的碱(一般为 NaOH 或 Na_2CO_3),经熬制、过滤、乳化和稀释制成。白色松香胶在熬制过程中只有部分松香发生了皂化反应,故含有一定量的游离松香(常用的白色松香胶,其游离松香含量为 20%~40%),由于乳化后呈白色故称为白色松香胶。国内造纸厂多采用白色松香胶,但目前有被分散松香胶取代的趋势。

白色松香胶的熬制实例:

制备流程如图4-1所示。

采用夹套间接加热的熬胶锅,容积为1.56m³,带搅拌器和冷却套。

① 成胶特征 熬后胶料以棒挑起时,外观呈透明片状落下,不含气泡和粒状物。乳化后,乳液呈乳白色,松香胶粒度一般在2μm以下。游离松香含量在35%～40%之间。

② 工艺技术条件 熬胶的工艺技术条件如表4-2所示。

③ 操作程序

a. 加水前必须将熬胶锅刷洗干净,然后关好截门注入清水并开汽加热。

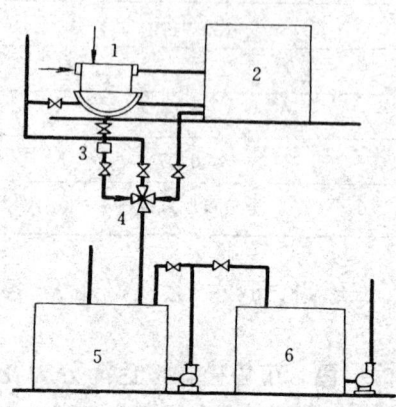

图 4-1 白色松香胶制备流程图
1—熬胶锅炉 2—热水槽 3—过滤器
4—喷射乳化器 5—乳化槽 6—贮存槽

b. 加碱时水温为 85～90℃,溶解时间大约为5min,加碱后略加搅拌以促其溶解。

表 4-2　　　　　　　　熬胶的工艺技术条件

项　　目	条　　件
松香装锅量/kg(皂化值170)	250
纯碱量/kg(以98%计)	26.63(以游离松香35%计)
清水量/kg	150(对松香60%)
松香块大小	应砸成核桃大小,不许有大量粉末
熬胶温度/℃	102～105

c. 投松香时碱液温度控制在100℃,并同时开动搅拌器进行搅拌。

d. 根据松香质量情况,采用分段逐步提高汽压的方法进行加热,最高汽压不超过117.6kPa(1.2kg/cm²)。

e. 皂化温度不超过105℃,冷却水套外皮温度不高于70℃。

f. 熬胶过程中不得停汽过久,避免温度忽高忽低影响皂化。

g. 熬胶后,液面如有松香硬皮应该捞出。

2) 强化松香胶

强化松香胶是由强化松香制成的。由于天然松香存在着软化点低、易氧化、发脆等缺点,并且制得的松香胶的施胶效果也差。为了提高松香质量和扩大使用范围,自40年代以来,有许多国家对松香进行了改性,并且随后由改性松香制成的胶料占纸张施胶剂的比例日益增长。

用改性的马来松香胶和富马松香胶等强化松香胶作为造纸施胶剂,不仅可以提高纸张的抗水性、节约松香、改进纸张的质量,而且对充分利用松香资源具有重要意义。

马来松香与松香相比是一种高效能的改性松香,它具有软化点高、酸价高、皂化价高、抗氧化稳定性强等优点。作为造纸施胶剂,与白色松香胶相比,马来松香用量低、施胶效果好、成本低、经济效益明显。马来松香是松香中的树脂酸经过异构生成左旋海松酸后与马来酸酐起加成反应生成的。因为马来海松酸含有三个羧基,故在施胶过程中对纤维具有较大的覆盖面积,并改善了天然松香易氧化的特点,使施胶效果稳定。

强化松香胶熬制实例如下。

例1: 用15%马来松香配用天然松香制成5%马来松香胶。

① 制胶设备 采用容积为$1m^3$带搅拌器的夹层加热熬胶锅进行熬制,熬制完毕的胶料用喷射器进行乳化,再在乳化槽内进行稀释。

② 熬制条件 熬制条件如表4-3所示

③ 制备程序 见表4-4

④ 熬胶时注意事项

a. 熬制马来松香胶时泡沫较多,必须精心操作才不致使胶液冒出锅外,因此熬胶开始时,只允许稍许开汽并间断地开动搅拌。

b. 在添加松香前,加入适量的石蜡则可使泡沫减少,此方法操作方便,汽压也较易掌握。

c. 在不添加石蜡的情况下,一般在天然松香加入后120～140min

泡沫才基本消失。待泡沫消失后,汽压可升至147~196kPa,这时增大汽压能保证胶料良好皂化。

表 4-3　　　　　　　马来松香胶的熬制条件

项　目	条　件
15%马来松香/kg	50
天然松香/kg	100
石蜡/%(对松香重)	2
纯碱/%(对松香重)	14.6(以100% Na_2CO_3 计)
清水/%(对松香总重)	100
皂化温度/℃、汽压/kPa	100~105、196~294(2.0~3.0kg/cm^2)
皂化时间/min	240~260
乳化水温/℃	90
喷射汽压/kPa	>343(3.5kg/cm^2)

表 4-4　　　　　马来松香胶的制备程序及操作方法

制备程序	操作方法
加清水	在熬胶锅内添加清水150kg,通汽加热煮沸
加碱	加入纯碱22kg,石蜡3kg,继续加热至纯碱和石蜡全部溶化
添加马来松香和天然松香	将砸碎成直径约30mm的15%马来松香50kg缓缓加入,开动搅拌器。40min后再将砸碎成约30mm的天然松香100kg缓缓加入
皂化	皂化开始时,调节汽压,以控制松香胶不致冒出锅外,待泡沫消失后逐渐加大汽压,使皂化温度逐渐由90℃上升至100~105℃。皂化时间为240~260min,如泡沫消失得慢,要适当延长皂化时间
熬制终点	熬制终点的判断与白色胶的相似
乳化贮存	熬制好的马来松香胶用蒸汽和90℃的热水经喷射乳化器直接喷射到乳化槽内,并稀释至18~20g/L

例2:用3%马来松香直接熬制成3%马来松香胶。

① 制备设备　同例一。

② 熬制和乳化条件 熬制和乳化条件如表4-5所示。

表 4-5　　马来松香胶的熬制和乳化条件

项目	条件
3%马来松香/kg	150
石蜡/%(对松香重)	1.5~2
纯碱/%(对松香重)	15.0~16.5(以100% Na_2CO_3 计)
皂化温度/℃、汽压/kPa	100~102、196~294(2.0~3.0 kg/cm^2)
皂化时间/min	240~270
乳化水温/℃	60~65
喷射汽压/kPa	343(3.5 kg/cm^2)
喷射时间/min	25~30
稀释水温/℃	<35

③ 操作程序 与白色松香胶的操作程序相似。

3) 分散松香胶

分散松香胶是国外20世纪70年代的产品,随后我国也开始了分散松香胶的研制,但直到近几年才得以推广使用。

与强化松香胶相比,分散松香胶的施胶效果更好,能够降低松香与硫酸铝用量,并且制备工艺简单、操作方便、制胶时间短,制胶时不用加碱和保护剂,胶料中游离松香含量为100%。

分散松香胶有以下几个品种:阴离子分散松香胶、低泡型分散松香胶、阳离子型分散松香胶、阴离子中性分散松香胶,目前最新发展的是阴离子中性分散松香胶。

分散松香胶的制备是一物理化学过程,通过一定的外力使不溶于水的松香变为水溶性乳液,并在一定化学物质存在下,使之保持相对稳定。目前国内外较常采用的是逆转法制备分散松香胶。

由于分散松香胶游离松香含量高,分散粒度细,使用分散松香胶作施胶剂可节约松香用量50%左右,节约硫酸铝30%~70%,同时可提高上网 pH 值,减少白水污染,提高纸张施胶度、白度和强度,并可配用阳离子留着剂进行接近中性的抄造。

分散松香胶制备一般有三种方法:高压溶剂法、高温高压法和高温常压法(又称逆转法)。

高压溶剂法是用苯或甲苯等有机溶剂,将松香溶解于其中,并加入一定量的表面活性剂水溶液,再一同进入高压混合器,通过减压喷放进行乳化,产品经蒸馏回收溶剂循环使用,该法可制得浓度为30%~40%的乳液。

高温高压法是通过加热方式使松香熔化成为液态并升温到160~190℃,同时将表面活性剂水溶液加热到80~90℃,将二者互混后,打入高压均质器,进行细乳化,乳液迅速冷却到38℃,可制成35%~40%乳液。

高温常压法(又称逆转法)是首先通过加热使松香变成液态,采用常用的液-液逆转乳化法制备成松香乳液,其工艺过程是先将预热的乳化剂加入已熔化松香中,再将热水逐渐加入松香中,制成 W/O 型乳化液,随着水的加入,W/O 型乳液再转相成 O/W 乳液,制成乳化松香,乳化松香经快速冷却制成分散松香胶,一般浓度可达50%左右。

高压溶剂法和高温高压法需要高压设备,制造费用高,投资大,设备操作困难,产品质量不易保证。采用高温常压逆转工艺制备分散胶,不需要溶剂,只需要通过加热使松香液化,制作费用低廉,易于控制,且逆转法制得的产品浓度高、粒度细、存放期长,产品可作为商品销售。

逆转法制备分散松香胶的过程:制备过程实际上是一个乳化过程,得到的产品却是分散松香胶,这一过程包括了熔化时的相转变、乳化时的转相和冷却时的相转变过程。表示如下:

$$松香(O) \xrightarrow{熔化} 松香(O) \xrightarrow[水溶液]{加乳化剂} 松香乳液(W/O) \xrightarrow{加水} 松香乳液(O/W)$$
$$(S) \qquad\qquad (L) \qquad\qquad\qquad (L) \qquad\qquad\qquad (L)$$

$$\xrightarrow{冷却} 分散松香胶(O/W)$$
$$(S)$$

分散松香胶所用原料包括:普通松香(或马来松香)、乳化剂、分散剂和去离子水。

(1) 普通松香和马来松香　制备分散松香胶所使用的松香从特级到三级均可,级别越高,越难乳化,成胶白度越高,施胶效果越好;级别越低,越易乳化,成胶白度越低,施胶效果越差。马来松香一般使用115马来松香,其中约45%松香生成顺酐加成物,一般可以自制或从松香厂直接购买。

(2) 乳化剂、分散剂　分散松香胶乳化剂和分散剂均为表面活性剂,选择表面活性剂是制备分散松香胶的关键,选择时必须认真对待。

按照常规乳化理论选择乳化剂,一般是选择和被乳化物HLB值相同的乳化剂才能达到最佳乳化效果。分散松香胶制备时,除考虑乳化剂HLB值和液体松香相同外,还必须考虑松香冷却后成为分散松香胶。通常选用两种或两种以上表面活性剂共同作用以满足分散松香胶的特殊工艺要求。R-3、B-202表面活性剂是目前国内比较理想的乳化剂和分散剂。R-3和液体松香具有相接近的HLB值,能在乳化时发挥最大功效,使松香液颗粒乳化得极其细微,并在液滴周围形成保护膜;B-202作为分散剂可有效降低固体松香颗粒和水之间的界面张力,并加强和修复R-3所形成的界面膜,填充R-3形成的界面膜在冷却过程中因松香相态变化而造成的"空隙",使松香在分散状态下保持稳定。如果乳化剂和分散剂选择正确,所制得的分散松香胶在25℃条件下,可存放一年以上而不变质。

(3) 去离子水　与其他乳液制备一样,分散松香胶的制备必须使用去离子水。众所周知,分散松香胶在造纸过程中使用时,是加入硫酸铝作沉淀剂,硫酸铝电离出的铝离子和松香反应生成的松香酸铝带正电,吸附在带负电的纤维表面,然后经干燥达到施胶的目的。如果水中含有Ca^{2+}、Mg^{2+}、Fe^{3+}离子,同样会与Al^{3+}形成不溶于水的松香酸盐产生沉淀。由于分散松香胶本身带负电荷,故水中阴离子对分散松香胶质量影响不大,制备去离子水时可考虑只使用阳离子交换柱即可,这样既能保证产品质量,又能降低成本。

分散松香胶制备工艺

逆转法制备分散松香胶为常压工艺,要控制的主要工艺条件为:

温度、搅拌速度、加料速度和冷却速度。

(1) 温度　温度是分散松香胶制备的最基本工艺条件,贯穿制胶的整个过程,是工艺控制的重点。以下分别进行讨论。

① 马来松香制备温度　松香和顺酐的反应是典型的双烯加成反应,其反应在常温条件下即可进行,只是反应速度非常缓慢,反应周期非常漫长,通常先将松香熔化并升温到155℃,加入顺酐。由于该反应为放热反应,顺酐加入后立即和松香反应放出大量热量,使物料温度迅速上升到190~200℃,在此温度条件下,反应进行很快,一般2h基本反应就可完全,所得马来松香酸值约为226mgKOH/g,软化点105℃,顺酐加成物含量≥45%。

② 熔化温度　松香软化点一般为75℃,在110℃左右即可成为黏度很小的流动性液体。在分散松香胶制备中要加入一定量的马来松香提高物料的软化点,熔化温度也相应提高。当松香完全熔化后,为了向体系提供更多的热能,以使乳化松香粒度更细,熔化温度要尽可能地高一些,一般冬季控制在180~200℃,夏季控制在160~180℃。

需说明的一点是马来松香和普通松香的混合必须是冷稀释(以固态形态混合在一起),而不能直接将热的松香液和热的马来松香液按比例混合去制备分散松香胶,否则将导致制胶失败。这只是从实践中得到的经验,目前尚未找到理论依据,希望能引起制胶者的重视。

③ 乳化温度　乳化过程温度变化快而且大,应及时掌握温度,控制加热和冷却,一般熔化松香在180℃左右加入乳化釜,就可将已预热的乳化剂(80~100℃)加入松香液中,并需不断地搅拌。随着物料加入温度急剧下降(从180℃迅速降至105℃左右),当乳化剂加完开始加入热水时,物料温度会保持在100~102℃左右,这时供热和水蒸发达到平衡,直至加水结束,温度仍在100℃左右。

在加水过程中,物料随着水的加入会出现转相。理论上讲,当转相时的温度与物料本身的转相温度PIT(PIT是指某一表面活性剂在较低温度下制成O/W型乳液,当温度升高到某一值时可转为W/O型乳液,此温度下体系中亲水、亲油性达到一定平衡,该温度被称之为转相温度或相转变温度,缩写为PIT)接近时,乳液粒度最细,但存放稳定性却差;而在低于PIT20~30℃时转相,虽然制得胶的粒度稍大,但稳定性却良好,故一般控制转相时,温度在低于PIT20~30℃。松香熔点较高,水沸点常压下不大于100℃,其PIT不易测定,从实践经验看,控制转相温度在99~100℃制得松香胶粒度虽然稍大,但稳定性却很好,反推到液体松香的PIT应在120~130℃之间。

乳化松香的转相过程是放热的,转相前系统是吸热的,转相开始系统开始放热,物料温度会有所上升,一般上升3~5℃,且转相一经结束,系统又变为吸热,物料温度会迅速下降,操作过程要根据这一特点控制供给与放出热量。

④ 冷却温度 乳化松香经冷却变为分散松香胶会放出大量潜热,故当乳化结束时,料温约为98~100℃,通过冷却器进入冷却釜后,料温约为70~75℃,在搅拌条件下,物料迅速冷却到38℃左右,38℃是乳化松香和分散松香的相变点,温度降低非常缓慢,而一旦相变全部结束,物料降温速度又加快,故冷却时一定将物料温度冷却至38℃以下,否则会因相变潜热不能及时放出造成制胶失败。

(2) 搅拌速度 搅拌速度是制备分散松香胶的关键,在加入乳化剂时,搅拌速度不可过快,否则会使松香溅到釜壁,造成生料不能乳化,产品中出现大的颗粒。RK-500型乳化设备一般配有无级调速装置,转速可在0~1600r/min范围内任意调节,在加乳化剂时控制在300r/min以下,乳化剂加完就开始加水,随着水的加入物料黏度越来越大,这时再提高转速物料也不至于溅起,考虑到乳化效果,应尽可能开大转速,当转相时物料黏度最大,此时转速也最大,必须保证转相的快速和均匀,这时物料黏度极大,转速表和电流表都出现大的波动,而一旦转相结束黏度突然降低,转速表和电流表都趋于稳定,这时应立即降低转速,以防将物料甩出、溢锅。冷却时搅拌速度不可太快,否则将产生大量泡沫,影响传热效率,发生放料困难。

(3) 加料速度 加料速度主要是指乳化剂的加入速度和水的加入速度,由于乳化剂中含有大量水(70%是水),将其加入热的松香液中时,水迅速汽化,并和表面活性剂产生大量气泡,此时加入速度不可太快以免溢料,乳化剂的加入速度应从大到小。

水的加入速度分为两段，转相前水加入速度较为缓慢，并逐渐加快；转相后应将水快速加入，一般加水时间约为 20~25min。

（4）冷却速度　乳化结束，物料通过冷却器放入冷却釜，温度已降至 70~75℃，开动搅拌器并通过夹套冷却水进行冷却，一般应在 30~40min 内使料温达到 38℃ 以下。

分散松香胶生产安全注意事项

制备分散松香胶是一物理过程，其投入量和产出量基本相等。生产过程中不产生三废，原料和产品不属于易燃易爆危险品，生产的安全问题比较容易解决。但必须注意：顺酐为腐蚀性物品，易烧伤皮肤，其蒸汽刺激呼吸道，在制备马来松香时要带好防毒面具和劳保手套；顺酐加入熔化松香中进行加成反应属强放热反应，加入速度不可过快，以免造成飞溅，发生事故；马来松香制备时反应温度较高，会产生大量危险气体，属易燃易爆物，马来松香车间要注意防火防爆；松香破碎时会产生大量粉尘，在空气中易达到爆炸极限，要注意防火防爆。

目前，国内多数造纸企业对分散松香胶已有所了解，但使用时需要注意：分散松香胶原液为 50% 左右，不可直接加入浆中，必须稀释到 2% 左右，才能加入浆中，以保证其在浆中的均匀性；分散松香胶不同于皂胶，其稀释时只能用冷水稀释，不可使用温水或热水；分散松香胶产品为乳状液，产品夏季要防止曝晒，冬季要防止冷冻；使用分散松香胶时，可采用正向施胶，也可采用逆向施胶，初次使用时要依据上网 pH 值调整出最佳工艺条件；分散松香胶中含有表面活性剂，当施胶度偏低时不可单独靠增加用胶量来提高施胶度，有时加入量越大反而施胶效果越差，应综合考虑 pH 值等因素进行调整。

4）阳离子松香胶

阳离子分散松香胶是美国 Hercule 公司于 20 世纪 80 年代中期推出的松香系施胶剂，称之为第四代松香胶。实际上这是一种带有正电荷的高分散松香胶，其中含有大量松香酸分子。具有中等电荷密度（Zeta 电位约为 20mV）。其外观为白色乳液，固含量为 35% 左右，可用水任意稀释，保存期可达 1~2 年。

阳离子松香胶与传统松香胶的主要区别在于前者呈阳离子性。自身阳离子化的松香胶中羧基含量有所降低,这是由于松香分子中的羧基与阳离子化试剂反应所致。目前,日本、欧洲、北美均有其工业产品,具有代表性的是美国大力士公司生产的 Neuphor 和奥地利克姆斯化学公司生产的合成松香中性施胶剂。

阳离子松香胶具有胶乳黏度低、稳定性好等优点。另外,施胶时可降低明矾用量约 50%;可加入 $CaCO_3$ 等填料以降低生产成本;可自行留着在带有负电荷的纤维表面;施胶的 pH 值为 4.0~6.5,可在接近中性的系统中应用,提高纸张强度及耐久性。阳离子分散松香胶除具有反应性施胶剂 AKD 和 ASA 的全部优点外,同时也克服了它们的不足之处,故用量已具有回升之势,市场日渐扩大,具有大好前景。由于其具有上述众多的优点,可以预计,进入 21 世纪后,阳离子松香胶将成为主要的松香系施胶剂。

阳离子松香胶有两种制备方法:一种是用阳离子乳化剂或用阳离子聚合物作为稳定剂来制得阳离子分散松香胶;另一种方法是利用松香酸分子的双键,与阳离子化的单体进行加成制得阳离子化的松香,再经乳化而制成阳离子分散松香胶。所制得的产品固含量约为 35%,稀释过程与阴离子分散松香胶相似,使用时最适宜的 pH 值范围是 4.6~5.3,矾土用量比阴离子分散胶要少。

阳离子分散型松香胶是通过阳离子表面活性剂对松香进行乳化,使胶乳表面带有正电荷,如将熔融的松香或强化松香与聚酰胺、聚胺等阳离子树脂混合,再加非离子表面活性剂,如 Span 和 Tween 系列等,得到高分散松香胶。例如,可将松香或强化松香熔融后和阳离子聚酰胺多胺环氧氯丙烷配合。也有用 CPAM 作为阳离子松香胶的分散剂和助乳化剂的。

制备实例:将松香与二乙醇胺反应生成松香酸二乙醇酰胺。松香与二乙醇胺反应,在 120℃ 左右将主要生成酯化物,在 140℃ 主要生成松香酸二乙醇胺。这两种反应物都使松香羧基减少,易于被阳离子大分子和乳化剂进行分散。为防止生成皂化物,松香:二乙醇胺(摩尔比)约为 1:(0.5~0.9),且在实际制备中,应将产品的 pH 值调至酸性,反应时间为 3h,得到的产品呈黄色蜡状固体。

上述产物本身为水不溶性，必须加入亲水性表面活性剂进行乳化，为使其具有阳离子性可加入阳离子聚酰胺多胺环氧氯丙烷。乳化剂和分散剂的加入量一般为松香量的 5%～10%。

将松香二乙醇酰胺或松香酯化物与松香混合，加热至熔融，然后加入平平加 O-20，搅拌均匀后，缓慢加入 90～100℃ 的阳离子大分子水溶液，得到乳白色 W/O 型乳液，再加温水进行转相为 O/W 型乳液。为了提高乳液的稳定性，可加入聚乙烯醇作为胶乳保护剂，当物料冷却至 60℃ 左右时，从放料阀出料，并经胶体磨或均质器处理，使胶乳颗粒更细，提高贮存稳定性和施胶效果。

松香酰胺化或酯化的目的是为了减少活性羧基的含量，防止其与阳离子分散剂或其他阳离子化合物发生絮聚。而这方面的工作已经做了很多，产物中含有羟甲基酯、乙二醇酯、甘油酯、聚氧乙烯酯等。

自身阳离子化松香胶则是利用羟基的反应或通过松香与不饱和阳离子小单体共聚在松香分子上引入阳离子基，以实现阳离子化。实际上自身阳离子化就是通过形成阳离子表面活性剂而对松香进行乳化和分散，得到高分散胶。如松香和不饱和季铵盐通过 Diels-Alder 反应形成阳离子树脂。能和松香酸共聚的不饱和单体有烯丙基三甲基氯化铵、烯丁基三甲基氯化铵、二甲基二甲胺基乙基丙烯酸酯等。在松香分子上引入阳离子基，实际上是形成阳离子松香表面活性剂，对松香酸进行乳化和分散。可利用羧基的反应或将松香与不饱和阳离子单体共聚使其阳离子化。

制备实例：向带有氮气导气管和冷凝器的电热不锈钢反应釜中加入 32.8kg 松香，加热升温使松香熔化，在氮气保护下，当松香完全熔化后，慢慢加入 12.5kg 二乙烯三胺搅拌并升温至 315～330℃ 反应 1h。再缓慢降温至 195～210℃，加入已预热到 150℃ 的硬脂酸 28.4kg，加完后在 195～210℃ 通氮气搅拌反应 2h。再降温冷却至 80～90℃，停止通氮，加入 80～90℃ 热水 750kg，在该温度下加入 18.5kg 环氧氯丙烷，搅拌下反应 6h。然后，慢慢降温至室温，出料即为产品。

产品质量指标为：外观为淡黄色乳状液；固含量为 11.0%；20℃ 时的黏度为 0.112Pa·s；呈阳离子性；pH6.0～7.0；胶料粒度≤0.3μm；

真空干燥后固体物质软化点为106~109℃。

这种阳离子松香胶中性施胶剂的抗老化性能优于其他施胶剂,但因其软化点较高,造纸工艺中必须采用高温干燥。

5)石蜡松香胶

石蜡松香胶是指在松香中加入一定量的石蜡制成的胶。它的施胶性能优于单纯用松香制备的胶料。石蜡松香胶可分为高石蜡松香胶和低石蜡松香胶。其制备方法与白色松香胶相似。

高石蜡松香胶是指石蜡松香胶中石蜡含量略低于松香含量的50%,制备过程需加入一定量的乳化剂,以保护石蜡颗粒分散良好,不致凝结成块。

下面介绍一个高石蜡松香胶的熬制实例。制备流程如图4-2所示。

熬胶锅3可采用定型的$1m^3$带搅拌的熬胶锅,下夹套可通汽加热,上夹套可通冷水进行冷却。

熬胶锅下方不安装喷射乳化器,而胶料在锅内乳化,随后直接流入贮存槽。

熬胶锅上面的加热槽一个用于加热溶解石蜡成为石蜡溶液,另一个用于溶解骨胶、皂粉等乳化剂。

每锅的原料配比和加料量见表4-6。

熬制工艺操作和要点见表4-7。

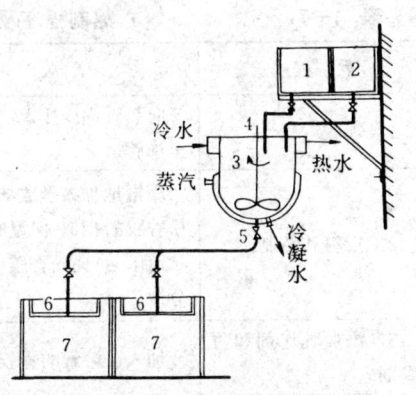

图 4-2 高石蜡含量的松香石蜡胶的熬制流程

1,2—溶解槽 3—熬胶锅 4—搅拌器
5—放料阀 6—筛板 7—贮存槽

高石蜡松香胶向浆内的添加与一般松香胶相同,即可直接添加在纸浆中,一定时间后添加硫酸铝。对于一种白纸板面层的实际数值是,石蜡松香胶的用量为1.4%(对绝干浆),硫酸铝的用量为4%(对绝干浆)。

表 4-6　　　　　　　　　　原料配比及加料量

原料	配比/%	加料量/kg
松香	200	72
石蜡	约90	32~34
纯碱	40.8	17.5
骨胶(乳化剂或分散剂)	10	3.6
皂粉(乳化剂或分散剂)	2	0.72
硼砂(防腐剂)	2	0.72
辛醇(消泡剂)	0.1	0.036

表 4-7　　　　　　　　　　熬制程序及操作要点

熬制程序	操作要点
1. 加碱	向熬胶锅内注入清水 60kg,通汽加热近于沸腾。加纯碱通汽至沸腾
2. 投料和熬制	缓慢地加入砸成核桃大小的松香块进行熬制,熬制方法与白色松香胶的相似,保温时间 2h 左右。待松香胶熬至用棒挑起呈片状落下后,向松香胶中加水稀释搅拌,使胶料中无软块、完全均匀分散
3. 添加乳化剂和防腐剂	加入已溶解的骨胶、硼砂和皂粉,并进行搅拌至少 15min
4. 添加石蜡	随后在搅拌的条件下加入已溶解的石蜡,加蜡后保温搅拌时间不少于 15min
5. 降温	向夹套内通冷水进行降温,并搅拌不少于 15min
6. 稀释和贮存	待胶料温度降至约 60℃时停止搅拌,加水至浓度约 9%。然后开动搅拌器搅拌至胶料无软块、完全分散为止。停止搅拌,过筛放料至贮存槽。在贮存槽内加水至标准刻度,再加辛醇消除泡沫备用

低石蜡松香胶是指石蜡用量为松香量的 10%~20%,其熬制的流

程、设备和操作与熬制白色松香胶的相似。

下面是一个熬制含 15% 石蜡的石蜡松香胶的实例。

制胶所用的设备：熬胶锅的容积为 $0.78m^3$，带夹套，用蒸汽间接加热。搅拌器采用垂直搅拌，转速 50r/min。喷射乳化器为普通形式。乳化槽的容积为 $10m^3$。

原料及其用量见表 4-8。

表 4-8　　　　　低石蜡松香胶原料及其用量

品名	松香	石蜡	纯碱	清水
用量/kg	100	15	12	90

操作程序见表 4-9。

表 4-9　　　　　操作程序及要点

操作程序	操作要点
1. 加碱	向熬胶锅内先加清水，加热至近于沸腾。随后加入纯碱，开始搅拌，加热至沸腾
2. 投料	加入石蜡，继续搅拌并加热，使石蜡完全溶解。缓慢地加入核桃大小的松香块进行皂化
3. 熬制	要点与熬制白色松香胶的相同
4. 终点判断	也与白色松香胶的相似，即胶料呈透明状，没有粒状或块状物质，也没有气泡夹在其中，若滴一滴胶料于 80℃ 的热水中能自动化开，即为合乎要求的松香胶料
5. 喷射乳化	熬成的胶料通过喷射乳化器进行乳化，乳化后的石蜡松香胶呈乳白色

用这种石蜡松香胶对纸浆的施胶操作，基本上与使用白色松香胶相同。这种石蜡松香胶可应用于凸版纸、水泥袋纸、有光纸、邮封纸等的施胶，效果良好。

6) 褐色松香胶

褐色松香胶的熬制方法基本上与白色松香胶相同，一般也是在熬胶锅内进行。不过,为使松香获得完全皂化,纯碱用量较高,通常为松香的 16%～18%,而用水量则为松香量的 80%～120%。装料的顺序也是水—碱—松香。有些小型造纸厂熬制小批量褐色胶采用简易容器,直接通汽加热,采用人工搅拌,在这种情况下,应选用容量较大的容器,其容积应不小于松香处理量的 5 倍。在操作中,如遇大量泡沫从容器顶部冒出,应迅速关小蒸汽阀门,则容器内液面会立即下降,切忌直接加水消除泡沫,否则会使胶料结团,难以保证胶料质量。

2. 石蜡胶

(1) 石蜡的结构、性质及来源　石蜡是直链饱和烷烃的混合物($C_{21}H_{44} \sim C_{30}H_{62}$),其化学结构式异常复杂,同分异构体相当多,它的成分不同具有的熔点不同,一般石蜡的熔点范围在 42～60℃,不溶于水及酸类,可溶于苯、温乙醇、氯仿、松节油、二硫化碳及橄榄油中,无臭无味,有晶体结构。石蜡分白蜡和黄蜡两类。按熔点的高低有 48 度、52 度、54 度、58 度等品级。石蜡是由天然石油、人造石油或页岩油的含蜡馏分经冷榨或溶剂脱蜡等而制得。

(2) 石蜡胶的制备　石蜡胶的制备必须借助于乳化剂将石蜡乳化,制成石蜡乳液。作为石蜡乳化剂(分散剂)或保护胶体的物质如表 4-10 所示。

表 4-10　石蜡乳化剂的分类及特点

分　类	名　称	特　点
一般分散剂、乳化剂和胶体保护剂	阿拉伯树胶 明胶 羧甲基纤维素	制成乳液能抗酸抗碱 溶化后黏性较大,能使硬水中盐凝聚以保护胶体 有优越的分散力和胶黏性,并有良好的乳化性
阴离子型表面活性剂	烷基磺酸钠	有优越的起泡和乳化能力,在硬水和碱性介质中很稳定
阳离子型乳化剂	阳离子型淀粉 阳离子型聚酰胺类	这两类阳离子型乳化剂使用效果都很好,在硬水和碱性介质中很稳定,但价格较高,仅在某些特殊场合下使用

续表

分 类	名 称	特 点
非离子型表面活性剂	平平加	硬水与酸碱介质都稳定,与纤维无结合力,很少使用
乳液	松香胶乳液 硬脂酸铵乳液	可单独作为乳化剂,属非酸稳定型蜡乳液

(3) 石蜡胶的应用 石蜡胶可用于纸袋纸、凸版纸、字典纸、育苗纸等纸种的施胶。

3. 硬脂酸胶

1) 硬脂酸胶的种类

硬脂酸胶包括硬脂酸铵胶、硬脂酸钠胶、硬脂酸石蜡胶等。几种胶料的情况如表4-11所示。

表4-11 常用的硬脂酸胶

胶 料	制 法	适用纸张	主要目的
硬脂酸铵胶	硬脂酸与氨水熬制而成	主要用于防油纸、描图纸、打字纸等中高级薄页纸的纸内施胶	能提高纸张的抗油性、抗水性,增加纸张的平滑度、磨砂外观和油腻感
硬脂酸钠胶	硬脂酸与氢氧化钠熬制而成	主要用于防渗透的照相原纸的纸内施胶	能提高纸张的抗水性能和防渗透性能
硬脂酸石蜡胶	在硬脂酸铵胶的熬制过程中添加一定量的石蜡	与硬脂酸铵胶相同	除硬脂酸铵胶的主要目的以外,还能突出赋予纸张良好的手感平滑性

硬脂酸学名十八烷酸,或简称十八酸。一般生产硬脂酸的原料是牛油、羊油、兽骨油,有时也用植物的固体油脂或硬化的植物。

商业上的硬脂酸的规格,通常都用生产时最后阶段压榨的次数来表示,如单压、二压和三压等。三压硬脂酸的品质最好,洁白纯净。

造纸厂使用硬脂酸胶施胶生产高级纸一般多选用三压硬脂酸(不低于二压)。

2）硬脂酸胶的制备

下面是硬脂酸铵胶的制备实例。

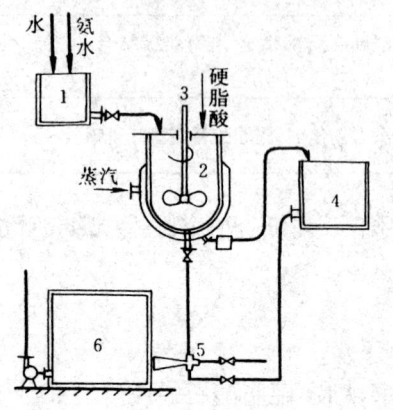

图 4-3 一种硬脂酸铵胶的制备流程
1—氨水槽　2—熬胶锅　3—搅拌器
4—热水槽　5—喷射器　6—乳化槽

制备流程如图 4-3 所示。

熬制过程如下：

① 将 8kg 硬脂酸碎成约 5cm 大小，加入容积较小的夹套熬胶锅中，间接加热至熔化，温度控制在 60~70℃。

② 在氨水槽 1 中首先存有 55~65℃ 的热水 72L，在其中加入密度为 0.91g/cm³ 的氨水 4.24L，混合均匀。

③ 随后将这种稀氨水徐徐加入熬胶锅中，保持温度在 60~70℃。连续搅拌 1.5h。

④ 待硬脂酸全部皂化，即可进行喷射乳化。

⑤ 乳化稀释后的硬脂酸乳液的浓度保持在 3%。

另一硬脂酸铵胶的熬制过程如下：

① 向夹套熬胶锅中加入 500~600kg 水通汽加热。

② 将 60kg 硬脂酸碎成 5~8cm 的小块投入锅中，保持 70℃ 左右的温度使之熔化。

③ 将密度为 0.91~0.915g/cm³ 的氨水 15~17kg 倒入熬胶锅中，控制温度在 70~75℃ 之间连续搅拌 2~3h。

④ 待硬脂酸全部皂化，胶液呈现稀雪花膏状时，即达到熬制终点。

⑤ 随后将熬好的胶料通过喷射乳化器放至乳化槽。喷放用热水温度为 50~60℃，喷放蒸汽压力 392kPa(4kg/cm²)。

⑥ 乳化后乳液的稀释浓度为 2%，贮存温度为 42~45℃。

硬脂酸钠胶的熬制实例：所用设备与熬制松香的设备大体相同，熬胶锅的容积为 1.5m³，带有蒸汽夹套加热装置，搅拌器转速为 25 r/min，装有喷射乳化器。

熬制过程如下：

① 在熬胶锅中加清水 100kg，开汽加热约 10min 至沸腾，开动搅拌器，加碱液 26kg(碱液浓度 31.4%)，硬脂酸 50kg。

② 投料后继续加热至沸腾，约 10min 后硬脂酸全部溶解，随后边搅拌边加水，添加 60℃ 温水 350kg，搅拌 10min 后继续添加 60℃ 温水接近于满锅(总量约 1.3～1.4m³)，随后再继续加热搅拌约 20min，直至没有不溶解的硬脂酸即达终点。

③ 将上述熬制的胶用喷射乳化器进行乳化。喷射乳化用水水温60℃，喷射用蒸汽气压 686kPa(7kg/cm²)，喷射乳化时间约 20min。

硬脂酸石蜡胶的熬制实例：硬脂酸石蜡胶是在熬制硬脂酸铵胶时加入石蜡，熬成的硬脂酸铵作为石蜡的乳化剂，使石蜡颗粒悬浮在其中。由于石蜡极易凝聚，所以在制造和使用蜡乳液时，对熬胶设备、乳化剂、保护胶料和工艺操作都有严格要求。

熬制流程如图 4-4 所示。

熬制过程如下：

① 将石蜡和硬脂酸投入锅内，加冷水使液比达到 1:9～10，随后通汽加热至 65～70℃ 使之熔化。

② 注入氨水保持 65～70℃，搅拌，熬制 2～3h，即达到熬制终点。

③ 将熬好的胶料通过喷射乳化器用 50～55℃ 的温水喷放至乳化槽，再稀释至规定的浓度备用。

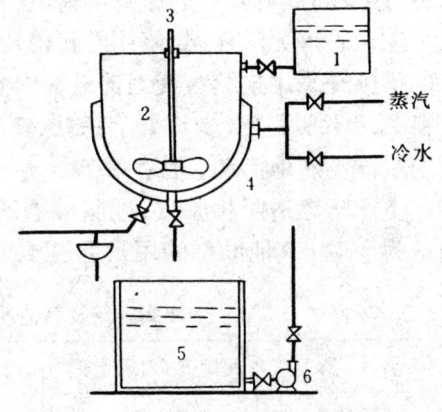

图 4-4　硬脂酸石蜡胶的制备流程
1—氨水槽　2—熬胶锅　3—搅拌器
4—蒸汽夹套　5—贮存槽　6—泵

硬脂酸铝胶的熬制实例：硬脂酸铝是将熔融的硬脂酸与氢氧化钠溶液制成稀薄皂液，然后将稀的硫酸铝注入、搅拌而制得。

3）硬脂酸胶的应用

硬脂酸铵胶主要用于防油纸、描图纸和防水纸的施胶。用于防油纸的用量和施胶效果如表 4-12 所示。

表 4-12　硬脂酸铵胶用于防油纸的用量及施胶效果

定量/g·m^{-2}	硬脂酸铵胶用量/%（对浆）	施胶度/mm（画线法）
28~32	1.2~1.5	0.5~0.75
34~40	1.0~1.2	0.5~0.75

硬脂酸钠胶多用于防渗透照相原纸的施胶，也用于石棉纸、模压纸制品的施胶。用于防渗透照相原纸的主要目的是提高抗水性能和防渗透性能。

硬脂酸钠胶的施胶作用与松香胶相近，但其化学反应性能极不活泼。硬脂酸钠的溶解度较低，在贮存和使用时均应保持一定的温度(不低于 60℃)，否则胶料凝结无法使用。而待胶料添加至纸料中混合分散后，温度高低对胶料的影响不大。

输送管道无法保温，停用时间稍长时，胶料也会在管道中凝结。解决的措施是采用连续缓慢地向纸料内添加胶料，而在特殊情况停用时，放料截门不要关死，少许开启一些，将胶液用泵送回贮存槽，以保持管道中胶液不断地流动，避免凝结。

生产防渗透照相原纸，硬脂酸钠的用量一般为 2%~3%，硫酸铝用量为 4%。其他助剂的用量见表 4-13。

表 4-13　硬脂酸钠及其他助剂的用量

名　称	用量/%（对风干浆）	名　称	用量/%（对风干浆）
硬脂酸钠	2.0	增白剂	0.2
硫酸铝	4.0	聚丙烯酰胺	1.0
羧甲基纤维素	0.5	三聚氰胺甲醛树脂	1.5

硬脂酸石蜡胶一般用作纸内施胶剂，主要用于防油纸，可以提高防油纸抗水性和手感平滑性。硬脂酸石蜡胶也可用于包针纸，或与松香

胶混合应用于打字纸的施胶,这样可使纸质柔软,纸面光滑。

硬脂酸石蜡胶应用于防油纸的用量和施胶效果如表 4-14 所示。

表 4-14　硬脂酸石蜡胶应用于防油纸的用量及施胶效果

定量/g·m^{-2}	硬脂酸石蜡胶用量/%(对浆)	施胶效果/mm(划线法)
28~32	1.0~1.2	0.5~0.75
34~40	0.7~1.0	0.5~0.75

硬脂酸石蜡胶与松香胶混合应用于打字纸的用量和施胶效果如表 4-15 所示。

表 4-15　硬脂酸石蜡胶与松香胶混合应用于打字纸的用量和施胶效果

松香胶用量/%(对浆)	硬脂酸石蜡胶用量/%(对浆)	施胶效果/mm(划线法)
1.4~2.2	—	0.25
1.4~1.6	0.25~0.3	0.5~0.75

4．沥青胶

(1) 沥青胶的性能　沥青胶的主要控制指标有沥青含量、乳液 pH 值及乳液颗粒大小。沥青含量一般控制在 57%~60%,乳液 pH 值9~11,乳液颗粒 1~5μm。

(2) 沥青胶的应用　沥青胶最好是与松香胶配合使用,一般是先在浆料中添加松香胶,再加硫酸铝,最后添加沥青胶。应事先添加温水以稀释沥青胶乳液,再加冷水稀释至施胶所要求的浓度。

沥青胶主要用于防水纸板(例如,用于制造汽车顶盖内衬等)、建筑纸板、防潮衬纸等,用量一般为 5%~10%(对浆重)。另外,也用于要求强施胶的包装水果或蔬菜的纸和纸板中,用量为 2%~5%(对浆重)。

使用沥青胶施胶有如下优点:对于要求重施胶的纸很适用,而无需再添加化学助剂;可以有效地减少生产过程中泡沫的形成;可使浆料的脱水性能改善,从而改进了纸页的成形;纸张的物理强度没有下降。

但沥青胶的颜色很暗,在使用中受到了限制。

(3) 沥青胶的制备 制备过程如下:

① 将沥青置于装有搅拌器的锅内,通过间接加热,在一定时间内将锅内沥青温度升至110～120℃或稍高一些,视沥青熔点而定。

② 在另一同类型锅内倒入高岭土,加水稀释到40%～45%的浓度,通过间接加热和机械搅拌,保持高岭土悬浮液的温度在80～90℃左右。

③ 将高岭土悬浮液和沥青熔融物按规定比例,分别引进乳化混合泵。乳化混合泵是由两块转盘构成,盘间保持10mm左右的间隙,转盘的转数为3000～4000r/min。高岭土和沥青同时从乳化混合泵中央开孔进入到转盘间,转盘的高速回转作用将其混合乳化。

④ 混合液随后从乳化混合泵的底部流出,经过平板振动筛除去大块颗粒。合格的沥青乳液穿过平板振动筛流入贮存槽备用。

5. 羧甲基纤维素

羧甲基纤维素(CMC)一般不单独作为纸内施胶剂进行纸内施胶,而是加在松香胶中进行施胶。实质上,它是一种辅助乳化剂,可以提高松香胶的稳定性。用白色松香胶对纸料进行施胶,夏季在某些造纸厂中发生施胶困难,即松香胶用量大增,施胶度还达不到标准,其原因是夏季水温偏高,松香胶乳液易于变质沉淀,并且微胶粒易于聚集。在白色松香胶中加入羧甲基纤维素可以防止这一问题的发生。

某厂生产书写纸,松香胶用量为1.0%,采用高黏度羧甲基纤维素作稳定剂,用量为0.05%,效果很好。在夏季气温较高时使用,可提高纸的抗水性。施胶效果如表4-16所示。

表 4-16　　　　羧甲基纤维素对松香胶施胶的影响

用松香胶的施胶度/s	用含有 CMC 的松香胶施胶度/s	提高/%	备 注
22.7	27.9	23.0	当天施胶
27.4	30.1	9.5	当天施胶
15.6	22.5	44.0	次日施胶
23.8	29.7	25.0	次日施胶

由表中数据可知,含有羧甲基纤维素的松香乳液在夏季气温高时(30~34℃)虽放置2~3d也只有少量沉淀,不影响施胶效果。

6. 石油树脂胶

石油树脂是指在石油化学工业某些过程中,生产主要产品的同时,还有相当数量不饱和烃馏分的副产品,将这些馏分经过切割分离或不经过切割分离进行聚合而得到的树脂叫石油树脂,可用通式 $RCONH(CH_2)_n$ 表示。以石油为原料的石油树脂胶有三种。

第一种是高温(700℃)裂化石脑油馏分,制造乙烯、丙烯等烯烃气体。这时,由副生的分解油中进一步去除苯、甲苯、二甲苯等芳香族系溶剂,进行阳离子催化聚合,等到碱中和水洗后,除去未反应油,就能得到石油树脂。它的得率是石脑油馏分的5%~8%。将马来酸酐同它进行加成聚合或进行皂化,乳化后用之。

第二种是戊二烯胶料。裂化石脑油时生成9% C_4 馏分和5% C_5 馏分。C_5 馏分中15%是异戊间二烯,它是合成橡胶的原料,而残留的85%环戊二烯和1,3戊二烯可制造成胶料,即以戊二烯为引发剂的胶料。

第三种是 C_4~C_5 馏分胶料。以异丁烯、丁二烯、间戊二烯、异戊间烯、环戊二烯等 C_4~C_5 馏分作为原料的新型聚合物料所引发的胶料,它比松香胶用于纸张施胶更有效。施胶效果如表4-17所示。

表 4-17　　　　　　　石油胶与松香胶的比较

项目 施胶剂添加/%	石油胶料		松香胶料	
	纸张定量/$g·m^{-2}$	施胶度/s	纸张定量/$g·m^{-2}$	施胶度/s
0.2	58.2	13	59.5	1
0.4	59.7	29	58.8	6
0.6	58.9	36	58.8	27
0.8	59.5	36	59.3	34
1.0	59.2	38	59.3	35

石油树脂其组成因原油种类和裂化、蒸馏与石油分离等条件的不同而有差别。通过对改善其固着性能的研究,已经成功地制出较松香胶效果优良得多的新型施胶剂。

利用石油树脂做造纸施胶剂的主要目的是为了解决采用碳酸钙作填料就必须采用中性施胶剂的问题,从而提高一些薄页纸、字典纸、高档印刷纸的不透明度和适印性能,相应地还可提高纸张强度、质量、耐久性。以石油树脂作施胶剂仍可用硫酸铝作固着剂,还可以减少硫酸铝的用量。

碳酸钙是良好的纸张填料,它具有粒度小、亮度大、印刷适性好等优点,适用于各种印刷纸张。可是,碳酸钙作填料必须采用中性施胶剂。用石油树脂作施胶剂、阳离子淀粉为固着剂,可实现以碳酸钙为填料的中性施胶。

7. 合成胶料(中性施胶剂)

合成胶料也称做中性施胶剂,施胶适用的 pH 值在 7 左右,因此,施胶时加少量或不加硫酸铝,视施胶剂的性质而定。合成胶料几乎都能与纤维素直接形成化学键结合,能抗酸抗碱,施胶效果好。

合成胶料适用于一些要求具有某些特殊憎液性能的纸种(例如抗油纸板),也适用于一些要求具有良好耐久性能的纸种(例如档案文件、钞票纸、地图纸、字典纸等),此外,也适用于一般的如涂布原纸和胶版印刷纸的纸内施胶。

近年来,中性施胶和中性抄纸在一些国家有一定的发展,但由于合成胶料的成本较高,为此,目前合成胶料仍不及松香胶应用得普及。

作为中性施胶的合成胶料具有以下优点:

(1) 合成胶料能与纤维素之间形成化学键,增加纤维间的结合力,因此,可改善纸张强度,减少增强剂用量,可多配用强度较低而价廉的纤维,可以少打浆,减少打浆动力消耗,节约能源,减少纸机断头。

(2) 改善滤水性能。改善了浆料的滤水性能,使纸在高速干燥下易于干燥,抄造过程中纤维流失也少。

(3) 在干燥过程中,纸张强度及白度损失小。由于在中性介质中施胶,与在酸性介质中相比,在干燥过程中纸张强度及白度损失都小。

(4) 减轻对设备的腐蚀。对纸机设备和附件腐蚀较轻,延长了使用寿命。

(5) 减轻环境污染。排水 pH 值较高,减少了对水流的污染。

(6) 可使用廉价的碳酸钙作填料。

合成胶料的缺点是成本较高。另外,在改变胶料时必须对浆槽、管道等彻底清洗干净,此外对烷基烯酮二聚体来说,在纸卷从卷纸机上卸下后不能立即测定出纸张的施胶度,即其施胶作用在纸页干燥后尚未完成,卷取后仍在进行。

对纸浆进行中性施胶的一些合成胶料有烷基烯酮二聚体(简称AKD)、烯基琥珀酸酐(简称 ASA)、硬脂酸酐、碳氟化合物、硬脂酸和氯化铬的共聚物、异氰酸盐、甲氨酰氧化物、胺基酰胺、异丙烯硬脂酸酯等。

其中用于纸内施胶的主要是烷基烯酮二聚体、烯基琥珀酐和碳氟化合物。

1) 烷基烯酮二聚体(AKD)

(1) 烷基烯酮二聚体的制备

烷基烯酮二聚体具有如下结构式:

$$\begin{array}{c} H \\ | \\ R-C-C-O \\ | \quad\quad | \\ R-C-C=O \\ | \\ H \end{array}$$

式中 R 代表烷基,如 $C_{15}H_{31}-$,$C_{16}H_{33}-$等。更换不同的烷基,可以生产出一系列的烷基烯酮二聚体,但适用于抄纸作施胶剂的是十四烷和十六烷。例如,通常用桐酸作原料,制得十六烯酮二聚体(十四烷基),用硬脂酸作原料,则制得十八烯酮二聚体(十六烷基)。使用硬脂酸生产烷基烯酮二聚体可按以下几个步骤进行:

a. 使硬脂酸与三氯化磷作用生产硬脂酰氯:

$$3C_{17}H_{35}COOH + PCl_3 \longrightarrow 3C_{17}H_{35}COCl + H_3PO_4$$
硬脂酸 　　　　　　　　　硬脂酰氯

b. 在乙醚介质中,使硬脂酰氯与三乙胺作用脱酸聚合为二聚物:

$$2C_{16}H_{33}CH_2COCl + 2(C_2H_5)_3N \longrightarrow$$

$$\begin{matrix} C_{16}H_{33}-CH-C=O \\ | \quad\quad | \\ C_{16}H_{33}-CH-C=O \end{matrix} \quad + 2(C_2H_5)_3N \cdot HCl$$

　　　　　　　　十八烯酮二聚体　　　　　三乙胺盐酸盐

c. 十八烯酮二聚体溶解于乙醚中,而三乙胺盐酸盐则产生沉淀。过滤后,将滤液蒸发,回收乙醚,得到白色固体十八烯酮二聚体。

(2) 烷基烯酮二聚体的性质

a. 烷基烯酮二聚体在 65.5℃ 以上极易水解,所以要在低温下保存,且要尽快使用。

b. 在剧烈的水解条件下生成酮

$$\begin{matrix} H \\ | \\ R-C-C=O \\ | \quad\quad | \\ R-C-C=O \\ | \\ H \end{matrix} + HOH \longrightarrow \begin{matrix} H \\ | \\ R-C-C-OH \\ | \quad\quad | \\ R-C-C-OH \\ | \quad | \\ H \;\; O \end{matrix} \longrightarrow$$

$$\begin{matrix} R-CH_2-C=O \\ | \\ R-CH_2 \end{matrix} + CO_2$$

c. 烷基烯酮二聚体的内酯环(—C—O—C—)能发生裂断,而与纤维素的羟基结合,即与纤维表面上的羟基起酯化反应,并固结和定向于纤维的表面,从而使纸张取得良好的施胶效果。

(3) 烷基烯酮二聚体的乳化

由于烷基烯酮二聚体不溶于水,故需加以乳化,常用的乳化剂为阳离子型淀粉。乳化时,其水解程度与保存时间、温度有关。温度越高,时间越长,水解越严重。

(4) 烷基烯酮二聚体的使用条件

a. 烷基烯酮二聚体适用的 pH 值为 8.2。

b. 中性施胶应在上网前进行。烷基烯酮二聚体加入地点应选在离心除渣器之后,加到浆料中而不是白水中,以免烷基烯酮二聚体消耗到填料上。

c. 烷基烯酮二聚体有 35% 由于水解而损失。为了降低水解损失,和松香施胶正相反,第一个烘缸就要提高温度。

d. 烷基烯酮二聚体的施胶作用在纸页干燥后尚未完成,卷取后仍在进行,在24h内仅有80%的效率,这说明在纸卷存放和整理过程中,烷基烯酮二聚体与纤维素仍在不断地起着反应。这样,可以在烷基烯酮二聚体中添加固化剂双氰胺和甲醛加快熟化,使纸卷从纸机上卸下就知道其施胶度是否合格。

(5) 烷基烯酮二聚体的使用

a. 胶料用量:理论上的用量为0.005%～0.025%,但由于胶料的不均匀分布、不完全留着和副反应损失等,实际用量为0.025%～0.3%。对未漂硫酸盐浆需0.03%;由于漂白硫酸盐浆难施胶,需0.1%～0.3%。

b. 有的研究者认为,烷基烯酮二聚体适用于制备保存期不少于300h的耐久性纸种。

c. 烷基烯酮二聚体不能赋予纸张湿强度,因此用烷基烯酮二聚体施胶的损纸可以重新再打浆,其难易程度是与松香胶重施胶的纸相似。

据报道,美国赫克力士化学公司于20世纪80年代初期开发了阳离子AKD施胶剂(商品名Hercon W. Hercon 60),在纸浆中留着比早期的非离子型AKD施胶剂(商品名Aquapel 360)有所提高,但仍存在施胶速度较慢、胶料用量较多等问题。近10年来,又开发了新一代系列AKD型中(碱)性施胶剂,这些新一代施胶剂在胶料配方和粒度规格方面做了多方面改进。

2) 烷基烯酮二聚体变性纤维(AMF)

烷基烯酮二聚体变性纤维是一种以烷基烯酮二聚体加工处理纤维的纸内施胶剂。研究认为,在纸浆中使用这种变性纤维素比单独使用烷基烯酮二聚体更为有效。

(1) 特点

a. 简化操作,提高生产的灵活性;

b. 避免烷基烯酮二聚体在成形网及纸机部件上的沉积;

c. 可更有效地使用烷基烯酮二聚体,不用其他助留剂;更好地利用损纸,从而降低成本。

d. 由于避免了烷基烯酮二聚体胶液在制备中及贮存中的变动,从而提高了纸张的均匀性。

(2) 制备

a. 变性纤维可在浆厂自制,也可制成商品。

b. 第一步是将纸浆纤维用烷基烯酮二聚体(对纤维重4%)乳浊液饱和以进行改性。

c. 制备过程的第二步是将这种饱和了的纤维进行干燥,可采用闪急干燥法。

(3) 使用

a. 将烷基烯酮二聚体变性纤维直接掺入纸浆中就可取得施胶效果。在纸页刚成形时的施胶效果不显著,而随着加热干燥提高了温度,则可得到良好的施胶效果。

b. 纸浆纤维用烷基烯酮二聚体(对纤维重4%)处理制得烷基烯酮二聚体变性纤维,根据一些成品纸的施胶需要,使用这种烷基烯酮二聚体变性纤维的量一般为5%。这样,在成品纸中仅存有0.2%的烷基烯酮二聚体就达到了施胶的目的。

c. 烷基烯酮二聚体变性纤维用于牛奶瓶纸板和其他纸种中。在湿部用烷基烯酮二聚体变性纤维与用烷基烯酮二聚体对牛奶瓶纸板进行施胶的比较如表4-18所示。

表 4-18 在湿部用 AMF 与用 AKD 对牛奶瓶纸板进行施胶的比较

指标 胶类	定量/g·m^{-2}	厚度/mm	小区域法测得的施胶度/min (20%的乳胶)
湿部添加烷基烯酮二聚体	176 180	0.48 0.55	713 777
5%AMF 变性纤维	175 175	0.51 0.51	1588 1588

3) 烯基琥珀酸酐(Alkenyl Succinic Anhydride,简称 ASA)

烯基琥珀酸酐的分子式为:

$$R_1CH=CR_2-CH-C=O$$
$$|\diagdown$$
$$CH_2-C=OO$$

其中的 R_1、$R_2 = C_6 \sim C_{10}$，一般为 C_8

烯基琥珀酸酐与纤维表面上的羟基作用如下式所示：

$$R_1CH=CR_2-CH-C\diagup^O_{\diagdown O}\diagdown_{CH_2-C\diagdown^O} + Cell-OH \longrightarrow$$

$$R_1CH=CR_2-CH-\overset{O}{\overset{\|}{C}}-O-Cell$$
$$|$$
$$CH_2COOH$$

烯基琥珀酸酐可用作浆内施胶剂,其特点是：

（1）可在碱性条件下,特别是对书写纸和印刷纸进行施胶。

（2）烯基琥珀酸酐应使用阳离子淀粉作为乳化剂制成乳液,再添加至浆料中。

（3）阳离子淀粉与烯基琥珀酸酐的比值应为 2:1。

（4）阳离子淀粉的作用除用作乳化剂以外,还起到干强剂、助留剂的作用。

（5）烯基琥珀酸酐的用量约为 $0.10\% \sim 0.15\%$（对绝干浆）。

（6）烯基琥珀酸酐的施胶作用在纸页干燥卷取后已完成 90%。

烯基琥珀酸酐与纤维反应速度要比 AKD 大得多,在抄造条件下与纤维形成酯键很容易,施胶可在干燥空气中进行。ASA 的重施胶纸则不需要热处理,由于 ASA 与纤维结合力强,留着的 ASA 胶料则大部分与纤维在纸机运行中就发生反应。

总之,ASA 与纤维素和半纤维素的羟基反应能形成酯键,使得分子定向排列,碳氢链端向外面而赋予纸页疏水性。

ASA 与水反应,发生水解的速度很快,有人研究发现十四烷基丁二酸酐(琥珀酸酐)的样品在 25℃ 的条件下 30h 内可完全水解。为了控制 ASA 的水解,应保持低温和低 pH 值,在 ASA 乳化过程和应用之前应尽量使贮存时间短,在纸机上要保持高的单程留着率和细小组分的留着是十分必要的,这样可以防止大量的 ASA 进入白水循环系统中水解形成二元酸。

为了使 ASA 能很好地分布在纤维表面,ASA 必须制备成乳液,常采用高切变乳化方式,即 ASA 在阳离子淀粉或合成阳离子聚合物存在下通过高剪切力的叶轮泵使其转化成乳液。最适宜的淀粉用量对 ASA 的比例为 3∶1。

乳化后的 ASA 颗粒粒度范围在 $0.5\sim3.0\mu m$,最适宜的是 $1\sim2\mu m$。颗粒越小施胶效果越好,但生产困难且易于水解;颗粒太大,乳液不稳定易产生沉淀。

要尽可能缩短 ASA 在使用前的贮存时间,以减少水解。在制备后应立即加入到浆料中,以免出现与水解相关的问题。如果必须贮存,温度应尽量低且 pH 值应控制在 $3.5\sim4.5$ 之间。

ASA 一般加入在冲泵入口处,或流浆箱、精浆机的出口处,或压力筛入口处,尽可能缩短其水解时间。

目前,我国山东某造纸厂已经应用 ASA 进行施胶,效果比较理想。另外,我国目前也有厂家生产 ASA 施胶剂。

4) 硬脂酸酐

硬脂酸酐的分子式如下:

$$CH_3(CH_2)_{16}-\overset{O}{\overset{\|}{C}}-O-\overset{O}{\overset{\|}{C}}(CH_2)_{16}CH_3$$

硬脂酸酐是一种固体,约在 60℃ 熔化。可以买到在纸厂内进行乳化的固体,也可以买到含有阳离子树脂的乳液。它能与纤维素反应生成一种酯。因为其反应速度快,所以硬脂酸酐乳液比 AKD 乳液更快地失去活性,它们一般在 $2\sim3$ 周后就失去活力。施胶反应也比 AKD 更快,而且这一物质同明矾在低 pH(可以低至 $5.5\sim6.0$)下一起使用也是成功的。

硬脂酸酐与纤维素表面上的羟基反应如下:

$$CH_3-(CH_2)_{16}-\overset{O}{\underset{\|}{C}}-O-\overset{O}{\underset{\|}{C}}-(CH_2)_{16}-CH_3 + Cell \cdot OH$$

$$\longrightarrow CH_3-(CH_2)_{16}-\overset{\|}{\underset{O}{C}}-O-Cell$$

5) 有机硅胶料

有机硅化物有硅酮等,它具有有机物质和合成树脂的性质,对热和化学药品稳定,并且具有高度的憎水性。

运用有机硅化物使纸张具有憎液性的方法有下列两种:

(1) 气相施胶　将成纸送入处理室中用三氯硅烷蒸汽处理,于是纤维与它发生作用,结果施胶之后尚有 HCl 生成,随后应再送入第二室以 NH_3 加以中和。气相施胶反应极为迅速,所需时间只有 0.2s。但气相施胶的缺点之一是反应生成的 HCl 和 NH_4Cl 均有腐蚀性,同时三氯硅烷的蒸汽和反应产物对人体也都是有害的,因此要求有密闭的处理室,做到这一点在设备上是很复杂的。

(2) 液相施胶　这种方法是将有机硅化物先制成乳液,再加入纸料中直接施胶。乳液的制备方法是:先将有机硅化物溶于有机溶剂,如甲苯、二甲苯等,或用适当的乳化剂乳化,再经胶体磨磨成稳定的乳剂,加水稀释成乳液使用。有机硅胶料不论气相施胶还是液相施胶,均由于成本较高或设备复杂而未在工业上获得大规模应用。

6) 碳氟化合物胶料

碳氟化合物胶料也是一种合成胶料,它为阴离子型直链碳氟有机化合物,主要用于要求具有抗油性能的纸种。

碳氟化合物胶料具有相当长碳氟化合物末端基的化学结构,这一末端基可以直接结合到极性基上,即结合到纸浆的羟基上。图 4-5 是碳氟化合物定向排列在纤维表面上的示意图。

造纸厂使用的碳氟化合物用料经常是以浓缩液购进的,可以用水稀释至任何浓度再加入纸浆中。

用碳氟化合物作为施胶剂,必须在纸料上网至少 10min 以前加入,以保持良好的混合。碳氟化合物的施胶量一般为 0.2%～0.5%。施胶时必须加用阳离子型助留剂,用量约为 0.2%～1.0%。施胶 pH 值应小于 7,这主要取决于助留剂的性质。pH 值的调节不能加硫酸铝,而是加醋酸进行调节。

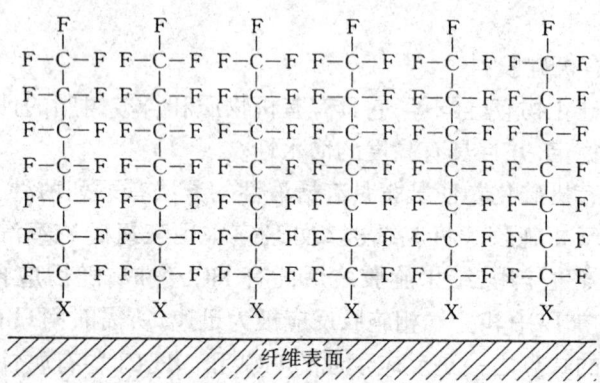

图 4-5 碳氟化合物定向固着在纤维表面上,其中"X"表示一个极性基

(二) 纸面施胶剂

1. 淀粉

淀粉及改性淀粉在造纸工业中得到了广泛的应用。关于淀粉及改性淀粉的结构、性质及制备前面已经述及,在此不再赘述。这里仅对几种改性淀粉作为纸面施胶剂的应用给以阐述。

1) 氧化淀粉

氧化淀粉是一种较好的施胶剂,可单独使用,也可与聚乙烯醇混合使用。

用氧化淀粉进行纸面施胶,可显著提高纸张的表面强度,减少纸面掉毛掉粉,同时可以提高纸张平滑度,使纸面更加细腻,并且可提高纸张的适印性,使印刷后的纸张色彩鲜艳悦目。另外氧化淀粉也可适当提高纸张的施胶度和物理强度。

下面是氧化淀粉配用聚乙烯醇作纸面施胶剂的实例。

在长网纸机上做机内施胶,施胶剂中氧化淀粉占 70%,聚乙烯醇占 30%。用于生产 80g/m² 胶版纸时,每平方米施胶量约 0.7g,每吨纸约需9kg施胶剂。

制备氧化淀粉的工艺条件：

氧化浓度：	40%	糊化温度：	70~75℃
有效氯用量：	1%	糊化浓度：	5%
氧化温度：	35~40℃	糊化时间：	5min
氧化时间：	30min	脱氯剂用量：	0.5%~0.7%

纸机抄造工艺条件：

车速：	120~130m/min	施胶前纸页干度：75%~80%	
胶液浓度：	1.2%~1.4%	施胶后纸页干度：65%~75%	
胶液温度：	45℃	施胶后的牵引距离：	2.2m

进胶方式为中间进胶、两侧溢流。

胶液的渗透程度与设备特征(施胶方式、车速、牵引距离)、胶液物理性质(配比、浓度、温度)，纸面施胶前纸页的性质(干度、抗水性、打浆度)等有关。

纸页离开施胶辊后，应保持一定的牵引距离，让胶膜有一段时间固化，避免粘缸。为了节约胶液，保持胶膜有效厚度又不应渗入过多，同时，纸面施胶后纸页深部水分难以蒸发，渗透程度不宜过大，除加强纸内施胶外，应控制"有限渗透"。

聚乙烯醇的调制程序：

将25kg聚乙烯醇放在带筛板的浸泡槽内，连续缓慢地加水进行浸泡和洗涤，洗出的酸液自浸泡槽的底部排走。随后将浸泡后的聚乙烯醇推入熬胶锅，加水至900kg，与此同时开动搅拌器进行搅拌，并间接通汽加热使锅内液体升温至90℃。在90℃条件下搅拌大约1h，待锅内聚乙烯醇全部溶解后，将制得的大约浓度为3.5%的聚乙烯醇溶液经过过滤后放入贮存槽，加甘油10kg搅拌后备用。

另外，也可在同一制备流程中制得2%浓度的聚乙烯醇和氧化淀粉的混合液。

用水平辊式装置进行纸面施胶的胶版印刷纸应用生产实例如下：

定量：100g/m²	施胶剂：1/3PVA+2/3氧化淀粉	
纸面施胶前纸页水分：10%~15%	施胶剂浓度：2%	

胶液温度：60~70℃　　　　　　　施胶后纸页水分：25%~30%
胶液深度：130mm　　　　　　　　纸面挂胶量：0.5~0.8g/m²

效果：提高纸的表面强度，使胶印书刊纸的掉毛掉粉有一定改善。改善纸吸收油墨的性能，提高纸的平滑度，降低透气度，使纸面紧密、细腻、匀整，从而使印刷后印迹清晰，颜色均匀，层次清楚，黑白分明。特别是对于在较高车速下抄造的纸张，纸页两面性减小。

此外还可使纸页中长短纤维、填料构成比例合理，为降低浆耗，实现封闭循环和加大填料用量创造了条件，有利于提高经济效益。

2) 酶转化淀粉

酶转化淀粉的主要特点是黏度比未经转化的淀粉低得多，适宜于造纸工业，且制造工艺简单，价格低廉。

酶转化淀粉用于造纸工业上，对浆种没有选择性，酶转化后的淀粉水解液黏度较低，流动性好，透明度也较高。用于纸张纸面施胶，不但吸附在纸面纤维上，也向纸内渗透，可提高纤维之间的结合力，改善纸的外观及物理性能。

酶转化淀粉使用的淀粉酶无毒、无污染，转化过程操作简单、省时间、费用低，经济上合理。例如：用酶转化淀粉对晒图原纸进行表面施胶的条件如下：

使用浓度：　　　　6%　　　　　DE值：　　　　　47%
透光率：　　　　　36%　　　　　黏度：　　　　　2.5mPa·s

纸面施胶原纸与施胶后纸的物理性能比较见表4-19。

用酶转化淀粉作纸面施胶剂，达到了改善纸张表面强度和物理性能的目的，操作的关键是控制酶转化淀粉的水解程度。影响酶转化淀粉反应速度的主要因素有淀粉种类、淀粉浓度、加酶量、反应温度、反应时间等。

3) 阳离子淀粉

早在20世纪60年代美国就开发了阳离子淀粉，随后将其应用于纸面施胶。

用阳离子淀粉进行纸面施胶具有如下优点：

（1）改进纸张的印刷性能。使用阳离子淀粉进行纸面施胶能使纸

表 4-19　　原纸与施胶后纸的物理性能比较

项　目	原　纸	施胶纸
定量/g·m^{-2}	74.7	78.8
耐折度/次(纵)	31	132
耐折度/次(横)	29	42
耐破度/kPa	163	204
裂断长/m	3480	3990
拉毛速度/cm·s^{-1}(正)	—	>350
拉毛速度/cm·s^{-1}(反)	166	>350
表面吸收/g·m^{-2}	12.5	11.2
施胶度/s	22	23.4

张具有较好的印刷均匀性和清晰度,印刷色泽较深,纸页透印少,印刷时掉毛少。

(2) 增强纸的表面强度。曾在工厂进行了纸面施胶的比较试验,即用较大用量的酸处理淀粉(用酸处理后,使淀粉分子变小而便于淀粉在高浓下糊化)与用较少用量的阳离子淀粉分别对纸张进行施胶的施胶结果进行比较,后者对纸的表面强度提高更多。

印刷试验是在胶印压力下,速度为每小时印刷 7000 次,使用高黏度油墨进行印刷。印够标准印次以后,检查掉毛情况。对胶版印刷纸纸面施胶后可改进纸页的表面强度,如表 4-20 所示。

表 4-20　　分别用酸处理淀粉与用阳离子淀粉进行施胶后纸的表面强度比较

淀　粉	毯面 IGT 拉毛速度/cm·s^{-1}
酸处理淀粉	280
阳离子淀粉	480

通过上表可以看出,经阳离子淀粉进行纸面施胶的胶版印刷纸表

面强度得到显著改善。

(3) 可以增加干燥速度,缩短干燥时间。对于高级印刷纸,曾用 6.2%阳离子淀粉和 9%羟乙基淀粉进行纸面施胶试验,其比较结果如表 4-21 所示。

表 4-21 用阳离子淀粉与用羟乙基淀粉施胶的纸张性能比较

种 类	挂胶量/g·m^{-2}	不透明度/%	耐破度/kPa	干燥速度/m·min^{-1}	最终水分/%
阳离子淀粉	2.32	87.0	431	119	5.0~6.3
羟乙基淀粉	3.42	86.2	421	107	5.5~6.0

(4) 可以减少废水中的 BOD。

2. 聚乙烯醇

聚乙烯醇(Poly vinyl Alcohol),简称 PVA,是一种理想的纸面施胶剂及涂布加工用胶黏剂。

1) 聚乙烯醇的性质

聚乙烯醇外观为粒状或粉状,呈白色至乳白色,密度 1.26~1.31,除溶于水、乙二醇和甘油外,不溶于其他有机溶剂,有吸湿性,在贮运时要避免潮湿及日光曝晒。可耐矿物油类、油脂、润滑油等,贮存稳定性极好,贮存几年也无品质降低情况。具有良好的胶黏强度和成膜性,用聚乙烯醇产生的覆膜是透明、柔韧和高度黏着的,并有良好的抗油和抗溶剂性。

2) 聚乙烯醇的醇解度、聚合度和降解

(1) 醇解度 聚乙烯醇的溶解度决定于羟基代替醋酸基的程度,或称为醇解度。通常有 78%、88% 和 98% 三种不同醇解度的聚乙烯醇,而适用于造纸工业的醇解度为 88% 和 98% 两种。

醇解度高的聚乙烯醇不溶于冷水而溶于热水,因此干燥后的膜层较醇解度低的膜层抗水性好。

(2) 聚合度 聚乙烯醇有不同聚合度的产品,中等聚合度为 1000,低聚合度为 500,中间还有不同聚合度的产品。根据聚合度的不同,制备溶液的黏度和胶黏强度均有不同,使用时可根据用途选用不同醇解度的产品。

(3) 降解 聚乙烯醇溶液可用次氯酸钠或过氧化氢进行氧化降解处理,以提高胶液的流动性。但是随着降解程度的增加,胶质的黏着力下降,膜层强度降低,因此一般只有在聚乙烯醇品种不全的情况下,才采用降解法。

3) 聚乙烯醇的质量标准

一种高醇解度的聚乙烯醇的质量标准如表 4-22 所示。

表 4-22　　聚乙烯醇的质量标准

名　称	质量标准	名　称	质量标准
挥发物	8%以下	铁	0.01%以下
NaOH 含量	0.3%以下	白度	90%以上
残余醋酸根	0.2%以下	透明度	90%以上
醋酸钠	7%以下	着色度	86%以上
平均聚合度	1750±50		

4) 聚乙烯醇的制备

聚乙烯醇不能直接由乙烯醇聚合而得,因为不存在游离的乙烯醇,而主要以乙醛的形式存在。聚乙烯醇可用碱或酸水解聚醋酸乙烯酯制得,通常是在聚醋酸乙烯酯的酒精溶液中加碱水解。

聚乙烯醇的制备反应可分为以下两个步骤:

(1) 由醋酸乙烯酯制备聚醋酸乙烯酯;

(2) 由聚醋酸乙烯酯制备成聚乙烯醇。

根据需要在不同条件下,聚醋酸乙烯酯醇解会得到不同醇解度的聚乙烯醇,例如,在造纸工业中常用醇解度为 88%~98%的聚乙烯醇。

5) 聚乙烯醇在纸面施胶中的应用

聚乙烯醇具有优越的胶黏力,不需高温或老化的过程,用于纸面施胶可提高纸张机械强度、表面强度和抗油脂性等,为此聚乙烯醇是一种理想的纸面施胶剂。

聚乙烯醇的使用方法有:

(1) 单独使用聚乙烯醇

为了提高纸张的抗张强度和耐折度,可单独使用聚乙烯醇进行纸面施胶。一般单独使用聚乙烯醇的纸面施胶所采用的浓度均较高,例如,对于证券纸、纱纸、导火线纸等可采用3.5%~4.0%的浓度,而对于为了显著提高强度的特种纸的机外施胶甚至可采用10%的浓度,这种纸面施胶后的纸幅多经干燥室进行干燥。

（2）聚乙烯醇和淀粉配用

配用方法。

将纸张先用氧化淀粉进行纸面施胶,干燥后通过1%~3%的聚乙烯醇溶液再次进行纸面施胶;聚乙烯醇和氧化淀粉混合熬制作为纸面施胶剂,一般聚乙烯醇与氧化淀粉的比例为1:1~1:4。以上方法均可提高成膜性能。

施胶效果。

对成膜性能的影响:聚乙烯醇的成膜性能良好。将三种不同(PVA1—聚合度2063,醇解度98.65%;PVA2—聚合度1098,醇解度98.76%;PVA3—聚合度539,醇解度99.83%)的聚乙烯醇在室温下溶解,然后与糊化好的氧化淀粉混合搅拌15min,在总浓度5%、施胶温度40℃下进行试验,结果如表4-23所示。

表4-23　三种不同聚乙烯醇分别与氧化淀粉混合后对纸张进行施胶的效果比较

项目	定量/g·m^{-2}	施胶度/s	裂断长/m	耐折度/双次（纵向）	耐破度/kPa
晒图原纸	79.8	45.7	5000	90	206
4%氧化淀粉,1%PVA1	81.0	59.0	4900	97	215
4%氧化淀粉,1%PVA2	80.5	57.0	5080	110	212
4%氧化淀粉,1%PVA3	80.9	61.2	5000	126	212

聚乙烯醇的成膜性好,虽然本身不抗水,但能延缓水对纸页的渗

透,提高施胶度的幅度也较大。

对纸张强度的影响:进行了聚乙烯醇与淀粉的混合比为100:0,75:25,50:50,25:75,0:100等的纸面施胶的研究,试验结果表明:纸的抗张强度、伸长率、耐折度等随聚乙烯醇的比例增加而显著提高,纸的刚度稍有增加,吸湿性不变。

(3) 聚乙烯醇与硼砂混用的方法

为了防止聚乙烯醇溶液在纸面施胶时的过度渗透,也可采用与硼砂混用的方法。

对纸张的纸面施胶:用硼砂与聚乙烯醇对纸张的一种纸面施胶程序是,先将纸面用5%硼砂预处理(硼砂量约$0.25kg/100m^2$),干燥后再用1%~3%的聚乙烯醇溶液进行纸面施胶(聚乙烯醇用量0.028~$0.066kg/100m^2$)。

对纸板的纸面施胶:用硼砂与聚乙烯醇对纸板的一种压光机施胶方法,是预先在压光机的一个辊上涂上一层硼砂溶液,然后在另一辊上涂上聚乙烯醇而进行纸面施胶。

添加不同浓度硼砂的影响:聚乙烯醇和硼砂共用而出现的胶凝现象与两者的浓度、pH值、聚乙烯醇的种类及温度有关。

(4) 使用聚乙烯醇时添加其他物质

在使用聚乙烯醇作纸面施胶剂时,为了提高成膜的湿强度,可向聚乙烯醇中添加尿素甲醛树脂或三聚氰胺甲醛树脂。另外,也可用甘油作为增塑剂。

3. 动物胶

动物胶在我国分为三大类,即骨胶、皮胶和明胶,称为三胶。明胶实际上就是色泽浅、透明、纯度高的上等骨胶和皮胶。

1) 明胶的性质

明胶外观为细条状、粒状或薄片状,无色或呈淡黄色,透明,带有光泽,密度为$1.37g/cm^3$,无特殊气味。一般商品明胶含10%~15%的水分。明胶在干燥空气中比较稳定,但在潮湿空气中易吸潮。明胶受潮或制成溶液容易被细菌分解而变质。明胶在冷水中不溶解,但能吸水导致膨胀而软化,这时重量可增加5~10倍。热水是明胶的最好溶剂。

明胶不溶于盐类溶液及淡的酸碱溶液,也不溶于普通的有机溶剂,如醇、醚、氯仿等。

2) 胶液的制备

使用动物胶时,先使其在冷水中获得充分润胀,然后用温水进行溶解,并进行搅拌,以制成 4%~10% 浓度的胶液。如有必要,可在溶解过程中加入少量碱,以增加其溶解程度。

(1) 明胶溶解实例

操作程序:

a. 先将 25kg 明胶浸泡在 200kg 清水中;

b. 浸泡时间约为 4h,直至将明胶浸透为止;

c. 将浸泡后的明胶和水从浸泡槽倒入熬胶锅中;

d. 再向熬胶锅内添加清水 200kg,开始搅拌,并向夹套内通汽使熬胶锅内物料温度保持在 45~50℃;

e. 搅拌约 2h 直至明胶全部溶解为止;

f. 随后加入甲醛防腐剂 0.95kg;

g. 在 10min 后再加入甘油增塑剂 0.75kg;

h. 加入甘油后再搅拌 10min,随后停止搅拌,使明胶溶液通过压力过滤器流入胶液贮存槽备用;

i. 明胶溶液存放时间一般以不超过 12h 为宜。

(2) 骨胶溶解实例　骨胶的溶解是在带搅拌器的 500L 反应釜内进行。骨胶较易溶解,可取消事先浸泡的工序。

操作程序:

a. 在反应釜内加入清水 400kg,通汽加热升温至 80~90℃;

b. 添加骨胶 10kg,开动搅拌器进行搅拌直至骨胶完全溶解为止,在溶解过程中温度不应超过 90℃;

c. 加入甲醛 500mL,待混合均匀后停止搅拌;

d. 将制得的骨胶液泵入另一容器中备用;

e. 制得的骨胶液的浓度为 2.5%。

(3) 动物胶的性质和应用

在 20℃ 时不同浓度动物胶液的密度如表 4-24 所示。

纸面施胶所用的动物胶胶液的浓度为 4%～10%,而当动物胶的含量在 6% 以上时,其溶液就变为凝胶状。为了得到较小的黏度,可加 2%～10% 的硫酸铝。

表 4-24　　　　20℃时不同浓度动物胶液的密度

动物胶的含量/%	密度/g·cm^{-3}	动物胶的含量/%	密度/g·cm^{-3}
1.0	1.001	3.5	1.008
1.5	1.003	4.0	1.010
2.0	1.004	4.5	1.012
2.5	1.005	5.0	1.013
3.0	1.007	5.5	1.015

　用游离浆抄造的纸张所吸收的胶料比用黏状浆抄造的纸张吸收得多。经动物胶处理后的纸张,如再通过硫酸铝溶液或甲醛溶液浸渍,又可提高纸张的憎液性能,如晒图原纸。

　在动物胶中加入少量甲醛、硫酸锌、水杨酸或蚁酸可作为防腐剂。

　在动物胶中加入增塑剂,如甘油等,可提高纸张物理强度。

　在动物胶中加 2%～3% 肥皂(对动物胶用量),可以提高纸张色泽、不透明度和光泽度。

　在动物胶中加用少量甘油、氯化钙、不干性油、醋酸钠等,则又能改进纸张的耐揉性。

　由于动物胶的价格较高,多限用于高级纸的纸面施胶,且多与淀粉混合使用。混合使用时,应加 0.25%～1.0% 肥皂(对动物胶用量)借以防止动物胶和淀粉的离散。

　用动物胶的纸面施胶主要用于槽式施胶,施胶槽内胶料的温度为 30～60℃。如用于机上施胶,则应特别注意干燥速度不宜过快,否则由于纸张发生收缩,在纸面上出现龟裂。

　4. 羧甲基纤维素(简称 CMC)

　羧甲基纤维素的性质及制备在第三章已经述及,在此不再赘述。这里只介绍 CMC 的溶解及应用。

1) 羧甲基纤维素(CMC)溶解实例

溶解 CMC 的工艺条件如表 4-25 所示。

表 4-25　　　　　　　　　CMC 的溶解条件

项　　目	条　　件	项　　目	条　　件
溶解时浓度	3%	溶解后 pH 值	7~8
溶解时温度	常温	使用时浓度	0.5%

溶解 CMC 的操作程序如表 4-26 所示。

表 4-26　　　　　　　　　溶解 CMC 的操作程序

操作步骤	说　　　　明
加　水	先在溶解槽内加入半槽清水,随后开动快速搅拌器($n=2000r/min$)进行搅拌
加　料	徐徐加入 CMC 粉末进行溶解,根据取代度,一般溶解浓度不大于 3%,否则搅拌负荷太大
溶　解	通常搅拌 2h 左右,直至 CMC 全部溶解
调节 pH 值	随后加入工业盐酸调节 pH 值至 7~8,可用 pH 计(或笔)进行检查
过滤贮存	将溶解好的 CMC 胶液经过过滤后放入贮存槽,并稀释至使用时所要求的 0.5% 浓度备用

使用 CMC 作为纸面施胶剂的作用:提高纸张的表面强度,纸张表面变得比较致密和平滑而不掉毛掉粉。增加纸张耐破度,并在一定程度上提高纤维内部结合力,可使纸张具有良好的耐磨性和耐油性。一般印刷用纸经低到中等黏度类型的 CMC 纸面施胶后,可防止印刷时起毛或掉粉,并可增加光亮油墨的适印性。

CMC 与其他施胶剂混合使用:对于纸面施胶,CMC 可与氧化淀粉、动物胶和植物胶混合使用,也可在其内添加尿醛树脂以改善其抗水性。

2) 羧甲基纤维素(CMC)作为纸面施胶剂的实例

使用 CMC 对晒图纸、邮票纸、制图纸进行纸面施胶的 CMC 质量如下：

形状：粉末　　　　　　　　　取代度：0.91
黏度：0.048Pa·s(落球式黏度25℃)　pH值：12
水分：6.7%　　　　　　　　　氯化物：27%

操作步骤：

先将水加入锅中，在冷水中快速搅拌下(780r/min)加入12.5kgCMC，溶解浓度不超过3%，以免搅拌不均匀，当全部溶解后，加工业盐酸调pH至中性，稀释至5m^3(即浓度为0.25%)备用。

使用CMC溶解时操作方便，冷水制备避免高温作业，CMC胶在室温下无变化，它不会发酵、腐败和结皮等，可以全部或部分代替氧化淀粉进行纸面施胶。施胶质量很好，见表4-27和4-28。

表4-27　　　　晒图原纸施胶前后的比较

施胶情况	定量/g·m^{-2}	紧度/g·cm^{-3}	裂断长/m	耐折度/次(双)	施胶度/s
施胶前	78.2	0.78	4680	298	38
施胶后	78.1	0.8	4600	226	42
施胶前	82	0.79	4100	347	35
施胶后	82.3	0.83	3840	295	40
施胶前	82.3	0.79	3930	152	35
施胶后	82.5	0.85	4150	185	41

表4-28　　　　邮票纸施胶前后的比较

施胶情况	定量/g·m^{-2}	裂断长/m	施胶度/mm	白度/%ISO	变形/%
施胶前	74.8	2650	0.75	90	0.2
施胶后	74.8	2900	1.25	90	2.3
施胶前	75.3	2760	0.75	90	0.2
施胶后	76.3	2810	2.0	90	-0.3

当用于生产制图纸时,使用0.25%CMC代替1%淀粉进行纸面施胶,由每吨纸用淀粉3.75kg减少为用CMC 0.9kg,在达到同样质量指标时,可以节约淀粉,吨纸成本基本相同。

5. 甲基纤维素

甲基纤维素简称MC,是一种不太常用的纸面施胶剂。

应用于造纸工业的MC,通常含有1.7~1.9甲氧基取代度和0.01~4Pa·s(10~4000cP)的黏度。在制备甲基纤维素水溶液时,应先将干料用热水润湿,冷却后加水搅拌,直至呈透明溶液。甲基纤维素是稳定的,可长期保存而不需加入防腐剂。

与羧甲基纤维素钠盐相同,甲基纤维素在纸面施胶时,也能在纸面上产生一种强韧、不能透过油脂的覆膜,并显著减少纸张的气孔,所以可用于防油纸和蜡纸等的表面施胶。当应用于印刷纸时,也可显著改善印刷油墨的光泽度。

6. 藻朊酸盐

藻朊酸是从海藻植物,如马尾藻、昆布、海带中制取的,这些植物在我国产量相当丰富,用于造纸工业的藻朊酸盐主要是藻朊酸钠盐或铵盐。

造纸工业使用的藻朊酸钠是以粉状供应的,它是一种棕黄色絮状物质或淡黄色粉末,将其干粉加入水中,在剧烈搅拌下,能迅速溶解,其溶解量可自1%增至4%,以制备成高黏度的胶黏溶液。

藻朊酸钠溶液可与一系列造纸化学药剂相溶,如颜料、填料、树脂、淀粉、糊精、水溶性天然和合成胶料等。

1) 藻朊酸钠的制备方法

以马尾藻为例,其制备方法如下。

脱色:首先是将马尾藻用甲醛固定脱色,甲醛用量为0.4%左右。

酸浸:酸浸时间为1h左右,一般使用的盐酸浓度为0.05N,以减少灰分和渗出杂质,使母液易于过滤,并使制得的成品纯净、酸浸时间不易过久,以免黏度下降。

水洗:酸洗后用水洗至无酸性。

碱浸:再用碱浸,碱浸的作用是使马尾藻生成马尾藻钠盐。碱浸温度以不超过 50℃ 为宜，pH 值控制在 10 左右。碱液用 Na_2CO_3 溶液，其浓度为 1%。

过滤贮存：然后将胶液进行过滤，除去渣滓后贮存备用。

2）藻朊酸钠在纸面施胶中的应用

藻朊酸钠可单独或与淀粉、干酪素、植物胶或类似物质混合在一起作为纸面施胶剂。藻朊酸钠是一种成膜型施胶剂，当作纸面施胶剂使用时趋向于滞留在纸面上。与淀粉混合可用于蜡纸类，如食品包装纸、奶瓶纸板、黄油包装纸盒纸板、复写纸原纸、涂布原纸和蜡层压品，因为上述品种需要一个高密度、封闭性良好的表面。藻朊酸钠也用于光泽油墨纸板和纸盒纸板的表面处理。对压光机施胶来说，为了取得最佳的成膜性能，推荐最高的施胶温度为 60℃。低温可使泡沫减少并避免在压光辊上形成胶膜。在藻朊酸钠中加进少量聚磷酸盐能够防止由于拾取纸内明矾而引起的黏度变化。藻朊酸钠所生成的胶膜透明而又坚韧，不过，若不塑化是脆的，如不用尿醛树脂或起沉淀作用的盐类来处理则耐水性较差。

由于藻朊酸钠具有较高保留在表面的趋向，因此，即使在低浓度下使用藻朊酸钠也是一种有效的施胶剂。有的纸板只要每 $1000m^2$ 施涂 $0.08\sim0.24kg$ 就能有效地控制印刷适性。确切的施胶量要由印刷方式而定，一般的使用浓度如下：

印刷方式	浓度/%
平调子或半色调	0.25~0.5
半光泽	0.5~1.5
超高光泽	2.0~3.0

有时也用两段处理，先用施胶压榨接着用压光机施涂。

7. 蜡乳液

蜡乳液有三种主要类型：皂型、酸稳定型和非离子型。皂型乳液对酸及重金属盐是敏感的，它们难以渗入纸内，因为纸内的残酸和盐常使蜡在纸面迅速沉淀。如果从纸张渗出大量的酸或明矾，这种类型的乳液很可能在施胶槽或压光机盘中产生凝聚。另一方面，皂型乳液一般比酸稳定型更耐剪切应力而不致破坏，因此，在明矾从纸内渗出不太多的情况下,推荐单独使用皂型溶液或与淀粉合用。

8. 烷基烯酮二聚物

关于烷基烯酮二聚物(AKD)的结构、性质和应用详见纸内施胶部分。它可应用于纸内施胶,也可应用于纸面施胶。

在应用于纸面施胶以前,应先将烷基烯酮二聚物乳液分散于温水($54\sim 65℃$)中,通常使用的浓度是$0.1\%\sim 2.0\%$,低浓度的胶料也有效。欲施胶的纸页不应含有松香胶和硫酸铝。

烷基烯酮二聚物可单独使用,也可分散于一些纸面施胶剂溶液,如淀粉、羧甲基纤维素中与之混合使用。这种纸面施胶剂溶液应尽可能保持冷却,并使之不过于呈碱性,加入烷基烯酮二聚物后应立即使用,以避免胶料的迅速水解。烷基烯酮二聚物的水解速度决定于溶液的温度和pH值。

烷基烯酮二聚物作为纸面施胶剂可用各种纸面施胶的方法进行施胶。在用于薄纸或中等厚的纸张时,通常用辊式纸面施胶或槽式纸面施胶;在用于厚纸或纸板时则可用压光机纸面施胶,也可用喷雾法纸面施胶。

在没有松香胶和硫酸铝存在的条件下,烷基烯酮二聚物在纸面施胶中的应用如表4-29所示。

表4-29　　烷基烯酮二聚物在纸面施胶中的应用

纸　种	应用方法	施胶溶液的组成	烷基烯酮二聚物的用量/%	施胶效果
$56g/m^2$的证券纸	槽式施胶	0.2%烷基烯酮二聚物,4.0%淀粉	0.13	可在20%乳酸墨水中漂浮60min
碱性黄麻挂面纸板	压光机施胶	0.75%烷基烯酮二聚物,0.1%羧甲基纤维素	0.035	水滴试验60min
未漂硫酸盐浆挂面纸板	辊式施胶	0.5%烷基烯酮二聚物,2.5%淀粉	0.15	能抗20%乳酸墨水的渗透

续表

纸　种	应用方法	施胶溶液的组成	烷基烯酮二聚物的用量/%	施胶效果
含碳酸钙填料的印刷纸	辊式施胶	0.6%烷基烯酮二聚物,5.0%淀粉	0.25	浸入1% NaOH溶液,干燥后仍有一定的施胶度,按Tappi标准指示剂测定法为30s
56g/m² 的证券纸	在施胶辊上安装喷雾管	1.0%烷基烯酮二聚物	0.20	可在20%乳酸墨水中漂浮1h

9. 硅酮树脂

硅酮是一种很理想的纸张防水剂,它可在纸张的纤维表面形成薄膜,且具有良好的防水性能。

用硅酮进行纸面施胶的纸主要是用于防黏。硅酮主要用于处理纸带、标签、邮票等背衬材料,还可用于许多黏性物质的包装纸或纸板的处理,如:黏性食品、沥青和生胶等。经硅酮进行纸面施胶的纸和纸板,既能防水又有良好的隔离作用,而且还可以增加纸张的耐挠曲性能。在工业制品中,过去有许多物品必须使用金属或玻璃容器包装,如:黏合剂、生橡胶等,现在均可采用硅酮处理的纸张对其进行包装。这种纸张目前在国外主要用于冻肉、奶油糕点、糖果、蛋黄调味品、油炸食品等的包装。使用这种纸具有很大的优越性,既可降低包装费用,又卫生,还方便了快餐服务,对发展旅游和出口食品起到了很好的作用。

硅酮还可用于扑克牌、年历、画报等印刷品的上光防水和滑爽处理。

10. 苯乙烯共聚物树脂

含有羧基和酸酐基的苯乙烯共聚物树脂被用于纸的表面处理。酸酐型的化学结构如下:

$$\begin{array}{c}\text{HC}-\text{C}\\ \quad\quad\quad\;\;\diagdown\\ \quad\quad\quad\quad\;\;\text{O}\\ \quad\quad\quad\;\;\diagup\\ \text{HC}-\text{C}\\ |\\ \text{CH}_2\\ |\\ \text{HC}-\text{R}\end{array}$$

它可溶于氨水,当纸用其所合成出来的溶液处理并接着干燥时氨蒸发,从而使树脂恢复为它酸性的、不溶于水的形式。这种树脂也可得到氨可分散的半酯形式及水溶性钠盐的形式。

这些树脂被用以改善纸张的抗水性和干、湿强度。加入甲醛改善纸张的湿强度。

11. 硬脂酸氯化铬络盐

硬脂酸氯化铬络盐是一种纸面施胶剂。维耳纳(Werner)式的硬脂酸氯化铬络盐可用下式表示:

$$\begin{array}{c}C_{17}H_{35}\\|\\C\\ \diagup\;\diagdown\\O\quad\;\;O\\|\quad\quad\;|\\Cl_2Cr\quad CrCl_2\\ \diagdown\;\diagup\\O\\|\\H\end{array}$$

硬脂酸氯化铬络盐是一种深绿色的液体,含硬脂酸氯化铬的量为30%,其余组成约为60%酒精和10%水;密度在 $0.93g/cm^3$ 以上,沸点约82℃。

硬脂酸氯化铬络盐仅适用于纸及纸板的表面处理,通常可用辊式施胶、槽式施胶或压光机施胶进行纸面施胶。

硬脂酸氯化铬络盐与多种纸面施胶剂如氧化淀粉、酶转化淀粉、明胶、动物胶、甲基纤维素和水溶性植物胶有混溶性,可混合使用;但不能与碱性淀粉、干酪素、藻朊酸盐、羧甲基纤维素等混合使用。

通常纸面上以少量硬脂酸氯化铬络盐处理就能获得良好的施胶效

果,如对用硫酸盐浆制得的各种纸上仅需用 0.5% 的硬脂酸氯化铬络盐处理即能达到要求。

一般是在室温下将硬脂酸氯化铬络盐直接加水搅拌溶解,再配制成所需要的 1%~5% 的浓度,多采用 1% 的浓度进行纸面施胶。

在使用时调节 pH 值至 4.5 左右,这样可减少纸张发脆,但 pH 值高时的稳定性差,需现配现用。使用时溶液的温度应维持在室温或更低的温度。

三、施胶机理

(一) 松香胶的施胶机理

由于松香胶的种类很多,所以在松香胶的施胶过程中,反应速度及部位也有所不同。

有关松香胶的施胶理论有很多,至今仍在发展中,没有最终定论,但目前被人们接受的理论有:接触角理论,配位理论和界面动电势学说。这些理论在《造纸原理与工程》中已经述及,在此不再赘述。

这里简单地谈一下阳离子松香胶的施胶机理。高分散阳离子松香胶具有中等电荷密度,Zeta 电位约为 20mV;游离松香含量很高,乳液微粒本身带有正电荷,其施胶机理是依靠静电引力,自身留着和均匀分布于纤维表面,然后,通过自身或少量铝盐与纤维固着,通过干燥部即可施胶。

在 pH 值为 6.0~6.5 时,施胶系统中明矾水解物以聚合氢氧化铝形式存在,并丧失其全部电荷,但在纤维表面的铝离子吸附量均有明显增加。当吸附有正电荷松香粒子的湿纸进入纸机干燥部时,由于游离松香酸有较低的烧结温度而得以软化并和纤维上的铝离子反应,继而将松香料分子定位,使疏水基转向纤维外侧,而亲水基与纤维素上的羟基牢固结合,形成一层良好的疏水层。

但无论是松香胶还是其他施胶剂,人们普遍认为,要想取得好的施胶效果,必须满足以下条件:

(1) 为了取得最佳憎水性,施胶剂必须在纤维素纤维表面定向排列,即松香的亲水基团必须取向纤维,憎水基团向外。

(2) 胶料必须在纸中均匀分布。
(3) 纤维表面上的胶料分子间的空间必须小到能有效地排斥水分。

(二) 合成胶料的施胶机理

合成胶料的种类很多,但可分为两大类,一类是"反应型"的,另一类是"自行固定型"的,两者的施胶机理是不同的。前者是在碱性条件下,胶料与纤维直接反应,使胶料固着在纤维上,形成化学键;而后者主要是使用阳离子施胶剂依靠其所带的阳电荷自行与纤维固着。

AKD就是一种典型的"反应型"合成胶料。在施胶过程中,AKD中的反应基团直接与纤维素的羟基反应形成共价键,在纤维表面形成一层稳定的薄膜,使纤维由亲水性变为疏水性。其反应过程如下:

$$\begin{matrix} & H \\ R-&C-C=O \\ R'-&C-C=O \\ & H \end{matrix} + HO-Cell \longrightarrow \begin{matrix} & H \\ R-&C-C=O \\ & H \\ R'-&C-C-O-Cell \\ & H\ O \end{matrix}$$

四、施胶影响因素

(一) 纸内施胶的影响因素

1. 松香胶施胶的影响因素

影响松香胶施胶的因素很多,主要有浆料性质、胶料种类、辅料和胶料颗粒大小、pH值、离子类型、施胶温度、施胶用水、打浆和抄纸过程等。

1) 浆料性质

不同浆种对胶料的吸附能力不同,所以施胶有难易之分。实践证明,草浆比木浆容易施胶,未漂浆比漂白浆容易施胶,磨木浆比化学浆容易施胶,而棉浆和精制浆则难于施胶。

制浆的方法也影响到施胶的难易,硫酸盐浆要比亚硫酸盐浆易于施胶。

纤维组分含量不同,也影响施胶。纤维素含量越多,施胶越困难;而半纤维素含量越多,则越有利于施胶。对半纤维素含量小于 4.5%

的纸浆,其施胶则显得比较困难。

各种浆料施胶从容易到困难的顺序可排列如下：

磨木浆＞竹浆、草浆＞未漂硫酸盐木浆＞未漂亚硫酸盐木浆、蔗渣浆＞半漂硫酸盐木浆＞漂白硫酸盐木浆、漂白亚硫酸盐木浆＞未漂半化学浆＞精制浆＞棉浆

以上基本规律对指导施胶操作具有一定的意义。

2) 胶料和辅料的影响

(1) 松香胶乳液质量要稳定,颗粒要小而均匀。松香胶用量要适当,这主要取决于纸张施胶度要求、配用浆种、熬胶质量、气候因素等。

(2) 胶料性质除了胶料种类、游离松香含量等因素有较明显的影响外,如果胶料熬制不好,乳化不充分而产生胶团、胶块等现象时,则不但严重地影响施胶效果,而且还会造成在抄纸过程中糊网、黏压榨等现象,影响正常抄造。

(3) 硫酸铝用量要适当,用量过多会造成纸脆和腐蚀设备等问题,用量不足会造成假施胶现象。

(4) 加入填料对施胶不利,填料用量增加,施胶效果下降。

3) 胶料颗粒大小的影响

(1) 松香胶颗粒小,比表面积大,有利于加在纸浆中的松香胶更好地分布在纸面各处；众多颗粒细小的松香胶又拥有较大的总表面面积,因而使用少量就能取得较好的施胶效果。

(2) 白色松香胶粒度要比褐色松香胶粒度小得多,因此,白色松香胶的施胶效果好。强化松香胶优于白色松香胶,除了因为强化松香胶拥有较多羧基基团外,另一主要原因是在纸面上聚集后的强化松香胶粒度只有 $0.15\sim0.30\mu m$,而白色松香胶的粒度达 $0.5\sim2.6\mu m$。

4) pH 值的影响

在实际生产中,加硫酸铝后的 pH 值多在 $4.5\sim5.0$ 之间,一般操作又多倾向于控制造纸机上网纸料或网下白水 pH 值在 $4.7\sim5.5$ 之间,以取得最好的施胶效果.将 pH 控制在这一数值之间也是符合理论要求的。但目前生产中上网 pH 值一般控制较高,在 6.5 左右。

当然,pH 值的控制还要根据纸料性质、生产用水硬度和白水回用

情况予以调整。为此,有些工厂对 pH 值控制得比理论值可能稍高或稍低。

为了使长网造纸机的网下白水保持一定的 pH 值以取得良好的施胶效果,可通过自动调节系统向白水池内添加硫酸铝溶液,以调节 pH 值。

阳离子分散松香胶一般在接近中性条件下施胶,最佳 pH 值范围在 5.0~6.5 之间,在更高 pH 值时(>6.5)时,阳离子松香胶的施胶效果会有所下降。原因是此时大量松香酸会变为松香酸皂,松香酸皂在高 pH 值时是没有施胶效果的;另外,高 pH 值时,松香酸胶中正电荷量也会降低,因而减少纤维对松香胶的留着率。碱性太高,乳化松香就会被皂化而降低施胶度。

5) 阳离子的影响

某些阳离子(特别是碱土金属)的存在,会对施胶效应有所影响。首先是钙离子,如果纸料系统中带有过多钙离子,施胶效果将会下降。这是由于钙离子能与松香酸形成不可溶性松香酸钙,严重地妨碍松香酸与水合铝离子的结合。因此,经次氯酸钙漂液处理过的漂白浆,如洗涤不充分,会给施胶操作带来一定的困难。钙离子主要还来自于生产用水。

以碳酸钙作为填料的纸张,可采用石蜡松香胶作施胶剂,以取得预期的施胶效果。在常用填料中,碳酸钙和高岭土都会影响施胶效果。滑石粉用量较少时,不会影响施胶,用量较多时,则会对施胶有影响。二氧化钛则对施胶没有影响。

6) 阴离子的影响

结合能力大于松香胶或纤维素的阴离子的存在,会妨碍施胶操作。一些阴离子具有与水合铝离子络合的能力,其络合能力由弱到强的顺序如下:

硝酸根→氯离子→硫酸根→醋酸根→酒石酸根→柠檬酸根→草酸根→羟基

在抄纸过程中,白水的循环利用会导致硫酸根(SO_4^{2-})的积累,硫酸根过多,会影响到松香酸同水合铝离子的络合,降低松香胶沉淀物的表面电荷。通常,加用少量氢氧化钠稀溶液,即能改变这种现象。

7) 施胶温度的影响

① 施胶温度以不超过 35℃ 为宜。由于温度较高,会促进松香胶乳颗粒的凝聚和相互黏结(当温度为 40℃ 时,胶粒的凝聚比在 18℃ 时增大 6 倍),不利于施胶。

② 夏季水温较高,生产用水易于滋长微生物,其中有机酸含量显著增加。有机酸的阴离子可能优先与水合铝离子发生络合,影响施胶效果。

③ 打浆时间较长,采用白水封闭循环系统,也会使纸料温度上升,导致施胶效果的下降。

④ 施胶温度过高,又有可能在造纸机出现糊网黏辊,严重时会导致纸幅断头。

⑤ 水温与松香用量的关系:夏季水温高,松香用量大。随着季节的不同,要达到同一施胶度,施胶剂的用量是不同的。例如:某厂生产单面胶版印刷纸的配比为漂白木浆 45%,漂白草浆 55%,在不同季节的施胶剂用量如表 4-30 所示。

表 4-30　　　　　季节对施胶剂用量的影响

定量/g·m^{-2}	40		50		60		80	
季节	夏季	冬季	夏季	冬季	夏季	冬季	夏季	冬季
松香用量/%	1.7	1.4	1.4	1.26	1.3	1.0	1.0	0.9
硫酸铝用量/%	8.0	7.3	7.3	6.6	6.6	6.0	6.0	6.0

⑥ 克服夏季施胶困难的措施:夏季施胶困难,首先对松香胶乳液进行试验。如在喷射乳化松香胶时,于乳化槽内加入一定量的冰,使喷射后的乳液温度由 38℃ 降低至 36℃,尽管只降低 2℃,但对乳液的性质仍有较大影响。根据观察,喷放后温度稍低的乳液颗粒小,呈白色,而温度高的乳液颗粒大,带红色。用颗粒大的乳液去施胶,当然效果差。

根据试验,在松香胶乳液中加入一种乳化剂如羧甲基纤维素(CMC),可以使乳液稳定并提高松香胶留着率,从而提高了夏季施胶纸张的抗水性。操作方法是先将一定量的CMC用水浸泡,浓度约为2%左右,稍许搅拌,待CMC基本溶解后,加入至乳化槽内,然后按常规把松香胶喷入乳化槽,再用水泵进行循环,以协助CMC的溶解和均匀分布。

添加CMC对在夏季提高纸张抗水性的结果列于表4-31。

表 4-31 添加5%CMC后松香乳液提高纸张施胶度的结果　　　　单位:s

用松香乳液施胶纸张的施胶度	用含5%CMC的松香乳液施胶纸张的施胶度	提高量/%	备　　注
22.7	27.9	23	配成的乳液当天使用
27.4	30.1	9.5	配成的乳液当天使用
15.6	22.5	44	配成的乳液次日使用
23.8	29.7	25	配成的乳液次日使用

注:施胶度是用药液渗透法测定的。

8) 施胶用水的影响

施胶用水的硬度对施胶效果有很大影响,由于硬水中的钙盐和镁盐能与松香胶料反应产生沉淀,消耗部分松香胶料而降低施胶效果。

在这种情况下,可在加胶前添加硫酸铝或硫酸,调节pH值至5左右,然后再按正常操作加胶和加硫酸铝。加硫酸要比加硫酸铝的效果好一些。但过量硫酸会使白水中硫酸根含量增大,也会对施胶产生不良影响。

9) 打浆和抄造过程对施胶的影响

(1) 打浆的影响。实践证明,提高打浆度对施胶作用的影响并不显著。

(2) 白水回用的影响。适当回用白水,可以提高胶料在纸中的留着率,但用量不应过多,并且在加松香胶之前,纸料内不能使用过多的白水,因为白水中含有硫酸根离子,当松香胶与其接触时,则会使胶料颗粒变大,影响施胶效果。

(3) 脱水的影响。纸机的网部和压榨部操作不当,有可能影响到纸的施胶。例如,长网部的吸水箱真空度应逐步提高,而且不能过高,以防止在纸幅面上未被纤维吸附的胶粒受真空吸力过大而随同白水流失,其结果是纸的网面施胶度不如正面高,造成施胶的两面性。

压榨辊间全幅压力不均匀,可能导致纸的全幅施胶度不均匀,纸幅两面受压差别较大,又可能导致施胶的两面差。

(4) 干燥的影响。在整个抄纸过程中,干燥过程对纸张取得施胶效果是非常重要的。

在软水中,松香胶用量为0.75%,硫酸铝用量为1.5%时,干燥温度对施胶效果的影响如图4-6所示。

从图中的曲线可以看出,干燥温度的提高对褐色松香胶的施胶效果最为有利。

根据施胶理论,在纸张干燥过程中,松香胶沉淀物通过羟联反应,与纤维素紧密地联结在一起。也就是使湿纸页的纤维表面所吸附的细小松香胶沉淀物通过干燥而熔化,紧紧地凝结在纸面上,从而使纸张具有抗水性能。

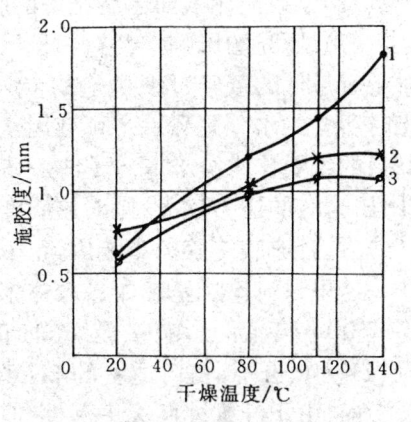

图4-6 干燥温度对纸张施胶度的影响
1—褐色松香胶 2—高游离松香胶
3—白色松香胶

但在纸张干燥过程中,一方面要使松香胶沉淀物在纸面上熔化凝结起来,这必然会阻碍纸内水分的蒸发;另一方面要使纸内水分向外蒸发出来,这又必然导致损坏由于内趋向已经形成的憎液纸面。这一问题可通过逐步提高干燥温度的方法来解决。

所谓逐步升温(多缸纸机),即是开始的几个烘缸的温度应较低,而后面的烘缸温度要高于松香胶的熔化温度。胶料的熔化温度是随游离松香含量而变化的,对于游离松香含量极低的褐色胶的熔化温度为135～140℃,而含有40%游离松香的白色松香胶的熔化温度为100～

105℃。一般多缸纸机多使用白色胶,为此,应严格控制干燥部温度曲线,如骤然提高干燥温度,可能会出现纸张的水蒸气分压超过水分的蒸发速率,以致破坏松香胶在纸面已熔结好的胶膜,严重时,还会使松香胶从纸张紧贴烘缸的一面转移到另一面,造成施胶的两面性。

(5)湿纸水分含量的影响。随着在干燥过程中水分的逐渐减少,纸页的施胶度开始下降,随后逐渐上升。

(6)抄速的影响。抄速高施胶度下降,这是由于抄速高,相对来说,在网上胶料的流失较多。另外,抄速高时,即使前面烘缸的表面温度较低,但纸页会迅速到达表面温度较高的烘缸,使纸页内水分迅速向外蒸发,导致损坏纸面已熔结好的胶膜。

(7)压光的影响。经过机械压光的纸,施胶度受到一定的影响,这对于定量低的纸经过纸机上的重压压光时更为明显。据报道,纸在压光时所含的水分是另一个可变因素,通常在压光时,水分含量大(7%~8%)的纸要比水分含量小(4%~5%)的纸施胶度更易受到损害。另外,压光时的压力过大,则对施胶度的影响更大。

2. 合成胶施胶的影响因素

这里只讨论烷基烯酮二聚体施胶的影响因素。

(1)pH 值的影响　提高 pH 值,烷基烯酮二聚体反应速度加快,但 pH>10 也不适宜,适宜的 pH 值为 8.2。如果纸页在低 pH 值条件下干燥,由于纤维表面失去活性,使烷基烯酮二聚体施胶困难。

(2)温度的影响　温度高,施胶速率快,施胶度高。

(3)硫酸铝的影响　硫酸铝对烷基烯酮二聚体的施胶有破坏作用,应在加烷基烯酮二聚体前先调好 pH 值。

(4)湿纸水分的影响　湿纸水分对烷基烯酮二聚体的影响如表 4-32 所示。

表 4-32　湿纸水分对烷基烯酮二聚体施胶的影响

湿纸水分/%	2.0	7.7	20.0	47.8	62.5	66.7
施胶度/s	33.5	32.0	29.3	9.0	6.5	7.0

(5) 浆种的影响 不同纸浆用烷基烯酮二聚体施胶有不同的反应,硫酸盐浆优于亚硫酸盐浆,未漂浆优于漂白浆,而磨木浆由于表面活力比化学浆低,则需要较多的胶料。

(二) 纸面施胶的影响因素

1. 纸页的水分

纸面施胶前纸页水分含量越高,则通过纸面施胶时液体吸收量越低。

要保证纸页能吸收适量的胶料,纸页应有一个最合适的水分含量,且应全幅水分一致。一般认为,纸面施胶前纸页水分应为8%~12%,如水分在8%以下,或12%以上,则施胶效果不好。对于压光纸面施胶,由于施胶后没有干燥装置,纸面施胶前的水分应低一些。

对于水平辊式纸面施胶装置,在一些情况下,如施胶前纸幅水分含量较低,则吸收的胶液量大,出施胶装置后的纸幅易起褶子,影响正常操作,为此有的情况也将纸面施胶前纸页水分提高至20%~30%。

2. 纸内施胶

纸张的纸内施胶程度与纸面施胶时能吸收多少胶料存在着一定的关系。对于生产胶版印刷纸、画报纸等要求具有较高表面强度的纸种,则纸内施胶以重施胶为宜,以便使胶料能够更多地保持在纸的表面上。

3. 打浆度

纸料的打浆度越高,则抄成的纸页就越紧密,其吸收胶量就越低。

4. 定量

一般来说,纸的定量与纸面施胶的胶料吸收量无关,而与纸的施胶效果有关。但从纸张单位面积的挂胶量来说,如果施胶条件和胶液条件不变,则纸的定量将成为影响纸面施胶的胶料和纤维比率的重要因素,定量较大的纸页比定量小的纸页具有较低胶料和纤维比率。

5. 纸张紧度和平滑度

紧度对表面胶料的渗透有很大的影响,因为紧度大的纸比疏松的纸吸收较少的胶料。

纸张表面平滑度高,会使纸面产生一层表面薄膜,阻碍纸面施胶剂的渗透,从而吸收较少的胶料。

6. 胶料的黏度、固含量和温度

胶料本身的性质在决定对纸的渗透量方面是极其重要的。胶液的重要性质是表面张力、湿润性和黏度。剩下的重要变量是纸与胶液的接触时间和胶液的浓度或固含量。

决定胶料渗透量十分重要的因素是黏度,因为渗透量与胶液黏度的平方根成正比。由于这个原因,胶液的黏度要根据生产的纸种所需的渗透量来慎重地调节。在实际使用中,主要考虑的是胶料的浓度和温度,因为这些变量不仅其本身重要,而且决定胶液的黏度。目前已开发出在贮存槽中自动控制胶料温度和波美度的仪器,而且在生产上获得应用。这个工序的自动控制对获得均匀、满意的结果是极为重要的。

在熟化时,淀粉胶液的黏度会发生变化,并且,假如在纸幅两面上胶料的吸收量不同时,会造成卷曲。自动黏度调节有助于控制这种卷曲。

如果纸面施胶达不到要求,造纸工作者要做的第一件事是提高胶料的浓度,很低浓度(<1.25%)的胶料对纸张产生轻度的整饰,中等浓度(1.25%~5.0%)的胶料对纸张产生良好的纸面施胶,而高浓度(5.0%~12.0%)胶料则增加纸的内部强度和抗蜡黏性。不过,在较高浓度时,纸幅的干燥变得更困难。

在施胶压榨中采用的胶料温度有一适宜的上限,其值受包胶的压辊所能经得住不龟裂的能力所限制。此外,如果不用自动引纸装置,当纸浸入胶液后是很难用手在52~54℃以上的温度下进行引纸的,这也就对操作温度给了一个限制。如果对胶槽温度既没有进行自动控制,也没有进行人工调节,在连续操作了一段时间之后可以达到一个平衡的温度,因为进入胶料的热纸不断地供给热量,建立的平衡取决于纸的温度和车速。操作温度太低会造成纸面吸收胶料过多而引起黏辊。用冷辊作业也能产生同样结果,因此,作业前要用胶料在压辊上进行足够长时间的运转以使辊子变热。

在压光机施胶中,胶料通常被施加在第一或"湿"辊组上,在方便的情况下,应尽量靠近压光机顶部,由于该处纸温甚高,胶液吸热从而具有一个约80~88℃的平衡温度。有人认为,这样高的温度会在胶料正在施加的临界瞬间在压区压力下把空气从纸内挤出,从而阻碍了胶膜的形成并产生泡沫。

7. 干燥和压光

恰当的干燥在纸面施胶中也是重要的。对于机内纸面施胶,处于施胶后的前两个烘缸应在降低温度下运行,以使纸面上胶膜缓慢形成,并防止纸幅黏附烘缸。另外,为了防止纸幅黏缸,处于施胶后的前两个烘缸应采用镀铜或镀铬烘缸,或采用镀上一层含氟树脂的烘缸,并且这两个烘缸通常不包毛毯。

对于机外纸面施胶,施胶后的纸幅也应在缓和的干燥条件下进行,同样使纸面上胶膜缓慢形成。机外纸面施胶的设备可选用干燥室与挂杆装置相配用。

压光机的形式和压光程度也很重要,因为过高的压光压力可能把纸面形成的胶膜压到纸幅的里面去而破坏了覆膜的完整性。另外,当纸幅压光在其水分含量太高时,也可能产生上述类似情况。

8. 纸机车速

纸机车速对纸面施胶也有影响,如果纸机车速提高一倍,而其他施胶条件不变,则纸幅通过纸面施胶装置的时间也将缩短一半。纸幅通过施胶装置的时间与纸幅吸收胶液有关,它不仅影响到挂胶量,而且影响胶液在纸幅上的分布状况。另外,纸机车速快,则胶膜干燥得快,从而胶液向纸幅内渗透的时间就相应地有所减少。

第二节　涂布加工纸化学助剂

一、涂布胶黏剂

对涂布加工纸来说,胶黏剂与颜料同等重要,都是影响涂布加工纸性质的主要因素。使用胶黏剂的目的是为了使颜料在相互结合的同时与原纸表面黏合,还可调节印刷油墨的吸收,以取得油墨凝固和油墨光泽的平衡。此外,胶黏剂在涂料中还起到保护胶体的作用,控制涂料的稳定性和流动性。

胶黏剂可以分为淀粉、干酪素等天然产品和合成胶黏剂如合成胶乳、聚乙烯醇等。

1. 淀粉

在纸张涂布中,已广泛地把淀粉用作胶黏剂。常用的淀粉有酶转化淀粉、氧化淀粉、阳离子淀粉等。由于单位重量的淀粉胶黏强度不如干酪素大,所以其对颜料的用量比干酪素大。但淀粉价格低。

2. 干酪素

干酪素是从牛乳中提取的一种蛋白质。作为胶黏剂,其特点是黏结力强,易产生抗水性,而且能赋予涂布纸适当的刚性。对于黏结力与耐水性方面,胶乳也具有与干酪素相同或更好的性能,但在纸的刚性这一点则不如干酪素。另外,干酪素对颜料有很高的胶体保护作用,作为颜料的分散剂和涂料的稳定剂,效果也是很好的。

在高速刮刀涂布中干酪素曾是很重要的胶粘剂。但它已逐渐被淀粉和胶乳取代。

3. 胶乳

合成胶乳作涂料的胶黏剂是在20世纪50年代开始的。最初使用的胶乳,黏结力很强,价格比天然胶黏剂高,稳定性也差,与淀粉及部分颜料不能很好地混合。到60年代,制成的羧基变性胶乳克服了这些缺点,扩大了使用范围。胶乳不仅有良好的黏结力和耐水性,而且能赋予涂布加工纸独特的淀粉和干酪素所不具备的性质。因为构成胶乳的树脂是热可塑性的,经胶乳配涂的涂布纸,用超级压光机处理后,很容易得到平滑度、光泽度很高的纸。

用高岭土作颜料进行涂布所用的胶黏剂胶乳主要有:苯乙烯－丁二烯胶乳(SBR),异丁烯酸甲酯－丁二烯胶乳(MBR),醋酸乙烯酯类胶乳等,由于黏结力和价格的关系,SBR使用量约占90%左右。但因SBR在耐气候性方面较差,因此,纸板的涂布使用MBR或醋酸乙烯酯类胶乳为好。

4. 蛋白质

从大豆中提取蛋白质胶黏剂是从20世纪50年代发展起来的。起初是α-蛋白质,其性质除黏度较低外其余均近似干酪素。后来发展的β-蛋白质黏度较低、胶黏强度较好,其成本稍高于α-蛋白质。用于胶黏剂的大豆蛋白质制备方法与干酪素相似。

5. 聚乙烯醇

聚乙烯醇是主要用于纸面施胶的施胶剂,由于它具有极好的胶黏性、可混用性及易于操作性,所以也可用作纸张涂布的胶黏剂。但由于成本比较高,而且为得到良好的涂布效果,涂料固含量有时过低,它在涂料中的应用曾受到限制。

6. 动物胶

涂布加工工艺是从全部使用动物胶开始的。现在由于胶黏性、颜色及气味等原因,动物胶已不再大量使用了。在个别情况下它被当作补充剂,供不需抗水的廉价涂布之用。

7. 丙烯酸

早在20世纪60年代,大量推广的丙烯酸胶乳,引起了纸板涂布加工的重大变革。那时丙烯酸胶乳的最大优点是没有残余的臭味,并能在纸板涂层上形成良好的薄膜,其黏度、机械化学稳定性及可混用性都是极好的。因丙烯酸胶乳可能使含丙烯酸胶乳的涂层产生表面硬化,故丙烯酸胶乳需要一种特殊的干燥方法。

8. 聚醋酸乙烯酯

聚醋酸乙烯酯用于黏合木材胶合板已获得很大的成功。这种胶乳用于纸张涂布具有以下优点:光泽度高,用少量聚醋酸乙烯酯可获得非常好的胶黏性以及良好的白度。由于成本、泡沫及清洗等问题使其应用受到了限制。在矿物颜料涂布中,它能制得与用丁二烯苯乙烯胶乳作为胶黏剂制得的相似的柔软涂布纸张。经过进一步改性,用其涂布后若再加以处理,涂布纸可产生高光泽。

二、颜料分散剂

1. 分散剂的发展

伴随着刮刀涂布机的普及和涂料的高浓度化,为保持颜料不凝聚,瓷土、碳酸钙、氢氧化铝等颜料的分散逐渐由磷酸钠改用聚丙烯酸钠作为分散剂。

随着高速涂布的发展和涂料的高浓度化,提高涂料的流动性和机械稳定性越显重要,从而也期待着分散剂性能的提高。最近有专利提出,由含磺酸基的单体共聚,提高 $\alpha-$、$\beta-$ 不饱和二羧酸的共聚性,增加对钙离子等的稳定性。也有方案提出,在分子中引入非离子性基,提高涂料黏度的稳定性。

2. 分散剂的作用

分散剂能把颜料悬浮液中的"粒团"进行分隔并保持分散稳定,有利于形成均一的涂布层,得到较高的平滑度和光泽度;而且使用它可得到浓度高而黏度低的涂料,并保证其在一定剪切力下黏度和分散性能稳定,从而提高涂料的涂布适性。

3. 分散剂的分散机理

分散剂能润湿颜料,给颜料表面以电荷,在颜料表面形成吸着层并使颜料彼此排斥。这些作用使颜料液具有优良的流动性和稳定性。分散剂的分散机理如图 4-7 所示。

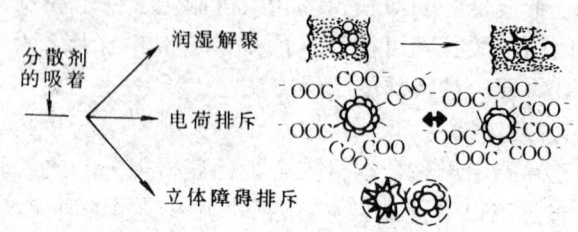

图 4-7 分散剂的分散机理

4. 分散剂的分类及在使用中应注意的问题

颜料分散剂一般为水溶性,有无机盐系,如 $Na_4P_2O_7 \cdot H_2O$、$(NaPO_3)_6$;有机物系,如低分子表面活性剂烷基磺酸钠等,高分子表面活性剂有聚丙烯酸钠、聚丙烯酸铵等。

分散剂的选择,必须根据颜料的种类、涂料的调制方法、涂布条件等进行,在涂料药品中即使是极少量的分散剂其影响也是很大的,所以在使用中要全面考虑影响分散剂作用的因素,包括药品添加的顺序、混合的比例、温度等。

分散剂的用量视分散剂和颜料的种类而异,一般分散瓷土用磷酸钠作分散剂,其用量为瓷土的 0.25% 左右,而分散碳酸钙时却需使用

2%~3%的分散剂。

三、交联剂

交联剂也称为硬化剂或阻溶剂。由于某些涂布纸需经湿压光、胶版印刷、室外存放等需与水接触的情况,因此涂布干燥后必须具有抗湿性。通常合成胶乳具有良好的抗水性,但淀粉、聚乙烯醇、蛋白质等胶黏剂和施胶剂,抗水性很差,需要使用交联剂以增强涂布加工纸的耐湿摩擦性能,特别对于胶版印刷,这项指标是很重要的。

目前,工业生产所用的交联剂大致分为四大类:甲醛、乙二醛、氨基树脂和金属盐类。前三种交联剂的特点是:游离甲醛含量很少,对涂料黏度无影响,可用水稀释不产生沉淀,在中性pH值(7.0~7.5)时,可与大多数合成胶乳、淀粉、蛋白质配合使用;在碱性(pH 8~9)介质中加热成熟固化,固含量约为淀粉或蛋白质的5%~10%;可提高涂布纸的耐湿摩擦性、抗湿性、抗水性和蜡棒黏度等;另外,使用前还应考虑涂料中的其他成分,并先进行试验,再决定具体品种和用量。

(一) 甲醛

甲醛是一种常用的化学品,一般以37%~50%的水溶液出售。甲醛活性很强,在适当条件下,能与许多化合物作用。甲醛可以以无水单体、聚合物或其他形式存在。但其形式不同,反应机理和反应速率也不同。

1. 甲醛与淀粉的交联作用

淀粉上的羟基与甲醛形成松散结合的半缩醛,其最稳定的pH值范围为5~7。全缩醛(交联)只存在于较低pH值下。因此,甲醛单独使用对淀粉、颜料及涂料的作用不大,这可能是由于在纸张涂布条件下交联不足所致。

然而甲醛与尿素或三聚氰胺缩合成的聚合物,是一种重要的淀粉交联剂。

2. 甲醛与蛋白质的交联作用

甲醛是蛋白质(即动物胶、大豆蛋白和干酪素)的有效交联剂。蛋白质的结构相当复杂,但基本上是由酰胺基酸残余物组合而成的多肽链结构组成,并在侧链上同时连结酸性和碱性基团。溶液或分散状的干酪素分子可描述为两性胶态电解质。

甲醛能以多种方式与蛋白质起反应,反应过程分两步进行。第一步是甲醛与蛋白质的游离氨基起反应,生成一种羟甲基化合物,并阻断了亲水性氨基,反应式为:

$$\text{Prot—NH}_2 + \text{HCHO} \longrightarrow \text{Prot—NHCH}_2\text{—OH}$$

   蛋白质 甲醛   羟甲基化合物

第二步是羟甲基化合物与另一个蛋白质高分子交联形成交联的蛋白质:

$$\text{Prot—NHCH}_2\text{—OH} + \text{Prot—NH}_2 \longrightarrow \text{Prot—NHCH}_2\text{NH-Prot} + \text{HOH}$$

            交联的蛋白质

但由于干酪素的应用已大大减小及其他一些因素,甲醛作为交联剂已很少使用。

(二) 乙二醛

早在1937年,美国已用乙二醛作交联剂,当时的乙二醛存在杂质,色泽不理想。到60年代,生产出经过改性的乙二醛品种,工业应用乙二醛才受到重视。

1. 乙二醛的性能

单体乙二醛是不稳定的,并且非常难离析出来,一般使用40%水溶液。在水溶液中,乙二醛以未知的分子分布完全水合物形式存在。常见的水合物形式有:

    一元化合物   二元水合物
  (1,1,2,2—4羟基乙烷)

纯乙二醛在碱性条件下会发生康尼查罗(Cannizzaro)反应,生成乙醇酸,因此使用乙二醛作交联剂的涂料要避免强碱性条件。

乙二醛可与淀粉和纤维素反应生成半缩醛和缩醛。乙二醛还易与氨基起反应，因此也可作为蛋白质的交联剂。此外，Tsunemitsu 和 Tezere 等人发现，乙二醛最适宜作涂料的交联剂。乙二醛作为交联剂应用，受到诸多因素的影响，如胶黏剂类型、乙二醛比例、涂料含量、涂布量，以及涂料的 pH 值等，其中胶黏剂性质或黏合剂的结合力是影响乙二醛作用效果的最重要因素之一。

2. 乙二醛作为蛋白质的交联剂

乙二醛能迅速地与干酪素、大豆蛋白质和动物胶起反应，并能使含有这些黏合剂的涂布纸张具有良好的耐湿摩擦性能，其反应机理为：

$$2Prot—NH_2 + CHOCHO \longrightarrow Prot—N:CHCH:N—Prot + 2H_2O$$

　　　　蛋白质　　　乙醛

实践表明，3%～5%（活性）乙二醛（对蛋白质质量）能使涂料具有良好的耐湿摩擦性能。其缺点是黏度有所增加，且在大豆蛋白质配方中，纸张亮度有所降低。另外，pH 值不能超过 9，也不应有过量的氨存在，否则会失效。

3. 乙二醛用于聚乙烯醇涂料

尽管在纸张涂料中 PVA 具有比淀粉稍高的抗水性，但如果不用交联剂，两者均不适用于抗水性要求高的纸种。一般而言，用乙二醛作 PVA 的交联剂，可满足高质量涂布胶版印刷纸和纸板良好抗水性能的要求，即使在固化温度较低时，只要纸页放置时间足够长，使用 10%～20%（活性）乙二醛（对 PVA 质量），也可得到良好的抗水性。

此外，硼砂也是 PVA 常用的有效交联剂。

4. 乙二醛作为淀粉涂料的交联剂

乙二醛作为淀粉涂料的交联剂，其作用效果取决于淀粉种类。Mazzarella 和 Hzckey 指出，乙二醛用于阳离子淀粉（有一种叔胺盐作为活性基团）比用于醚化淀粉和氧化淀粉所产生的耐湿摩擦性能要好得多。原因可能是：①淀粉上的阳离子基团起到内催化剂作用；②淀粉上的阳离子基团吸附在颜料粒子表面有利于形成一个不溶键的紧密结合网络。表 4-33 为不同类型淀粉用乙二醛作为交联剂的性能对比。

表 4-33　　乙二醛交联剂对各种淀粉涂料性能的影响

淀粉种类(玉米)	乙二醛/%	涂料黏度/mPa·s	耐湿摩擦性能/%	
			风干	固化
羟乙基淀粉	0	2320	5	8
	2.5	3980	83	88
	5.0	5560	91	97
氧化淀粉	0	3340	3	6
	2.5	4720	26	57
	5.0	5840	54	73
阳离子淀粉	0	1200	2	4
	2.5	1400	35	75
	5.0	2400	55	95

用乙二醛作为交联剂有以下优点：低温下固化快，无甲醛气味，贮存和使用方便；最佳 pH 值为 7.0～7.5，如需较高 pH 值，可用氨水或 Na_2CO_3 调节至 8.0，当 pH 值大于 9 时，某些情况下会增稠。因此，在高碱性颜料中应用受到限制。

解决乙二醛用于淀粉涂料黏度过高的方法是使用混合物，如乙二醛-尿素可以减少淀粉涂料增稠现象。

（三）氨基树脂

这类树脂包括尿素甲醛树脂和三聚氰胺甲醛树脂，其原料、聚合方法及性能见前述。作为交联剂，氨基树脂的特点是：

（1）脲醛树脂适合于低固含量的涂料和轻涂涂料体系，其 pH 值低时固化快。缺点是高 pH 值范围固化困难并有甲醛气味，涂料的过分增稠，使中性和碱性范围内效果较差。新型甲基化脲醛树脂可以消除上述某些缺点。

（2）甲基化三聚氰胺甲醛树脂适用范围较广，在低 pH 值、中性或不太强的碱性条件下都可适用，并有在较低温度下固化较快而表现出抗湿摩擦力的优点。

对于这些热固性树脂，使用诸如氯化铵、硫酸铵以及磷酸氢二铵作催化剂可以加快固化，但是涂料黏度也有所增加。

甲基化三聚氰胺甲醛树脂在淀粉、蛋白质、聚乙烯醇和合成胶乳的涂料中效果良好。其优点是：抗湿摩擦性能好；与大多数涂料相容性好，特别是与羧基合成胶乳有很好的相容性；无操作困难。缺点是：固化速度较乙二醛慢；最好的抗湿摩擦值常在干燥压光若干天后出现。若将乙二醛与甲基化三聚氰胺甲醛树脂混合使用，可以得到固化快、抗湿摩擦性能好而涂料增稠少的效果。

氨基树脂的固化机理

三聚氰胺甲醛树脂和尿素树脂作为交联剂，可能有下列活性基团：

$$\diagdown NH, \quad \diagdown NH-CH_2OH, \quad \diagdown NH-CH_2OCH_3$$

涂料用胶粘剂的活性基团有淀粉的羟基、蛋白质的氨基、合成胶乳的羧基。热固性树脂的羟甲基与淀粉蛋白质的交联反应为：

$$S-CH_2OH + Resin-CH_2OH \longrightarrow S-CH_2O-CH_2-Resin + H_2O$$

$$Prot-NH_2 + Resin-CH_2OH \longrightarrow Prot-NHCH_2-Resin + H_2O$$

（四）金属盐类—硫酸锆酰胺

早在1960年，硫酸锆酰胺$[(NH_4)_2ZrO(SO_4)_2]$已作为涂布纸中胶黏剂的交联剂使用。硫酸锆酰胺是溶解性锆的碱式盐，在水溶液中以铵阳离子和含有硫酸盐的阴离子羟基-锆桥连的聚合物存在。硫酸盐的聚合物在水溶液中是不稳定的，当受热、稀释、pH值发生变化时，会成为水合二氧化锆硫酸盐胶凝体而稳定下来。在涂料中硫酸锆酰胺因干燥失水引起分解而放出CO_2和NH_3，并与合成胶乳、变性淀粉、蛋白质胶黏剂的活性基团羧基、羟基、氨基发生交联结合后，就不再溶于水。这就是产生抗水性的原因。锆盐与含羧基的有机聚合物起反应，如与聚丙烯酸酯胶乳、羧基丁苯胶乳、变性淀粉和蛋白质等胶黏剂上的羧基起反应，在干燥过程中放出的硫酸盐（锆盐）与有机聚合物形成牢固的结合。

温度和干燥时间的长短，对提高纸张表面强度有很大的影响。以16份丁苯胶乳（SBR）与2份碱性膨润土的胶乳配方为例，将硫酸锆酰胺（AZC）与三聚氰胺甲醛树脂（MF）做比较，用量以干物料计，结果如表4-34所示。

表 4-34　硫酸锆酰胺与三聚氰胺甲醛树脂作为交联剂的比较

交联剂		涂布后湿摩擦（在涂布机干燥）	涂布后湿摩擦（140℃干燥 30s）
AZC/%	MF/%	湿摩擦掉下涂料量/mg	湿摩擦掉下涂料量/mg
0.5	—	5.25	2.75
1.0	—	3.75	2.0
1.5	—	3.75	1.5
	0.6	6.75	3.5
	1.25	6.0	1.5

通过比较可知：两者用量相同时，AZC 的抗水性能比 MF 增加的幅度大，特别是在高淀粉用量的涂布上，羧基淀粉（如氧化淀粉）用 AZC 的效果最佳，马铃薯淀粉比玉米淀粉效果好；氯化锆作为酸性催化剂能加速 AZC 的分解反应，AZC 适宜在碱性条件下固化；AZC 与丁苯胶乳和丙烯酸酯胶乳起反应，增加它们的抗水性，效果是明显的。

AZC 的不足之处是：①AZC 对瓷土有明显的增稠作用，且易缓慢水解。由于铵离子和多价硫酸锆阳离子的影响，可能同分散剂以及瓷土发生絮凝而产生增稠作用，随着 AZC 用量的增加，瓷土浆料的黏度也随着增加。用多聚磷酸盐分散的瓷土比用聚丙烯酸钠分散的瓷土增稠作用大，如果添加酒石酸盐则能稳定瓷土浆料的黏度，并减缓随时间延长而导致的黏度增加。②AZC 对淀粉粘度的影响随着 pH 值的下降而增大，并且加有 AZC 的淀粉液在贮存过程中黏度不断增大，添加酒石酸盐后，则黏度增大现象明显减缓，因酒石酸盐具有抑制 AZC 水解的作用。AZC 的最佳稳定值在 pH 为 9 左右。③AZC 对丁苯胶乳增稠作用较小，但在 pH 为 6 时，黏度会随着时间延长而增大，添加酒石酸盐可以减少黏度的增大。

将 AZC 用作淀粉-丁苯胶乳涂料的交联剂时，要正确选用分散剂。确定合适的分散剂用量，保持 pH 值在 9 左右，以及添加酒石酸盐,则可以得到黏度较小的涂料。加入淀粉量30%的AZC,可以同时改善纸张的干、湿拉毛强度。

除上述各种交联剂外,表氯醇也是一种近年较常用的交联剂。

四、涂料黏度调节剂

在涂布系统中,涂料的流动性是适应各种涂布方法和正常运行的主要指标。通过涂料的流动机理和介质持留性能而改变涂料流动性的物质统称为黏度调节剂。在实际操作中,加入黏度调节剂可使涂料配方对各种原料有较广泛的适应性。黏度调节剂大致可以分为减黏剂和增黏剂。

在某些涂料中,由于大量使用胶乳胶黏剂或某些特殊颜料(例如,无碳复写纸中的活性白土颜料),造成涂料的黏度过低,保水性差,极易在涂层干燥过程中发生胶黏剂迁移,出现涂层掉粉和"蝴蝶斑"现象。与此同时,原纸对涂料层中液体组分的吸收往往也会使槽中涂料的水溶液损失,以致造成涂料的固含量和黏度发生变化而影响流变性,在涂布时产生斑纹、刮痕、条纹等缺陷,为此需要在涂料中加保水剂。

有时由于添加了抗水剂或润滑剂,造成涂料黏度增高,产生不良后果,或由于所用胶黏剂的限制,造成涂料黏度降低和不稳定,因此,需要同时改善涂料流动性和黏度。

(一) 增黏剂

1. 性能要求

好的增黏剂应基本无色,可无限稀释,不容易发生水解或细菌腐蚀作用,在倾倒时不发生"断流"现象,成本低,用量少而效果显著,涂料长时间放置后黏度变化小,并且与涂料中的胶黏剂有较好的相容性。

2. 分类

天然的增黏剂有干酪素、刺梧桐树胶、海藻酸钠、明胶、淀粉及改性多糖衍生物、羧甲基纤维素等,其结构和性能见前面有关章节;合成的增黏剂有改性聚丙烯酸钠、改性聚酯等。

3. 作用机理

当在涂料中加入增黏剂时,由于增黏剂的特殊结构与性能,使其与涂料中的水分子有较强的结合力,这样,可以减小原纸对涂料中水分的吸引力,从而达到保水的目的。同时,增黏剂本身黏度较大,加入涂料后可起增黏作用。

(二) 减黏剂

由于胶黏剂对涂料有增黏作用,所以需要加入减黏剂减小黏度以适应涂布要求。对于淀粉或干酪素类胶黏剂的涂料,通常用的减黏剂有尿素、双氰胺、脂肪酸酯等;对于聚乙烯醇胶黏剂可用过氧化氢减黏。但一般铜版纸或低定量涂布纸用的涂料目前主要是淀粉与合成胶乳并用,这对于黏度的改进有很大作用。

下面是3种常用减黏剂的性能及应用。

1. 尿素

尿素的减黏作用机理是:尿素与淀粉进行反应可以改变分子的性能,使涂料的触变指数(低剪切与高剪切时的黏度比值)降低,例如加入5%尿素(对淀粉),涂料黏度经过一段时间后比不添加尿素的涂料降低1/3左右。

2. 双氰胺

这是带有氰基(—CN)的胺类化合物。这类化合物呈弱碱性,可与淀粉中羟基作用,从而削弱淀粉分子间或淀粉与涂料中颜料分子间的作用力,使涂料的流动单元体积减小,达到减小黏度的目的。

由于双氰胺在水中溶解度较低(在冷水中为 3.5%,温水中为20%),故不宜用于高浓涂料中。

3. 脂肪酸酯

这是一类以有机酸(羧酸)和醇为原料,二者反应脱水生成的化合物,对降低淀粉、干酪素涂料的黏度有一定效果。

五、润 滑 剂

润滑剂可以改进涂料的涂布平整性和润滑性,并增进黏合性,赋予纸张平滑和光泽,增加可塑性,防止龟裂,改善涂布纸的印刷适印性。此外,还可以在超级压光时防止黏辊,在切纸和印刷时防止掉粉。掉粉现象以淀粉类涂布纸最为灵敏,原因是涂布层胶黏剂不足,胶黏剂过分向原纸内迁移,颜料的絮集或分散不良及涂层不均匀等。

(一) 润滑剂的作用

在涂料系统中加入润滑剂,主要有两方面的作用:使流体润滑,改善涂料的流动性,以及在干燥过程中使水分与涂料层易于分离;使界面润滑,降低纸张与机械接触时的表面摩擦力。

(二) 对润滑剂性能的要求

好的润滑剂应使用简便,与涂料系统中大多数助剂有相容性,混合后的涂料稳定,并能促进其流动性,降低系统摩擦系数,使涂布操作能正常进行;在水中能均匀分散,不迁移到原纸层中,提高干、湿强度并具有良好的印刷适印性。润滑剂在涂布、压光以及印刷等工序中,均应在涂层中发挥作用。

(三) 润滑剂及其应用

润滑剂主要有水不溶性金属皂、水溶性金属皂和聚乙烯蜡系乳液3种。此外,还有动植物油脂类,现已很少使用。

1. 水不溶性金属皂

目前使用最广泛的润滑剂是以硬脂酸钙为代表的水不溶性金属皂类。其使用方法是将硬脂酸钙制成 $40\% \sim 50\%$ 的水悬浮分散液,以颜料绝干量的 $0.5\% \sim 1.5\%$ 加到涂料中。

水不溶性金属皂在水中不溶而且沸点高,其价格较低廉,使用方便。

2. 水溶性金属皂

是硬脂酸钠之类的水溶性皂,易使涂料起泡和增黏;单纯水溶性皂的水溶液,即使浓度低,也易胶凝化,所以使用困难。但其润滑作用也很明显,赋予涂料强滑动性,并可防止结块,例如,使用淀粉进行表面施胶时,用其作润滑剂,可起到剥离和防止黏辊的作用。

此外,石蜡族烃类也可赋予湿涂层的辊上或缸上优良的脱模性,并赋予涂层可塑性,使用时需将其制成乳液。有些厂家还采用较高级的脂肪酸类、动物油和植物油脂类、土耳其红油、胺化合物、硅油类等,其添加量一般为 $1\% \sim 2\%$,配制的涂料流动性较好。但这类润滑剂易在纸面上呈现油点(鱼眼)等缺陷,因此已很少采用。

3. 聚乙烯蜡系乳液

一种很有前途的合成高聚物润滑剂——改性聚乙烯乳液正受到重视。聚乙烯是一种摩擦系数较小的高聚物,通过改性和乳化,可使其与其他添加剂有较好的相容性。由于其分子质量较大,不易迁移至原纸内层,效率较高。

改性聚乙烯品种很多,但常用作润滑剂的有以下 3 种。

① 乙烯-醋酸乙烯酯共聚物,简称 EVA(Ethylene – Vinyl Acetate Copolymer)。此共聚物是由均具有未饱和双键的单体乙烯和乙烯乙酸酯通过自由基共聚合反应形成的。

该共聚物既具有较低的摩擦系数,又可以增进涂料黏合性,从而起到润滑剂的作用。

② 乙烯-丙烯酸乙酯共聚物(Ethylene – Ethyl Acrylate Copolymer),其制备方法及性能与 EVA 类似。

③ 乙烯-甲基丙烯酸甲酯,其制备方法及性能与 EVA 类似。

六、染料与增白剂

某些涂布纸要求具有某些色相,此时对涂料要进行染色。为了提高涂布纸的白度,涂料要增白。而在一些特殊情况下,由于杂色的存在,还需要显白。

为了进一步提高涂布纸的白度,一般在涂料中要添加适量的荧光增白剂,添加量一般为 $0.2\% \sim 0.4\%$ (对颜料)。

显白是根据相对色相具有互相吸收反射光谱的作用原理,来消除不希望的杂色。

这里谈到的染色、增白及显白与纸浆的染色、增白及显白的原理及方法基本相同。

第三节　特殊纸化学助剂

一、防腐剂、防霉剂

由于造纸流程日趋复杂,废纸回收率增加,白水循环量增大等原因,纸机网部纸料流经系统的各个设备及管道时极易聚积沉积物,易使细菌及霉菌快速增长,导致浆料变质,因此需加防腐、防霉剂。

在涂布纸加工过程中,由于涂料是由干酪素、淀粉、丁苯胶乳、丙烯酸胶乳等有机化合物组成的水溶性胶黏剂,所以在质量管理上,必须采取防腐、防霉措施。但不同组成的涂料,其相应的防腐、防霉方法也不同,这往往作为特殊的技术"诀窍"处理,其详细内容很少公开。

纸浆常用的防腐剂一般有四种类型,即有机金属化合物类,氯酚衍生物类,氧化剂和还原剂类及有机溴化物和含硫化合物、氢硫基以及苯并咪唑、苯并噻唑等基团的有机物。前两类虽然有良好的杀菌效果,但由于毒性大,易造成环境污染,现已禁止或限制使用。国内目前使用较多的是第三类。而最后一类在国外已广泛使用,国内正处于开发研制阶段。

涂料的腐败变质主要是由细菌造成的,其腐败程度可以涂料自身的pH值、臭味、色调、黏度的变化,以及生成的其他异物等现象来鉴别。据研究,细菌比霉菌更易引起树脂胶乳的变质。变质时的臭味,是由于细菌作用产生氨基酸,特别是色氨酸的代谢,最终分解成吲哚及3-甲基吲哚造成的。

涂料常用的防腐剂主要有:有机氮硫化合物类,有机溴类,有机氮类,胺类,二甲苯酚类等。

涂布纸常用的防霉剂有:噻苯大唑类,有机氮类,有机氮硫类等。

二、憎水剂、防水剂和吸水剂

憎水剂和防水剂是某些纸种常用的助剂,但憎水性和防水性是很容易混淆的。憎水性是指有不透水滴的性质,能防止水的渗透,通过使构成纸的纸浆纤维表面疏水化,增大其与水的接触角,可赋予纸页憎水性。而防水性是指不仅对水,而且对蒸汽都有防止透过的能力,这是靠用树脂之类的物质填充纸中纤维间的空隙来达到目的的。因此,对纸进行憎水性加工时,纸中仍然保留着空孔,加压的水也能通过,但是进行过防水性加工的纸,由于纸中空隙已被防水剂填满,即使加压的水也不能通过,而且空气和水蒸气的透过率也变低。

吸水剂是一种能吸收等于自重数百倍到数千倍的水,且吸水膨胀后生成的凝胶在加压条件下易将水析出,具有优良保水性能的高分子聚合物。其作用机理是使水溶性高分子在一定条件下,同时或者先后活化生成自由基进行接枝共聚或交联等一系列化学反应,形成一种不溶于水但能高度吸水而润胀的高分子物质。

(一) 憎水剂

要求具有憎水性的纸和纸板(或纸和纸板的制品)很多,如:瓦楞纸板、纸袋、纸容器、食品包装纸、培育水果用纸等,根据使用目的,有时还要求有防水性。憎水剂主要有石蜡、金属络盐、有机硅树脂、脂肪酸衍生物等。一般来说,只进行憎水处理,纸张容易发滑,所以市售的憎水剂具有憎水性的同时,还具备防滑性。下面介绍几种憎水剂。

1. 石蜡

石蜡是广泛应用的一种憎水剂。石蜡以烷烃蜡、微晶蜡等石油类石蜡为主,也使用各种合成蜡。石油类石蜡是相对分子质量大约在 300~700 的烃类。用作憎水剂时,通常是用乳化剂及保护胶体进行乳化了的所谓石蜡乳液,可用浆内添加、涂布、浸渍、喷雾等方法进行加工,也有将石蜡加热熔融直接涂布于纸上的。浆内添加用的石蜡乳液,一般以阴离子型为多,用硫酸铝使之固着在纤维上。也有用阳离子型石蜡乳液的。浆内添加使用石蜡乳液,与其说是为了憎水,不如说是为了施胶,当目的是为了憎水时,最好用施胶压榨或纸面施胶的方法。若用石蜡乳液进行纸面施胶时,纸的整饰性好,起毛减少,在赋予憎水性的同时,还具有耐水等特性。

2. 金属络合物

长链脂肪酸,如硬脂酸和肉豆蔻酸的铬络合盐也是优良的憎水剂。1950 年杜邦公司已经以 Quilon 的商品名出售。该产品为含有少量水的异丙醇溶液,呈暗绿色。对于纸的加工最好用施胶压榨法。

该络盐与纤维素的羟基反应,疏水性基(长链烃基)与纸面呈垂直形排列,起到憎水作用。

铬的络盐若提高 pH 或加热就会引起水解,还会本身缩合而形成—Cr—O—Cr—键的沉淀聚合物,并失效,使用时要加以注意。

3. 有机硅树脂

有机硅树脂主要用作剥离纸的剥离剂,但也有一部分用作憎水剂。有机硅类憎水剂以甲基氢聚硅氧烷为主要成分,有溶剂型和乳液型,前者是把硅油和硅漆溶解在溶剂中,用浸渍和喷雾涂布的方法加工。在用甲基氢聚硅氧烷加工时,通常要添加金属盐类催化剂(醋酸锌、醋酸锆等)。

上述是主要纸用憎水剂,松香胶、烷基烯酮二聚体等通常用作施胶剂,如果增加一些用量,也可获得憎水的效果,但在现实中很少用作憎水剂。

(二) 防水剂

要求防水性的主要是包装材料,如瓦楞纸板和大型纸袋等,在流通中暴露在自然环境下。

借助于防水剂,可在纸面上形成水不溶性连续薄膜,或填充在纸中的纤维间,便可获得抑制水蒸气透过及防止加压水浸透的防水性能。

1. 石蜡

石蜡类作为防水剂,性能、价格两方面都合适,所以被广泛采用。石蜡的主体是烃类石蜡,但单独使用时涂层发脆,缺乏柔软性,耐热性也差。气温一高,纸就会产生黏着现象。这一问题可通过混入微晶蜡、低分子量聚乙烯、乙烯醋酸乙烯共聚物、异丁橡胶等来加以改善。

用石蜡类进行防水加工,可用直接涂布熔融的石蜡或把纸浸渍在熔融石蜡中的方法。对瓦楞纸板的加工方法,有帘式涂布法、辊式涂布法、喷涂法、浸渍法等。

用石蜡加工的纸有用于食品包装的蜡纸。纸面施胶纸可用于点心、面包、冷冻食品的包装,浸渍加工纸可用于纸杯、牛奶包装等。

2. 热塑性树脂

不溶于水的高分子物质,特别是乙烯类热塑性树脂,也可用于纸的防水或防水防潮加工处理。这类物质是聚氯乙烯、聚偏氯乙烯、聚醋酸乙烯、乙烯醋酸乙烯共聚物、偏氯乙烯丙烯腈共聚物等的溶液或乳液。溶液型鉴于操作时的毒性、价格等问题,几乎不怎么使用,现在以使用乳液型为主。上述高分子物质中,偏氯乙烯类的乳液与其他聚合物相比,其防水防潮性能显然要好得多,着重用在食品、药品的包装上,而且耐油性也好。用作暂时性的防水防潮纸袋,鉴于经济上的原因,采用聚乙烯层压纸而不使用聚偏氯乙烯涂布加工纸。

(三) 吸水剂

早期的吸水剂主要包括淀粉类、纤维素类及合成聚合物与淀粉接枝类等,原料来源丰富,价格低廉,吸水率高。淀粉类接枝高吸水性树脂,尽管其制造方法在不断改进,性能也在不断完善,但这种树脂在长期储存或使用时会发生腐烂,所以逐步被合成聚合物高吸水性树脂所取代。合成树脂以聚丙烯酸盐类研究和生产居多,因为其原料来源于石油化工,价格便宜,生产工艺简单,在高分子骨架中不含有多糖类结构,所以可长期储存。

三、阻燃剂、耐热剂

燃烧实质上是有氧或氧化剂参与的化学反应,其发生的必要条件是必须有直接接触的燃料和氧化剂构成的可燃体系,纸及纸制品便是可燃体系中的燃料。

由于植物纤维抄造的纸皆具有可燃性,它们一接触火就立即化为灰烬,所以俗话说:纸是包不住火的。然而,随着科学技术的发展,科技工作者研制出了各种阻燃剂。把纸和阻燃剂相结合,就可制出具有特殊性能的耐火纸。

(一) 阻燃剂

1. 阻燃剂及其阻燃机理

阻燃一般是从破坏可燃体系入手采取措施的。对纸及纸制品的阻燃一般有两种途径:一是阻断纸及纸制品与氧气的直接接触;二是加入的物质受热分解吸收大量的热能,使纸及纸制品即使受热也达不到燃点或热分解温度。上述目的一般都通过加入化学药品来实现。我们把这种使纸张具有阻燃功能的化学药品称为阻燃剂。常用的阻燃元素有卤素、磷、硼、氮、铝等。在国内外已经应用的阻燃剂及其阻燃机理叙述如下。

1) 卤元素阻燃剂

单独含卤素的阻燃剂很多,与其他阻燃元素配合使用的含卤素阻燃剂就更多了。卤素中氟元素形成的化合物太稳定,阻燃效果不好。碘元素形成的化合物不稳定,常温下易分解,价格也比较昂贵,故多用氯元素和溴元素作阻燃剂。有机氯中的聚氯乙烯最好。溴酸钙和溴化铵是无机溴阻燃剂中的代表。卤化物的阻燃机理是二卤化物受热分解后释放出难燃的卤化氢气体,密度又比空气大,可排除空气,在纸及纸制品表面形成气体保护层,破坏可燃体系中空气与纸及纸制品的直接接触,使纸及纸制品的燃烧速度减缓或熄灭。同时,氯和溴有被氧化成高级氧化物的能力,大大消耗了燃烧过程所需要的氧。

2) 磷元素阻燃剂

最初应用的磷元素阻燃剂有磷酸氢钠、磷酸氢铵等磷酸无机盐,但在纸中添加后,会引起纸的吸潮。近年来研究应用的主要是磷的有机化合物。聚磷酰胺、磷酸酯衍生物用于纸张阻燃效果非常好。含磷化合物的阻燃机理为:磷化物受热分解生成偏磷酸,在较高温度下聚合生成聚偏磷酸而附着在纸及纸制品表面上形成保护层,起到隔绝空气的作用。同时,由于聚偏磷酸的强酸性,易使纸中纤维脱水形成碳化保护层,该层既隔绝了空气,又防止和减少了有机可燃气体(纤维热解产生的甲烷、一氧化碳等)的生成和逸出,这样就起到了阻燃的作用。

3) 铝元素阻燃剂

氢氧化铝是铝元素阻燃剂的主要品种之一,它价格便宜,热稳定性好。氢氧化铝在 250℃ 以上就会分解为三氧化二铝,并释放出水分。该分解反应为强吸热反应,能够吸收大量的热能,而生成的三氧化二铝也是一种惰性吸热载体。这样纸制品在吸热时,受热部位的纤维温度低于燃点温度,不起火燃烧。氢氧化铝阻燃剂的最大优点就是在整个阻燃过程中不产生有害物质,其应用前景十分广泛。

4) 含硼化合物

硼酸锌很早就开始用于纸及纸制品的阻燃,其阻燃机理为硼酸盐在受热分解时生成硼酸酐(B_2O_3),在高温下,硼酸酐会形成一层玻璃状的保护层,具有隔热和隔绝空气的作用,与此同时,反应放出的水分在一定程度上也抑制了燃烧反应。

5) 其他元素阻燃剂

除了上述各种元素的阻燃剂外,其他一些元素也具有阻燃作用。元素周期表中第Ⅱ族的镁和锌;第Ⅳ族的硅、钛、锆、锡、铅;第Ⅴ族的氮、锑、铋;第Ⅵ族的硫、硒、钼、钨等元素的阻燃作用各具特点。这些元素有的价格较贵,有的在纸制品中阻燃效果差,或对纸的性能有不利影响,有的还在研究开发之中。在使用时,往往两种或两种以上元素配合使用,起协同作用,效果会更好。

根据不同的用途,可以选择相应的阻燃剂。据发现,由某种磷族五价元素和某种酚醛(或酚酮)缩聚物组成的酯类化合物,是很有效的阻燃剂。用这种酯类化合物处理纤维素材料或纸张,就可以使其具备阻燃性。

上述磷族元素和酚醛(或酚酮)缩聚物所组成的酯类化合物,具有以下特点:

(1) 含有磷族元素核心的半分子具有如下的化学式:

$$\begin{array}{c} Y \\ \| \\ -O-M-O- \\ | \\ X \end{array}$$

式中 不饱和键(双键)是与同一酚醛缩聚物的芳核相联结的键;M 代表某一磷族元素原子;Y 代表氧或硫;X 代表连接在同一酚醛缩聚物分子上的卤素、羟基、硫基、烷基、烷氧基、卤代烷基、卤代烷氧基或芳氧基,这些基团都是属于和 M 相连的同一酚醛缩聚物的。

(2) 至少有 60% 的酚醛(或酚酮)缩聚物带有 O, O' - 烷叉式的键。

(3) 酚醛缩聚物平均每分子有芳核 2.2~8 个。

磷族元素包括砷、锑、铋,但是以选用磷为最好。酚醛缩聚物中以每分子醛或酮含有多于一个分子的苯酚那样的清漆为最佳。

磷族元素半分子化合物和酚醛缩聚物之间的反应条件是:在混合反应物中对每当量的酚核,应配用 0.05~0.33mol 的磷族元素。反应温度为 100~250℃,以 150~200℃ 为宜。反应压力通常是采用常压,必要时采取高压或真空条件。

这种酯类的配用量是对纤维素重量计的30%~100%。反应时间为0.5~15h。

此外,硼酸锌、氧化锑、有机卤化物及无机溴化物、无机溴氧化物也可作阻燃剂。

2. 阻燃剂的制备

磷族五价元素和酚醛缩聚物的酯类化合物作阻燃剂:一般是把酯类化合物溶解于丙酮或卤化碳之类的溶剂中,制成相应的溶液。卤化碳类系指四氯化碳、氯仿、甲基氯仿、二氯化烯、三氯化烯、二氯乙烷等,它们的沸点不超过150℃。

阻燃剂溶液可以采用浸渍、辊式涂布、喷洒或者打浆机添加等方式,把该酯类合成物施加在纸上。处理温度最好是室温或30℃左右。

3. 阻燃剂的应用

阻燃剂可以采用浆内添加法、浸渍法、施胶压榨法、涂布法、喷洒法等方式,把阻燃剂施加在纸中或纸的表面。

1) 浆内添加法

该方法适用于水不溶性阻燃剂,将阻燃剂与其他填料一起添加到纸浆中,然后抄造成纸。添加位置比较灵活,从打浆机到上网前之间的任何部位都可加入,只要能够保证其在纸料中均匀分散就可以了。与其他填料类似,纸料的pH值在4.5~5.0之间,其在纸中的留着率最高。该方法的优点是适用各种纸的生产,操作简单,阻燃剂在纸中的分布比较均匀,故纸的阻燃功能比较均一。缺点是阻燃剂流失比较大,一般阻燃剂的留着率达到80%就非常不容易了。解决流失问题的最好办法是加入合适的助留剂。该法用于生产防火纸板或高定量纸张时,效果更好。

2) 浸渍法

该方法适用于水溶性阻燃剂。把水溶性阻燃剂配成溶液,浸渍到纸中,经加热干燥后即可制得阻燃纸。该方法制得的阻燃纸耐水性差,吸湿性强,纸的强度下降显著,易发黄变硬。浸渍法要求纸张具有相当高的吸收性和湿强度,最好是浸渍皱纹纸、棉纤维纸、合成纤维纸和无纺布。纸张在槽式表面施胶机上或染纸机上可完成浸渍。

3）施胶压榨法

该法是在有施胶压榨装置的纸机上使用。采用该法时，因对施胶压榨的附着量有限制，所以不能得到100%的阻燃纸，只要能得到充分的附着量，施胶压榨法就会有如下优点：①从经济方面来讲，浆内添加法需要长时间操作，而施胶压榨可以短时间、小批量生产。②只需纸表面有阻燃性的制品，施胶压榨法用最少量的阻燃剂就可以达到预期的效果。③施胶压榨是在机内进行，与机外处理的浸渍法相比，加工费用低。

4）涂布法

该方法适用于不溶或难溶的阻燃剂。把阻燃剂均匀分散在胶粘剂中，制成乳状涂料，然后用涂布的方法把此涂料涂在纸的表面，经加热干燥即可得涂布型阻燃纸。该方法的优点是阻燃剂大部分集中在纸的表面，对纸的物理性能影响较小，特别是对需要涂布的加工纸而言，只需在涂料中加入阻燃剂就可以了，该方法可在涂布机上完成。为取得良好的阻燃效果，阻燃剂以粒径小且均匀的为好。该方法的缺点是阻燃效果不够理想。

阻燃剂的用量应根据纸及纸制品的用途、阻燃剂的使用效果等因素而定。对低定量纸一般阻燃剂的用量为20%（对绝干纤维质量）左右，对定量较大的纸阻燃剂的用量为5%~10%。

在实际使用中，为了赋予纸张良好的阻燃性能，所用的阻燃剂往往是几种阻燃元素的阻燃剂复合或复配而成的，如，磷-卤体系、锑-卤体系、磷-氮体系等。这些复合或复配的阻燃剂，可发挥协同作用，比单一元素阻燃剂效果好得多。

4. 阻燃剂的发展方向

过去阻燃剂多以浆内添加型的为多，随着人们对纸张质量要求的进一步提高，今后的阻燃纸会多借助于涂布完成，即采用涂布的方法实现阻燃。

很多阻燃剂在受热后分解，会放出有害的气体，研究和应用无毒副作用的阻燃剂越来越受到重视。氢氧化铝被认为是一种优良的纸及纸制品阻燃剂，氢氧化铝耐湿性不好，一般应用时，只要把氢氧化铝中的

Na$^+$杂质控制在100mg/kg以下就可以解决电绝缘纸无法在潮湿环境下使用的问题。

阻燃纸的另一缺点是阻燃功能不长久。这是因为许多阻燃剂受到光照、热的作用，会发生一系列的物理化学变化，使纸的阻燃性能降低。为解决这一问题，有的学者研究成功了反应型阻燃剂，就是磷酸盐单体或卤化单体与纤维中的组分发生接枝反应，从而赋予纸及纸制品长期稳定的阻燃效果。反应型的阻燃剂因为真正成为了纸中纤维的一部分，因此不但效果好，而且对纸的物理性能几乎无不良影响。

(二) 耐热剂

耐热剂的作用主要是为了提高绝缘纸耐热性能的。通常所用的耐热剂主要有胺盐和吗啉，也有通过制成纤维素衍生物纸来提高纸的耐热性。

1. 胺盐

最早，在绝缘油中添加了具有 $\diagdown$N—C—N$\diagup$ 基的非酸性化合物（如尿素、硫尿、六甲撑四胺等），成功地使纤维类绝缘材料的热稳定性得到提高。后来，在纸中直接加入三聚氰胺、双氰胺、聚丙烯酰胺等，使绝缘纸的耐热性能进一步获得大幅度改善。由于添加剂的种类、数量、添加方法等不同，效果有显著差异。

图4-8是以耐破度为测试指标，对未处理的牛皮纸与Insuldur（为提高棉花的耐热性，加入胺类药品是有效的，美国Westinghous公司将它用于绝缘纸，并命名为Insuldur）进行了耐热性比较，Insuldur比未处理的牛皮纸耐热性高30℃，并且在同一

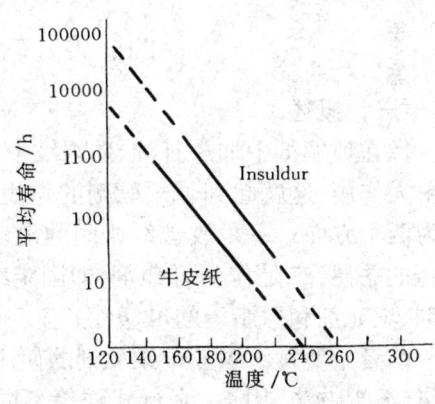

图4-8 牛皮纸及Insuldur的老化

温度下寿命约长8倍以上。

2. 吗啉

在纸中添加吗啉也可以提高绝缘纸的耐热性能。如果加入阳离子淀粉,则比单独加吗啉更能提高纸的耐热性能。将厚0.13mm(5mil)的牛皮纸与添加吗啉的绝缘纸浸在150℃的油中进行老化,测定其剩余抗张强度的比率。如果以剩余强度60%时的寿命为标准,则牛皮纸的寿命为15天,而添加吗啉纸的寿命为50天,并且后者从此点以后的老化变化曲线是较平缓的,即使在100天以后,剩余强度仍不低于50%。

Brummett指出,为了评价绝缘纸的耐热性能,最好比较它们的韧性(拉伸力－伸长率曲线下的面积)。其结果如图4-9所示。加入

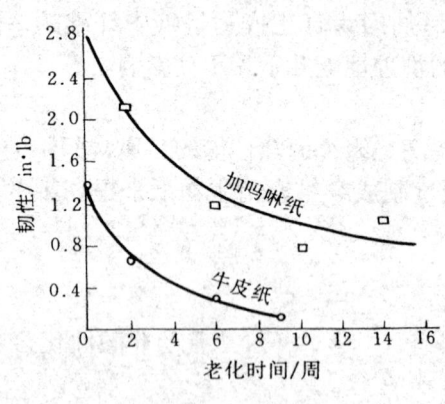

图4-9 纸的热老化特性

吗啉纸的韧性初始值比牛皮纸大97%,经150℃老化后,还保持相当大的数值。

四、柔 软 剂

(一) 概述

像在玻璃纸中加入甘油、防水纸中加入防水剂,对改善成纸的手感有很大作用,这就起到了柔软剂的作用。柔软剂的作用及应用大体可分为两个方面:一是改善纤维间的滑动及平滑性,增加其光滑、湿润、滑腻的手感,二是作为可塑剂,即固定纸页组织,提高强度及涂布用胶黏剂、填充剂和树脂等的可塑性。

前者主要是纺织业中柔软剂的使用方法,可根据纤维的种类、纱的规格、编织方法、用途、流行式样等不同,使用多种多样的柔软剂。当前,在造纸工业中,柔软剂也得到了广泛的应用。而后者主要是根据加

工树脂来选择的柔软剂,它不仅是使纸的手感柔软化,而且往往要求柔软剂能使纤维间容易滑动、柔软而有弹性,以及增强撕裂强度等特性。

此外,有时也要求柔软剂要兼有防水性、憎水性或憎油性、防静电性、去污性等特性。

（二）柔软剂的主要成分

大部分柔软剂都是具有 12~18（一般 16~18）个碳的长链烷基有机化合物,并带有短链的可溶性基。能造成柔软性质的部分主要是长链烷基。可溶性基的主要作用是使柔软剂在水介质中溶解,与柔软性无直接关系,但它有决定烷基在纤维周围取向的作用。

占据这种分子一端的长链烷基,因其仍保留着油脂的性质,称之为亲油性或憎水性基。在憎水性基的端部带有的可溶性基,称为亲水性基,由于它与水接触时能起到将憎水性基拉入水溶液中的作用。合适的柔软剂应该憎水性高,而亲水性仅只能使之在水溶液中有乳化分散的作用。

一般如十五烷基和十七烷基这些饱和脂肪基可赋予纸以平滑性及丰满的手感。相反如十七碳烯基的不饱和脂肪基,可给予纸较强的柔软而有弹性及发暖的手感。

对柔软剂能起辅助作用的亲水基,有硫酸基、磺酸基、羧基、磷酸基、氨基磺酸基、取代铵、多价醇、聚氧化乙烯等多种,把这些基相互组合,可制得多种柔软剂,如按加工目的、加工材料及表面活性剂的化学结构来分类,一般按后者的分类法比较容易,所以经常采用。

（三）柔软剂的作用机理

根据柔软剂亲水性的性质,可以分成以下四种：①阴离子活性；②阳离子活性；③非离子活性；④两性活性。

由于柔软剂的离子性,使其在纤维上的定向产生很大差异,其结果使获得的柔软性变化非常大。纤维素纤维在水中带负电荷,具有负的 Zeta 电位,因而当与带负电荷的阴离子活性的柔软剂胶体接近时,将发生排斥,柔软剂不能吸附在纤维素上,即在脱除溶液的纤维上含有的,仅仅是附着一些与溶液中浓度相同的药剂。这样阴离子活性剂的憎水部分,在纤维素周围形成了一层油状的膜,而亲水性基向外侧排列。因此,阴离子性柔软剂可赋予纸张柔软感和柔曲性,但不具有表面平滑的手感。为了克服这一缺点,可在阴离子活性柔软剂中配入油脂类物质。

相反,阳离子活性的柔软剂在水溶液中带正电荷,对纤维的亲和力高,容易被吸附,即柔软剂分子的亲水性基吸附在纤维素上,而憎水性基向着外侧排列,纤维被长链脂肪烷基的膜所包覆。这样,用阳离子活性柔软剂处理的纤维柔软,能与树脂或其他加工药剂很好地配合使用。

两性活性柔软剂的亲水性基是由阴离子活性基和阳离子活性基两种成分组成,受水溶液 pH 值影响,在酸性条件下可用作阳离子活性柔软剂,在碱性条件下有阴离子活性柔软剂作用,一般具有光滑性和柔软性,可用于高质量、特殊风格的整饰。

柔软剂根据离子性分成上述不同的四类,但生产中往往是把其中的几种配合起来使用。如阴离子或阳离子活性的柔软剂与非离子活性剂配合,可提高处理液的稳定性,或者过量配入阴离子活性剂和阳离子活性剂的任何一方将生成的反应络合物再进行乳化,可得到厚实而柔软的手感,这是经常使用的方法。

(四) 柔软剂的种类

1. 蜡乳胶

蜡乳胶是柔软剂的一种。其主要成分是非离子性的蜡,因它是用各种表面活性剂进行乳化分散制成的,所以作用机理与前述相同,有阴离子、阳离子、非离子、两性活性等柔软剂。

生产蜡乳胶可使用许多种石蜡和动、植物油脂,根据配制的情况,有以柔软性为主的,有以光泽性为主的,或者具有防水性、憎水性等。

另外,还有低分子量的聚乙烯。它与相对分子质量在 10000 以上的高分子聚乙烯不同,其相对分子质量一般在 150~3000 左右,在末端有不同的酸值。开始在高温条件下进行加热皂化,然后用阴离子活性剂、阳离子活性剂或非离子活性剂使之在水中乳化制成乳胶。使用的乳化剂制成胶束,由于聚乙烯分子被胶束包覆,所以,作为整体来说,这种聚乙烯乳胶的离子性取决于使用的乳化剂的离子性。

聚乙烯乳胶柔软剂的特点是光滑、柔软而光泽效果好,对混用的其他树脂也有很好的相容性,它有树脂的可塑性作用,缓冲由于树脂产生的硬度,并有防止树脂加工造成强度下降的效果。

特别是高密度聚乙烯的融点及硬度比一般的蜡类高,但对提高纸面的光泽度也是有效的。因而,最近用以代替硬脂酸钙作为平滑剂使用,也受到普遍重视。

2. 反应型柔软剂

反应型柔软剂种类很多,是与纤维素反应所得的基团,通过催化和热处理,或者与树脂、胶乳类合用,固定在纤维上;或者发生自综合反应而具有不溶性的柔软憎水剂等。例如:季铵盐、乙烯尿素衍生物,N-羟甲基脂衍酸酰胺、烷基羟甲基三聚氰胺、乙烯酮二聚物系,它们都有各自的特性。

3. 金属络合物

锆、铝、铬等金属络合物,对纤维素有较强的结合力,因此,可将脂肪族碳氢化物规则地排列在纤维的周围。作为配位化合物型络合物,可充分发挥柔软剂的性能,广泛用于防水纸。

4. 聚硅氧烷

甲基氢化聚硅氧烷与纤维素结合后,具有憎水性,而二甲基聚硅氧烷的反应性较低,可以获得硅树脂独特的优良柔软性能。阳离子变性硅树脂乳胶,具有很好的柔弹性的手感。环氧变性的硅树脂,可使所加工的产品具有厚实感和光滑性。

5. 水溶性聚氨酯树脂

聚氨酯树脂可形成富有独特弹性的树脂膜,将其制成水溶性乳胶,很有希望用于无纺布和纸。

在乳化剂存在下,经强力搅拌,可使聚氨酯树脂在水中分散乳化,这时的粒子一般很大,与其说是乳胶,不如说是分散液,其机械、化学稳定性都很差。因而,在加工过程中有容易黏附烘缸和毛毯的缺点。如在聚氨酯树脂中引入亲水性基,利用树脂自身的亲水性进行乳化,或者使其变性成为水溶性乳胶,即可得到很大改进。

一般有引入羧基或磺酸基使其变成铵和铵盐的方法(阴离子性);在聚氨酯树脂中导入仲胺类的盐基性氮原子,再将它变成季铵盐与水混合的方法(阳离子性);还有引入含聚氧化乙烯分子链的亲水性基,从而制得非离子性水溶性的聚氨酯树脂的方法等。

五、微 胶 囊

(一) 概述

提到微胶囊我们很自然会想到药物胶囊,当然也就会联想到微胶囊的结构和作用。所不同的是微胶囊要比药物胶囊小得多。

微胶囊是一种"内部含有液体的微粉体,且经加压可以液化的微粉体",广泛应用于纸制品中。

它的性状如表4-35所示。

表 4-35　　　　　　　　　微胶囊的性状

项　目	性　状
大小	$1\sim300\mu m$ 是标准的。$1\mu m$ 以下的中空微胶囊、$1\sim2\mu m$ 的含油胶囊等,也得到了应用
形状	以球形为多,此外还有米粒状、糖果状、葡萄粒状等,也有其他形状的
表皮材料	微胶囊的材质一般用蛋白质、植物胶、纤维素类、合成聚合物、玻璃等,并有一层、二层和三层的结构
内容物	微胶囊的中心,有中空装入气体的,或内部装入水和油等液体的,也有装入固体的,内容物的数目可由一个到数万个不等

(二) 微胶囊的制备和特征

1. 微胶囊的制备

微胶囊的制备首先是在容器中形成一个进行胶囊化的"空间",再准备好水、有机溶剂,或上升气流等为介质,然后利用化学方法形成膜反应,物理化学的膜形成现象或机械的覆盖方法等,在内容物质的粒子上包覆上"外套",即形成胶囊。目前,已知的微胶囊制法有如下三大类,而每一大类又分若干种。

(1) 化学方法:①界面聚合法;②原地聚合法;③液中硬化被覆法(喷孔法)。

(2) 物理化学法:①水溶液的相分离法;②有机溶液的相分离

法;③在液体中的干燥法;④融解分散冷却法;⑤内容物交换法;⑥粉床法。

(3) 机械方法:①气中悬浊被覆法(Wurster法);②喷雾干燥法;③真空蒸发被覆法;④静电聚合法。

2. 特征

(1) 把内容物质,尤其是液体物质,制成在表观上为固体的粉末,受到压力能顺利逸出,除压力外,也可用溶解加热的方法使其逸出。

(2) 液体可长时间保存。选择液体和外壳材料的组合是很重要的。

(3) 胶囊外壳多为半透膜,如表 4-36 所示。体积很小的胶囊外壳厚度仅有 $2\mu m$ 以下,无论用何种材质,都是半透膜。低分子质量的内容物质,容易被溶剂抽取,因而其用途受到一定限制。

表 4-36　直径 $20\mu m$ 的球形微胶囊的膜厚

内容物含量/%	膜厚/μm	直径:膜厚
95	0.15	135:1
90	0.3	66:1
80	0.7	28:1
70	1.1	18:1
60	1.6	12:1
50	2.0	10:1

(三) 微胶囊的应用

1. 在无碳复写纸方面的应用

生产不使用碳素着色的复写纸——无碳复写纸的原理为:

(1) 选择在接触时才形成有色染料或颜料的两种无色成分(一般为染料的中间体与酸性白土配合)。

(2) 为了使发色反应在一瞬间完成,把其中的一种成分制成溶液状态。

(3) 液体成分用微胶囊保护,隔离开来。这样在外观上看是白色的普通纸,而在笔尖加压的部分,由于两种成分接触,产生化学反应而显色。将引起发色反应的两种成分分别涂在两张纸上的是双页型,两种成分重复涂在一张纸上的为单页型。而发色反应的溶液有油性和水性两种。

无碳复写纸所用的微胶囊,大多是将染料中间体溶解在高沸点有机溶剂中,利用复合凝聚法,使明胶胶囊化制成。其他还有用聚偏二氯乙烯树脂使上述溶液胶囊化的产品,用界面聚合法以缩聚使无机发色剂的水溶液胶囊化的方法。

2. 香料胶囊油墨

能在印刷物上附着芬芳香味,使其保留较长时间,只要用手指摩擦,就能奇妙地散发出香味来,香料胶囊油墨就是按这种要求制作的。它是用 $10\sim40\mu m$ 的明胶胶囊包裹着香料油制成的。制成的纯水性油墨,可采用网版印刷及照相凹版印刷。

3. 液晶胶囊油墨及胶囊板

温度变化通过颜色表示的胆甾,用明胶制成 $10\sim40\mu m$ 的胶囊制成油墨或胶囊板。它与香料油墨一样,可用于印刷品。

4. 用于白色颜料和填料

将空气纳入微胶囊,即有名的微气球。其大小从几微米到几百微米不等。材质有玻璃、纤维素、酚树脂等聚合物、碳素等。可作为浮力材料、氧化铝的填料,也可用于合成木材等方面。

5. 纸制品方面的应用

(1) 潜香型家用卫生纸　美国制罐公司出售的由香料做成数微米大小的微胶囊用于附着在卫生纸上,在使用时用手揉搓,即散发出薄荷香味,使人有清爽的感觉。

(2) 油质胶囊板　Armstrong Kork 公司将硅油以及其他油质、蜡质、沥青质等材料封入 1mm 的藻朊酸钙胶囊中,再将胶囊夹在滤纸间的制品出售。其目的在于消除最终用户处理罐、瓶等份外工作带来的麻烦。

(3) 纤维胶囊板　将纤维用聚乙烯使之胶囊化,再经热压榨成板,可用于过滤材料和蓄电池隔板。

(4) 黏结剂片　黏结剂本来是黏糊糊的物质不易处理,如将黏结剂胶囊化,制成干燥的粉粒并形成片状,使用就会很方便。这是将二液性黏结剂使之一液化的有效方法。

6. 其他方面的应用

微胶囊除了在造纸方面应用以外,在医药方面也应用很广,在农业方面则正在进行试用。但确切地掌握微胶囊的优缺点,分析成本和效率的平衡是个重要问题。它作为改善向最终用户提供良好商品的手段比作为工业原料加以利用更有意义。

六、感　光　材　料

1. 概述

将复印方法按感光材料种类进行分类可分为:①利用光还原性物质的方法,有银盐显像(银盐)、蓝图(铁盐)等;②利用光分解性物质的方法有重氮盐法、卡巴法(重氮化物)、热敏显像(4-甲氧基 α-萘酚)等;③利用半导体的方法有氧化锌静电复印和硒静电复印等。此外还有利用光聚合物有光敏性材料制版显像等。但以重氮盐法占主要地位,尤其用于设计图纸,已在全世界普及。因此,这里重点介绍重氮法。

2. 重氮法的原理

重氮盐有易遇光分解和与发色剂反应生成偶氮发色基的性质。曝光部分的重氮盐受光分解,不能与发色基反应,因此不显色。而未曝光部分的重氮盐与发色剂反应,形成了偶氮发色基,产生颜色,因而可得到与画面相同的正像。

(分解反应)　$R-N_2-Cl \longrightarrow R-OH + HCl + N_2 \uparrow$
　　　　　　　重氮盐　　　酚物质
　　　　　　　$\longrightarrow R-Cl + N_2 \uparrow$

(发色反应)　$R-N_2-Cl + ArOH \longrightarrow R-N=N-ArOH$
　　　　　　　重氮　　发色剂　　偶氮发色基

3. 重氮感光纸的分类

重氮感光纸根据成分分为三类。成分1(重氮盐+有机酸+助剂)的感光纸只有一种,即用含发色剂的碱溶液进行显像的湿法感光纸。

成分 2(重氮盐＋耦合剂＋有机酸＋助剂)的感光纸显像方法不同,可包括干法(氨气显像)、湿法(无机盐水溶液显像)及半干法(有机胺溶液显像)等各种感光纸。但不管采用哪种显像方式,总是有一些不足之处,不过可以达到显像的目的。半干法显像纸在 1975 年才开始使用,与过去的湿法显像相比,仅用 $1/5\sim1/10$ 的液体($2\sim4mL/m^2$)在感光纸上涂布,即可得到几乎是干燥的复印像。

另外,成分 3(重氮盐＋耦合剂＋碱发生剂＋有机酸＋助剂)的感光纸,是利用热现象方式,现在使用的不多,这里不做介绍。

4. 重氮感光纸的组成

(1) 重氮盐及发色剂　重氮盐与发色剂分别有数千种合成的制品,其中实际用于感光纸的约有 $30\sim40$ 种。显色的色相主要取决于发色剂。

重氮盐与发色剂适用于成分 1 或成分 2 的原则,取决于各自所具有的发色速度。发色速度快的,容易引起提前发色,所以很难适用于成分 2 的感光纸,此外,在湿法使用时,必须考虑染料的流动性问题。

(2) 有机酸为防止重氮盐的分解及成分 2 感光纸的提前(自然)发色作用,感光剂溶液一般控制 pH 值为 $1\sim2$ 左右。主要采用柠檬酸、酒石酸等。

(3) 金属盐　主要使用 $ZnCl_2$、$Al_2(SO_4)_3$、$MgCl_2$ 等,目的是使色调明快、鲜艳,以及保持重氮盐的稳定性防止提前发色等。特别是 $ZnCl_2$,可能与偶氮发色基形成螯合物,从而色度很高,在显像中有促进发色的作用。

(4) 硫脲　硫脲有选择性、还原性,它可以防止因酚类或发色剂氧化着色而引起的空白部分着色,因此,经常使用。

(5) 显像促进剂　为了促进干法氨显像速度,可使用甘油、乙二醇等。它们有保湿性,可维持纸中组成物的溶解性,提高反应性,改善氨的保持效果等。

(6) 增色剂　为提高图像的色调浓度,可使用二氧化硅粉末。往往多用于底涂,这时使用聚醋酸乙烯酯等作粘结剂。

(7) 防翘曲液　为防止纸制品的翘曲,可在纸的背面涂布。翘曲是纸的两面伸缩不平衡引起的,因此,往往用水或配入部分表面涂布的药液来调节。

(8) 其他　显白使用亚甲基蓝等有机染料,以及作为溶解助剂使用的萘三磺酸等,为使涂布均匀,还使用表面活性剂、消泡剂等。

5. 显像液

成分1的湿法感光纸使用的显像液中,含有NW酸等发色剂及碳酸钾、硼酸盐类等碱类,还有为防止氧化着色而含有硫代硫酸钠等。成分2湿法感光纸用的显像液用碳酸钾和硼酸盐类等无机碱作为主剂。另外,成分2半干法感光纸用的显像液由有机胺乙二醇等组成。

6. 重氮感光纸的特性

1) 感度(感光速度)

重氮化物与卤化银相比,约需100万倍的曝光(ASA 美国标准$10^{-5} \sim 10^{-6}$),而且曝光的波带非常狭小,是在300～450nm左右的紫外光部分。实用最大波长在380～410nm。但某些重氮盐的感度较高,可达其他重氮盐的2倍左右。这些重氮盐的吸收主波长总是偏高一些。为此,复印用光源使用水银灯等紫外线灯泡。重氮感光纸的感度,是银盐洗印法印画纸(光源400nm)的1/6000左右。用普通的照明即可曝光,在水银灯复印机上,一般采用的复印速度为3m/min(297mm×210mm,10张/min)左右。

最近复印机多使用荧光灯,适于高感度重氮化物加工的感光纸(主要为成分2及半干法及湿法)。市售的感光纸,根据印像速度可分为中速、高速(中速的1.5倍)、低速(中速的0.7倍)和超高速(中速的2.2倍)等四种。

2) 印像方式及原稿

从感度方面考虑,重氮感光纸专门透过式印像法,如书籍的复印,首先用静电复印法制成原稿,再进行正式复印。另外原稿要尽量采用透明原纸,用浓黑铅笔、墨汁等具有良好遮蔽紫外光线能力的材料书写。

3) 色调

重氮感光纸是由重氮化合物与发色剂组合生成各种颜色的图像,大多数实用的是黑、蓝、蓝紫及暗褐色。最近又发明了多色复印图像,它是在必需的部分中施加另外的发色剂制成的。

4）复印图像的性质及用途

重氮盐型的图像是由染料分子构成的,鲜艳度高,所以缩微图像复制用的重氮胶片的录像能力可达 1000 条/mm,但感光纸要比胶片低得多。复印图像的光退色性,干法比湿法好,主要的原因是残留有过剩的碱或发色剂所致。

成分 2 的干法感光纸主要用于工业图纸,湿法和半干法感光纸主要用于办公事务方面的复印。

5）感光纸的保存性

重氮盐易受热分解,特别是成分 2 感光纸容易与共存的发色剂反应而提前发色,尤其是空气的湿度有促进这种反应的作用,这种现象叫做预发色。有了预发色的感光纸,其感度显像性及色调等都会下降,白地不明显,复印图像的反差变坏。为了防止预发色,除选择适当的稳定剂外,还要通过加强干燥控制水分,一般以 3%～4% 为适宜。感光纸的保存天数与含水率的平方成反比关系,但是如含水分过低时,对显像性、感度、复印反差等也有不利影响。包装时防潮是个重要问题,与避光性等一样,也是不能忽视的。

七、其 他

（一）脱臭剂

1. 脱臭剂

一般家庭用的脱臭剂,大体可分成 4 个系列,即物理脱臭、化学脱臭、生物脱臭和感觉脱臭。物理脱臭是通过用活性炭、氟石等多孔性物质吸附进行脱臭的;化学脱臭是通过用氧化、还原、中和、置换、离子结合等化学反应将含臭物质变成无臭物;生物脱臭是利用发酵、防腐、杀菌作用的物质进行脱臭;感觉脱臭是用香料等来掩饰恶臭的方法进行脱臭。

家庭中感觉到的气味大体包括衣服上沾的体臭、烟臭、厨房味、卫生间味、饲养的动物气味、病人的气味等等。

1）物理脱臭

主要是用活性炭、氟石、活性白土等,靠表面积大和表面活性或孔径细小等性能吸附恶臭物质。活性炭、氟石、活性白土等的加工、使用都很方便,并且可以再生,但是能吸附的恶臭物质有限,而且由于环境的变化被吸附的物质又容易脱吸。也可以用酸、碱等药品把活性炭等处理一下,在原有的物理吸附能力上再增加一些依靠化学反应的脱臭效果。

活性炭的比表面积很大,每克可达 $1400m^2$,平均孔径小到 $0.001 \sim 0.003 \mu m$。对于甲硫醇和苯-甲苯-二甲苯混合物(B.T.X.)等非极性且分子直径大的物质,以及比起不饱和物质来,饱和物质更易被吸附。与此相反,合成氟石一般容易吸附氨和硫化氢等有极性且分子直径小的物质。

2) 化学脱臭

化学脱臭剂种类非常之多,其结构也很复杂,这里仅就氧化剂、还原剂、植物提取物做介绍。

氧化剂,该类型中有臭氧、过氧化氢、次氯酸钠、稳定化二氧化氯等,它们都具有很强的消毒、杀菌和漂白作用。

还原剂,主要用亚硫酸钠等与甲醛、乙醛等醛类反应。

植物提取物,植物提取物具有以中和、加成聚合反应而脱臭的作用,也具有在感觉上使气味消失的掩饰作用。虽然在化学上的机理还未弄清,但实际上确能有效地脱臭,而且安全性好,加工制品也多。

3) 生物脱臭

根据微生物的不同,可大致分成利用微生物产生的霉脱臭与杀菌、防腐剂两类。

用霉物质脱臭 一种是将对脱臭有效的活菌苗和酵母混合的粉末脱臭剂,另一种为用纯酵母也就是粉末状的脱臭剂。

含微生物的酵母剂用于管道净化器、净化槽的脱臭及提高脱臭功能,其作用可通过添加不同种类的活菌苗和酵母以及改变用量来实现。

酵母剂内混有纤维素酶、淀粉酶、蛋白酶、脂肪酶等,使粪便通过霉的分解而脱臭。

杀菌、防腐剂 这是为抑制微生物分解、腐败添加的药剂。典型药剂是氯系的。

4）感觉上脱臭

部分植物提取物有掩饰效果,而感觉上的脱臭不如说已是属于香料、芳香制剂的范畴了。

2. 脱臭剂在纸张方面的应用

1）与纸复合

纸张加工容易,价格低廉,为使生活丰富多彩,开发了多种脱臭纸。所谓脱臭纸就是把脱臭剂通过涂布,或者浆内添加,或者做成像纸一样的片材与纸复合。也就是说把纸作为脱臭材料的构成物或者载体。

纸用脱臭剂,主要是用物理脱臭或化学脱臭的物质,按形状分类,可分为粉状脱臭剂和液体脱臭剂。粉状脱臭剂,多是添加到纸浆内,一般来说,生产的批量大、成本低。液体脱臭剂因不能采用浆内添加,多靠喷、涂、浸渍、印刷等方法进行二次加工,虽可小批量生产,但成本高。

对于通常的纸基,可以认为浆内添加药品与添加的脱臭剂不发生相互作用,在各种纸上都能进行脱臭加工。

2）各种脱臭纸

① 活性炭纸　应用之例有吸附各种有机溶剂和气体,做防尘、防臭面罩和过滤器、妇女卫生巾、防臭鞋垫等,由于脱臭剂是黑色粉末,不适合用在美容化妆上。也有在无纺布上加活性炭构成层状结构的制品,但是活性炭易从截面上脱落,需进行边缘处理。

② 氟石纸　天然氟石有43种,合成氟石达100种以上。易吸附分子极性小的水气、氨、硫化氢等气体,但是,当周围环境中水分大时,不易吸附水分以外的气体。因此,在封闭系统、水分少的环境中,具有同时吸附湿气和臭气的作用,既有干燥功能又有脱臭功能。

③ 方英石纸　方英石的主要成分是二氧化硅,是由硅藻土制成糊状物再烧制成的一种含硅矿物质。易吸附氨,对硫化氢的吸附能力稍低。

④ 正磷酸铝纸　内添加正磷酸铝纸是一种易吸附氨、胺类的脱臭纸。另外,还有一种与活性炭纤维并用的类型,这种纸对硫醇吸附作用好。

⑤ 植物提取物脱臭纸　把从以茶为代表的山茶科植物中提取的类黄酮类物质和针叶、阔叶树的提取物,或有机酸等物质加工到纸上的脱臭纸已有不少在市场上销售。

从植物提取出的脱臭剂的特点是:因为植物成分对底材、载体完全无腐蚀;不会随时间变化而变色,能保持美观;具有类似植物自净作用的选择性脱臭(只除大部分的恶臭);往纸上的加工方法与液体脱臭剂相同。

(二) 剥离剂

剥离剂是生产防黏纸和压敏胶带不可缺少的化学药品。防黏纸开始是作黏性标签及密封用的,后来又用作增黏、胶黏制品的内衬材料,除此之外,还用于制作合成革及精细陶瓷制品生产过程中的载体。对防黏纸来说,剥离性能尤为重要,而起此作用的是剥离剂。压敏胶带广泛用于包装行业和办公部门。在压敏胶带的背面涂覆一层剥离剂,是为了使胶带易于打开。

1. 对防黏纸用剥离剂性质的要求

1) 剥离性

在各种应用性质中剥离性最重要。当使用内衬剥离纸的增黏、胶黏制品时,剥离纸必须轻易就地能剥离。如果剥离剂的剥离性不好,剥离纸就不能轻易剥离出来,而且还会破坏剥离纸的纸层。但若剥离性过强,在生产和保存增黏、胶黏制品时,剥离纸就会剥落下来,使黏着面上附着灰尘,降低黏结力,还有损产品外观。剥离纸既要在生产和保存增黏、胶黏制品时不发生自身剥离,又要在需要剥离时能轻易剥下,所以剥离剂应具有适当的剥离性。

另外,剥离剂的剥离性,因配用的增黏剂和胶黏剂的种类不同而大不相同,所以为获得适度的剥离性,需针对各种不同的增黏剂和胶黏剂选择不同的剥离剂。

2) 非迁移性

剥离剂不向增黏剂、胶黏剂内迁移也是剥离剂的一项重要性质。如果剥离剂有迁移性,就有大幅度降低黏结特性的危险。另外,剥离剂迁移的程度除了与剥离剂的种类和干燥(固化)条件有关,还因使用的基材种类、增黏剂、胶黏剂的种类,增黏、胶黏制品的保存条件不同而有差异。

3) 与基材的黏合性

剥离剂对增黏剂、胶黏剂来说,要有剥离性,但对剥离纸、胶带等基材还必须具备充分的黏合性。如果黏合不足,剥离剂就会被拉向增黏剂或胶黏剂一侧,剥离性就会变得不稳定。为了对基材有良好的黏合性,很多情况下剥离剂中除了要含有承担剥离性的成分外,还要含有承担黏合性的成分。

4) 增黏剂、胶黏剂的涂布性

当制造增黏、胶黏制品时,往往把增黏剂或胶黏剂涂到剥离纸一侧。在涂布过程中会发生增黏剂和胶黏剂"花脸"、涂布不匀等问题。为此,对剥离剂要求具有不发生"花脸"及均匀的涂布性。

"花脸"和涂布不匀与剥离剂的表面能、涂膜的形态有关。剥离剂的表面能小或涂膜表面的平滑性差时,容易产生"花脸"。为消除"花脸",以提高剥离剂的表面能为好。但表面能过大时,就会失去最重要的性质——剥离性。必须使增黏剂、胶黏剂的涂布性与剥离性适宜。

5) 耐溶剂、耐水、耐热性

用于增黏、胶黏制品的增黏剂、胶黏剂多是溶剂型或乳液型的。溶剂型的常使用甲苯、醋酸乙酯、甲乙酮等溶剂。因为增黏剂、胶黏剂是靠溶剂或乳液涂布于原纸表面的,所以对剥离剂来说,需具有耐溶剂性和耐水性。

另外,涂上增黏剂、胶黏剂以后,还需经过加热干燥,所以还需具有耐热性。

6) 涂布适应性

剥离剂往剥离纸基材上的涂布性也是一项重要的性质要求。典型的剥离剂是有机硅,采用刮棒涂布、气刀涂布、凹辊式涂布等方法涂布到基材上。对于剥离剂涂布液来说,涂布量均一的涂布性很重要,同时,还要求干燥性和固化性好。

2. 对压敏胶带用剥离剂性质的要求

(1) 重复粘贴性　对于压敏胶带用剥离剂,为了容易取纸,所以需要具有剥离性,另一方面,又要在一层带上压一层,要求具有重复粘贴性。重复粘贴性与剥离性在性能上是相反的,而这两种性能又都要具备。

一般来说,胶带用剥离剂与剥离纸用剥离剂相比较,为了能满足重复粘贴性,要把其剥离性调的大些。

(2) 书写性和印刷性　为了在胶带背面能写字、印刷,要求剥离剂有书写性、印刷性。

(3) 防滑性、耐热性　用于封装瓦楞纸包装箱的胶带纸剥离剂,最好具有防滑性。如果胶带背面的剥离剂易打滑,则用其包扎的瓦楞纸箱堆垛时容易倒垛。非有机硅类的聚烯烃剥离剂要比有机硅类剥离剂的防滑性好。由于在加工过程中需处在高温下,剥离剂需具有耐热性。

3. 典型的剥离剂

用于剥离纸和压敏胶带上的剥离剂有:聚硅氧烷、含长链烷基的聚合物、聚烯烃、醇酸树脂、氟化物和丙烯酸酯或醇酸的共聚物、聚硅氧烷与聚乙烯醇等其他聚合物的混合物等。下面就具代表性的聚硅氧烷和含长链烷基聚合物做一介绍。

1) 聚硅氧烷

聚硅氧烷(有机硅)是最具代表性的剥离剂。黏性标签、密封剥离纸用的剥离剂几乎都是有机硅。另外,压敏胶带中用量最多的牛皮纸胶带用剥离剂也几乎都是有机硅。有机硅在剥离剂中最富剥离性,而且,耐热性、耐溶剂性、耐水性都好。但是,因有机硅富有剥离性,在不同的用途中有时剥离性显得过大;烧彩印相时需在较高温度下进行剥离处理等,这是与其他剥离剂相比的缺点。

有机硅是由基础聚合物聚二甲基硅氧烷(一部分甲基被乙烯基或羟基官能团所取代)及作交联剂的聚甲基氢硅氧烷构成。其中,承担剥离性的是聚二甲基硅氧烷,但是,只靠它不能获得充分的涂膜强度、耐溶剂性及对基材的黏合性等。因此,要靠聚甲基氢硅氧烷进行交联,交联时要添加锡系或铂系催化剂并进行加热处理。

根据交联反应的形式,有机硅剥离剂可分为缩聚反应型和加成反应型。在缩聚反应型中聚二甲基硅氧烷的官能基是氢氧基,用锡系作催化剂。而在加成反应型中,是乙烯基作聚二甲基硅氧烷的官能基,用铂系作催化剂。所用的交联剂,不管是缩合型的还是加成型的都相同。

加成反应型比缩合型交联性好,时间更短,能在低温下交联。从交联后有机硅的性能来说,加成型的耐压黏性能好,由于剥离剂的迁移造成的黏合力下降也少,而且,容易制得各种剥离性能的剥离剂。加成型的优点虽比缩合型的多,但也有缺点。加成型的在交联后,若暴露在灰尘多的环境中,则存在因吸尘而使剥离性大幅度降低的问题。

有机硅剥离剂除按反应型分类外,还可按形态分成溶剂型、无溶剂型、乳液型。其中,溶剂型的用量最多,其次为无溶剂型,乳液型的极少。

溶剂型一般是有机硅含量为30%的甲苯溶液,涂布时用甲苯、己烷等稀释到浓度约2%~6%,再加入规定量的催化剂,调整成涂布液。

无溶剂型与溶剂型的基础聚合物相比,由于其聚合度低、粘度也较低,即使不用溶剂稀释也能进行涂布。与溶剂型相比,无溶剂型安全卫生,生产率高,故大量使用。

乳液型安全卫生性虽然好,但由于生产率低,使用的不多。

有机硅涂布液,在溶剂型中,是用甲苯等稀释至所规定的浓度。在无溶剂型中,是用原液加催化剂来调整。一般来说,催化剂用量越多,交联性越高,但涂布液的活力寿命越短。另外,在溶剂型中,有机硅浓度越高,液体的活力寿命越短。对加成型来说,在涂布液中,如果加入水、醇、胺、硫、磷、锡等,则交联性降低。调整后的涂布液,涂到剥离纸和胶带的基材上,通过干燥进行加热交联。此处,加热的温度与时间,对涂布有机硅的性能是非常重要的。交联温度过低或时间短,交联就会不充分,会残留有未反应成分,这些未反应物迁移到胶黏剂上,就会造成黏合力下降,并且难以获得充分的耐溶剂性、涂膜强度以及与基材的黏合性。进一步讲,交联条件也会影响有机硅的剥离性。一般来说,交联温度越高或交联时间过长,剥离性就会增加(剥离时的阻力、剥离强度变小)。

有机硅的涂布量也很重要。涂布量不同,剥离性也不同。

有机硅剥离剂可有多种不同的剥离性。另外,有机硅的剥离性大多是通过改变基础聚合物的分子量、化学组成或添加一种被称做剥离控制剂的硅漆作为第三组分等来加以调整。

有机硅的剥离性,因所用的增黏剂、胶黏剂的种类不同而不同。

2) 含有长链烷基的聚合物

含有长链烷基的聚合物,多用作 PP 胶带、布胶带、玻璃纸胶带的剥离剂。与有机硅相比剥离性强(即剥离强度大),但作为胶带用其剥离性合适,重复粘贴性也好。另外,在耐热性、耐老化性、耐溶剂性方面虽不如有机硅,但书写性、印刷性、防滑性方面优于有机硅,而且进行剥离处理时无需交联,只需把溶剂赶跑就可以了。

含有长链烷基聚合物的剥离剂,有乙烯聚合物和聚合物的烷基化物。长链烷基几乎都是十八烷基(硬脂酰基 $C_{18}H_{37}$—)。在含有长链烷基的聚合物中,起剥离作用的是长链烷基,并且随着烷基碳原子数的增加,剥离性提高。另外,承担与胶带基材密合的是聚合物中的—OH、—COOH、—CN 等极性基团。在长链烷基类剥离剂中,长链烷基与极性基的量的比例极其重要,极性基的比例增加,则会提高与基材的密合性,反之,就会失去剥离性。因此,寻求满足剥离性、密合性两者要求的最佳配比就成了剥离剂设计上的关键。

含有长链烷基聚合物的剥离剂很多,有丙烯酸十八烷基酯-丙烯酸共聚物,丙烯酸十八烷基酯-丙烯酸-丙烯腈-丙烯酸甲酯共聚物,甲基丙烯酸十八烷基酯-丙烯腈共聚物,十八烷基丙烯酰胺-丙烯酸或丙烯腈共聚物,甲基丙烯酸十八烷基酯-甲基丙烯酸甲酯共聚物,丙烯酸十八烷基酯-甲基丙烯酸甲酯-丙烯酸丁酯共聚物,马来酸十八烷基酯衍生物-丙烯酸甲酯或苯乙烯共聚物,十八烷基酸乙烯酯-丙烯酸或丙烯腈共聚物,纤维素三硬脂酸酯,聚乙烯硬脂酸酯,聚乙烯甲氨酸酯,纤维素甲氨酸酯,乙酰化树脂等。

(三) 防锈剂

1. 概述

广义上讲防锈是指一般金属的防腐蚀,而通常我们把防锈作为防止钢铁的生锈。因此,防锈剂相应也有两种含义。我们使用的金属中钢铁占90%以上,由于钢铁的用量最大,而且钢铁在大气环境中容易腐蚀,所以防锈剂大部分是钢铁防锈用的。

这些防锈剂的大多数附着在钢铁表面,以防止由于水的存在将铁氧化成离子溶出。也有使金属表面形成具有防腐性质的微密的氧化物或表层化合物。用防锈剂对纸进行加工的产品称为防锈纸。用纸作防锈剂的载体,推动了防锈包装的发展。集防锈与包装为一体,防锈纸使工程简化而取得了很大效益。

2. 防锈剂

1) 防锈剂的种类

纸加工用防锈剂,曾有过单纯的防锈剂,1945年左右出现了气化防锈剂,即在常温下气化,使与药剂有一定距离的金属表面受到保护的防锈剂,它可以与金属完全不接触。由于当时只使用这一种药剂,因此,一般说防锈剂就是指气相防锈剂。有关气相防锈剂的材料专利是很多的,而实际应用的却比较少。世界上使用的防锈剂大致有以下几种:

① 亚硝酸二环己基胺
② 安息香酸乙醇胺和尿素,亚硝酸钠混合物
③ 亚硝酸二异丙基胺
④ 辛酸二环己基胺
⑤ 氨基甲酸环己基胺
⑥ 80%的防锈剂和20%的亚硝酸二异丙基胺混合物
⑦ 各种铵的羧酸盐
⑧ 碳酸环己基胺
⑨ 苯并三唑及其衍生物

其中①～⑧是以钢铁为对象的,⑨是抑制铜和铜合金的腐蚀作用。

2) 加工纸的种类

气相防锈纸的原纸,一般采用未漂硫酸盐浆、漂白硫酸盐浆及漂白亚硫酸盐浆抄造的纸,其中以未漂硫酸盐浆抄造的纸使用的最多。这是因为它具有许多优点:如强度高、价格便宜,此外,有腐蚀性的氯离子含量较少。如要求更高的强度,可使用皱纹牛皮纸或埋线牛皮纸作

原纸。要在湿度特别高,或者经常受雨水、浪花溅淋的恶劣环境下使用时,为了具有防湿防水的目的,也可采用聚乙烯加工纸、石蜡加工纸、沥青加工纸等为原纸。

3．加工方法

用气相防锈剂对包装纸进行加工的方法主要有三种：

（1）析出法　例如用亚硝酸二环己基胺加工时,将原纸在无机亚硝酸盐的溶液及二环己基胺盐(主要是磷酸盐型)的溶液中依次浸渍,或者是用两种溶液依次喷涂,使结晶在纸表面上析出的方法。可加入甲醇一类的水溶性有机溶剂,然后浸渍原纸,随着溶剂的蒸发,在表面上析出结晶。上述两种方法一般都使用黏结剂。

（2）涂布法　是把亚硝酸二环己基胺或亚硝酸二异丙基胺等粉末状的防锈剂,用黏结剂将其涂布在包装纸上的简单加工方法。由于黏结剂将防锈剂包覆起来,因此,防锈剂的气化性能很差,经简单的摩擦,药剂就会从纸上脱落,失去防锈剂的价值,所以必须注意加工方法。

（3）浸渍法　将气相防锈剂溶解到水或有机溶剂中,再将原纸浸渍到溶液中,使原纸纤维表面或毛细孔中吸收药剂,然后蒸发掉溶剂,此法适用于大部分的防锈剂。

4．使用方法

气相防锈剂的材料专利很多,但真正使用的并不多,其主要的原因是影响金属以外的物质。除了一次性制品外,被包装的物品很少是由单一金属制成的。如钢铁,虽然防锈剂对钢铁有防锈效果,但对非铁金属和非金属物质有不良影响,因此,使用范围受到很大限制。以上介绍的几种防锈剂可以认为是缺点较少的,但也不是完美的,只是影响程度不同而已。其一般的使用原则介绍如下：

（1）有光学系统组成的装置,或者是已经涂有防锈油或润滑油的精密传动部件的包装,不能使用。

（2）以一般钢铁为对象的气相防锈纸,一律不能用于镀锌、镀铬的器件,以及锌合金、镁合金、铅合金和含锌30%或9%以上铅的合金。对于铜、铜合金、铝等必须确认在使用中对它影响程度的基础上才能使用。以铜及铜合金为对象的苯并三唑类气相防锈纸,对银、镀银、银合金、镁合金等也不能使用,对于锌及锌合金,必须充分确认其影响程度后才能使用。

(3) 对于塑料、橡胶制品,或涂有涂料的制品,必须在确认它的影响后才能使用。特别是对经热封的塑料制品,要注意它的封接,对涂有涂料的制品,必须注意含有白色颜料涂装品的黄变现象。

(4) 在同一包装内使用不同防锈剂的气相防锈纸时,除了像亚硝酸二环己基胺和亚硝酸二异丙基胺那样,已知相互间没有不良影响者以外,都要充分了解其有可能共存性之后,才能使用。

(5) 金属制品加有整体外包装时,气相防锈纸至少覆盖制品容器表面积的 3/8。在非完全外包装时,必须与容器的表面积相等。气相防锈纸与金属紧密接触时的效果好,距离使用目的物的防锈面不能超过 30cm 以上。

(6) 作为金属制品的隔离层使用时,必须两面都用药剂处理。

(四) 导电剂

1. 概述

导电剂用于制造静电复印纸和静电记录纸等导电性原纸。可用药品要在 10%~90% 相对湿度下有效。原纸的导电率幅度为表面电阻(SER 测定法)10^6~$10^9 \Omega$。因而,对导电剂所要求的一般特性如下:

① 在低湿度下,要有充分的导电率。

② 在高湿度下,纸在加工后不黏附。

③ 导电剂不能向原纸上的附加层,如静电记录纸上的树脂层、静电复印纸涂布的氧化锌层上迁移。

④ 原纸在涂布树脂层时,树脂溶液不能透过导电剂层渗透到原纸中去。即导电剂要有成膜性,成为对溶剂的屏障。

⑤ 与由颜料(高岭土、TiO_2、$CaCO_3$ 等)和胶黏剂(干酪素、淀粉、胶乳等)共用药品的相容性要好。

⑥ 容易涂布,即涂布时,不能造成纸的卷曲或皱折。

⑦ 无色,无气味。

2. 导电剂的种类

目前,实用的导电剂机理几乎全部是离子传导,极个别的使用炭黑、金属粉、金属箔等电子导电剂。离子传导的导电剂可分成以下几类：

$$\begin{cases} \text{低分子盐类} \begin{cases} \text{无机盐} \\ \text{有机酸盐} \end{cases} \\ \text{高分子电解质} \end{cases}$$

1) 无机盐

主要使用碱金属及碱土金属的盐或复盐：即食盐($NaCl$)、氯化锂($LiCl$)、偏铝酸钠($NaAlO_2$)、磷酸钠($Na_2PO_4 \cdot 12H_2O$)、氯化钙($CaCl_2 \cdot 6H_2O$)、氯化镁($MgCl_2 \cdot 6H_2O$)等，这些盐类都是廉价的。但作为导电剂，则由于缺乏上述①～④项的特性，需要在使用时设法补偿其缺点。可以将风化性化合物和潮解性化合物混合，或者在风化性化合物中混入甘油，或乙二醇等吸湿性物质。详情请参阅有关文献。关于与高分子电解质并用的例子，在使用法一节中叙述。

2) 有机酸盐

蚁酸钾、草酸钠等，也具有与上述无机盐同样的缺点。有专利提出，在纸中添加蚁酸钾，即使在较低的相对湿度下，也能保持其电导率的水分。

3) 高分子电解质

一般认为有机高分子电解质具备导电剂的特性，现已研制多种化合物并被应用。高分子电解质可分为高分子阴离子盐、高分子阳离子盐两种。

高分子阴离子盐的分子中具有羧基、磺酸基、硫酸基、磷酸基等，其反离子主要有钠、钾、铵等一价阳离子。羧酸基的反离子，以钾离子(K^+)最富有导电性，实用化合物中，还有聚丙烯酸盐(Ⅰ)、聚异丁烯酸盐(Ⅱ)、苯乙烯-马来酸共聚物的盐(Ⅲ)、聚苯乙烯磺酸盐(Ⅳ)等。

高分子阳离子盐是在分子中具有盐基的物质。根据盐基的种类（氨基、季铵盐基、锍基、磷基等），可以合成各种形式的阳离子型高分子化合物。但可供实用的只有季铵盐基和甲基吡啶基化合物。反离子以氯离子的导电性最佳。

如高分子电解质的分子量过高则导电性能下降，过低则成膜性差，屏障作用变坏。一般使用的相对分子质量在 $10^4 \sim 10^5$ 范围内。

高分子阴离子比高分子阳离子的导电性稍差一些。但与其他物质混用时,如与羧甲基纤维素或藻酸钠等混合时能发生凝聚,因此,必须予以注意。

3. 使用方法

导电剂可因导电性原纸的最终制品不同而异,单独使用导电剂水溶液,或为了增加屏障作用而与 PVA 混合(静电记录纸),或再与瓷土等颜料及黏合剂等混合(静电复印纸),在原纸上进行涂布。

廉价的导电剂涂布方法,可利用造纸机的施胶压榨,而涂布高价的高分子季铵盐等,一般使用机外涂布机。

据报道苯聚乙烯-马来酸共聚物与氯化钾混合时,由于湿度变化而引起的导电性变化较缓慢。

(五) 透明剂

1. 纸的透明化机理

使纸张透明化,或者生产透明纸,有好几种方法。其中具有代表性的如半透明纸那样,将纤维素纤维经过充分的打浆,使其水化,将纤维中含有的空气几乎完全排除,从而成为只有纤维和水分组成的纸页。

另外,也有将纸页浸入硫酸溶液中后经水洗、干燥而成的方法。

使用化学药品生产透明纸,要充分注意选择纸浆品种、打浆方法及打浆程度等。对于纸页透明化的机理,有几种观点,一般公认的说法如下。

透明就是纸能通过光线,即光在纸页中不发生折射。有关物质的折射率为:空气1.00,水 1.33,纤维素 1.49。因而用折射率与纤维素相同的液体浸渍纸页,将空气排除,可尽量避免光在纸页中的折射,内部添加这种液体再抄成纸,其效果并不很好。

对透明剂要求的性质除折射率外,还要求加入的药剂应长时间不蒸发(由于蒸发会使透明性消失);能在纸上牢固吸附,而不向别处迁移;不能比纸本身的着火点低得太多;无臭味等。

使用方法:一般是将透明剂溶解于适当的溶剂中或经稀释后浸渍纸张,用压辊挤出过剩溶液,再经干燥即可。如再经压光或超级压光处理,其透明化效果更佳。

2. 透明剂

常用的透明剂有：石蜡聚合物、氯化石蜡、醋酸和异丁烯酸酯、聚丙二醇的丙三基醚等。

(六) 耐油剂

1. 纸张耐油化机理

纸的耐油化是指油透过纸的速度变慢,或使之几乎不透过的处理方法。具体方法是在纸上层合金属箔或塑料膜,或者用聚乙烯醇、聚偏二氯乙烯、羧甲基纤维素、丁苯胶乳等涂布或浸渍。除此之外,还有用表面张力很低的物质(氟树脂)对纸进行加工的方法。由浸润现象来看,凡表面张力大于这种物质的液体,均不能透过,这就是耐油剂的本质。因此本文仅就氟树脂加以说明。氟树脂的结构和用途有多种,但作为以纸的耐油剂为对象所用的是以四氟代烷基为主要成分的"梳"型聚合物乳化后制得的。利用浸渍、涂布或内部添加的方法,使这种"梳"型聚合物附着在纤维素表面上时,"梳"的尖端林立在纸的表面上。

将一定量的氟树脂涂于纤维上时,若从上面看,CF_3 基将呈连续而整齐排列的形状(可摄影)。这种 CF_3 基密集物的表面张力约为 $17\times10^{-5}N/cm$,若在它的上面与超过此表面张力值的液体相接触,由于液体表面张力的作用,可形成不同的接触角。若为 $23\times10^{-5}N/cm$ 以上的液体,从外观上看是不浸润的。由于这种效果,水($60.3\times10^{-5}N/cm$)、食油($30\sim32\times10^{-5}N/cm$)等,均不能透过这种加工纸。

在使纸兼有憎油性和憎水性,或仅使其具有憎油性时,可以利用水和油的分子大小,以及在此聚合物中引入亲水基来进行调节。

2. 耐油剂

耐油剂多选用氟树脂类聚合物,纸加工用的氟树脂中,有两种类型。一类是用作浆内添加的耐油剂,含有 R_f 基的磷酸酯类盐。另一类是侧链上带 R_f 基的丙烯酸酯类,主要用于浸渍或涂布加工到纸上。

参 考 文 献

1. 谢来苏.国内外化学助剂的应用现状和前景.纸和造纸,1997(增刊):5~6
2. 苏宗元等.制浆造纸手册:第八分册.北京:轻工业出版社,1991
3. 牛华.分散松香胶的工业制备.纸和造纸,1997(增刊):37~41
4. 徐忠凯.新一代 AKD 型中(碱)性施胶剂.纸和造纸,1997(增刊):32~33
5. 徐忠凯.豪康 79 产品介绍.纸和造纸,1997(增刊):34
6. 徐忠凯.AKD 中(碱)性施胶剂的使用注意事项.纸和造纸,1997(增刊):35~36
7. [美]J.P.凯西等编.叶惠莲等译.制浆造纸化学工艺学.北京:轻工业出版社,1988
8. [日]纸业时代社.张运展等译.纸加工技术(上册).北京:中国轻工业出版社,1991
9. 林治宪.涂布加工常用的助剂.纸和造纸,1997(增刊):21~22
10. 徐存俭,黄菊洪.纸张柔软剂的机理与使用方法.纸和造纸,1997(1):46~47
11. 化学工业部科技情报研究所.造纸化学品及纸用功能材料.1992
12. C.G.Landes and Leonard Kroll.Paper Coating Additives. Lithonia,Georgia:McDaniel Printing Company,1978
13. J.C.Roberts. Paper Chemistry
14. 隆言泉等.造纸原理与工程.北京:中国轻工业出版社,1994
15. 刘仁庆等编译.特种纸化学原理及制造.北京:轻工业出版社,1984
16. 陈嘉翔.制浆化学.北京:轻工业出版社,1990
17. 张然.蒽醌衍生物在草浆蒸煮中的应用.造纸化学品,1994,9(2):36,30~31
18. 郑书敏等.ZJ—1 型蒸煮剂应用实验研究.造纸化学品,1994,6(3):10~12
19. 陈嘉翔.纸浆原理与工程.北京:轻工业出版社,1990
20. 韩照云.胺基蒽醌在麦草蒸煮中的应用.造纸化学品,1995,7(4):26
21. 化学工业部科学技术情报研究所.化工产品手册:有机化工原料.北京:化学工业出版社,1985
22. 江体乾.化工工艺手册.上海:上海科学技术出版社,1992
23. 梁梦兰.表面活性剂和洗涤剂 制备·性质·应用.北京:科学技术文献出版社,1990

24. 黎鹰.竹木混浆漂白中氨基磺酸的应用.造纸化学品.1994,6(2):37~39
25. L. Viikari et al. International Conference of Biotechnology in Pulp & Paper Industry. Stockholm. 1986,67~69
26. 杜军译.硫酸盐浆的生物漂白.国外造纸,1994,13(2):23~25
27. 化学工业部天津化工研究院等.化工产品手册:无机化工产品.北京:化学工业出版社,1982
28. 窦正远.H_2O_2漂白中新型保护剂和Na_2SiO_3保护机理的研究.造纸化学品,1995,7(1):11~14
29. 轻工业部供销局.轻工业产品化工原料手册:第一分册,49~51
30. 李元禄.高得率制浆的基础与应用.北京:中国轻工业出版社,1991
31. 北京师大等.无机化学.北京:高等教育出版社,1986
32. 陈嘉翔.高效清洁制浆漂白新技术.北京:中国轻工业出版社,1996
33. 杨广富.草酸、次氯酸钙、高锰酸钾漂白的研究.纸和造纸,1993(4):23~24
34. 朱瑞.助剂与造纸业的生存与发展.四川造纸,1997(3):154
35. J. Meier. Neue Moglichkciten der reduktiven kaolinbleiche durch den Einsatz Von Formamidin Sulfin Sauce. Das papier. Heftll, 1994
36. 平清伟.尿素在H_2O_2漂白中的应用.造纸化学品,1994,6(3):17~18
37. 陈嘉翔.生物技术在制浆工业应用的前景.中国造纸,1993(6):50~56
38. 秦梦华等.酶制剂与纸浆造纸工业.纸和造纸,1995(2):4~6
39. Claude Daneault,Celine Leduc, Valade Jacques L. The use of xylanases in kraft pulp bleaching: a review. Tappi Journal, 1994, 77(6):125~131
40. 崔旭东.废纸回用的新浪潮与新特点.纸和造纸,1995(2):7~8
41. 李友森译.泛太平洋各国的脱墨技术及脱模剂.国外造纸,1993,12(5):3~5
42. 郝喜海.废纸再生利用的现状及今后的课题.国外造纸,1995,14(5):14~17
43. 马福庭.废纸脱墨技术.国外造纸,1994,13(4):30~31
44. 安建华.废纸制浆与造纸.北京:轻工业出版社,1990
45. 卢秀萍.造纸工业中的合成聚合物.天津:天津大学出版社,1995
46. 佘丹波.脱墨化学在生产工艺中的应用.中国造纸,1996(4):34
47. 华南工学院等.制浆造纸工艺.北京:轻工业出版社,1982
48. [日]富樫文彦等著.胡镝等译.处理新闻废纸用脱墨剂.国外造纸,1992,11(3):42~49
49. 周立国.多组分表面活性剂在废纸脱墨中的应用.中国造纸,2001(3):7~10
50. 沈一丁.造纸化学品的制备和作用机理.北京:中国轻工业出版社,1999

51. 程铸生.精细化学品化学.上海：华东化学院出版社,1990
52. 蔡季琰.造纸用化学助剂.广州：科学普及出版社广州分社,1985
53. 王金栋译.制浆造纸厂的废水处理—技术现状与发展趋势.国际造纸,1995,14(5)：18~21
54. 秦梦华等.制浆造纸工业中的生物技术.中华纸业,1998(2)：6~9
55. 吴建等.微生物细胞的絮凝与微生物絮凝剂.环境污染与防治,1994,16(6)：27~29